投资分析指导与操盘技术提高

金石　一舟　著

中国计量出版社

图书在版编目(CIP)数据

投资分析指导与操盘技术提高/一舟，金石著．—北京：中国计量出版社，2009.6
ISBN 978-7-5026-2995-3

Ⅰ.投… Ⅱ.①一… ②金… Ⅲ.投资学－基本知识 Ⅳ.F830.91

中国版本图书馆 CIP 数据核字(2009)第 038672 号

中国计量出版社
北京和平里西街甲 2 号
邮政编码 100013
电话(010)64275360
http://www.zgjl.com.cn
三河市鑫利来印装有限公司
新华书店北京发行所发行

787mm×1092mm 16 开本 印张 21.75 字数 280 千字
2009 年 6 月第 1 版 2009 年 6 月第 1 次印刷

印数 1-10 000 **定价：48.00 元**

前 言

经过近二十年的发展，中国股市现在已拥有上亿的开户投资者。股市参与者众多，也造就了投资知识的普及，许多新入市或初学投资的人急迫地想通过学习迅速提高操作技能，实现财富稳定增长。现在关于投资股票、期货、外汇的书籍可谓多如牛毛，分类也很细，许多吸引人眼球的书名也让投资者无所适从，好像一辈子也学不完如此众多的方法与技巧，在实战操作中却又总是陷入套牢或亏损的泥潭，难以享受到赚钱的乐趣。

股市有风险，入市须谨慎！此话人人皆知。资本市场是市场参与者各方对弈、搏杀的场所，要想在对弈、搏杀中抢占先机，占据主动，就必须掌握一套操盘本领，否则，极容易被市场所消灭。2008 年股市大跌的残酷现实就是一个很好的例证。

笔者合著的《永久生存》、《反弹操作技术精要》、《职业操盘手实战全程解析》、《价量实战技术精要》、《职业操盘手实战全程解析 2——9 个月从 400 万到 2000 万》陆续出版后，因其通俗平实的写作风格和具有较高参考价值的实战操作技法而深受读者欢迎。尤其是在 2008 年股市大跌过程中，有不少读者来电、来信说："炒股多年，买了几千元的投资书籍，最终仍不得其法，还是会被深套或被重创。建议笔者写一本提升技术分析与操作水平方面的书籍"。

在与读者长期交流和带学生过程中，笔者发现绝大部分投资者急功近利，只喜好所谓的操作绝招、赚钱秘诀，以为这样就能见效快，却忽视基础理论学习，往往粗略看过基础理论书后便丢在一边，没有形成自己的投资分析和操作体系，最终自然很难长久在风险市场中生存。其实，传统的经典投资理论需要反复阅读、深刻领会，毕竟它们是经历了近百年时间与万亿投资者的实践检验，并得到广大投资者认可的经典。自股市存在上百年以来，不时有人自称发明了这样或那样的投资理论，但都很快淹没在历史的长河中，不见踪影，因此，经典理论不能不引起投资者的高度重视。每隔一段时间重新研读一遍，你会发现自己对经典理论的理解深度不一样。同时，少数堪称经典的投资著作也一样值得反复学习。笔者认为，作为职业投资人，应该多研读、体会、用好传统理论，以及重点阅读 10 至

20本经典理论、投资技术名著。没有坚实的根基，再高明的操作技巧也是徒劳的，难以真正发挥技巧的效用。当然，每一本股市、期货或外汇投资书籍里都凝聚了作者对各种基础理论的理解及实战心得，肯定有部分精华在其中。问题在于读者如果没有深厚的理论根基，就很难从一本书中真正识别、吸收其中仅有的几页精华，自然就谈不上快速提高自身的操作水平。

通过自己十几年学习实战体会，笔者认为分析方法和操作技巧不必过多和过杂，要学会如何化繁为简运用常见的分析技术和实战操盘方法，以尽快提升投资的分析技术及操盘能力，少走弯路、少在市场中交惨痛的学费。

本书可以说是各种经典投资书籍中相关理论的精华和笔者深刻总结的结晶，也是集众多投资高手成功经验于大成的精品书籍。如果本书能对读者有所启迪和帮助，笔者就倍感欣慰了！

由于笔者写作水平有限，时间仓促，书中不成熟、不完善的地方在所难免，不妥之处敬请读者批评指正！

作者：一舟 金石

2009年1月1日

目　录

上篇　投资基础学习

中篇 运用传统理论研判行情精彩实录

下篇　理论、技术实战应用篇

上　篇

投资基础学习

一、投资分析方法

现在各种金融证券分析预测理论和方法有上百种。常用分析方法归纳分类有三大类：第一类是基本分析，第二类是技术分析，第三类是证券组合分析。

1. 基本分析方法

基本分析：指根据经济学、金融学、财务管理学及投资学专业等方面的基本原理推导出结论的分析方法。研究决定证券(股票)价值及价格的基本要素，如：国家经济政策走向、各项经济指标、行业发展状况、上市公司的竞争力、销售及财务状况等，评估证券(股票)当前的投资价值，判断证券(股票)的合理价位，并提出相应投资建议的一种分析方法。

基本分析方法以价值决定价格为理论基础，是以价值为研究对象，价格围绕价值波动。其理论基础是建立在任何证券(股票)的内在价值等于该股票所有者的所有预期收益流量的现值。基本分析专注于导致价格上涨、下跌或持平的供求关系的经济力量。基本分析检验所有影响市场价格的相关因素，以确定市场的内在价值。内在价值就是根据供求规律基本面所表明的某物的实际价值。如果这个内在价值低于当前的市场价格，那么市价就过高，应该卖出。如果市价低于内在价值，那么市场就被低估了，应该买入。

基本分析主要因素包括以下 6 个方面：

(1) 宏观经济状况。从长期和根本上看，股票市场的走势和变化是由一国经济发展水平和经济景气状况所决定的，股票市场价格波动也在很大程度上反映了宏观经济状况的变化。从国外证券市场历史走势不难发现，股票市场的变动趋势大体上与经济周期相吻合。宏观经济波动一般由复苏、繁荣、衰退和萧条四个阶段构成完整的经济周期。复苏阶段开始时是前一周期的最低点，产出和价格均处于最低水平。随着经济的复苏，生产的恢复和需求的增长，价格也开始逐步回升。繁荣阶段是经济周期的高峰阶段，由于投资需求和消费需求的不断扩张超过了产出的增长，刺激价格迅速上涨到较高水平。衰退阶段出现在经济周期高峰过去后，经济开始滑坡，由于需求的萎缩，供给大大超过需求，价格迅速下跌。萧条阶段是经济周期的谷底，供给和需求均处于较低水平，价格停止下跌，处于低水平上。在整个经济周期演化过程中，股票市场的走势与经济周期在时间上并不是完全一致的，通常，股票市场的变化有一定的超前，因此，股市价格被称作是宏观经济的晴雨表。

(2) 政策面分析。是指对股市可能产生影响的有关政策方面的因素。主要可以分为三方面：一是宏观导向，如政府经济方针、长远发展战略以及体制改革和国企改革的有关思路与措施。二是经济政策，包括政府财政政策、税收政策、产业政策、货币政策、外贸政策方面的变化。三是根据证券市场的发展要求而出台的一些新的政策法规，如涨跌停板、投资基金管理办法等。

(3) 利率水平。在影响股票市场走势的诸多因素中，利率是一个比较敏感的因素。一般来说，利率上升，可能会将一部分资金吸引到银行储蓄系统，从而减少了股票市场的资金量，对股价造成一定的影响。同时，由于利率上升，企业经营成本增加，利润减少，也相应地会使股票价格有所下跌。反之，利率降低，人们出于保值增值的内在需要，可能会将更多的资金投向股市，从而刺激股票价格的上涨。同时，由于利率降低，企业经营成本降低，利润增加，也相应地促使股票价格上涨。

(4) 通货膨胀。这一因素对股票市场走势有利有弊，既有刺激市场的作用，又有压抑市场的作用，但总的来看是弊大于利，它会推动股市的泡沫成分加大。在通货膨胀初期，由于货币增加会刺激生产和消费，增加企业的盈利，从而促使股票价格上涨。但通货膨胀到了一定程度时，将会推动利率上扬，从而促使股价下跌。

(5) 企业素质。对于具体的个股而言，影响其价位高低的主要因素在于企业本身的内在素质，包括财务状况、经营情况、管理水平、技术能力、市场大小、行业特点、发展潜力等一系列因素。

(6) 政治因素，指对股票市场发生直接或间接影响的政治方面的原因，如国际的政治形势，政治事件，国家之间的关系，重要政治领导人的变换等等，这些都会对股价产生巨大的、突发性的影响。这也是基本面中应该考虑的一个重要方面。

由于基本分析预测的时间跨度相对较长，预测的精确度相对较低，对短线、中线投资者的指导作用较小，所以不是本书探讨的重点，在此不作详细论述。喜爱基本面分析的投资者可重点阅读《聪明的投资者》(【美】本杰明·格雷厄姆著)、《巴菲特：从 100 元到 160 亿》(【美】 沃伦·巴菲特著)、《价值再发现：走近投资大师》([美]本杰明·格雷厄姆)著、《怎样选择成长股》(【美】菲利普·费舍)著等经典价值投资书籍。

2. 技术分析方法

所谓技术分析又称行情分析或趋势分析，重点研究市场行为。主要是假设过去的历史走势会重演，利用过去的成交价、成交量、收盘价等数据，转换成图形或指标的形式表示，用以预测未来股票价格的走势和变化程度，利用预测所得数据来获取高额报酬。基本上技术分析理论，完全脱离市场效率假说，只依赖过去股票交易市场的变化情形作为分析资料，配合统计分析的方法，来预测未来股票走势的情形，技术分析预测越准确，投资者就越有机会获取高额报酬，但如果预测准确率低时，投资者就越有机会造成重大亏损，因为高额报酬通常伴随高风险，如何提高预测准确率以降低风险性是研究技术分析的学者所需努力的目标。

技术分析的理论基础是基于三项市场假设：市场行为涵盖一切信息；价格沿趋势稳动；历史会重演。

第一条假设是进行技术分析的基础。任何一个外在的、内在的、基础的、政策的、心理的因素，以及其他影响股票价格的所有因素，都已经在市场的行为中得到了反映。第二条假设是进行技术分析最根本、最核心的因素，股价变动是按一定规律进行的，股票价格有保持原来方向运动的惯性。这符合自然界和物理学中物体运动的惯性定律，也是“顺势而为”科学理论依据。人们运用技术分析这个工具找寻这些规律，才能对今后的股票买卖活动进行有效的指导及规划。第三条假设是从人的心理因素方面考虑的。历史会大体相同的重复过去的结果是已知的，应做为现在预测未来的参考。

技术分析的要素应该是：价、量、时、空及参与者。从价格、成交量、时间、空间以及综合考虑这几大因素相互作用关系是正确分析的基础。

价格和成交量是市场行为最基本的表现。过去和现在的成交价、成交量涵盖了过去和现在的市场行为。技术分析就是利用过去和现在的成交量、成交价资料，以图形分析和指标分析等工具来分析、预测未来的市场走势。

技术分析股市的方法较多，主要分为以下 6 种：

道氏理论：主要研究股市变动的主要趋势、次要趋势和短期趋势。移动平均线是道氏理论的具体应用，用来预测股价指数未来趋势。

K 线图：是技术分析的入门工具，可从 K 线图的形态上，判断出未来股价的量度涨幅或跌幅，标准的形态有反转形态和持续整理形态等。

波浪理论：是艾略特创立的价格趋势分析工具，股价的涨跌所形成的波动具有相当程度的规律性和周期性。

江恩理论：将时间与价位统一起来研究，当发现几种预测指向同一个时间、点位时，可确定那将是一个转势点。

技术指标：是从历史价格序列或交易量衍生出来的市场指标，常被人们作为分析工具。常用的指标有移动平均线、相对平滑异同平均线 (MACD)、能量潮 (OBV) 等。

螺旋历法：由嘉路兰创立，投资者对市场前景的乐观与悲观跟随月球周期变化而起伏。市场时间螺旋的焦点发生在春分或秋分之后的新月及满月。

3. 证券组合分析法

最后一类是证券组合分析法，指根据投资者对收益率和风险的共同偏好以及投资者的个人偏好，确定投资者的最优证券组合方法并进行组合管理的方法。

传统理论以多元化证券组合来有效降低非系统性风险是证券组合分析的理论基础。而现代理论以马荷威茨的均值方差模型为证券组合分析首要理论基础，“单因素模型”、“多因素模型”和资本资产定价模型(CAPM)以及套利定价模型(APT)，是该方法在实践中的理论基础的扩充。其分析内容，首先是基于历史数据计算出拟选择的每一只证券的期望收益率和方差；然后，用线性规划或其他方法确定有效组合；最后，根据投资者的无差异曲线确定投资者最满意的证券组合。

二、道氏理论通俗解读

传统的经典投资理论主要包括：道氏理论、江恩理论、波浪理论、相反理论等。而其他的一些诸如K线理论、切线(趋势线)理论、形态理论及均线理论等均为它们所派生和繁衍。投资者必须了解和熟悉掌握分析、操作必备的基础理论。如果没有这些理论指导实际操作，那么无知的投资者必将在股市中付出惨痛的代价。

正确的投资要依靠正确的理念和正确的理论指导。道氏理论是每一个想投身于证券(股票)市场人士的必修课。它告诉我们分析市场的正确思想方法是什么，正确的投资理念是什么。因为正确的理论才能指导正确的实战操作。成功的投资人都会强调说，顺势而为是投资操作最基本，也是最重要的理念和原则。而顺应趋势就不能不提到所有市场技术分析研究的鼻祖，也是市场分析的基石——道氏理论。

1. 道氏三大假设和基本原则

道氏理论由查尔斯·道所创。查尔斯·道生于1851年，于1884年7月30日首创股票市场平均价格指数，到了1897年原始的股票指数才衍生为道·琼斯工业指数和道·琼斯铁路指数，道指至今仍是测试股市走势的最权威数据。另外，他创立了“道氏理论”。1885年道·琼斯公司把其原先办的《午间新闻通讯》改名为《华尔街日报》，此报被后人誉为“富人的圣经”。道氏在任《华尔街日报》总编的13年间，发表了一系列社论，表达了他对股市行为的研究心得。直到1903年，也就是他逝世一年后，这些文章才被收编到纳尔逊所著的《股市投机常识》一书中，正是在此书中才首次使用了“道氏理论”的提法。在为该书撰写的序言中，理查德·罗素把道氏对股市理论的贡献同弗洛伊德对精神病学的影响相媲美。后来汉密尔顿出版了《股市晴雨表》一书，将道氏理论系统化。

道氏理论由查尔斯·道所创，在道去世后，威廉姆·汉密尔顿和罗伯特·雷亚继承了道氏理论并进一步将道氏理论组织归纳和发扬光大。

道氏理论阐述的不仅仅是技术分析方法和价格运动的形态，同时它也是一门关于市场的伟大哲学。道氏理告诉我们，今天的市场行为与100年前的市场行为其实没有什么不同。道氏理论一直受到大多数人的敬重。雷亚在其所有相关著述中都强调，道氏理论在设计上是一种提升投机者或投资者知识的配备或工具，并不是可以脱离经济基本条件与市场现况的一种全方位的严格技术理论。根据定义，道氏理论是一种技术理论。换言之，它是根据价格模式的研究，推测未来价格行为的一种方法。

要了解道氏理论，首先要理解道氏理论的几个假设。雷亚表示，要成功地运用道氏理论，必须首先毫无保留地接受这些假设。

假设1：主要趋势是不可能受人为操纵的。汉密尔顿并不否认投机者、专业人士或者其他人士可能人为地干涉价格。指数或个股的日内走势或者数天、数星期的波动也可能受到人为操作，而次级折返走势也可能会受到这方面有限的影响。但是，主要趋势是不会受到人为操控的。

假设2：市场平均指数自身已经反映和包容了所有信息。

市场价格的波动已经包容了市场上所有参与者的希望、恐惧和期望，也同时反映了利率变动、收益期望、总统选举、生产计划、金融危机等所有的信息。它已经全部将能够影响到市场波动的各种内、外因素进行了反映、包容和消化。同时，股市的电脑图表系统也对其进行了忠实而客观的记录和描述，所以，我们也可以说图表包容了一切，图表就是市场的语言；即使发生火灾、地震、战争等灾难等不能预料的事情，市场指数自身也会迅速地加以评估，在短期趋势内进行消化，长期趋势仍然不受影响。

汉密尔顿注意到，市场有时候会对好消息作出消极的反映，理由很简单，因为市场的行动看上去超前了，当利好真正出现在大街小巷时，它已经提前被价格消化了。也许这能解释华尔街的一句公理：在流言中买进，在新闻发布时卖出。

假设3：道氏理论是客观化的分析理论，并非不会错误。道氏理论并不是一种万无一失而可以击败市场的系统。成功利用它协助投机或投资行为，需要深入研究，并客观判断。当主观使用它时，就会不断犯错，不断亏损。

道氏理论的创始者——查理斯·道，声称其理论并不是用于预测股市，甚至不是用于指导投资者，而是一种反映市场总体趋势的晴雨表。大多数人将道氏理论当作一种技术分析手段——这是非常遗憾的一种观点。其实，道氏理论的最伟大之处在于其宝贵的哲学思想，这是它全部的精髓。雷亚在所有相关著述中都强调，道氏理论在设计上是一种提升投机者或投资者知识的配备或工具，并不是可以脱离经济基本条件与市场现况的一种全方位的严格技术理论。根据定义，道氏理论是一种技术理论；换言之，它是根据价格模式的研究，推测未来价格行为的一种方法。

总结起来，道氏理论的基本原则是：

①平均价格包容消化了一切因素；

②股市具有三类趋势——主级正向波即主要趋势或长期趋势、次级逆向波即次要趋势或中期趋势、日间杂波即短期趋势。道氏依次用大海的潮汐、浪涛和波纹来比喻这三种趋势；

③各种平均价格指数必须相互验证；

④成交量必须验证趋势；

⑤惟有发生了确凿无疑的反转信号之后，我们才能判断一个既定的趋势已经终结。

有专家做过统计分析，从1920年到1975年，道氏理论成功地揭示了道·琼斯指数所有大幅波动中的68%，以及标准普尔500种股指大波动的67%。道氏传人汉密尔顿于1929年10月21日在一篇题为“转潮”的社论中，预测20年代的大牛市已濒近死亡。10月25日，华尔街股市盛极而衰，开始了绵延3年自386点到41点暴跌89%的大熊市。话又说过来，其实汉密尔顿从1927年1月（200点左右）起就大肆唱空了，由此错失了飚升1倍左右的大行情，但最终算来还是得大于失。正如绝大多数顺应趋势系统的设计精神一样，道氏理论的目的是捕捉市场重要运动中幅度最大的中间段。不过即使如此，它也难逃求全之苛责，最常见的批评是嫌信号来得太迟。

2. 道氏理论的核心是趋势

道氏理论是所有市场技术研究的鼻祖，是所有技术分析的基础，也是各个市场分析的基石，更是技术分析的起点和最终归结点，至今已经有近百年的历史。在当今这个频繁波动的市场里面，道氏理论的基本精神依然有效。笔者在此无论怎样强调道氏理论的重要性都不过分。基本分析虽然在分析的角度上与技术分析有所不同，但也离不开趋势的判断。如基本分析也强调世界经济、宏观经济、行业景气波动、公司未来发展的趋势分析与判断。

道氏理论给我们最终带来的最大启迪，就是顺势操作的最重要原则。顺势操作是在金融、证券市场中获利的最佳投机途径。不管股价上涨了多久，或是涨幅已巨大，如果日、周、月线趋势朝上，此时应该选择后市是继续上涨还是转势下跌？根据道氏理论中顺势而为的原则，当然应该选择上涨的可能性大于下跌的可能性，而不是自以为是认为涨多了就一定该转势下跌。反之，分析股价处于下跌趋势时也同理。除非价量很异常，或其他分析方法发出明显的转势信号。为了说明趋势概念的重要性，用图解说明一下(图 1-1~图 1-4)。

道氏理论本身虽然受到一百年前社会历史条件的制约，但它仍然是投资领域科学化思维的典范之一。对道氏理论而言，其最具历史价值之处仍在于其精确的科学化的思想方法。科学化思维是成功投资的必要条件。而科学化思维加上科学化方法则是成功投资的充分必要条件。

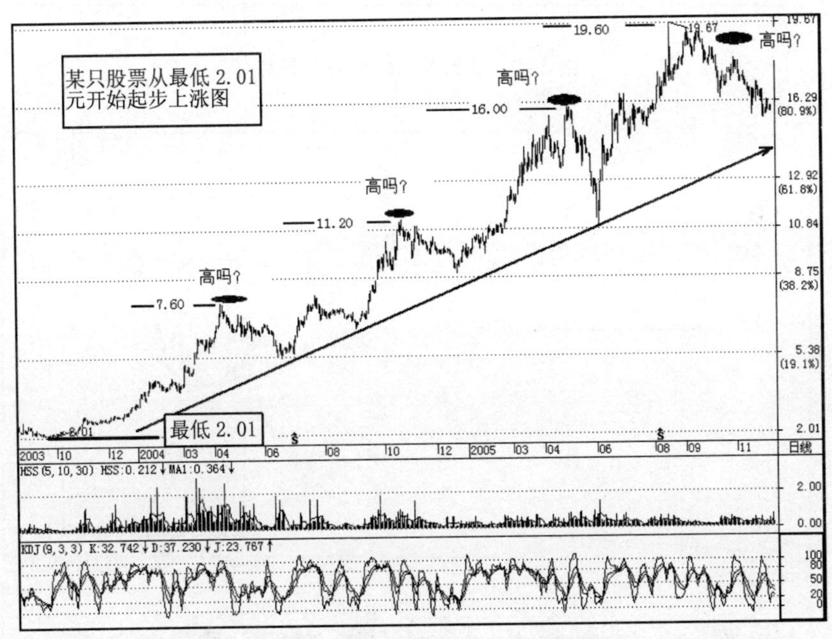

图 1-1　道氏理论的核心是趋势 1

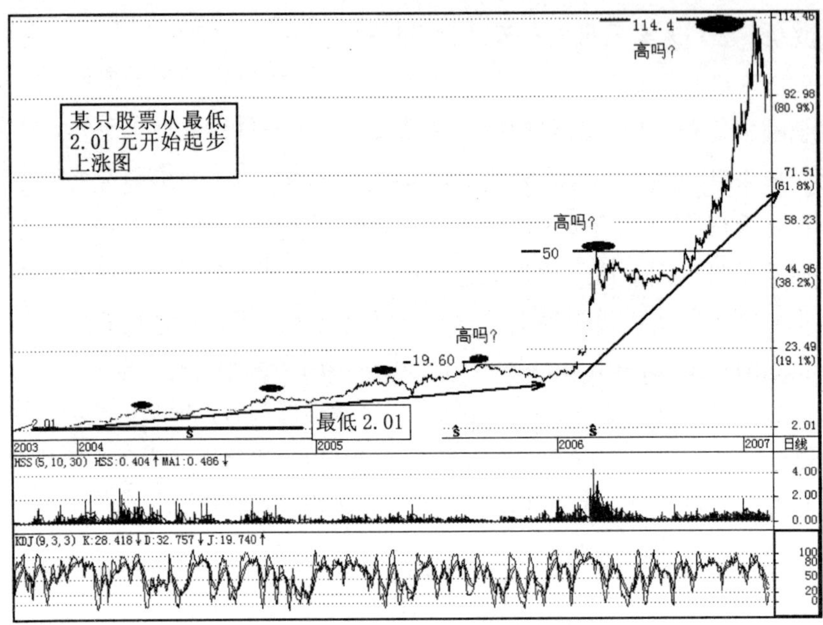

图 1-2　道氏理论的核心是趋势 2

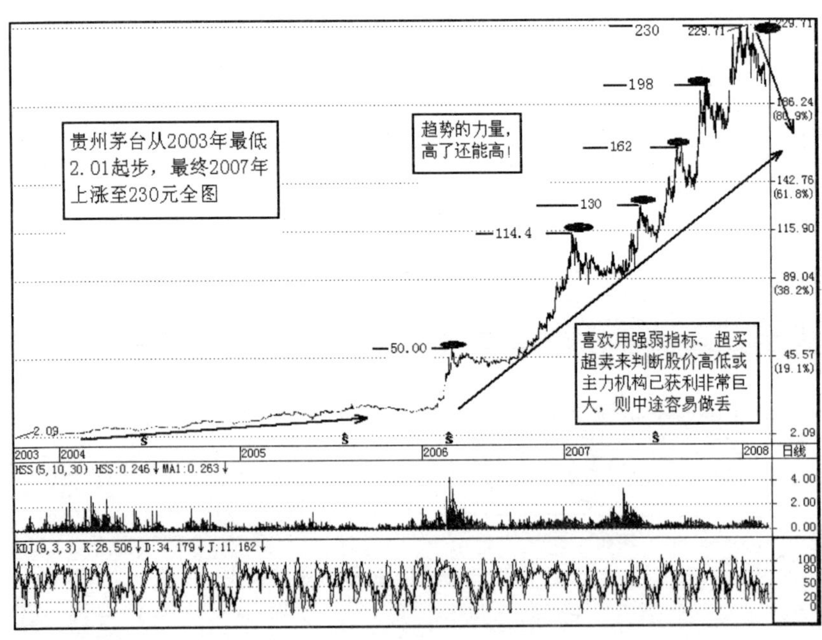

图 1-3　道氏理论的核心是趋势 3

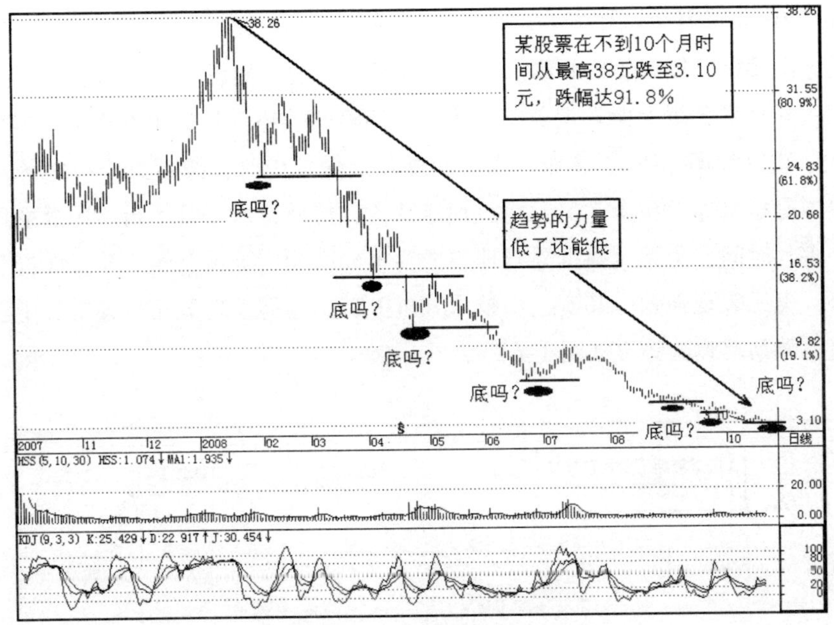

图 1–4 道氏理论的核心是趋势 4

3. 道氏理论的基本定理

道氏理论并不只是道氏个人的创造。道氏理论经历了一个由道氏提出基本框架和基本观点，由哈氏加以丰富、完善和发展，最后由瑞氏加以归纳、总结的漫长过程。其间历时达三十年之久。因此道氏理论可以说是以道氏为首的集体创造性研究的成果。

将道氏理论归纳概括为十五项定理，是瑞氏创造性研究的成果。瑞氏对道氏理论具有高度的概括，实质上是把道氏理论推向了更加条理化、系统化的高度。具体有："市场效率性定理"、"非人为操纵性定理"、"股价波动分级定理"、"主级正向波定理"、"次级逆向波定理"、"日间杂波定理"、"相互验证定理"、"成交量与价格运动关系定理"、"理论自身缺陷性定理"、"趋势判定定理"、"熊市定理"、"牛市定理"、"线状窄幅调整定理"、"图形分析定理"、"个股定理"。

为了加深读者的理解，下面笔者对道氏主要的定理进行通俗易懂的解读。

4. 市场效率性定理

即市场价格指数可以解释和反映市场的大部分行为。而技术分析的理论基石是基于三项合理的市场假设的第一项即"市场行为涵盖一切信息"，也就是这个意思。

如 2008 年 9 月美国爆发金融危机，迅速蔓延至欧洲、发展中国家，引发全球各地的金融动荡，股市纷纷暴跌。其实，在发生之前从周线、月线、甚至季度 K 线走势图，从技术分析上能发现美国股市有大调整的趋势，只是还不清楚后市会以何种方式下跌（如图 1–5）。又如，当美国爆发金融危机时，按不少分析师的常理推断，美国是危机爆发源头，美元应该加速贬值，然而，从 9 月中旬美国爆发危机以来一个多月时间，美元兑换世界其他主要货币如欧元、英镑、澳元等反而出现升值的走势，美元表现强劲。其实，从技术分析上看，也能发现美元指数走势中已提前反映这一强劲反弹趋势（如图 1–6）。

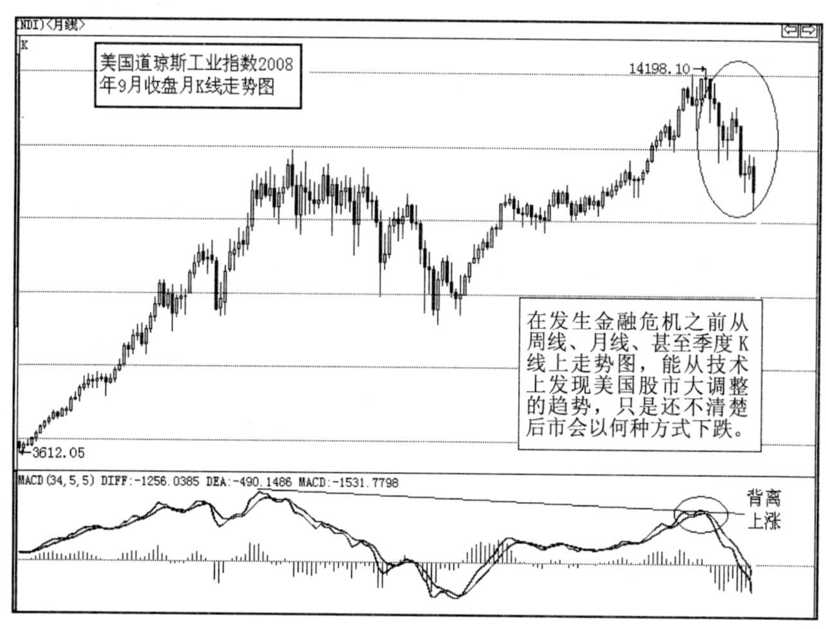

图 1–5 道琼斯 9 月收盘月 K 线走势

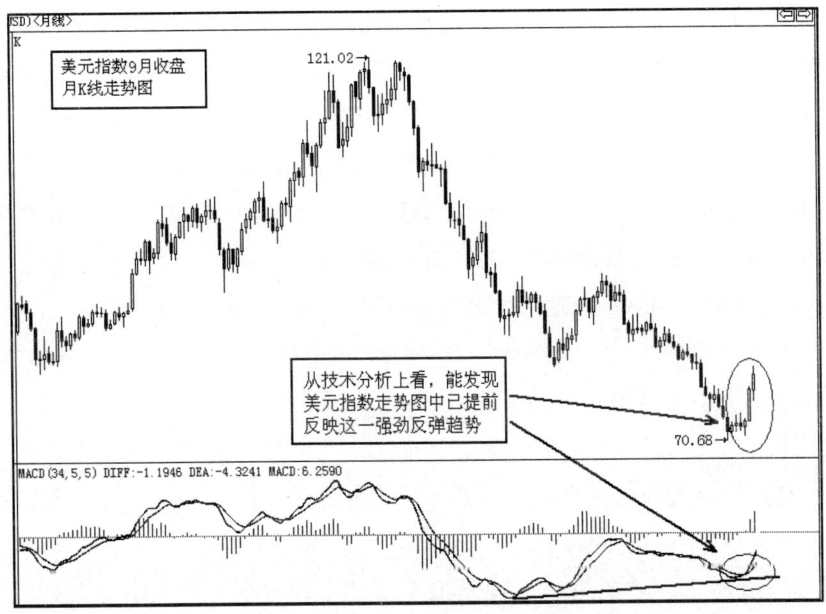

图 1-6　美元指数 9 月收盘月 K 线走势

2008 年 10 月 21 日有媒体披露，香港中信泰富持有大量澳元外汇的合约账面巨亏 155 亿港元，这使得金融危机的潜在风险再次成为各方关注的焦点。估计是香港中信泰富对澳元对美元汇率走势出现判断失误，加之未能及时平仓才导致亏损扩大(图 1-7)。

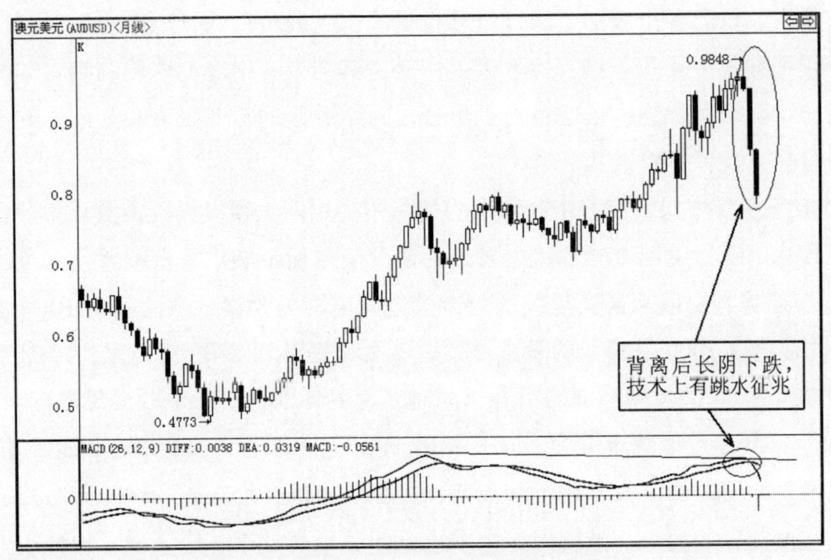

图 1-7　澳元/美元 9 月收盘月 K 线走势

在国内市场中，人们每天对于诸如宏观经济、行业政策变化、国外股市涨跌、市场扩容、大小非解禁、领导人讲话、行业和公司动态报道等层出不尽的题材不断加以评估和判断，并不断将自己的心理因素反映到市场的决策中。因此，对大多数人来说市场总是看起来难以把握和理解。其实，市场股价指数已经包含、消化了一切相关的市场信息。所以，技术分析流派认为：市场永远是对的，自有它客观运行的道理和规律，投资人只能顺应市场，不能妄想去战胜市场。

道氏理论创立一百年来的历史趋势支持道氏之市场效率性定理。

5. 非人为操纵性定理

在主级正向波水平上，股票市场不可能被人为操纵；在次级逆向波水平上，股票市场有可能受到人为操纵行为的局部影响；在日间杂波水平上，股票市场有可能受到人为操纵行为的较大的影响。

对投资者而言，道氏这一定理是最重要的定理之一。投资者必须深刻领悟、消化，对于建立自己的投资哲学思想和投资理念有非常重要的作用。

在中国这个新兴的股票市场，由于本质上还是政府调控的政策市和主力机构横行的庄股市场，很多投资者认为股票市场完全是由政府和主力庄家控制其走势。一旦投资失败，则完全怪罪于政策的干预和主力庄家的狡猾、凶狠和欺骗，而不从自身的技术、心态、风险控制和弱点等方面去寻找失败的根源。

如果有人要违背道氏这一定理，不管是政府部门还是多么强大的所谓“主力庄家”，那他必将会受到市场规律的惩罚！近几年来许多主力机构凭借其雄厚的资金实力，想在股价的各个级别上通过过分投机的操纵股价行为，以图获取暴利。股价可以炒作到翻十倍、几十倍，炒上天，但是，其结果有丰厚的账面利润，却无法兑现，最终以跳水而告终，或通过与上市公司勾结做假的财务报表和利润，欺骗部分没有经验的投资者，引诱其上当。

2008 年 9 月中旬，有着 158 年历史的华尔街第四大顶级投行雷曼兄弟公司在一夜之间轰然倒下，美国金融危机爆发。为避免华尔街金融危机持续恶化，美国政府 21 日宣布部署有史以来最大规模的救市措施，美国国会参、众两院于 10 月 1 日和 3 日通过总额达 7000 亿美元的救市方案，不久又提升到 8500 亿美元，10 月下旬美联储又推出 5500 亿救助经济的措施，同时，世界各国也纷纷采取大规模行动救市，欧洲央行公布 2 万亿救市方案。 10 月 10 日，全世界七大央行联手降息，包括美国、英国、欧洲、加拿大、瑞士和瑞典，再加上中国，均在同一时间宣布减息，以提振市场投资者的信心，试图阻止金融危机的蔓延和加剧。应该说，种种措施力度都是非常大，然而各国股市实际的走势情况是，从美国宣布部署有史最大规模的救市开始，在救市过程中，道指在短短三周时间里，从 11389 点暴跌至最低 7884 点，跌幅 30%。日本日经指数同一时间，从 12091 点暴跌至最低 8115 点，跌幅近 33%；香港恒指从 19602 点暴跌至最低 14410 点，跌幅 26%。有报道，世界首富股神巴菲特 9 月下旬号召投资者抄底，而他自己动用了 280 亿去抄底，短短两个月时间里同样被深套，几近腰斩。截至笔者完稿时各国股市的动荡走势并未企稳，还在创新低。由此可见，道氏这一定理的科学性和正确指导意义（图 1–8）。

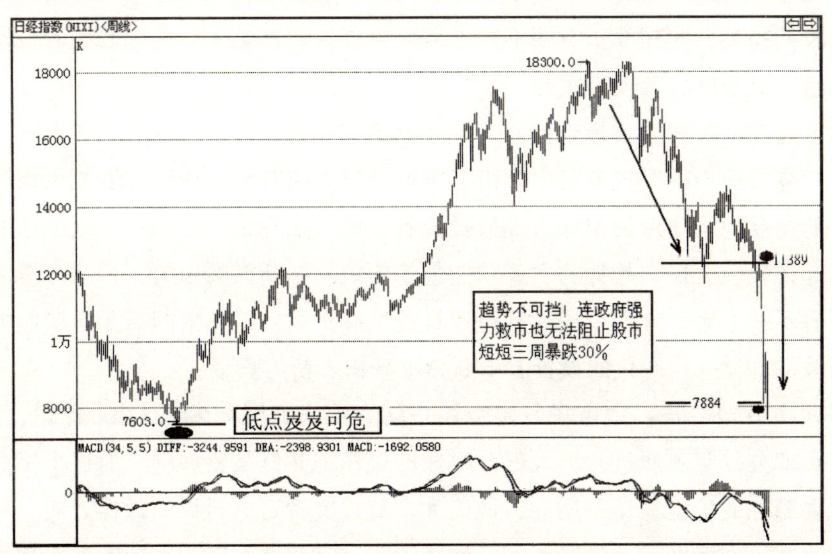

图 1–8　日经指数的暴跌走势

6. 股价波动分级定理

股价指数可分解为三个级别的运动：①主级正向波即主要趋势或长期趋势；②次级逆向波即次要趋势或中期趋势；③日间杂波即短期趋势（以下用读者熟知的长期、中期、短期趋势来阐述）。

第一级波动，即长期趋势，是最至关重要的价格波动，也就是通常所说的牛市或熊市，其长度至少持续数个月，有时可达数年之久。第二级波动，即中期趋势，是最具欺骗性的价格波动，其长度不少于三周，多可达数月。第三级波动，即短期趋势，是最无意义的价格波动。任何市场中，这三种趋势必然同时存在，彼此的方向可能相反。

长期趋势是对投资者最重要的价格波动，也最容易被辨认、归类与了解。中期趋势与短期趋势都是附属于长期趋势之中，唯有明白它们在长期趋势中的位置，才可以充分了解它们，并从中获利。但这并不是说中期趋势与短期趋势就不重要。中期趋势对于投资者较为次要，但却是投资者获利的基础，尤其是大资金战略投资成功的必备条件。它与长期趋势的方向可能相同，也可能相反。如果中期趋势严重背离长期趋势，则被视为是次级的折返走势或修正次级折返走势，必须谨慎评估，不可将其误认为是长期趋势的改变。

中期趋势与短期趋势是证券市场存在及正常运转的基础。中期趋势的主要功能是隐蔽长期趋势，使其真正意图不被大多数投资人所察觉。它是做波段的投资者主要的考量，对于投机者较为次要。

短期趋势即日间杂波最难预测，惟有投机交易者才会随时关心、考虑它。在短期趋势中寻找适当的买进或卖出时机，以追求最大的获利，或尽可能减少损失。短期趋势的主要功能作用是诱导大多数投资者，使其能有某种浮动获利或小额的终结获利。通俗地说，短期趋势的主要功能就像钓鱼时不断撒喂鱼饵，诱使一拨又一拨的投资者不断上钩。证券市场能够得以日益发展扩大，这主要归功于短期趋势不断地上下波动诱导一代一代的投资者不断为市场输入新的资金。

华尔街有句名言："市场一定会用一切办法来证明大多数人是错的"，所以，股市上大部分投资者所进行的大部分时候的操作都必然是错误的！而这个错误主要是被次要趋势的价格波动所诱导，诱使大多数投资者走向错误的操作方向，从而保证只有少数投资者能成为最终赢家，最终使以"零和博弈"为特征的证券投资市场的游戏则得以持续下去。

因此，大多数投资者在证券市场上是在中期与短期趋势的水平上赚小钱，但在长期趋势的水平上输大钱，而最终成为市场上的输家。少数高明的投资家则在中期与短期趋势的水平上亏小钱，但在长期趋势的水平上赚大钱，而最终成为市场上的赢家。所以，如何正确、准确区分长期趋势、中期趋势与短期趋势对投资成败，则具有至关重要的意义。

7. 主级正向波定理

主级正向波即长期趋势标示市场价格运动的基本方向，代表市场整体的基本趋势，也就是人们常说的"牛市"或"熊市"。其时间长度至少数月，也可能长达数年或十数年之久。了解长期趋势是成功投机或投资的最起码条件。一位投机者如果对长期趋势有信心，只要在进场时机上有适当的判断，便可以赚取相当不错的获利。有关主要趋势的幅度大小与期限长度，虽然没有明确的预测方法，但可以利用历史上的价格走势资料，以统计方法归纳分析主要趋势与次级中期趋势的走势。但迄今为止没有任何方法能准确预测主级正向波的时间长度。

道氏定理之主级正向波定理至少给我们有三点启示：

①正确确定主要趋势对成功投资或投机的极端重要。②100 多年来仍然没有任何方法能准确预测主要趋势的长度。这是一个非常重要的哲学思想。因此，投资者不要去当神仙，企图比市场更聪明！不要盲目地、徒劳地去预测市场顶与底，只需顺势而为即可。③由此，我们应该树立的正确投资方法是以趋势跟踪技术为基础，而非以趋势预测技术为基础。

最好的铁证是：道琼斯指数从 2000 点到 14000 点的近二十年里，所有千千万万世界顶尖级经济师、金融师、外汇师、投资专家等等各种所谓的预测大师，都无数次预测错所谓的“顶点”，但无人能提前准确预测(图 1-9)。这也意味各种各样的所谓基本面、心理面以及技术面的分析或指标都彻底的无效！还是回到最基本最简单的道氏原理吧！巴菲特为什么成功？他能成为世界首富，拥有 500 亿美元财富，成为资本市场价值投资的最佳典范。其实，关键就在于他把握了股票的长期趋势，不为短中期趋势波动所动摇，耐心持有。

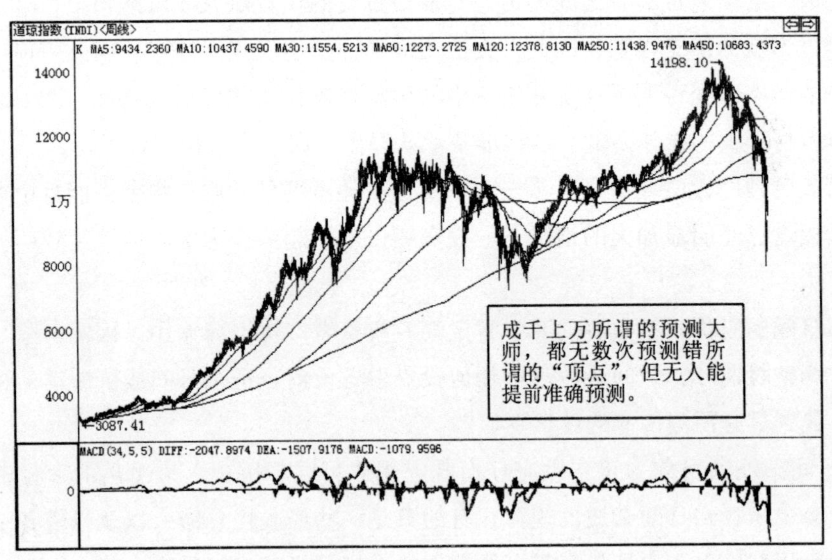

图 1-9 道琼斯指数从 1992 年到 2008 年走势

8. 次级逆向波和日间杂波定理

次级逆向波即中期趋势，是指牛市中的重大回调及熊市中的重大反弹。次级逆向波的时间不短于三周，并且通常可回调主级正向波距离的1/3至2/3。次级逆向波没有固定的形态和模式。因此次级逆向波的多变形态也就极具欺骗性，常常使人误认为主级正向波已经开始转换。次级逆向波的这种欺骗性根源于最后一个次级逆向波实际上将成为下一个主级正向波中的第一波。

道氏、哈氏和瑞氏都极其看重次级逆向波，认为次级逆向波的存在是证券市场得以正常运行的重要保障条件。在主级正向波的发展过程中，次级逆向波对供求关系的失衡状态起到调节和制衡作用，从而使主级正向波的发展过程不致因为供求关系的严重失衡而中断。另外，次级逆向波的一个重要作用是证券市场中的财富和利益进行再分配，以保证证券市场的“零和博弈”特征得以保持下去。

从道氏定理之次级逆向波定理，我们可以得到如下启示：①与主级正向波一样，无任何一种方法能精确预测次级逆向波的长度。对二者的识别都不可能分别单独地完成，必须经过二者之间的形态与发展过程的比较研究才可能得出。②次级逆向波是以多变的形态存在，因此，无法用准确而固定模式来描述。由此引申出次级逆向波的形态多变说明了在实际投资中的风险控制技术的极端重要性。③要求投资者时刻保持谨慎的操作态度，随时准备承认操作失误，及时控制好风险。

有效的炒股方法应该是什么？对于现在证券市场日益波动频繁，而且中期趋势的波动幅度已经明显加大的情况下，投资者以中期趋势作为准则应该是较明智的选择。

每日间的股价、指数波动几乎肯定会对投资者产生误导作用。因此，除“线状窄幅”调整时期外，日间杂波没有任何投资参考价值。记录日间股价波动的目的在于最终找到具有预测价值的可识别形态。

日间杂波到目前为止，没有任何既定规律可寻。历史上最杰出的大投资家穷其一生，也未找到日间杂波的规律。有的只是一些经验性总结，以及投资者个人艺术性的运用。这也是中外热衷于短线操作的大量投机者为何最终大部分人都会以失败而告终的原因。

9. 相互验证定理

道·琼斯铁路指数与道·琼斯工业指数的运动必须同时考虑。在两指数运动不能相互验证之前，无法获得可靠的推论。单独观察某一指数的运动，而不用另一个指数加以验证，极易产生误导。

道氏自己认为，相互验证定理是道氏理论中最重要的组成部分。相互验证定理的重要性，不但在于道氏提出了独特的观察整个市场的角度，而且是提出了一种独特的研究方法。

作为职业投资者，必须深刻领会道氏理论之相互验证定理的深刻内涵和真正含义。相互验证定理并不在于简单地观察两指数之间的相互关系，而在于道氏提出了一个深刻的理论问题，即一个真正健康有发展的证券市场，必须是整个生产部分(以道·琼斯工业指数为代表)和整个流通部分(以道·琼斯铁路指数即运输指数为代表)都表现出不断向好的态势。

道氏提出的这一种重要的研究问题的思想方法，也就是告诉我们要注重发现并把握所研究事物与其主要制约因素之间的关系变化。另外，根据道氏理论之相互验证定理，可引申出，在同一个国家里，如两个或两个以上证券市场，各个市场的走势必须进行相互验证、比较，这样得出的推论才较为准确。

10. 趋势判定定理

当一日以上的道·琼斯指数运动造成方向净改变的幅度大于指数价格本身的3%时，则称之为“上升浪”或“下降浪”。当后续上升浪突破前一个高点，且后续下降浪终止于前一个低点之上时，则表示价格处于上升趋势中。反之，当后续上升浪终止于前一高点之下，且后续下降浪突破前一低点时，则表示价格处于下降趋势中。当道·琼斯工业指数与道·琼斯铁路指数同时处于上升趋势中，则可确定整个市场处于上升趋势中。反之，则整个市场处于下降趋势中。道·琼斯工业指数与铁路指数的相互确认并不需要发生于同一交易日。

从现在看来，道氏的趋势判定定理，在一百年前就提出，已是非常了不起。直至今天仍具有最具参考价值的定义方法。

简单地讲，股价波动的方向只有三种形式，即股价上升、股价下降、股价横向整理。根据趋势判定定理，上升浪即是一浪高点比一浪高，低点也逐次抬高；反之，下跌浪即是一浪低点比一浪低，高点也逐次降低，如此简单、清晰(图1-10)！

股价横向波动，即是一浪高点比一浪低或持平，一浪低点比一浪高或持平，或一浪高点比一浪高，但一浪低点反而比一浪低，或一浪低点比一浪高，但一浪高点比一浪低，构成横行小箱体波动，收敛波动或扩延波动。总之，横向波动是没有什么可寻的波动规律，走势也较为复杂，它没有明显的上升或下降趋势。应对横行波动的方法就有耐心等待横盘结束(图1-11)。

如果投资者连趋势概念最基本的判断方法都不能掌握，那么，其他所有的技术分析方法也无法有效指导分析、实战运用！

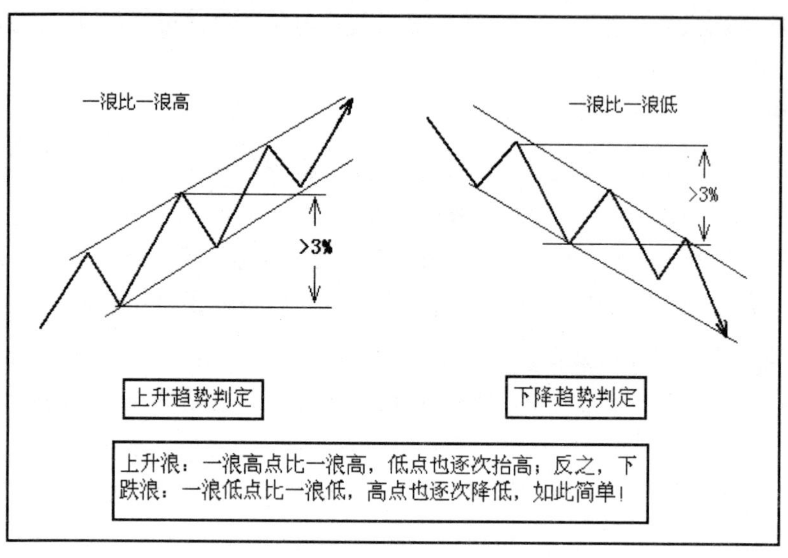

图 1-10 趋势判定简单 1

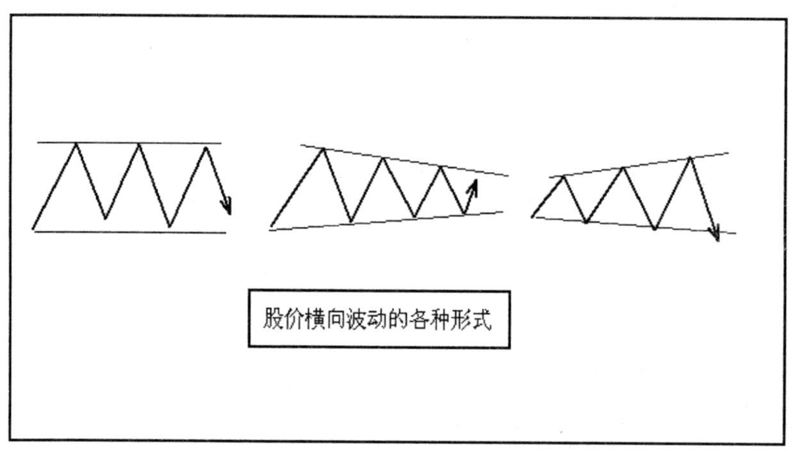

图 1-11 趋势判定简单 2

在股价波动分级定理里，我们知道，趋势主要分为长期趋势、中期趋势和短期趋势。长期趋势之中包含了多个中期趋势和无数个短期趋势，加之，股价波动有上升、下降、横向三种形式，而长期、中期、短期趋势波动方向经常不统一，这容易给投资者分析操作带来困惑。如即时图、1 分钟、5 分钟、15 分钟、30 分钟、小时、日线、周线、月线、季度、年线等周期，大小不同的趋势之间波动方向往往不同向，甚至相反，这给分析和操作时容易造成诸多困惑。如何在实际运用理论中化繁为简就显得非常重要。

例如，在期货铜合约品种周 K 线走势图中（图 1-12、图 1-13），长期、中期、

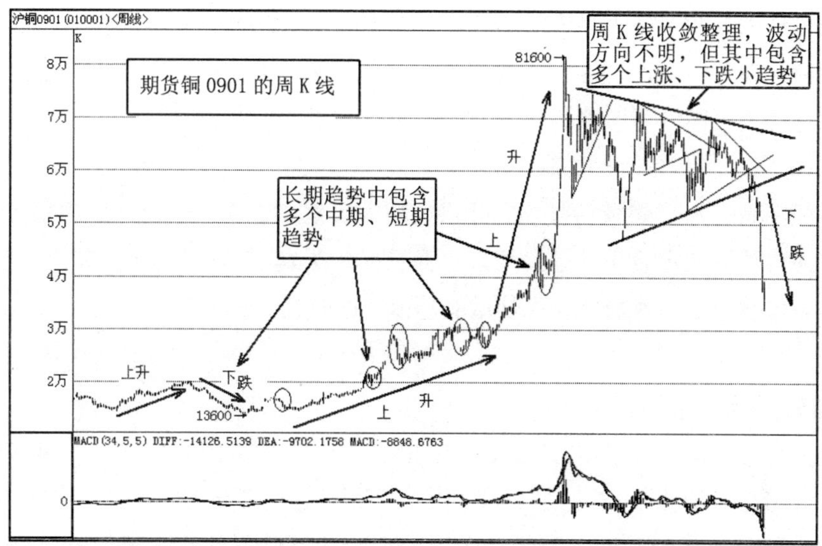

图 1–12　大中小趋势总是交错在一起

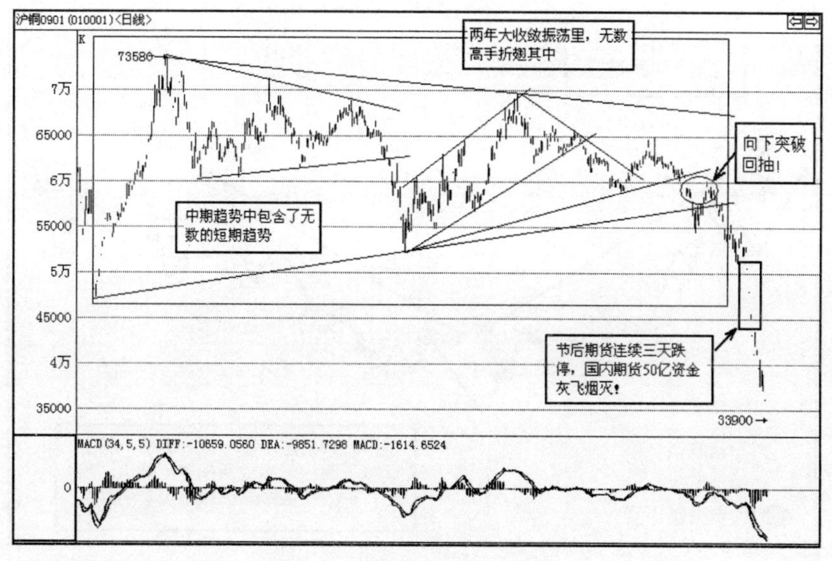

图 1–13　中小趋势交错在一起

短期趋势的不同波动方向相互交错在一起，因期货有杠杆效应，一旦仓位控制不当，所操作周期的趋势方向判断出现失误，其结果带来的损失是巨大的，甚至暴仓。据有调查资料显示，自 2001 年期货铜最低 13000 多元开始的大牛市行情中，最终亏损的人仍占大多数。甚至在 2006 年见顶 81600 元左右后的两年收敛大振荡走势里，无数期货高手折翅其中。值得一提的是，2008 年国庆节后，因金融危机冲击，国内所有期货品种几乎全线连续三天跌停，节前所有多头持仓的人大量暴仓，直接威胁到期货公司的生存，为此交易所不得不采取紧急措施，强行平仓。据专业人士保守测算，国内所有多头持仓共有接近50亿资金在2008年国庆节后的三天中灰飞烟灭。

一般在划分趋势的级别时，先分析判断大级别如长期、中期、短期趋势各自的波动方向，然后选定合适的趋势级别，而具体的买卖下单操作，则需要在更小级别的小趋势波动中去寻找最佳、次佳做多、做空的时机。

11. 趋势买卖方法

趋势判定定理，引申出实战操作中主要的股票买卖操作方法——即突破买卖法。上升浪是一浪高点比一浪高，反之，下跌浪是一浪低点比一浪低，也就是说，趋势方向的判定必须是新一浪突破前一浪上涨或下跌的新高或新低方可确认，那么，突破新高或新低就是买卖的时机(图1-14)。

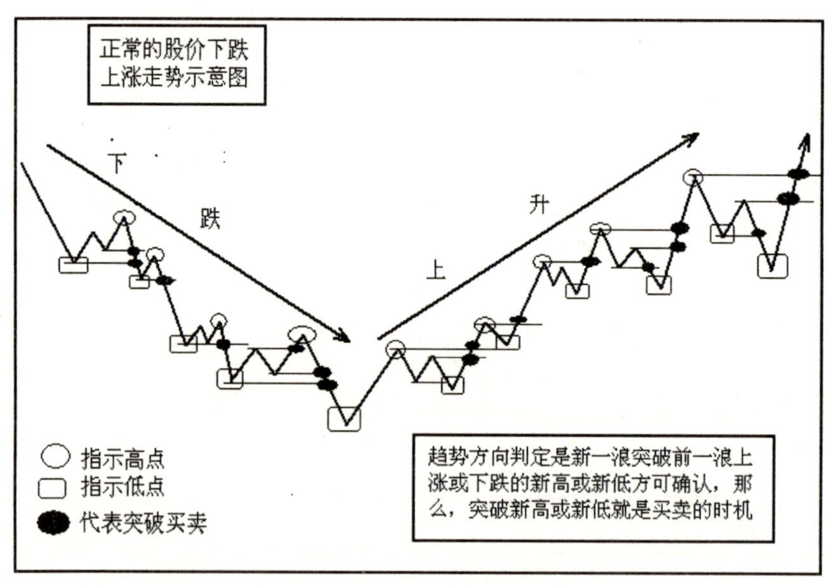

图1-14　突破买卖方法

突破的概念不仅仅是指股价创新高或新低，在实战操作中还可延伸理解为包括趋势线突破、形态突破、K线突破等经典买卖方法。至于期货、外汇操作中做多、做空的突破原理同上。

但是，同样是突破买入法，运用在有杠杆的品种如期货、外汇时，也常常出现非常被动的时候。因为，很多人都是在趋势形成后的过程中、创新高时做多买入或者在创新低时做空卖出，然而，突破创新高或新低后，时常也会出现随之而来的折返，因为杠杆倍数放大风险及仓位不当的缘故，并不大的折返也可能造成非常被动或巨大亏损，或容易触及到止损点而出局。例如图 1–15 的国内期货铜在 2004 年 5 月至 2005 年 8 月的走势中，向上突破后经常有回调出现。如果用突破买入的方法，却是非常的被动。遇到这种振荡上扬的走势就需要合理安排资金，突破追涨与低吸建仓相结合才比较合适。

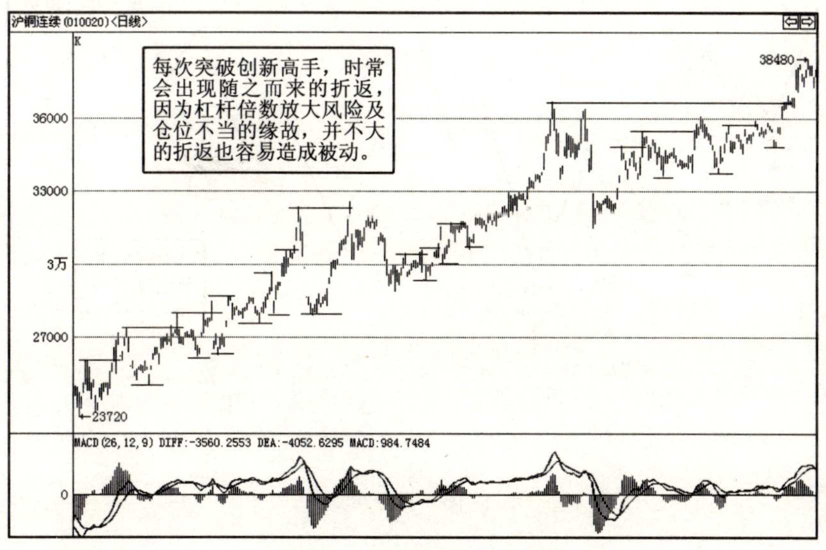

图 1–15 期货铜某段日 K 线走势

趋势判定定理，还引申出第二点概念，即在实战操作中安全的买卖方法。

从趋势的判定和确认方法中，股价波动由下跌浪转入上升浪时，除了一浪高点比一浪高，同时，低点也必须比前一上升浪的低点高，否则，不能判定其为上升浪。那么，第一个上升浪后的回调不再创新低时的低点即第二点，也就是常说的见底回升后再次回抽不破底、确认时形成的第二个低点，这个第二点就是较为安全的买进时机。长期以来，各类书籍、媒体都喜欢渲染高手们如何抄底、逃顶的绝招技巧，如何聪明、如何取得了不起成绩等等，其实，很大程度上误导了技术基础不好的散户投资者。在下降趋势的下跌浪中，贸然抄底，其实抄的就是如图 1–16 左中所示的第“1”点。买第“1”点，虽然有可能买到最低，但由于趋势是否转势还有待于确认，股价反弹后可能还会创新低，原来以为的第“1”点，也许仅仅是下跌途中的某个低点而已(第 1 点需要第 2 点来确认)，故而容易被套。反过来，在上升趋势的上升浪中，匆忙逃顶，其实逃的就是如图 1-16 右中所示的第“1”点。卖第“1”点，虽然有可能卖到最高，但由于趋势是否转势还有待于确认，股价回调后可能还会创新高，原来主观以为的第“1”点，也许仅仅是上升途中的某个高点，因此，也容易过早卖出，错失一段利润。

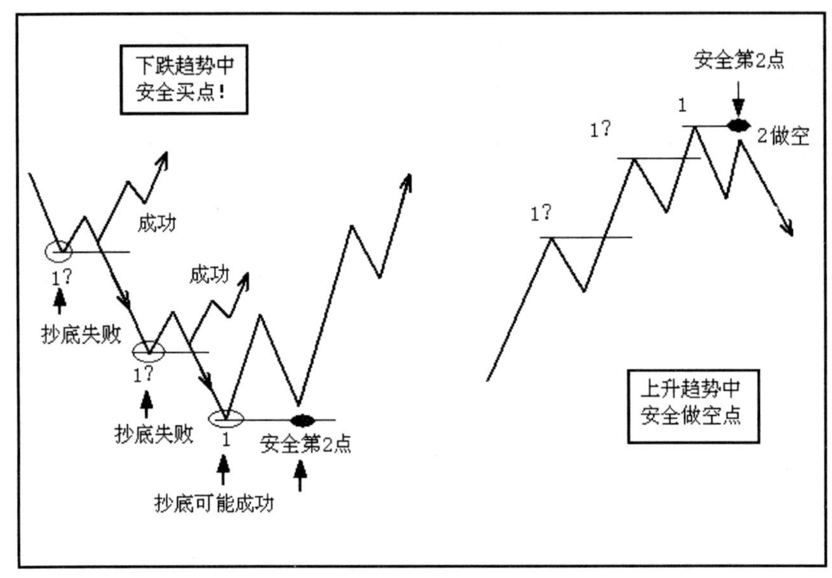

图 1-16 安全买卖点

需要说明的是，所谓安全的第二点买卖方法，也不是万能的。有时候“底部”的第 2 点形成后向上假突破或横行波动，最终还可能选择向下突破，但由于买点价位相对较低，创新低时及时止损出局，损失也不大，至少比没有理论技术支持而胡乱抄底要高明很多。

另外，趋势判定定理，还引申出趋势线的概念与运用，后面专门阐述。

其实，深刻理解趋势的基本概念，在实战操作中非常重要！我们大部分时间都需要耐心等待，下跌趋势途中空仓等待，上升趋势途中重仓等待，只有转势确认才动手买卖。

趋势判定、趋势概念看似很简单，但也是投资者在实际运用中最容易忽略的地方。而往往最基本、最简单的就是最好、最实用的！对此投资者要深刻理解！这也是本小节笔者用较多篇幅来阐述浅显道理的原因所在。

12. 熊市定理和牛市定理

熊市是指价格的长期下行运动，其间伴有重大的价格反弹。熊市由各类国民经济病症所引发。当股票价格充分反映人们对未来最严重事件的担忧之前，熊市不会结束。熊市由三个主要阶段构成：第一阶段即失望阶段，投资者开始放弃由牛市最后阶段所诱发的贪欲，这时股市上的股票抛售主要由失望情绪所引发。第二阶段即悲观阶段，经济病症与企业病症已开始显现，从而引发新一轮的股票抛售。第三阶段即绝望阶段，市场由绝望气氛所笼罩，投资者对经济和股市感到看不到任何前途。人们也不再相信优良股票的价值。这一轮的股票抛售是在绝望的气氛中进行的。

牛市是指价格的长期上行运动，其间伴有次级逆向波。牛市的平均长度长于两年。牛市中股票价格上涨主要由于两个原因：由于企业状况改善而导致股票投资活动增加和由于市场活跃而导致的股票投机活动增加。牛市由三个主要阶段构成：第一阶段即怀疑阶段，在这一阶段中，投资者对企业前景的信心在怀疑中逐步恢复。第二阶段即乐观阶段，在这一阶段中，企业效益不断改善的信息不断刺激股价上涨，投资者对企业前景处于乐观状态。第三阶段即狂热阶段，在这一阶段中，股价上涨已完全脱离了企业效益的基础，而完全由投资者的主观意愿所驱动。

实际上，在牛市的三个阶段中，商业统计、股市分析与评论及投资大众对未来前景的看法仍一致性地滞后于股市的发展。

值得投资者必须注意的是：在牛市和熊市各阶段间的依次交替发展变化中，证券市场中投资性交易与投机性的比重也将依次发生变化。

我们从道氏理论的熊市定理和牛市定理，细分熊市和牛市的各个阶段为：失望→悲观→绝望→怀疑→乐观→狂热→失望……循环往复。投资者必须掌握投资性交易与投机性交易相互间比重的变化规律，制定相应的投资策略和应对方法，以较好地控制风险。

然而，正确判断股票市场处于何种发展阶段，对于正确地进行投资决策无疑具有至关重要的保证作用。

13. 个股定理及操作时段

个别股票的波动与整个股票市场的价格波动密切相关。在一百年前，道氏理论不但提出了与当时流行观点截然相反的观点，即道氏认为个别股票的波动将受到整个状况的强烈影响，而且，道氏通过科学地构造出道琼斯指数体系，为衡量股票市场整体波动状况提供了一套科学而精确的尺度。为正确制定投资战略策略和制订投资风险控制体系提供了理论依据。

道氏理论之个股定理是一个极为重要的定理，他实际上提出了一个“个股不敌大势”、“大盘背景制约个股表现”的观点。道氏的这一理论论断，在现实的市场中表现为个股不敌大势。市中纵使有个别逆势强庄股的存在，也并不能从总体上推翻该理论的真理性。多年来国内外无数的统计事实，充分证明了该理论在中外股市的真理性。

市场大势背景健康、良好，这一前提是大资金进出股市安全的最根本保证。逆势而为这种市场行为，对大资金而言鲜有成功，切记。满足于抛开大势做个股此种认识和投资行为的人，在他今后的投资生涯中，也绝对难以成就大器，更是绝对难以担当动作大资金能够稳定、持续成功获利的重任。尤其是大势处于熊市或下降通道、趋势之中，对道氏的这一观点需要倍加重视，认真体会。

道氏大盘制约个股的观点引申出一个股市中可操作时段的概念。许多推崇价值投资或短线高手都喜欢用“抛开大盘做个股”来显示自己成功的秘诀，由此，“抛开大盘指数，精选个股操作”这句名言往往容易误导许多初学者。的确，无论指数在上涨或下跌时，每天都有不少个股在下跌或上涨，此起彼伏，盘面个股精彩纷呈，赚钱机会多多。同时，在实战操作中，决定你盈亏多少的是持有的个股而非大盘指数。因此，指数是操作时的重要参考条件，而精选个股则是关键。其实，此名句也要辩证去深刻理解：当指数处于上升阶段或横盘波动阶段，抛开大盘做个股就是对的，但当指数处于下跌阶段时，就不能轻易抛开大盘埋头做个股了，尤其是主跌段，因为在恐慌暴跌中往往是“倾巢之下焉有完卵”，强势股票也很容易因持股者心态不稳而下跌。由此，引申出实战操盘中股市的可操作指数时段(区域)，以下用图解显示就很简单明了(图 1–17)。

我们在学习理解道氏理论时，不能把道氏理论机械地简化为一个技术体系，而摒弃了道氏理论中最精华的哲学思想。只有把道氏理论看作证券投资及分析的一种哲学体系，才可能真正领会到其中的真谛。

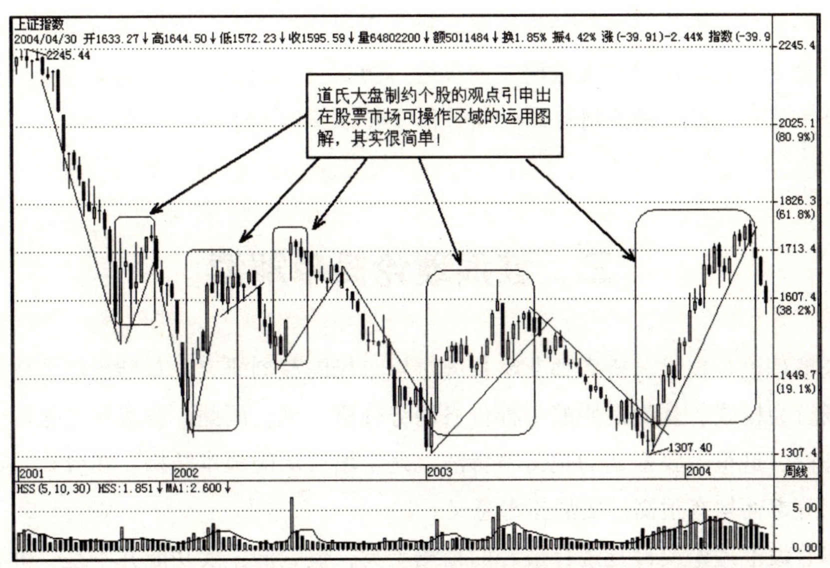

图 1-17 大盘指数的可操作时段

14. 道氏理论的缺陷

(1) 最常见的批评是转势信号太迟，导致它的可操作性较差。因为道氏理论在判定趋势转变之前，需要一个一浪高过一浪的确认过程，以及两种指数的互相确认，这样做已经慢了半拍。当人们根据趋势确认后再进出场，行情已经进行了一段了。其实，这点正是道氏理论在操作中的稳健性表现，趋势确认转变后，虽然收益不是最大，但能吃到甘蔗的中间段，风险最小。

(2) 道氏理论主要是对趋势进行定性分析，缺乏定量分析，对主要趋势的三个阶段的分析也比较粗糙。道氏理论对主要趋势的判断有较大的作用，而对于每日每时都在发生的小波动则显得有些“无能为力”，甚至对次级的中期趋势判断作用也不大，导致不少投资者认为道氏理论的可操作性较差。他们认为，一方面，道氏理论的结论落后于价格变化，信号太迟；另一方面，理论本身存在不足，使得一个很优秀的道氏理论分析师在进行行情判断时，也会因得到一些不明确的信号而产生困惑。

(3) 道氏理论对时间问题缺乏研究。尤其是对长期趋势、中期趋势持续时间的跨度长短过于模糊，给投资人在行情判断时带来困惑。

最后，需要强调的是，道氏理论作为所有市场技术研究的鼻祖，已经在金融市场上经受住了一百年的考验。迄今为止，道氏理论所蕴含的哲学观点、深刻洞察力、客观科学含量及其理论体系的完整性，在众多的市场分析理论中占有无法撼动的最重要地位。不论是成功的投资家，还是普通的投资者，都应学习道氏理论这样经典的投资理论。需要更细致研读的读者可阅读《道氏理论——股票市场分析的基石》(陈东著)、《道氏理论精解》((香港)利可求)及国外经典书中介绍。

三、波浪理论简单解读

波浪理论是技术分析大师艾略特通过对市场的深刻研究，总结出经常重复出现的市场行为模式，从而发明的一种价格趋势分析工具，因此，波浪理论也叫艾略特波浪理论。这里需要强调的是艾略特波浪是市场波动的根本结构，在分析预测、风险控制等方面均有很高的实战参考意义。

尽管波浪理论或许是现存最好的预测工具，但它的主要功能并不是一种预测工具，而是对市场行为的细致刻画。不过，这种刻画的确传达了有关市场在行为连续统一体中所处位置，及其随后的运动轨迹方面的学问。波浪理论的主要价值在于它为市场分析提供了一种背景。这种背景既提供了严密思考的基础，又提供了对市场总体位置及前景的展望。在很多时候，它识别——甚至是参与——市场运动方向变化的准确性让人难以置信。人类群体活动的许多方面也显示出了波浪理论，但它在股市中的应用得最广泛。

艾略特认为，不管是股票还是商品价格的波动，都与大自然的潮汐、波浪一样，一波接着一波，一浪跟着一浪，周而复始，具有相当程度的规律性，展现出周期循环的特点，任何波动均有迹有循。因此，投资者可以根据这些规律性的波动预测价格未来的走势，并选择恰当的买卖策略。

波浪理论是以周期为基础，他把大的运动周期分成时间长短不同的各种周期，并指出，在一个大周期之中可能存在的一些小周期；而小的周期又可以再细分成更小的周期，每个周期无论时间长短，都是以一种基本模式（结构)进行，这种模式(结构）就是每个周期都是由上升(或下降)的 5 个过程和下降(或上升)的 3 个过程组成，每个过程又称之为波浪。实际上波浪理论只有两种浪，即推动浪（包括倾斜三角形驱动浪)和调整浪。

波浪理论在实战中具有独特的价值，其主要表现为通用性及准确性。通用性表现在大部分时间里能对市场价格进行预测，人类许多的活动也都遵守波浪理论的波动原理。但是艾略特之研究是立足于股市，因而是股市上最常应用的一种传统理论。准确性表现在运用波浪理论分析市场股价变化方向时常常显示出惊人的准确率。

1. 波浪理论的基本要点

(1) 股价指数的上升和下跌将会交替进行。一个运动之后必有相反运动发生。

(2) 推动浪和调整浪是价格波动两个最基本型态，而主趋势上的推动浪与主趋势方向相同，通常可分为更低一级的五个浪；调整浪与主趋势方向相反，通常可分为更低一级的三个浪即分成三个 A、B、C 小浪。

(3) 八个波浪运动（五个上升、三个下降，或三个上升、五个下降）构成一个循环，自然又形成上级波动的两个分支。波浪可合并为高一级的浪，亦可以再分割为低一级的小浪。

(4) 推动浪中 1、3、5 三个波浪里，第 3 浪不可以是最短的一个波浪，第 3 浪总会运动得超过第 1 浪的终点。

(5) 假如三个推动浪中的任何一个浪成为延伸浪，其余两个波浪的运行时间及幅度会趋一致。

(6) 调整浪通常以三浪的形态运行，绝不会以五浪形态运行。

(7) 黄金分割率奇异数字组合是波浪理论的数据基础。

(8) 经常遇见的回吐比率为 0.382、0.5 及 0.618。

(9) 第四浪的底不可以低于第一浪的顶。

(10) 波浪理论包括三部分：型态、比率及时间，其重要性以排行先后为序。

(11) 波浪理论主要反映群众心理。参与越多的市场，其准确性越高。

2. 波浪理论三条铁律及补充规则

自然的波动韵律是艾略特波浪理论的灵魂。股价运动要素的模式、时间、比例及其相互关系是其波浪理论体系的关键架构。其关键架构主要包括三个部分，第一，股价走势形成的形态；第二，股价走势图中各个高点和低点所处的相对位置，即波幅比率；第三，完成某个形态所经历的时间长短，即持续时间。

在这三个方面中，股价的形态是最为主要的，它是指波浪的形状和构造，是波浪理论赖以生存的基础。数浪的正确与否，对成功运用波浪理论进行投资时机的掌握至关重要。所谓数浪的基本规则，只有三条或称三条铁律。

数浪的三条基本规则：一，第三浪常常是最长的一浪，永远不允许是推动浪中最短的一个浪。在股价的实际走势中，通常第三浪是最具有爆炸性的一浪。二，第二浪永远不会运动到超过第一浪的起点。三，第四浪的底部（除非在倾斜三角形即楔形内）不可以低于第一浪的浪顶。还有推动浪的指导方针，包括延长、衰竭、交替、等长、通道、个性和各种比率关关系。

除了以上三个在数浪时的铁律外，还有三个补充规则，这三个补充规则并非牢不可破的铁律，它主要是帮助投资者能更好的判别浪型，协助正确数浪工作。

补充规则一：交替规则，如果在整个浪形循环中，第二浪以简单的形态出现，则第四浪多数会以较为复杂的形态出现。反之，第二浪以复杂的形态出现，则第四浪多数会以较为简单的形态出现。第二浪和第四浪就性质而言，都属于与推动浪相反的调整浪，而调整浪的形态有许多种子类型。这条补充规则，能较好地帮助投资者分析和推测市场价格的未来发展和变化，从而把握住进出的时机。

补充规则二：股市在上升一段后进入调整期，尤其是当调整浪乃属于第四浪的时候，多数会在较低一级的第四浪内完成。通常性情况下，会在接近终点附近完结。这条补充规则主要是为投资者提供调整的终结点，从而使投资者了解在调整临近终结时，应注意做多、做空时的策略。不使投资者操作犯方向性的大错，铸成不可逆转的局面。

补充规则三：波的等量性。在第 1、3、5 浪的三个推动浪中，其中最多只有一个浪会出现延长波浪，而其他两个推动浪则约略相等。即使不会相等，仍会以 0.618 等黄金比律出现对应的关系。

数浪规则是波浪理论的方法基础，其正确与否直接关系到研判的结果。依据波浪理论的论点，一个价格的波动周期，从牛市到熊市的完成，包括了 5 个上升波浪与 3 个下降波浪，总计有 8 浪。每一个上升的波浪，称之为“推动浪”，每一个下跌波浪，是为前一个上升波浪的“调整浪”。对于大循环来讲，第一浪至第五浪是一个“大推动浪”；ABC 三浪则为“大调整浪”。一般说来，八个浪各有不同的表现和特性，了解和熟悉这些特性这有助于如何来划分上升五浪和下跌三浪。

3. 倾斜三角形(楔形)

倾斜三角形是一种驱动模式，但不是推动浪，因为它有一两个调整特征。在波浪结构中，倾斜三角形会在特定的位置代替推动浪。同推动浪一样，在倾斜三角形中没有哪个反作用子浪会完全回撤掉先前的作用子浪，而且第三子浪也永远不是最短的一浪。然而，倾斜三角形是唯一一种在主要趋势方向上浪 4 总会进入(即重叠)浪 1 价格领地的五浪结构。在极少数情况下，倾斜三角形浪会以衰竭形态告终，尽管根据我们的经验，这种衰竭形态只会以微不足道的幅度出现。

终结倾斜三角形是一种特殊类型的波浪，主要出现在第五浪的位置上，此时正如艾略特形容的那样，它先前的波浪运动已经走得“太快太远了”。很小一部分终结倾斜三角形出现在 A—B—C 结构的 C 浪位置上。在双重三浪和三重三浪中，它们仅作为最后的 C 浪出现；在任何情况下，它们总能在大一级模式的终点找到，标志着大一级的波浪运动的竭尽。

终结倾斜三角形以二条会聚线内的楔形出现。它的每一个子浪，包括浪 1、3 和 5，都可细分成“三浪”——在其他地方是一种调整浪的现象，从头到尾产生一个 3—3—3—3—3 的波浪计数(图 1-18、1-19、1-20、1-21)。

当倾斜三角形出现在浪 5 或浪 C 的位置时，它们往往呈艾略特描述的 3—3—3—3—3 形状。然而，也有一种出现在推动浪的浪 5、浪 1 位置，以及锯齿形调整浪的浪 A 位置的这种模式的变体——引导倾斜三角形。引导倾斜三角形的浪 1 和浪 4 独特的重叠，以及二条边界线会聚成楔形，仍然同终结倾斜三角形中一样。不过，它的子浪有所不同，呈现出 5—3—5—3—5 的模式。这种结构仍符合波浪理论的精神，因为作用浪的五浪结构的子浪传递行情“持续”的信息，而终结倾斜三角形的作用浪中的三浪结构子浪有“终止”的含义。

上升倾斜三角形是看跌的，而且通常跟随着至少回撤到其起始位置的价格直线下降。而下降倾斜三角形是看涨的，通常使价格飚升。

第五浪延长、衰竭的第五浪和倾斜三角形都传达了同样的信息：激动人心的转势近在眼前。

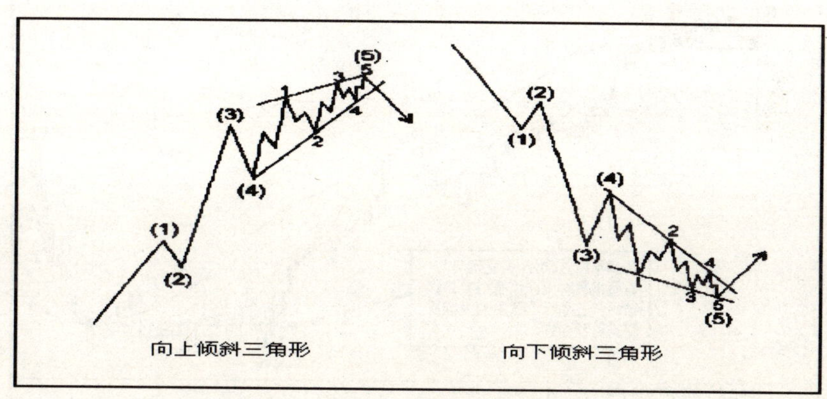

图 1-18　终结倾斜三角形

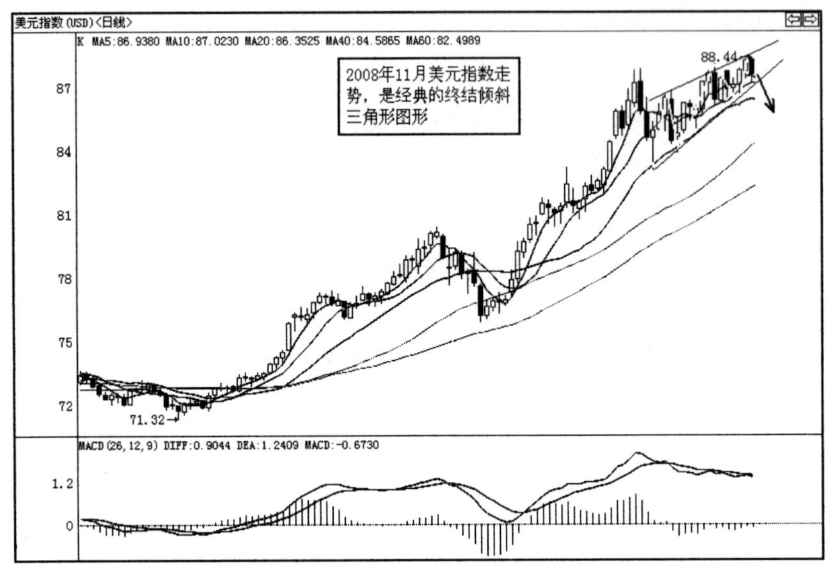

图 1-19 2008 年 11 月美元指数终结倾斜三角形

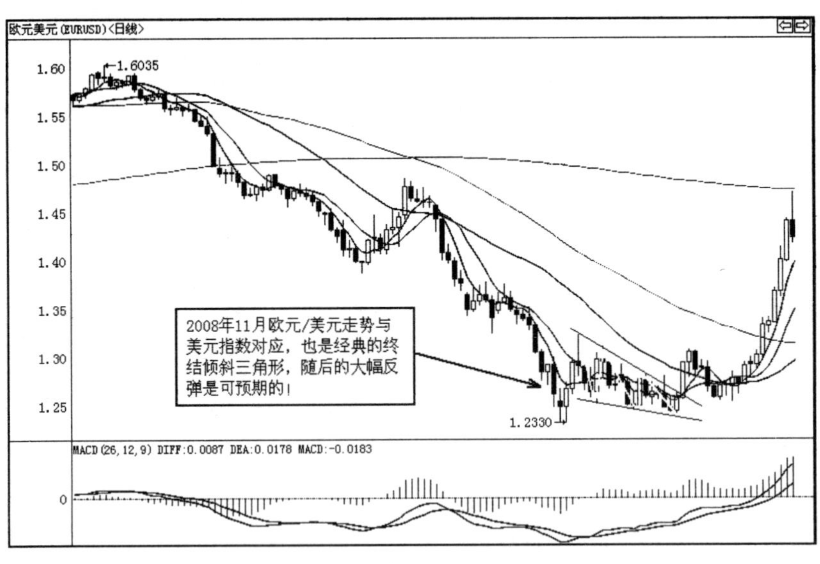

图 1-20 欧元/美元 2008 年 11 月倾斜三角形走势图

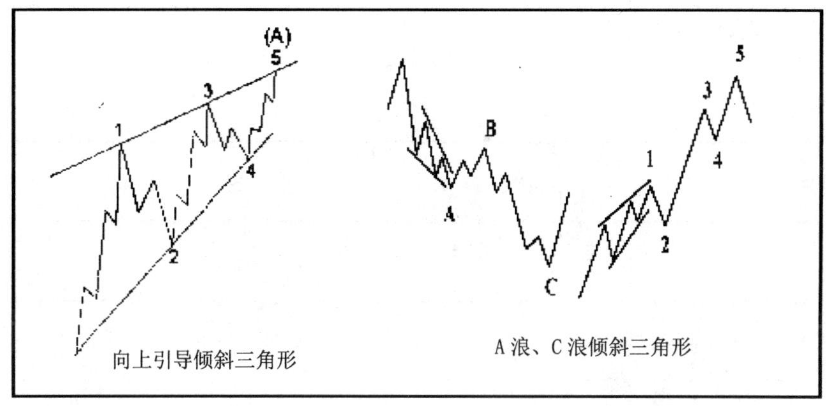

图 1-21　引导倾斜三角形

4. 波浪理论中波浪的等级划分与合并

艾略特波浪理论中的基本信条之一是："时间的长短不会改变波浪的形态，因为市场仍会依照其基本的形态发展。波浪在其运行中可以拉长，亦可以缩短，但其根本的形态则永恒不变"。根据上述理论，一个超级循环的波浪，与一个极短线的波浪(例如分时价格走势)比较，其基本的形态都会依照一定的模式进行。分析的方法亦大同小异。所不同者，乃涉及的波浪级数高低有异而已。

在艾略特的波浪理论中，他将股市运动中的波浪级数分为九级，从他那时研究所得到的资料将最小至最大的波浪给予不同的名称。不过这些名称对于波浪分析者而言实际上并不重要。正如艾略特所言：既然相对浪级最重要，那么精确的浪级通常与成功的预测无关。知道一轮大涨势即将来临比知道它的精确名称更重要。通常情况是，一个超级循环的波浪可包含数年甚至数十年的走势。至于微波和最细波，则属于短期的波浪，需要利用每小时走势图方能加以分析。

波浪可分成大小不一的许多层次：

一个大的波浪可分成许多小浪，以及可将很多小浪合并成一个大浪，而处于层次较高的一个浪又可以细分成几个层次较低的小浪。在波浪细分、合并时须注意遵循以下原则：如果这一浪的上升和下降方向与它的上一层次的浪的上升和下降方向相同，则分成 5 浪，如果方向不相同则分成 3 浪(图 1-22)。

在确定波浪理论中浪数目和数法时，一般都采用费波纳奇数列中的数字。这些数字是：2、3、5、8、13、21、34、55、89、144……。

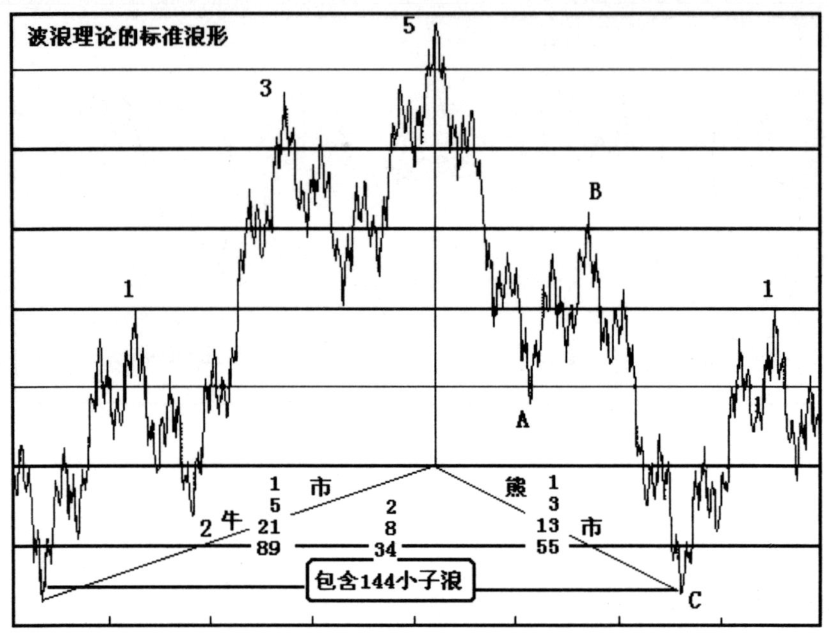

图 1-22 完整的市场循环

5. 延长浪与失败浪

推动浪可以延伸，也可以失败。所谓浪的延长，是指浪的运动发生放大或拉长的现象。在大多数的推动浪中都包含有延长浪。延长浪是一个扩展了的推动浪，在1、3、5 浪中，通常有且只有一个是延长浪。在大多时候，延长浪中子浪的幅度与时间会与其他不含延长浪的幅度与时间相同，这样，在波浪的结构中就会产生九个结构相似的波浪，而不是明显的“五浪”结构。在“九浪”结构中，有时很难区分谁是延长浪。但是，根据波浪理论，延长浪只会有一个。因此，如果其中有两浪长度一致或相似，那么另一浪就是延长浪。

在股票市场中，第三浪通常是延长浪，一般来讲，第五浪很少是延长浪。这也恰恰符合波浪理论中“3 浪永远不会是最短的浪”。这对于我们判断延长浪非常有帮助(图 1-23、1-24、1-25)。

在波浪理论中，延长浪里也会出现延长浪。通常，延长的第三浪中的第三浪也会成为延长浪，延长的第五浪中的第五浪也会成为延长浪(如图 1-26)。

延长浪也是波浪理论运用时的一个难点。主要难在不知何时会出现延长浪，出现在那一波浪中。虽然常常出现在第 3 浪之中，但也可能出现第 1 浪或第 5 浪之中，提前很难预测和判断。

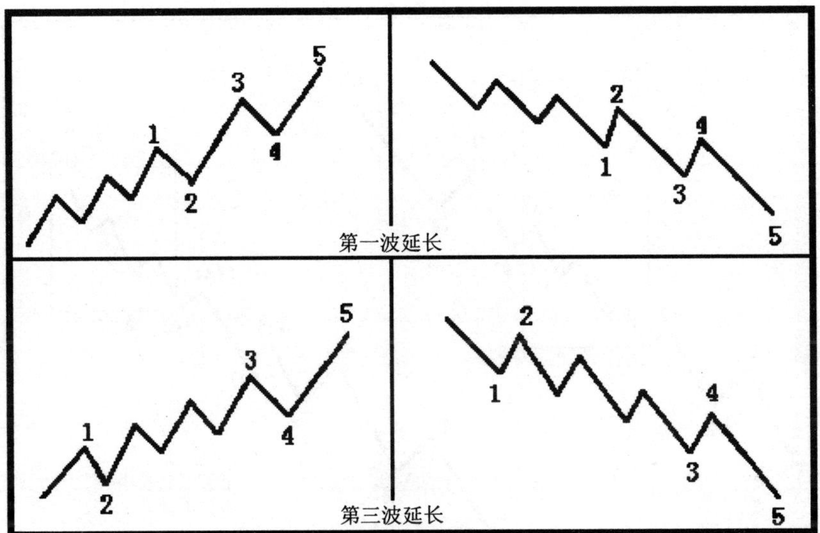

图 1-23 1、3 浪延长

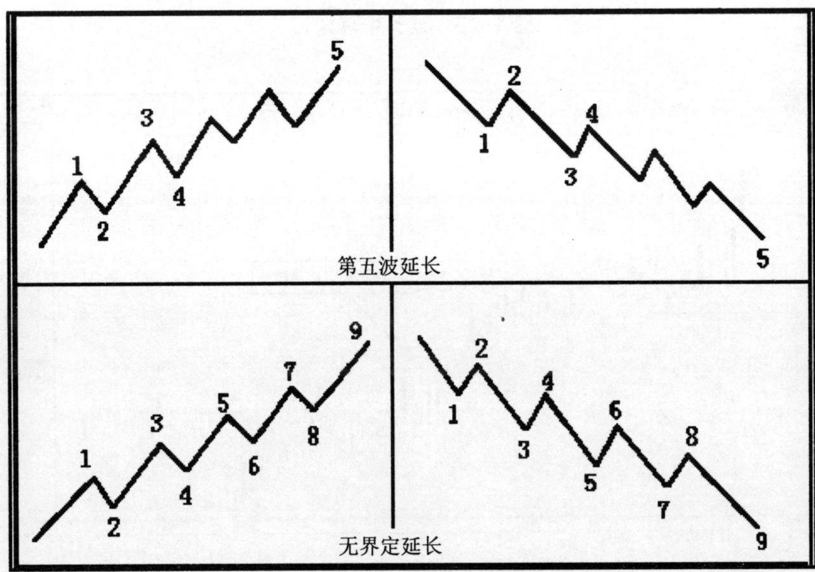

图 1-24 5 浪延长、无界定延长

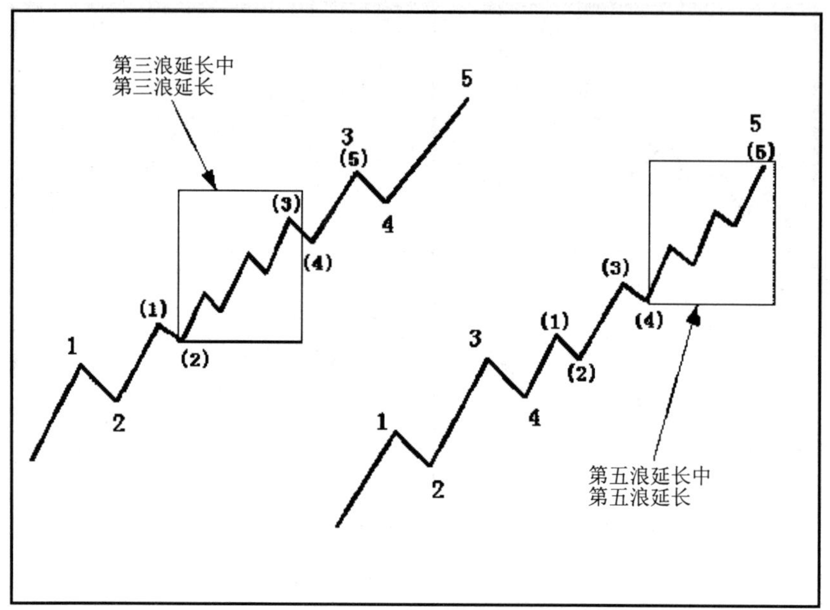

图 1-25 延长中再延长

图 1-26 2008 年股市调整浪中的延长走势

艾略特用“失败”一词来描述第五浪未能运动超过第三浪的情况，也称为“衰竭”。失败浪通常是在超强势的第三浪之后出现（图 1–27）。因此，有时一个模式的终点与相关的价格端点不一致，注意区分正统的头和底，以及识别不规则的顶和底。

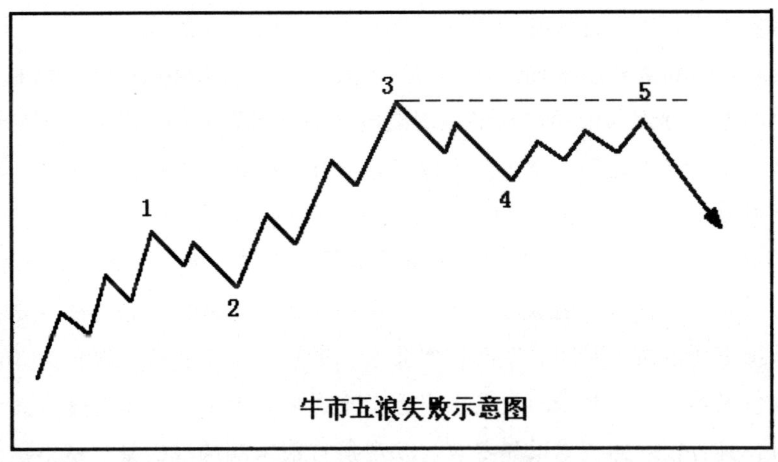

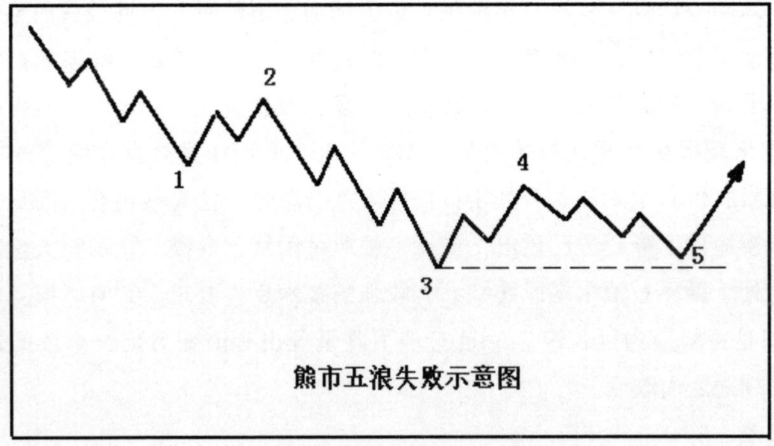

图 1–27　失败浪

6. 各个波浪的特性

波浪理论在具体数浪过程中，常常会遇到较为难以分辨的情况，发现几个同时可以成立的数浪方式。因此，投资者有必要了解各个波浪的特性，帮助识别目前属于哪一浪的可能性大。

第一浪

在整个波浪循环开始后，一般市场上大多数投资者并不会马上就意识到上升波段已经开始。所以，在实际走势中，大约半数以上的第一浪属于修筑底部形态的一部分。由于第一浪的走出一般产生于空头市场后的末期，所以，市场上的空头气氛以及习惯于空头市场操作的手法未变，因此，跟随着属于筑底一类的第一浪而出现的第二浪的下调幅度，通常都较大。

1 浪起点的确认是波浪理论运用的一个难点之一。大多数时候阶段低点就是 1 浪的起点，有时候因为前面循环浪尾端出现衰竭或不规则底，所以需要确认其循环 C 浪的终结点。如何确认个股 1 浪已经开始展开？首先，根据数浪规则，界定目前清晰的 1 浪是处于哪个级别、周期上。其次，确认 1 浪是否即将展开或已经展开。确认 1 浪必须先界定前一个波浪循环的 C 浪是否终结。而要判断前面 C 浪终结与否，可以从几个方面来综合观察：①观察前一个完整循环的 8 浪是否完成。②C 浪调整的幅度按照波浪的时间、空间比例关系，观察 C 浪是否接近终结。③观察目前股价空间位置是否处于某个历史低点附近。④观察 C 浪的末端位置是否处于极度的超卖区域，具有较强的技术反弹要求。⑤观察 C 浪末端的成交量，是不是已经持续地量，杀跌动力已极度衰竭。或者在 C 浪末端加速下跌时，市场最后的恐慌杀跌盘涌出，成交量急骤放大。如果此时 C 浪下跌幅度已大，且符合波浪理论 C 浪终结的位置，说明该位置有主力机构悄悄在承接抛盘，股价见底、变盘的可能性极大。⑥观察 C 浪末端股价与常用技术指标 MACD、RSI 或 KDJ 是否存在明显的底背离状态。⑦观察股价 C 浪末端是否处于抵抗性下跌的态势，且 K 线组合有明显止跌的迹象。⑧观察短期下降趋势已盘出，或有一根放量阳线已突破。⑨观察大盘背景，是否也同时处于循环 C 浪末端或终结，有较强的技术反弹要求。⑩有时候，比较难以判断 C 浪是否演变为延长浪。一旦 C 浪下跌呈现出有演变为延长 C 浪的迹象，操作策略必须随之而改变。

第二浪

上面已经提过，通常第二浪在实际走势中调整幅度较大，而且还具有较大的杀伤力，这主要是因为市场人士常常误以为熊市尚未结束，第二浪的特点是成交量逐渐萎缩，波动幅度渐渐变窄，反映出抛盘压力逐渐衰竭，出现传统图形中的转向形态，例如常见的头肩、双底等等。

第三浪

第三浪在绝大多数走势中，属于主升段的一大浪，因此，通常第三浪属于最具有爆炸性的一浪。它的最主要的特点是：第三浪的运行时间通常会是整个循环浪中的最长的一浪，其上升的空间和幅度亦常常最大；第三浪的运行轨迹，大多数都会发展成为一涨再涨的延升浪；在成交量方面，成交量急剧放大，体现出具有上升潜力的量能；在图形上，常常会以势不可挡的跳空缺口向上突破，给人一种突破向上的强烈讯号。

在波浪理论运用中，推动浪很容易识别。虽然波浪中8浪循环的每一浪都各有特色，一般第3浪的气势最强，因此，第3浪也应该容易识别。而且经典的技术动能指标和量能指标也有助于识别第3浪。更为重要的是，至少在级别较大的第3浪中，市场价格走势应该得到市场人气指标的强势确认。通常情况下，第3浪运用幅度至少是第1浪的1.618倍，甚至更高的黄金比率，第3浪也常常会出现延长走势。因此，波浪理论给我们提供的最具操作价值的是第3浪推动，即操作爆发力最强，获利性最高的第3浪。也就是说我们应重点关心、操作的是推动第3浪。浪形清晰的周K线、月K线的第3浪攻击，一般攻击力度都很大，收益稳定可观。这是捕捉主升段、短期黑马的重要技术依据。

另外，股市中某阶段的快速暴跌往往就属于某个第3子浪，下跌刚止跌时一般不可急于抢4子浪反弹，此时风险较大，最好等第5子浪基本完结后进场抢反弹，此时风险小很多(图1–28)。

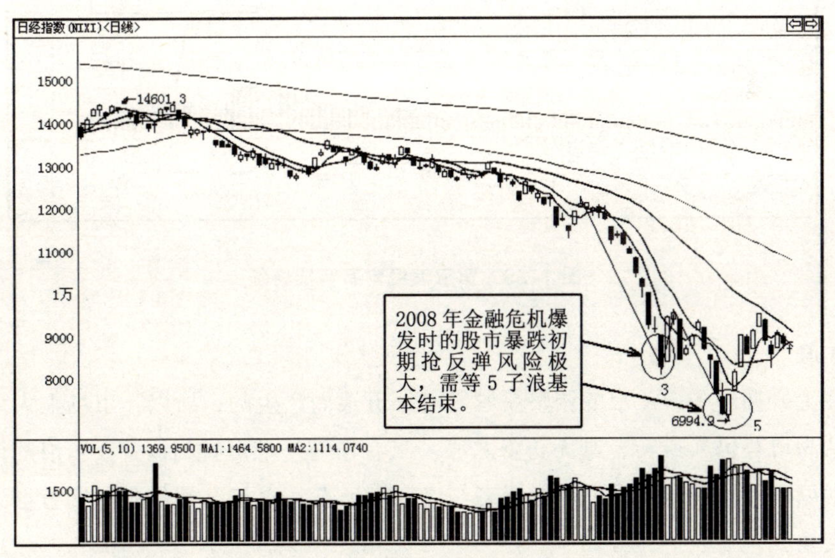

图1–28　暴跌往往是某个3子浪下跌

第四浪

从形态的结构来看，第四浪经常是以较为复杂的调整形态进行。第四浪运行结束点，一般都较难预见。同时，投资者应记住，第四浪的浪底不允许低于第一浪的浪顶。如果调整浪过于复杂，难以数清楚，则往往处于 4 浪调整之中。

第五浪

在股票市场中，第五浪是三大推动浪之一，但其涨幅在大多数情况下比第三浪小。第五浪的特点是市场人气较为高涨，往往乐观情绪充斥整个市场。从其完成的形态和幅度来看，经常会以失败的形态而告终。在第五上升浪的运行中，二、三线股会突发奇想，普遍上升，常常会升幅极其可观。但第五浪经常有一个价量背离、指标背离等特征和现象，这也是识别第五浪的主要技术依据(图 1–29)。

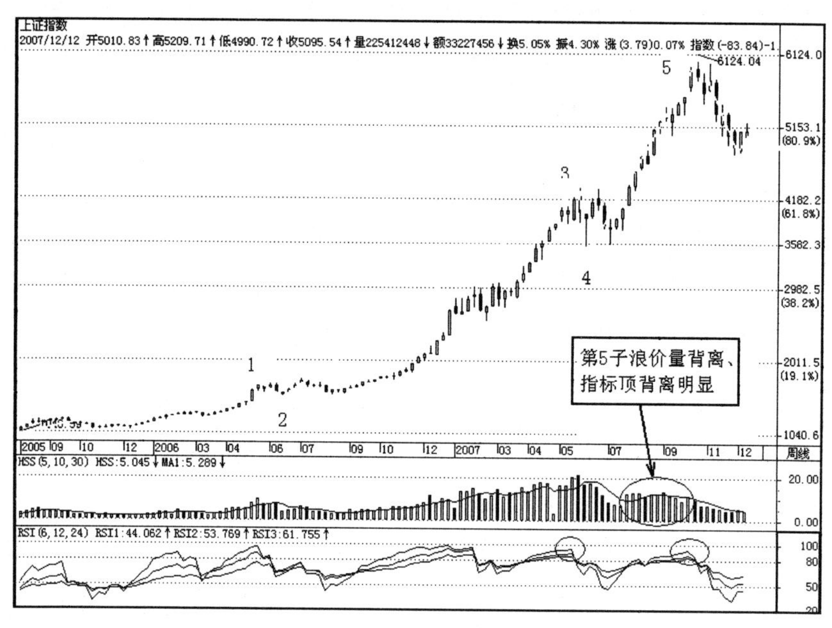

图 1–29 第五浪经常有背离特征

A 浪

在上升循环中，A 浪的调整是紧随着第五浪而产生的，所以，市场上大多数人士会认为市势仍未逆转，毫无防备之心，只看作为一个短暂的调整。A 浪的调整形态通常以两种形式出现，平坦形形态与之字形形态，它与 B 浪经常以交替形式进行形态交换。

B 浪

B 浪的上升常常会作为多方的单相思，升势较为情绪化，这主要是市场上大多数人仍未从牛市冲天的市道中醒悟过来，还以为上一个上升浪尚未结束，在图表上常常出现牛市陷阱，从成交量上看，成交稀疏，出现明显的价量背离现象，上升量能已接济不上。

C 浪

紧随着 B 浪而后的是 C 浪，由于 B 浪的完成顿使许多市场人士兵醒悟，一轮多头行情已经结束，期望继续上涨的希望彻底破灭，所以，大盘开始全面下跌，从性质上看，其破坏力较强。与第五浪一样，C 浪末端经常也有一个价量背离、指标背离等特征和现象。

7. 调整浪是难点

市场逆着大一浪级的趋势运动只是一种表面上的抵抗。来自更大趋势的阻力似乎要防止调整浪发展成完整的驱动(推动)浪结构。在这两个互为逆向的浪级间的搏斗，通常使调整浪比驱动浪——总是相对轻松地与大一级趋势同向运动——不容易识别。作为这两种趋势间相互冲突的另一个结果，调整浪的变体比驱动浪多很多。其次，调整浪在展开时，常常会以复杂形态上升或下降，所以，技术上同一浪级的子浪，因其复杂形态和时间跨度，显得似乎是其他浪级的。因为所有这些原因，调整浪时常要到完全形成过后才能将其归入各种可识别的形态中。另外，因为调整浪的终点比驱动浪的终点难以预测，所以，当市场处于一种蜿蜒调整的状态时，你必须注意市场处于持续推动趋势中时，在分析中发挥更多的耐心和灵活性。

从对各种调整模式的研究中，唯可以发现的重要原则是调整浪永远不会是五浪结构。只有驱动浪才是五浪结构。因此，与更大趋势反向运动的最初五浪永远不是调整浪的结束，而仅是调整浪的一部分。各种调整过程呈两种风格。急剧型调整以陡峭的角度与更大的趋势相逆。盘档型调整——尽管总是对先前的波浪形成净回撤，通常包含返回或超过调整起点的波浪运动，这就形成了总体上盘档的样子。

调整浪分为四大类十几种浪形。调整浪一般为一个三浪结构，用 A、B、C 表示（三角形调整除外）

第一类：锯齿形，又称为之字型调整，包括三种类型：单锯齿形、双锯齿形和三锯齿形（图 1–30）。

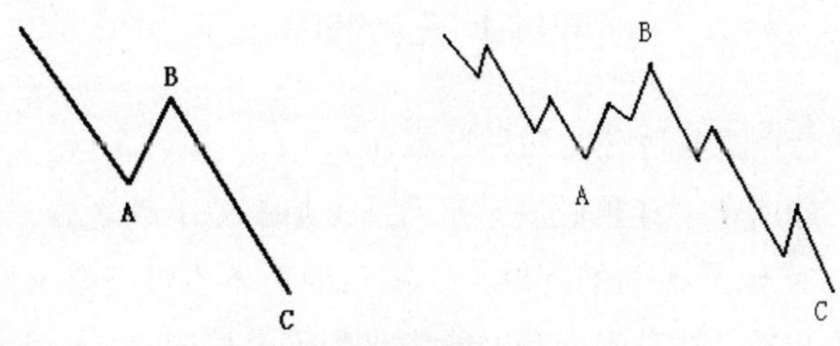

图 1–30 锯齿形调整

总的结构是 5–3–5 结构。即 A 浪下跌是 5 波，B 浪反弹是 3 波，C 浪下跌又是 5 波。这种调整浪的特点一般是回调较深，市场弱势较为明显。尤其是 C 浪，往往杀伤力非常巨大。

第二类：平台形调整，又称为平坦形调整。包括三种类形：普通平台形、扩散平台形和顺势平台形。

总的结构是 3–3–5 结构。即 A 浪下跌是 3 波，B 浪反弹是 3 波，C 浪下跌是 5 波。这种调整浪的特点是表明市场较强，调整不会很深。平台形调整又分为三种形态。

①规则形平台。即所谓“平顶稍破底”平台。A 浪三波下跌之后，B 浪三波反弹到几乎与前期高点相平的位置。然后 C 浪五波跌下来稍稍跌破 A 浪的低点，整个调整即告结束(图 1–31)。

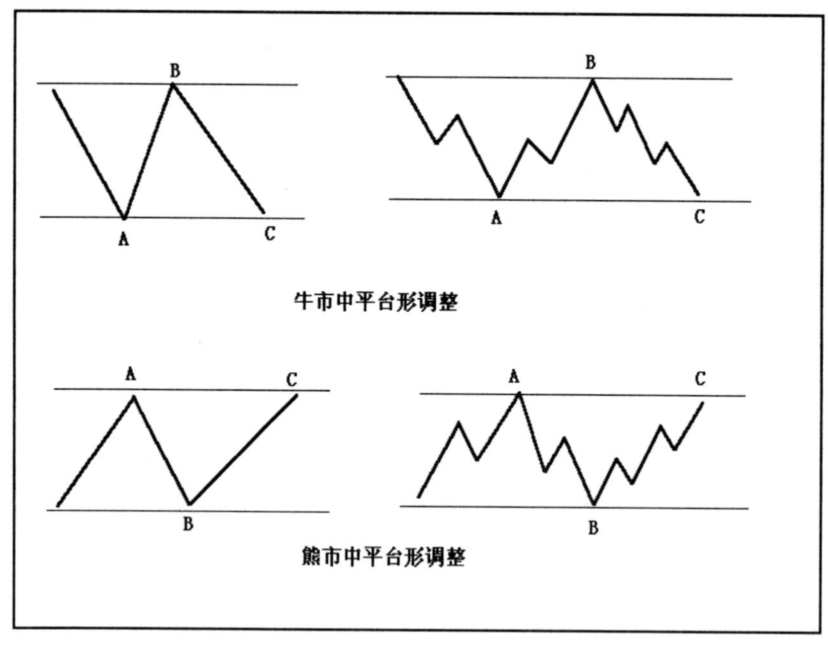

图 1–31 平台形整理

②不规则形平台。又具体分为两种形态。

扩张形平台：即所谓“穿顶破底”平台。A 浪三波下跌之后，B 浪三波反弹创出了 A 浪的新高，突破了 A 浪的起跌点。随后的 C 浪五波下跌又跌穿了 A 浪的低点而创出了调整的新低。这种平台是非常常见的平台形调整。C 浪创新低的幅度要远大于 B 浪创新高的幅度。因此，这种平台形的 C 浪的杀伤力比较大。

收缩形平台：即所谓“不穿顶不破底”平台。A 浪三波下跌之后，B 浪三波反弹没有到达前期高点，随后的 C 浪五波下跌也未跌破 A 浪的低点，这种平台形调整浪较少见。

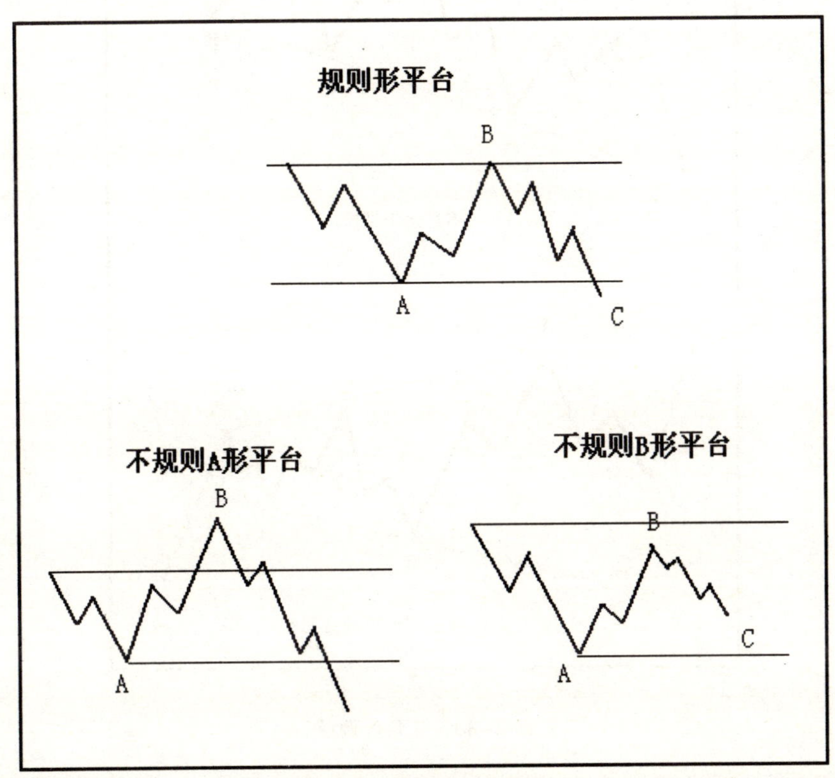

图 1–32　规则与不规则平台

③移动平台形。A 浪三波下跌之后，B 浪三波反弹非常猛烈强劲，突破 A 浪起点很高。而随后的 C 浪五波下跌也很浅，甚至并未跌到 A 浪的起点。调整完成后倒上涨了一些。这样的调整称为移动形平台调整。说明当时的市场是非常强劲的极端市场。移动形平台出现的机会比较小。

第三类：三角形调整。

有四种类型：三种收缩的变体（上升三角形、下降三角形和对称型）和一种扩散的变体（反对称型）。总的结构是五波 3–3–3–3–3 结构。用 A–B–C–D–E 来表示。三角形五波结构中的每一小波都是独立的三波结构。从形态上分类，三角形调整浪分为上升三角形、下降三角形、等腰三角形等。与道氏图形形态学分类方法类似。这里不再赘述。在三角形调整中成交量是不断缩小的。三角形调整浪不能出现在第二浪(图 1–33)。

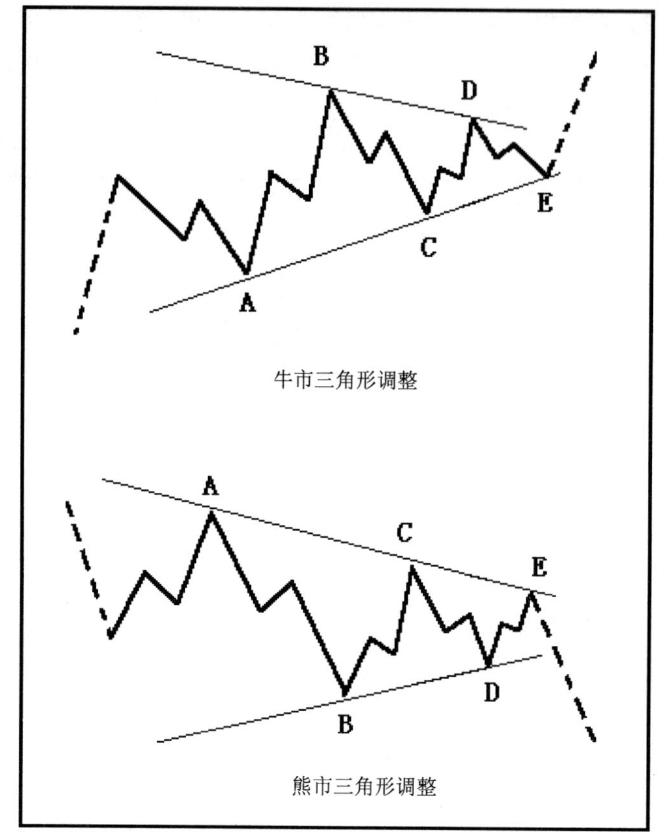

图 1-33 三角形调整

第四类：联合形，包括双重三波和三重三波。

以双重三波为例，总的结构是 A-B-C-X-A-B-C，即两个三波结构的调整浪并列，中间由 X 浪相连。X 浪本身也是三波结构。具体又分为：锯齿形/平台形、锯齿形/三角形、平台形/平台形、平台形/三角形。

三重三波结构是：A-B-C-X-A-B-C-X-A-B-C。由三个三波结构的调整浪并列，中间有两个 X 浪将它们连接的调整浪结构。具体又分为：锯齿形/平台形/平台形、锯齿形/平台形/三角形、平台形/平台形/平台形、平台形/平台形/三角形。

双重三和三重三调整说明市场处于箱体盘局之中，需要一定较长时间才能突破(图 1-34)。

提示：调整浪是波浪理论运用中最难的部分。调整浪在道氏趋势划分中属于次级逆向波，同时在大调整浪(如下跌)中还有更小次级波，也是通常说的小反弹。上面简单介绍中，调整浪分为 4 大类型总共有十八种小类，可以说复杂且多变。当调整浪来临时，很难提前预测调整浪具体会以哪一种类型来展开运行，何时何处结

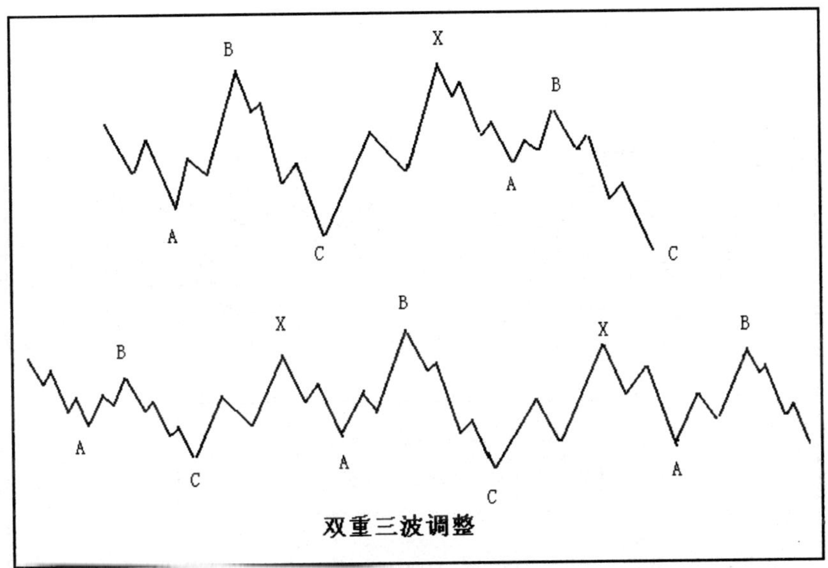

图 1-34　双重三波调整

束？这就是股市中抢反弹风险大的原因。虽然，可以根据交替规则预测波浪未来的大致发展趋势，但调整浪往往比驱动浪更难数，其中最大的问题就在于调整浪往往呈三浪结构。许多投资者都试图从短暂的调整中寻找突破机会，但是，在一个三浪循环中，这种突破往往却是假突破，最终以演变为反弹的终点而告终。当然，也有例外情况，那就是 ABC 的三浪是一个更大级别的调整浪时，能够提供足够的操作空间。

相对而言，锯齿形和三角形调整浪相对简单一些，也容易识别些，而平台形和联合复杂形调整浪则在实际运用波浪理论中比较难，尤其是不规则平台，对喜欢运用趋势突破创新高或新低建立多单或空单及止损的投资者而言，这种走势最骗人，实际操作中容易左挨一耳光，又右挨一耳光(图 1-35)。

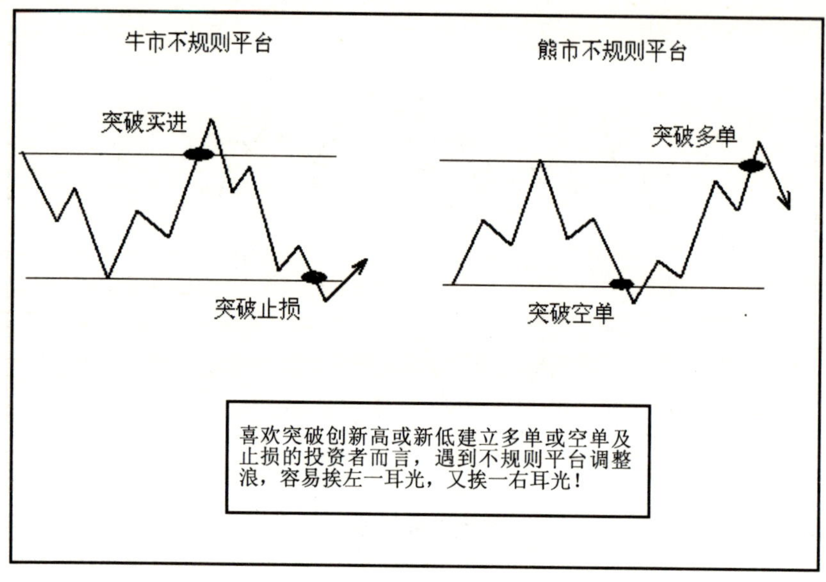

图 1-35 不规则平台容易骗人

8. 每次股灾前是否有警示征兆

学习、运用波浪理论，首先必须要弄清楚推动浪与调整浪这两种结构各自的作用，这是初学者往往容易忽略的一个简单问题。运用时根据波浪理论数浪的规则(包括补充规则)，先按照波浪的规则，弄清楚目前所处的行进位置。而其中最重要的是要准确的识别 3 浪结构(调整浪、下降途中 B 浪反弹)和 5 浪结构(推动行情)，因为这两种波浪结构具有不同的预测、风险警示作用。

只要出现前面 3 浪确立或 5 浪推动完结，就大致知道了后市极有可能怎么演变。如前面 5 浪推动完结，往往后面紧接着会有一个 3 浪结构的 ABC 调整出现。又如反弹一般就是 3 浪结构居多，一旦确定反弹结束，后市演变为 5 浪下跌也比较清楚。最重要的是，一旦界定了目前所处的波浪行进位置，风险如何防范也一清二楚，我们可以很好的防止胡乱追高买进，或者没有调整到位便过早盲目的介入，时机选择的优点就凸现出来了。虽然有时候会出现延长、调整浪呈复杂化演变，但至少我们可以做到尽量寻找较主动的介入点 ，争取主动。

下面我们来看一看历史上每一次大股灾来临时，从传统波浪理论的浪形结构角度分析，是否能够提前看出暴跌的风险警示和征兆。其实，中外股市或各种资本市场的大多数暴跌来临之前，波浪结构大都会有提前显示风险警示或有征兆。只是难以提前精确预测其后下跌（暴跌）到底会以什么样的具体方式来展开（图 1-36、1-

37、1–38、1–39、1–40)。

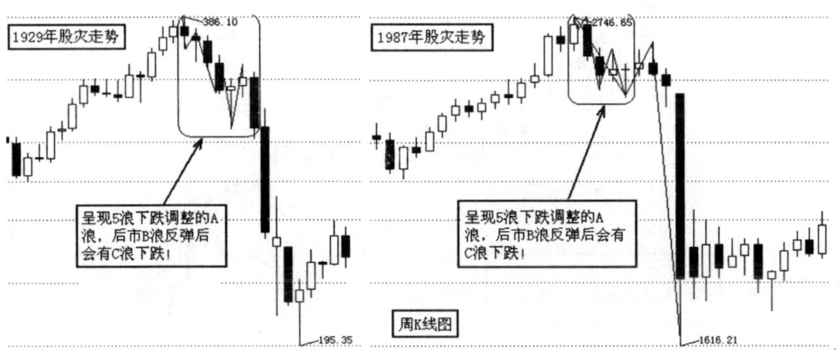

图 1–36　1929、1987 年股灾前的周 K 线浪形预示

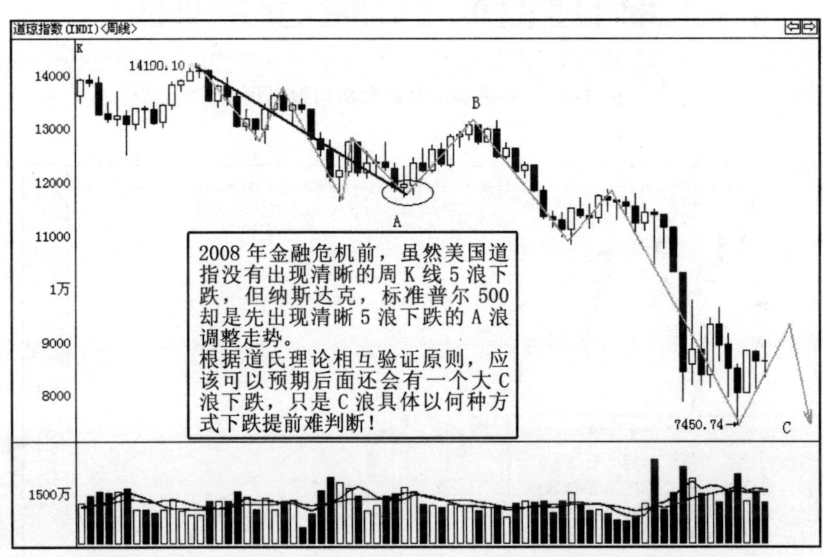

图 1–37　2008 美国道琼斯指数金融危机前后周线浪形

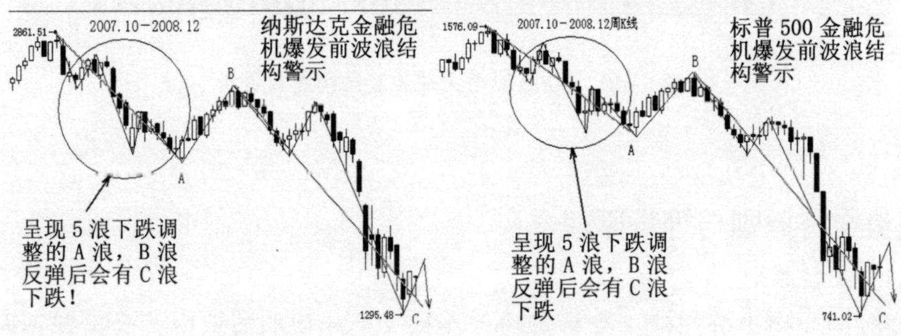

图 1–38　纳指、标普 500 指数金融危机前浪形预示

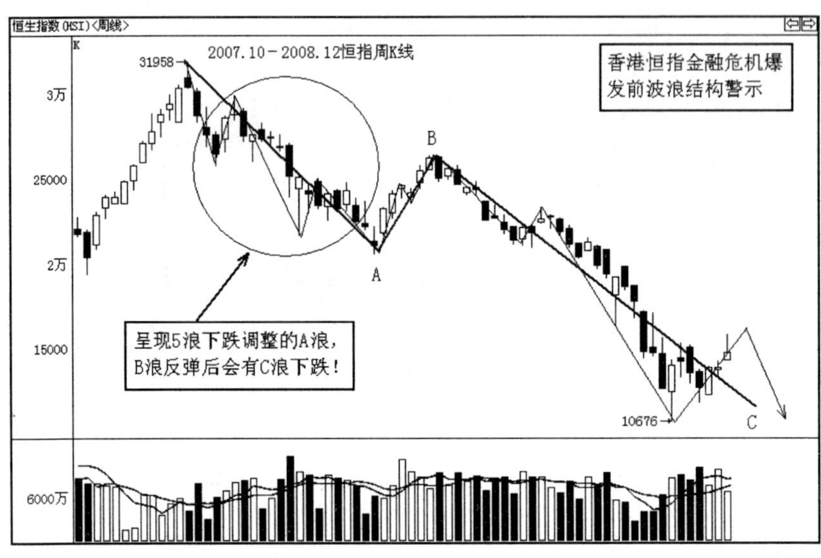

图 1-39 香港恒指金融危机前浪形预示

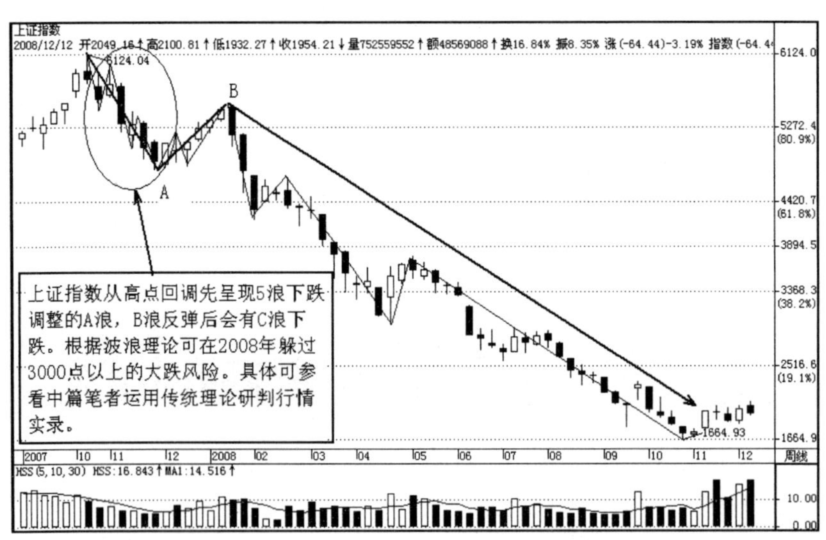

图 1-40 2008 股市大跌波浪结构提前警示

9. 波浪交替原则与等长原理

(1) 交替原则

交替的应用十分广泛，交替意味着在每一个相似的波浪中，会出现不同的模式。

艾略特本人并不相信交替原则是不可避免的，但通过大量的事实说明，交替原则是存在的，对于我们而言寻要需要只是寻找和发现。所以，在分析波浪构成及预测波浪未来发展趋势时，应牢记这条原则。

推动浪中的交替：如果一个推动浪的第二浪是剧烈型调整，那么第四浪就可能是盘正型调整，反之亦然。剧烈型调整浪分为单锯齿型、双锯齿型或三锯齿型等，有时是以锯齿型开始的双重三浪。锯齿型调整浪永远不会产生新的价格极端。盘整型调整浪分为平台型、三角型、双重三浪和三重三浪。他们通常会产生新的价格极端，即价格超过前面一个推动浪的价格高点。概括来讲就是：两个调整浪中会有一个会超过前面一个推动浪的终点。

延长浪是交替原则的一种表现形式，因为推动浪之间的长度互相交替，如果1、5浪较短，则3浪就很可能是延长浪。

调整浪中的交替：如果一个调整浪的A浪是A–B–C结构的平台型调整浪，那么B浪就可能是A–B–C结构的锯齿性调整浪，反之亦然。另外，如果一个大调整浪的A浪是简单的A–B–C结构锯齿型调整浪，那么B浪或C浪就会演变成子浪更复杂的A–B–C锯齿形调整浪。

(2) 波浪等长原理

波浪等长是波浪理论中的一条重要原理。

艾略特认为，一个五浪序列的波浪结构中，两个推动浪在幅度和时间上趋向等长。如果其中一个浪是延长浪(通常第三浪为延长浪)，那么第一浪或第五浪就趋于等长，如果不是等长，那么他们之间的比率应为黄金分割比例关系。

利用波浪等长原理，我们可以比较方便的进行数浪并预测后市的价格运动幅度与时间。

10. 波浪理论神奇数字系列

每一本波浪理论书一般都花了大量的篇幅来说明斐波纳茨数列、黄金分割比率为波浪理论的结构基础。

艾略特在其第二本著作《大自然的规律》书中，阐述了波浪理论第二个重要课题，即浪与浪之间的比率问题，这就涉及到斐波纳茨神奇数字系列。斐波纳茨神奇数字系列本身属于一个极为简单的数字系列，其包括下列数字：1、2、3、5、8、13、21、34、55、89、144、233、377、610、987、1597……直至无限，该数列也构成时间之窗(图1–41)。

同时，一个完整的上升下跌循环，可以划分为2、8、34或144个子浪。在此不难发现，上面出现的数字，包括1、2、3、5、8、13、21、34、55、89及144，

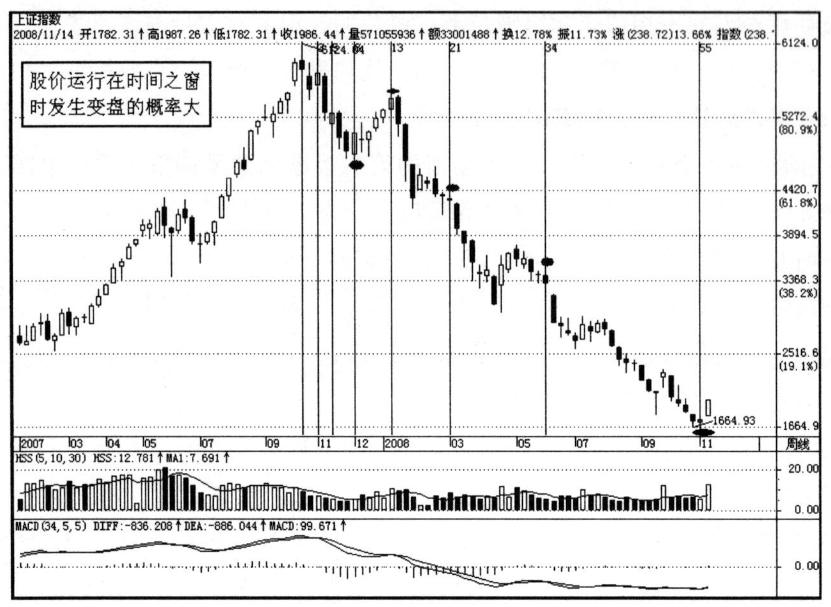

图 1-41 2008 年上证指数周 K 线时间之窗

全部都属于神奇数字系列。

斐波纳茨神奇数字的比率，构成了波浪比波浪之间的比例，经常出现的数字，包括 0.236，0.382，0.618 以及 1.618、2.618 等，这些数字中的 0.382 和 0.618 就是我们称之为的黄金分割比率。价格涨跌的空间比率是最常见的运用技巧，其实，波浪比波浪之间的波动时间也可运用以上比率来预测转势时间。

11. 浪与浪之间的比率关系

浪与浪之间的比率关系，经常受到斐波纳茨神奇数字组合比率的影响，下面简单介绍神奇比率与度量浪与浪之间的比例关系的具体运用。

(1) 对于推动浪来说，如果推动浪中的一个子浪成为延伸浪的话，则其他两个推动浪不管其运行的幅度还是运行的时间，都将会趋向于一致。也就是说，当推动浪中的第三浪在走势中成为延伸浪时，则其他两个推动浪，第一浪与第五浪的升幅和运行时间将会大致趋于相同。假如并非完全相等，则极有可能以 0.618 或其他黄金分割比例的关系相互维系。

(2) 第五浪最终目标，可以根据第一浪浪底至第二浪浪顶距离来进行预估，他们之间的关系，通常亦包含有神奇数字组合比率的关系。

(3) 对于 A-B-C 三波段调整浪来说，C 浪的最终目标值可以根据 A 浪的幅度来预估。C 浪的长度，在实际走势中，会经常是 A 浪的 1.618 倍。当然我们也可以用下列公式预测C浪的下跌目标：A浪浪底减A浪乘0.618。

(4) 对于对称三角形的整理形态的波浪走势来看，在对称三角形内，每个浪的升跌幅度与其他浪的比率，通常以0.618的神奇比例互相维系。

波浪理论与神奇数字：为使读者能较好地运用神奇数字对波浪的定量分析，下面列出与神奇数字比率及其派生出来的数字比率的特性。

(1) 0.382：第四浪常见的回吐比率及部分第二浪的回吐百分比、B浪的回吐过程（A、B、C浪以之字形运行）；

(2) 0.618：大部分第二浪的调整深度。对于A、B、C浪以之字形出现时，B浪的调整比率。第五浪的预期目标与0.618有关。三角形内的波浪之比例也由0.618来维系；

(3) 0.5：0.5是0.382与0.618之间的中间数，作为神奇数比率的补充。对于ABC之字形调整浪，B浪的调整幅度经常会由0.5所维系。

(4) 0.236：是由0.382与0.618两神奇数字比率相乘派生出来的比率值。有时会作为第三浪或第四浪的回吐比率，但一般较为少见，常常是在事后才如梦初醒，调整过程已经结束；

(5) 1.236与1.382：对于ABC不规则的调整形态，我们可以利用B浪与A浪的关系，借助1.236与1.382两神奇比例数字来预估B浪的可能目标值；

(6) 1.618：由于第三浪在三个推动浪中多数为最长一浪，以及大多数C浪极具破坏力。所以，我们可以利用1.618来维系第一浪与第三浪的比例关系和C浪与A浪的比例关系；对于斐波纳茨神奇系列数字，读者已经了解到在波浪理论中，尤其在对波浪理论的定量分析中，起着极其重要的作用。其中0.382与0.618为常用的两个神奇数字比率。其使用频率较其他的比率要高得多。

在使用上述神奇数字比率时，投资者如果与波浪形态配合，再加上动能系统指标的协助，能较好地预测股价运动的各浪起点与结束。

总的来讲，波浪理论是笔者较为喜欢使用的一种经典理论，在分析预测、风险控制等方面均有很高的实战参考意义。例如，2007年11月6日，举世关注的中石油30亿A股挂牌上市，开盘即报48.6元，涨幅191.02%，收盘报43.96元，换手率51.58%，成交额达近700亿元。以收盘价43.96元计算，其A股市值超过11000亿美元，大大超过全球市值最高的埃克森美孚公司的市值4804.5亿美元两倍多，成为全球市值第一的上市公司。可是中石油的纯利润还不及埃克森美孚公司的一半，同时，中石油H股当时周五的收盘价仅为19.6港元，仅凭一般常识也可判断中石油A股定价明显高估，然而许多投资者盲目以为中石油会重演中国神华10月份的大涨走势，上市两日奋勇杀进。6个交易日里中石油从48元跌至36元，上千亿资金被套。从 60 分钟 K 线图走势上看，中石油明显有 5 浪下跌的特征，根据波浪理论的提示，后市短暂反弹后至少还有一个 C 浪下跌，或许演变成日线级别的 5 浪下跌。笔者 2007 年 11 月 17 日参加某报社朋友的婚礼，几位做私募的朋友问我对中石油的看法，当时我明确回答："3 个月内可以不用去碰它"。果然到 12 月下旬，中石油更大级别的 5 浪下跌出现，这预示着后市至少还有一个大 C 浪出现，当时仅仅是初步先预测到股价很可能会跌至 22~20 元一带。不到一年的时间，中石油一路下跌，跌破 16.70 元发行价，又跌破 10 元整数关，成为近 200 万投资者的恶梦。如果投资者熟悉波浪理论的提示，以及道氏的趋势原则，完全可以及时止损出局，或者根本没有必要过早进场参与，规避风险(图 1–42)。

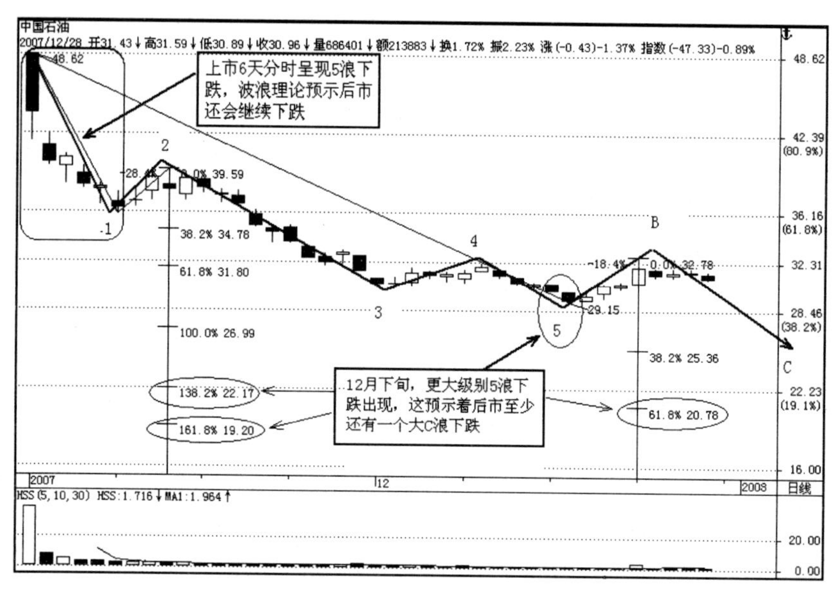

图 1–42 中石油下跌初期，运用波浪理论防范风险

12. 划分波浪(数浪)的程序

实际上，波浪理论并不会告诉我们价格一定会怎样运行，它往往给出多种演变走势的可能性，但是，只有其中一种是最可能的客观走势。你要学会的，就是挑出这一最可能的演变走势。而这就是需要你自己学习体会的波浪理论的精华所在。

分析波浪的本质是对未来演变模式的可能性进行正确(概率性)的排序。很多人在运用时只是主观地认定一种演变模式，永远死抱着一种数浪方法或者认定自己的数浪永远是绝对正确的。一旦后市演变与事先分析的不一样，就不知道怎么办了，并因此否定波浪理论的价值。 实际上这是缺少辩证投资思想和意外情况应变措施的结果！具体数浪的程序如下。

首先，数出不同的多种演变的行进模式清单。

然后，通过应用波浪理论的数浪规则将不可能性的演变模式清单剔除掉。当你将不可能的演变模式剔除掉后，剩下来的也只有仅仅几种了，此时分析研判也简化了。

最后，将每个可能演变的模式进行再研判，运用波浪理论的规则(补充规则)进行恰当的分析，包括延长、衰竭、重叠、交替、个性、通道、菲波纳茨比率关系(即书上说的指导方针)、基于形态的典型目标价位分析、交易量以及广泛性等指导原则，进行概率大小分析判断。

根据以上分析的概率性大小进行排序。

①满足最多规则(补充规则)。

②最贴切地满足规则指导的演变模式必须当作后市最可能的运行模式，即作为首选模式。

③满足程度低一些即概率性低的演变模式可当作次选模式，以此类推。以上就是首选模式和替换模式的排序过程。

④及时修正：此后，应紧密观察跟踪市场变化，以便当首选模式与客观走势出现不相符的时候，及时决定是否或者何时用次选模式给予替换，随之操作策略也必须做相应的调整。对最坏的可能心中也要有数，先做好最坏的打算，临阵才不至于慌乱，乱中出错。

其实，随着行情、走势的不断行进，客观真实的演变模式将越来越清晰，正所谓走一步看一步，但这是主动的去修正和调整，绝非被动等待或抱着侥幸心理去走一步看一步！

通过波浪结构训练，我们大部分时间都可以做到提前几天、几周、或几月或甚至更长时间分析未来可能性大的大致演变模式。随着行情的演变，可能的演变模式还会逐渐减少。提前知道得越清楚，操作也就越主动！

13. 清醒认识波浪理论的优缺点

现在多数的技术分析和分析理论，在本质上都属于趋势追踪分析，都是对道氏理论的补充和完善。艾略特自己认为波浪理论是“对道氏理论极为必要的补充”。名著《期货市场技术分析》作者约翰·墨菲指出：“艾略特的大部分理论与道氏理论以及传统的图表技术天造地设般地吻合。然而，艾略特波浪理论又向前迈了一步，对市场运作具备了全方位的透视能力”。道氏理论的反转信号必须等到新趋势确认之后才发出，而波浪理论对即将出现的顶部与底部却能提前发出预警讯号，而且能以较传统的分析方法加以确认。所以说，波浪理论很可能是最包容并蓄的技术方法，不仅具有预测功能，而且具有解释功能。因此有人将其称作“将技术分析的精髓发挥到淋漓尽致的颠峰之作”。

波浪理论看起来很完美，也很简单，但用起来却很困难。难就难在如何区分或界定不同级别的浪和次级调整浪的复杂多变。另外，辅助技术指标存在着失灵钝化的现象，波浪也会出现延伸再延伸的情况。波浪理论数浪时，大浪中有小浪，小浪中还有更小的小浪，所以，时常有人戏言道：“数波浪犹如洪湖水，浪打浪，一浪接一浪，波浪打得(数浪)人晕头转向”。

波浪理论是易学难精、易懂难用的理论，初学者运用波浪理论都会感到困难，为此，建议初学者要反复多读波浪理论经典书(如《市场行为的关键》或《艾略特名著集》)，而且还要学会化繁为简。在实战运用之前我们必须要了解波浪理论存在那些优点和缺陷。如果投资者认识不到自己将要使用的投资理论的优点、缺陷，也就无法真正正确地使用该理论，并正确发挥该理论的长处并回避、化解由该理论的缺陷所带来投资风险。

(1) 优点

①波浪理论只是对道氏理论中股价运动的三个趋势划分的进一步定性和定量的展开运用，归根到底，仍然属于道氏的趋势理论，目的是想阐述：价格运动呈波浪行进的趋势运动，而且该趋势运动具有一定的规律性。因此，它对各个趋势运动的特点、性质和可能的运行目标方面的研究大大完善了道氏理论，是其他传统理论所无法替代的。同时，波浪理论体系里也囊括了大部分的传统图形技术分析，综合性较强。

在艾略特的波浪理论中的大部分理论是与道氏理论相吻合的。不过艾略特不仅找到了这些趋势运动，而且还找到了这些趋势运动发生的时间和位置。这是波浪理论较之于道氏理论更为优越的地方。道氏理论必须等到新的趋势确立以后才能发出行动的信号，而波浪理论可以明确地知道目前是处在上升(或下降)的尽头，或是处在上升(或下降)的中途，可以更明确地指导操作。

艾略特波浪理论中所用到的数字都是来自费波纳茨数列。这个数列是数学上很著名的数列，它有很多特殊的性质，对这个数列的实际使用已经相当广泛了。

②自然的波动韵律是艾略特波浪理论的灵魂，因此，波浪理论所揭示的波动规律是市场中主要常见的股价行进结构的规律，对此，我们可以多加以利用，从而获取投资收益，例如只要我们重点操作第 1 浪、第 3 浪，其风险较低而收益高。

③艾略特所谓的“波浪理论”其实指的就是股价波动的涨跌交替循环规律。“浪”展开简化为只有两种方式：推动浪和调整浪，二者交替展开。如“现在”的

行情必然处于某个推动浪、或处于某个调整浪之中。切记不要把波浪理论搞得过于复杂化。

④波浪理论与其他的技术分析方法一样，都只能给我们提供概率性的选择。波浪理论最有价值之处是：在一次价格的变化中，提供了成功机率极高的可能性。

(2) 缺陷

①艾略特认为波浪的三大要素(模式、时间、比例)无论是宏观还是微观扩展均必须按斐波纳茨级数进行就犯错误。艾略特主观地认定了和谐结构斐波纳茨级数在市场运动变化模式上的唯一性。认为市场股价的波动全部可以用他的 8 浪运动规律去囊括。这是艾略特存在的最大哲学错误，这与艾略特同时代的西方哲学对自然界的认识观点有极大的关联。

②艾略特把主级正向波的运动趋势以推动 5 浪的存在形式，进行划分和确定；而把次级逆向波以调整 3 浪的存在形式进行划分和确定。也就是说完整的市场循环运动必然可以用这 8 浪的存在形式进行包含，至于为什么是 8 浪，艾略特无法从理论上进行证明。其仅仅表现为大量的统计规律特征而已。由此我们也可得出，艾略特波浪理论也并非市场运动绝对不变的规律。实际的市场中必然隐含着不符合艾略特波浪理论所描述的运动形式存在，而这一点艾略特本人也没有清楚的认识。

③波浪理论数浪的起点不能定量、客观地精确化确定，尤其是在形态形成的途中，浪的层次确定和浪的起始点确认即波浪的划分是一件很困难的事。这给具体的投资实战活动带来了巨大的操作性困难。这也是投资者运用波浪理论感觉到的最大问题。

④在实际的股票市场中，股价的升跌次数有许多不是按照“五升三跌”或“三升五跌”这个机械模式出现。但传统波浪理论家却解释有些升跌不应该计算入浪里面，这样造成了数浪带有极大的主观随意性。

⑤艾略特的波浪理论中并没有制定将分析研判系统与实战操作系统转化的精细规则。这一问题直接决定了波浪理论最好只作为宏观定性使用，实战切忌精细化使用的倾向。

⑥波浪理论与所有的技术分析、预测方法一样，不能预测突变事件发生。在“突变”面前，波浪理论也是措手不及的，但它唯一可能的补救作用是在第一时间里阐述“突变”的性质和可能演变的结果。

最后，虽然对于波浪理论一直以来争议不断，但在国内又被广泛运用。其原因有二，首先波浪理论在技术分析中是最佳的解释性工具。在解释行情(特别是大盘)走势时，波浪理论最具全面性、系统性，其他技术工具则有单调性、零碎性之感。其次波浪理论在技术分析中是较好的预测性工具。在预测行情走势时，波浪理论较具敏感性、前瞻性，而其他技术工具则显得迟钝和滞后。所以说，尽管波浪理论难用，但还得用。笔者的经验是，如能将波浪理论与其他市场要素及技术指标结合起来研判大势趋势，准确度会提高不少。

四、江恩理论简介

威廉·江恩是二十世纪最著名的投资家之一。他用了十年的时间，研究自然定律与投资市场之间的关系，他认为数学、几何学、数字学、天文学等自然定律是一切市场波动的基础。江恩进行了十年之久的漫长求知旅程，在英国大英博物馆内，查阅投资市场的时间周期，并详细研究古代数学与星象学对投资市场的影响。在股票和期货市场上他的骄人成绩至今无人可比，他所创造的把时间与价格完美的结合起来的理论，至今仍为投资界人士津津乐道，倍加推崇。江恩坚信，这种不以人的意志为转移的客观市场规律可以用精确的数学方式进行描述和表达。因此，江恩开宗明义地指出，他对市场的所有预测，乃是根据循环理论及数学序列而作出的。

一直以来，江恩理论都以晦涩难懂、高深莫测著称。其实，江恩理论的实质就是在看似无序的市场中建立了严格的交易秩序，他建立了江恩时间法则、江恩循环理论、江恩回调法则、江恩线、江恩轮中轮、江恩历法等研究市场股价波动法则的一系列系统测市方法、理论。市场在重要的时间到达重要的位置（股价或股指)时，市场的趋势将发生逆转。也就是说，它可以用来发现何时价格会发生回调和将回调到什么价位。下面简要介绍江恩理论的主要内容。

1. 江恩时间法则

在江恩理论中江恩时间法则认为，时间是交易的最重要因素。江恩时间法则用于揭示价格发生回调的规律。江恩认为：一定量的价格回调发生在特定的时间内，运用江恩时间法则，实际的价格回调是能够预测的。江恩把时间定义为江恩交易年，它可以一分为二，即 6 个月或 26 周，也可以一分为三、一分为四乃至更多，如将江恩交易年分为八分之一和十六分之一。

在江恩交易年中还有一些重要的时间间隔。例如，因为一周有 7 天，而 7×7 是 49，因此他将 49 视为非常有意义的日子，一些重要的顶或底的间隔在 49 天至 52 天。中级趋势的转变时间间隔为 42 天至 45 天，而 45 天恰恰是一年的八分之一。江恩还指出一些重要的时间间隔，可以预测价格反转的发生。

①一般市场回调发生在第 10 天至第 14 天，如果超过了这一时间间隔，随后的

回调将出现在第 28 天至第 30 天；

②主要顶或底的 7 个月后会发生小型级折返；

③主要顶或底的周年日。

另外，江恩时间法则还考虑了季节、宗教、天文学等多种因素。

江恩时间之窗：江恩认为市场的运动就像自然中万事万物一样具有循环的时间周期。在如下的神奇时间位置，市场波动容易从量变的积累，转变为质变的爆发。具体表现为以斐波纳茨级数为代表的神奇数字系列，即 1、2、3、5、8、13、21、34、55……也就是说，在市场趋势运行到以上数字的天数、周数、月数时，市场容易产生变盘情况。这就是江恩的时间之窗理论。其在股市中最常体现为 5，8，13，21，34，55……这几个数字。当然，这些数字并不具备客观的确定意义，他们均具有一定的实战浮动漂移性。

2. 江恩循环理论

江恩的循环理论是对整个江恩思想及其多年投资经验的总结。江恩相信，历史会重复发生。若要知道及预测未来，你只需要回到历史上研究，并掌握到一个正确的起点。江恩把他的理论用按一定规律展开的圆形、正方形及六角形来进行推述。这些图形包括了江恩理论中的时间法则、价格法则、几何角、回调带等概念，图形化的揭示了市场价格的运行规律。

江恩认为较重要的循环周期有：

短期循环：1 小时、2 小时、4 小时、......18 小时、24 小时、3 周、7 周、13 周、15 周、3 个月、7 个月；

中期循环：1 年、2 年、3 年、5 年、7 年、10 年、13 年、15 年；

长期循环：20 年、30 年、45 年、49 年、60 年、82 或 84 年、90 年、100 年。

30 年循环周期是江恩分析的重要基础，因为 30 年共有 360 个月，这恰好是 360 度圆周循环，按江恩的价格带理论对其进行 1/8、2/8、3/8......7/8 等分，正好可以得到江恩长期、中期和短期循环。

10 年循环周期也是江恩分析的重要基础，江恩认为，十年周期可以再现市场的循环。例如，一个新的历史低点将出现在一个历史高点的十年之后，反之，一个新的历史高点将出现在一个历史低点之后。同时，江恩指出，任何一个长期的升势或跌势都不可能不做调整的持续三年以上，其间必然有三至六个月的调整。因此，十年循环的升势过程实际上是前六年中，每三年出现一个顶部，最后四年出现最后的顶部。

需要指出的是，以月为单位的循环分析方法，是江恩非常重视的方法之一，也是中长期投资者应该首先掌握的。由于时间单位是以月为基础，时间跨度较长，不容易受主力机构控制而产生骗线，所以准确度非常高，可靠性非常强，往往是自然形成的。在此基础上产生的规律，不会轻易改变。

上述长短不同的循环周期之间存在着某种数量上的联系，如倍数关系或平方关系，因此，江恩非常强调倍数关系和黄金分割比率的分数关系，而倍数关系和分数关系是可以相互转化。江恩将这些关系用圆形、正方形、六角形等显示出来，为正确预测股市走势提供了有力的工具。

熟练地掌握了循环理论，可以有效的把握进出市场的时机，成为股市的赢家。

3. 江恩回调法则

回调是指价格在主运动趋势中的暂时反转运动。回调法则是江恩价格理论中重要的一部分，也是所有证券、期货、外汇分析软件中最常见的画线工具之一。

根据价格水平线的概念，50%、75%、100%作为回调位置是对价格运动趋势构成强大的支持或阻力。

江恩 50%回调法则是基于江恩的 50%回调或 63%回调概念之上。江恩认为：不论价格上升或下降，最重要的价位是在 50%的位置，在这个位置经常会发生价格的回调，如果在这个价位没有发生回调，那么，在 63%的价位上就会出现回调。在江恩价位中，50%、63%、100%最为重要，他们分别与几何角度 45 度、63 度和 90 度相对应，这些价位通常用来决定建立 50%回调带。

投资者计算 50%回调位的方法是：将最高价和最低价之差除以 2，再将所得结果加上最低价或从最高价减去。当然，价格的走势是难以预测的，我们在预测走势上应该留有余地，实际价格也许高于或低于 50%的预测。

那么，如何判断峰顶与谷底呢？江恩认为一年中只做几次出色的交易就可以了，为此，需要观察以年为单位的价格图，来决定一年中的顶部与底部，然后才是月线图、周线图和日线图。

江恩时间法则用于揭示在何时价格将发生回调，而江恩价格回调法则揭示价格回调的多少。江恩将价格分割成一些区间成为价格带，江恩价格带是以相对时间的最高价和最低价为标准划分的。根据分析期间的长短，这些时间可以是一日、周、月、年或者更长。

价格带通常是按前一个价格趋势的百分比划分的，一般通过价格水平线均分成八条价格带或三条价格带。这些水平线表示对未来价格运动的不同层次的支持线或阻力线，价格将在这些地方发生回调(图 1–43)。

在上升趋势中，1/8 或 3/8 的价格水平线表示对上升趋势的较小的阻力位；而在

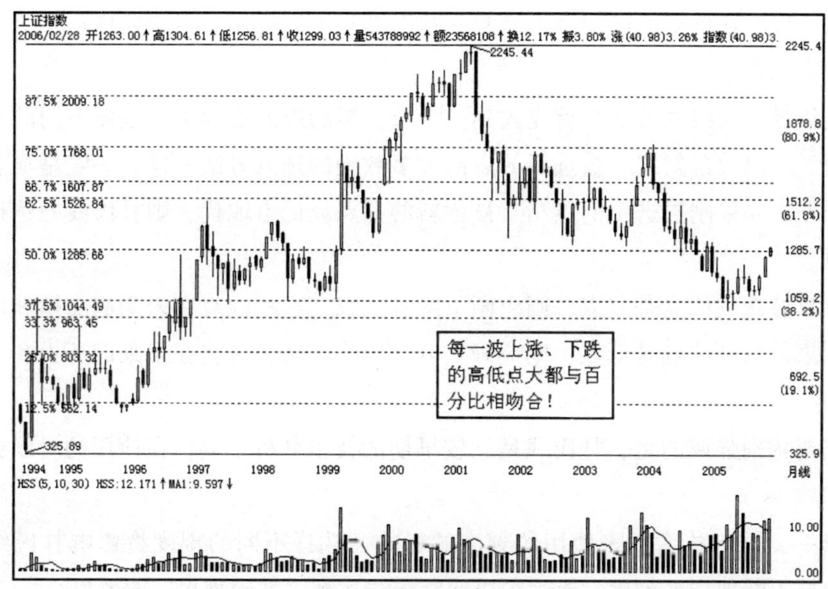

图 1-43 江恩价格带

下降趋势中，这两条价格水平线则成为较小的支持位。

4. 江恩线(甘氏线)

江恩角度线，简称江恩线，亦又称作甘氏线，是国内投资者较常见的技术分析工具。江恩线的数学表达有两个基本要素，这两个基本要素是价格和时间。江恩角度线是江恩理论系列中的重要组成部分，它具有非常直观的分析效果，根据角度线提供的纵横交错的趋势线，能帮助分析者作出明确的趋势判断。因而，角度线是一套价廉物美的分析方法，任何人花很少时间都可以轻松学会。

在谈到角度线的意义时，江恩宣称："当时间与价位形成四方形时，市运转势便迫近眼前。"表明角度线并非一般意义上的趋势线，根据时间价格两度空间的概念而促成独特的分析体系。因而有分析人士指出，角度线是江恩最伟大的发明，它打开了时间与价格不可调和但密不可分的格局，从操作的角度说，这是江恩技术理论中，甚至是最有价值的一部分。

江恩线即甘氏线，通常分上升甘氏线和下降甘氏线两种。甘氏线是从一个点出发，依一定的角度，向后画出的多条射线，所以，甘氏线包含了角度线的内容。每条直线都有一定的角度，这些角度的得到都与百分比线中的那些数字有关。每个角度的正切或余切分别等于百分比数中的某个分数(或者说是百分数)。

每条直线都有支撑和压力的功能，但这里面最重要的是 1×1、2×1 和 1×2。其余的角度虽然在价格的波动中也能起一些支撑和压力作用，但重要性都不大，都很容易被突破。

具体画甘氏线的方法是首先找到一个点，然后以此点为中心按照不同的角度向上或向下画出数条射线。被选择的点同大多数别的选点方法一样，一定是显著的高点和低点，如果刚被选中的点马上被创新的高点或低点取代，则甘氏线的选择也随之变更。

如果被选到的点是高点，则应画下降甘氏线。这些线将在未来起支撑和压力作用。如果被选到的点是低点，则应画上升甘氏线。这些线将在未来起压力和支撑作用。

需要特别强调的是，甘氏线是比较早期的技术分析工具。在使用的时候会遇到两个问题。

第一，受到技术图表使用的刻度的影响，选择不同的刻度将影响甘氏线的作用。只要不断地调整刻度，永远可以使甘氏线达到“准确预报”的效果。

第二，甘氏线提供的不是一条或几条线，而是一个扇形区域，在实际应用中有相当的难度。对那些不是专业研究江恩理论的投资者，最好不要使用甘氏线。

5. 江恩轮中轮

江恩理论中，广为人谈论，而神秘莫测的是“轮中之轮”的市场理论。轮中轮，可以说是江恩理论中最精华的篇章。江恩认为，既然在自然定律中，有四季交替，主次阴阳之分，那么在股票市场中，必定也有短期、中期、长期循环以及循环中的循环，正如圣经所述的“轮中之轮”。江恩根据这一理论，设计了市场循环中的轮中之轮，将市场上的短期、中期和长期循环加以统一的描述并将价位与江恩几何角也统一起来。尝试分解影响市场走势的长、中、短周期，从而预测市场的波动轨迹。因此“轮中轮”是对江恩全部理论的概括总结。

(1) 轮中轮的制作

轮中轮将圆进行 24 等分，以 0 度为起点，逆时针旋转每 15 度增加一个单位，经过 24 个单位完成第一个循环，依此类推，经过 48 个单位完成第二个循环，以此类推，最后经过 360 个单位完成第十五个循环，即一个大循环，形成江恩“轮中轮”。

轮中轮上的数字循环即是时间的循环也是价格的循环，例如，对时间循环而言，循环一周的单位可以是小时、天、周、月等，对价格循环而言，循环单位可以是元或汇率等。

江恩“轮中轮”的关键是角度线，市场的顶部、底部或转折点经常会出现在一些重要的角度线上，如 0 度、90 度、180 度等。通过“轮中轮”，我们可以预知市场的价位。

(2) 轮中之轮要点

①当股价或指数突破或跌破一个阻力或支撑位时，将向下一个阻力或支撑位移动。

②轮中之轮的 0 度、90 度、180 度、270 度及 45 度、135 度、225 度、315 度所构成的两个正四方形处为阻力或支撑。另外，由 0 度、120 度、240 度所构成的正三角形处也为阻力或支撑。

③一周分为 24×15(度)，暗含 24 节气。价位或指数由内向外找，大数取内优先。

(3) 轮中轮运用经验

①一周天的重要时间为到达上面第一条中所述的角度位置所需的时间。周期的长短按上面第二条中选择。

②当选用的长周期和短周期所指向的位置，为同一位置时，该点即为市场的最为重要的位置。时间大致为长、短周期重叠的时间位置。

③如果股价或股指在重要的时间内超越了一个重要的位置。那么，它将向下一个重要的位置移动。

④如果股价或股指在重要的时间内没有超越那个重要的位置。那么，它将回头寻找它前一个重要的位置。

江恩理论的精髓——市场在重要的时间到达重要的位置(股价或股指)时，市场的趋势将发生逆转。

6. 江恩螺旋四方形

江恩“轮中轮”的另一种表现形式是江恩螺旋四方形。江恩螺旋四方形就是将市场循环一周八等分，而四方形的十字线和对角线上的价格就是极有可能发生转折的重要价位。

(1) 江恩螺旋四方形的绘制方法

①观察价格的历史走势，从中选择历史性高位或低位作为江恩螺旋四方形的中心；

②确定价格上升或下降的价格单位；

③逐步逆时针展开。

通过江恩理论，我们可以推算出四方形的中心线和对角线上的价位将可能会成为价格走势的重要支持位或阻力位。

江恩螺旋四方形之所以有着较准确的预测功能是因为它与黄金展开线有异曲同工之妙。不同的是，黄金展开线是以对数级数展开，后面一项是前一项的 1.618 倍，而江恩螺旋四方形是以算术级数展开，为等差数列。

(2) 江恩认为

①一个升势若以对角线上的价位为起点，则可能在价格的二次方上结束；

②一个跌势若以对角线上的价位为起点，则可能在价格的平方根上结束。

江恩螺旋四方形是江恩循环理论的重要组成部分，只有经过长期的时间，才能准确的把握。

江恩六边形即江恩螺旋正方形是将市场循环分为八等分，而江恩六边形则是把市场循环分为六等分，是介于江恩螺旋四方形与江恩轮中轮之间的一种图形。江恩六边形把 360 度圆周六等分，每部分为 60 度，按照逆时针螺旋展开直至无穷。

7. 江恩波动法则与共震

在第一次世界大战中，一队德国士兵迈着整齐的步伐通过一座桥，结果把桥踩塌。就桥梁的本身负载能力而言，远远大过这队德国士兵的重量，但由于士兵步调整齐、节奏一致，结果大桥在这种齐力的作用下倒塌，这就是共震的作用。共震经常应用于音响领域上。当短频率与长频率出现倍数的关系时，就会产生共震，其音响效果将会发生明显变化。

而江恩的思路是：市场的波动率或内在周期性因素，来自市场时间与价位的倍数关系。当市场的内在波动频率与外来市场推动力量的频率产生倍数关系时，市场便会出现共震关系，令市场产生向上或向下的巨大作用。

回顾历史走势，可以发现：股票走势经常大起大伏，一旦从低位启动，产生向上突破，股价如脱缰的野马奔腾向上；而一旦从高位产生向下突破，股价又如决堤的江水一泻千里。这就是共震作用在股市之中的反映。

市场供需买卖可以产生一种趋势，而这种势一旦产生，向上向下的威力都极大。它能引发人们的情绪和操作行为，产生一边倒的情况。向上时人们情绪高昂，蜂拥入市；向下时，人人恐慌，股价狂泻，如同遇到世界末日，江恩称之为价格崩溃。

因此一个股票投资者，应对共震现象充分留意。笔者认为，如下情况将可能引发共震现象：

①当长期投资者、中期投资者、短期投资者在同一时间点，进行方向相同的买入或卖出操作时，将产生向上或向下的共震；

②当时间周期中的长周期、中周期、短周期交汇到同一个时间点且方向相同

时，将产生向上或向下共震的时间点；

③当长期移动平均线、中期移动平均线、短期移动平均线交汇到同一价位点且方面相同时，将产生向上或向下共震的价位点；

④当K线系统、均线系统、成交量KDJ指标、MACD指标、布林线指标等多种技术指标均发出买入或卖出信号时，将产生技术分析指标的共震点；

⑤当金融政策、财政政策、经济政策等多种政策方向一致时，将产生政策面的共震点；

⑥当基本面和技术面方向一致时，将产生极大的共震点；

⑦当某一上市公司基本面情况、经营情况、管理情况、财务情况、周期情况方向一致时，将产生这一上市公司的共震点。

共震并不是随时都可以发生，而是有条件的，当这些条件满足时，可以产生共震；当条件不满足时，共震就不会发生；当部分条件满足时，也会产生共震，但作用就小；当共震的条件满足得越多时，共震的威力就越大。在许多时候，已经具备了许多条件，但是共震并没有发生，这可以理解为万事俱备、只欠东风。东风不刮，火就烧不起来，而东风是关键条件。如果没有关键条件，共震将无法产生，在这一点上江恩特别强调自然的力量。

我们知道，每到农历8月18日钱塘江会发生大潮，这现象是由月亮的引力所造成的。而只有当太阳、月亮和地球处于同一直线时，这种大潮才会发生，这也是一种共震。既然太阳、月亮和地球的位置可以引起大潮，那么它们的位置是否也可以影响人们的操作情绪和行为？江恩的回答是肯定的。

总之，共震是使股价产生大幅波动的重要因素，投资者可以从短期频率、中期频率和长期频率及其倍数的关系去考虑。江恩还认为：市场的外来因素是从大自然循环及地球季节变化的时间循环而来。共震是一种合力，是发生在同一时间多种力量向同一方面推动的力量。投资者一旦找到这个点，就将获得巨大利润和回避巨大风险。

8. 江恩理论的实战精华

江恩理论的预测系统部分很多地方抽象难懂，不易理解，但江恩的操作系统和买卖规则却清楚明确，非常容易理解。江恩的操作系统是以跟随市场买卖为主，这与他的预测系统完全不同，江恩非常清楚地将买卖操作系统与市场预测系统分开，使他能在一个动荡充满危机的年代从事投机事业而立于不败之地。

江恩晚年在《华尔街四十五年》书中告诫投资者：在你投资之前请先细心研究市场，因为你可能会作出与市场完全相反的错误的买卖决定，同时你必须学会如何去处理这些错误。一个成功的投资者并不是不犯错误，因为在证券市场中面对千变万化、捉摸不定的市场，任何一个人都可能犯错误，甚至是严重的错误。但成败的关键是成功者懂得如何去处理错误，不使其继续扩大；而失败者因犹豫不决、优柔寡断任其错误发展，并造成巨大的损失。

江恩认为有三大原因可以造成投资者遭受重大损失：

第一，在有限的资本上过度买卖。也就是说操作过分频繁，在市场中做短线和超短线是要求有很高的操作技巧的，在投资者没有掌握这些操作技巧之前，过分强调做短线常会导致不小的损失。

第二，投资者没有设下止损点，以控制损失。很多投资者遭受巨大损失就是因为没有设置合适的止损点，结果任其错误无限发展，损失越来越大。因此，学会设置止损点以控制风险是投资者必须学会的基本功之一。还有一些投资者、甚至是一些市场老手，虽然设了止损点，但在实际操作中并不坚决执行。结果因一念之差，遭受巨大损失。

第三，缺乏市场知识，是在市场买卖中损失的最重要原因。一些投资者并不注重学习市场知识，而是凭想当然办事或主观认为市场如何如何，不会辨别消息的真伪，结果接受错误误导，遭受巨大损失。还有一些投资者仅凭一些书本上学来的知识来指导实践，结果不加区别的套用，造成巨大损失。江恩强调的是市场的知识，实践的经验。而这种市场的知识往往要在市场中摸爬滚打相当长时间才会真正有所体会。

江恩在投机市场纵横数十年，其成功之道就是买卖规则重于预测！这是江恩获胜的真正秘诀，也正是江恩留给后人的精华所在。时至今日，江恩十二条买卖规则和二十一条股票操作买卖守则对投资者而言仍具有很高的参考价值，这一点在实战操作中须多加体会。

江恩十二条买卖规则简介如下：

①判断市势，再做出买卖决定；

②在单底、双底或三底水平线附近入市买入；

③根据市场波动的百分比买卖；

④根据三星期上升趋势或下跌趋势，决定买卖；

⑤把握市场分段波动规律；

⑥利用 5 或 7 点波动买卖；

⑦关注成交量；

⑧考虑时间因素；

⑨当出现新低或新高时买入；

⑩判断大势趋势的转向，决定买卖方向；

⑪寻找最安全的买卖点；

⑫快速发现市场的价位波动。

江恩的二十一条股票操作买卖守则：

①每次入市买、卖，损失不应超过资金的十分之一；

②永远都设立止损位，减少买卖出错时可能造成的损失；

③永不过量买卖；

④永不让所持仓位转盈为亏；

⑤永不逆市而为。市场趋势不明显时，宁可在场外观望；

⑥有怀疑，即平仓离场。入市时要坚决，犹豫不决时不要入市；

⑦只在活跃的市场买卖。买卖清淡时不宜操作；

⑧永不设定目标价位出入市，避免限价出入市，而只服从市场走势；

⑨如无适当理由、不将所持仓平盘，可用止赚位保障所得利润；

⑩在市场连战皆捷后，可将部分利润提取，以备急时之需；

⑪买股票切忌只望分红收息(赚市场差价第一)；

⑫买卖遭损失时，切忌赌徒式加码，以谋求摊低成本；

⑬不要因为不耐烦而入市，也不要因为不耐烦而平仓；

⑭肯输不肯赢，切戒。赔多赚少的买卖不要做；

⑮入市时落下的止损位，不宜胡乱取消；

⑯做多错多，入市要等候机会，不宜买卖太密；

⑰做多做空自如，不应只做单边；

⑱不要因为价位太低而吸纳，也不要因为价位太高而沽空；

⑲永不对冲；

⑳尽量避免在不适当时搞金字塔加码；

㉑如无适当理由，避免胡乱更改所持股票的买卖策略。

9. 江恩理论的贡献与缺陷

(1) 江恩理论的贡献

①江恩第一个将自然的时间要素引入市场分析和投资实战之中。他认为：时间是证明一切事物最重要的因素。在中国古代哲学思想——道的思想中就时间规律的详细阐述，认为时间律是指：阴阳转换的过程离不开时间，时间对阴阳转化至关重要，但人却无法控制时间。春天必然过渡到夏天，秋天过后是冬天，一年四季春夏秋冬，周而复始，无人能够改变这种规律。春天有春天自己的功用，夏天也有自己

的价值。四季都在一定的时间范围内完成自己的使命。

②江恩彻底地完善了对市场三大要素间相互关系的包含。这三大要素，也就是市场的价格、成交量和时间。任何对市场的技术分析研判，如果缺少了这三大要素之一，都必将是不全面和不完整的，也必将与市场的真实运动规律存在着绝对的差距。在所有的经典投资理论流派中，也只有江恩理论将时间要素的分析与价格要素的分析进行了和谐有机的统一。实战中，脱离时间要素的限定，孤立地去分析股票的价格运动是绝对片面的。江恩将时间要素引入市场是对投资界的一个巨大贡献。他将使我们的分析研判更加全面，实战操作更加从容。

③江恩理论从定量的角度极大地完善了道氏理论的只有定性、缺少定量的不足，极大地提高了其投资理论的实战可操作性。其具体表现在对次级逆向波对主级正向波的修正的空间幅度上。即在市场的上涨趋势中，价格的次级回调，往往在如下位置出现止跌启稳而结束调整：0.3、0.5、1 等位置。相反，在市场的下跌趋势中，次级的反弹，往往也将在反弹高度的上述位置遇阻回落而结束反弹。江恩认为，只有这样，市场的运动才是最和谐和完美的，同时也才是最为稳定的。将这一理论与江恩角度线进行结合，将得到江恩实战技法中最为有名的价格带战法即江恩螺旋。

④江恩将市场的运动方向用角度线的方法进行定量的描述，以此界定出市场运动力度的强弱。市场运动的角度越大，市场趋势发展的力度就越会越强烈，反之则越疲弱。这就是江恩的角度线，即上下甘氏线。其中尤其以 45 度线最为著名，因为它处在空间中最为稳定的位置。在自然科学中的物理力学已证明 45 度角度是抛物距离最远的最佳角度。

⑤最早总结出完备的股市分析预测系统和简明的买卖操作系统。

江恩认为，进行交易必须根据一套既定的交易规则去操作，而不能随意买卖，永不盲目猜测市场的发展情况。随着时间的转变，市场的条件也会跟随转变，投资者必须学会跟随市场的转变而转变，而不能主观取代客观的市场变化。

江恩的实战投资操作体系，却与其繁杂神秘的分析研判理论体系背道而驰。江恩的实战操作体系以其简明、客观而凸显优美无比，同时也表现出巨大的实战威力。当测市系统发生失误时，操作系统将及时补救。江恩之所以可以达到非常高的准确性，就是将测市系统和操作系统一同使用，双剑合璧。

（2）江恩的分析理论体系的缺陷

①分析起点选定的无法客观和确定。实际分析中不同的起点选定，往往具有完全不同的分析结果。让你在实战运用中无所适从，因举棋不定而错失良机。

②具体到股市中，图表的画面含盖天数的大小，也会使江恩理论的分析结果之

间大相径庭。让人感到展开具体的分析毫无标准而无所适从。运用效果的好坏直接与使用者的经验相关。

③江恩的晚年，追求完美，非常坚定、甚至顽固地企图发现市场的所有规律，甚至幼稚地认为市场的所有运动都必须是和谐的，都可以用数学公式进行精确的描述。这同样与江恩老先生当时的哲学思想对自然、世界的认识观点有极大关系。

总的来讲，江恩理论和波浪理论的基础都离不开道氏理论的核心趋势概念，这两种理论都是对道氏趋势定性的进一步定量化发展。两种理论虽然研究的视角有所不同，但均强调股价大小不同趋势的循环规律，而且采用的波动空间与时间比率的分数关系几乎相同，因此，江恩理论与道氏理论、波浪理论完全可以相互结合使用，可起到互为弥补的作用。笔者虽然在分析预测、操作中时常会运用江恩理论的时间法则、时间之窗、江恩线、回调法则，以及实战投资操作体系思想、买卖规则等精华内容，但也深感对江恩理论研究不够深入，本书只作简单介绍。有兴趣的读者不妨多研究《江恩理论解析与实战应用十六讲》(陶暐拟、蒋义行著)、《华尔街四十五年》(江恩著)、《解读江恩理论》(何造中著)，《江恩理论——金融走势分析》(黄柏中著)等经典书籍。

五、K 线、形态理论、趋势线

1. 蜡烛 K 线

K 线又被称为蜡烛图、阴阳线，起源于十八世纪日本的米市，当时日本的米商用来表示米价的变动，后被引用到证券市场，成为股票技术分析的一种理论。

K 线是证券市场中广泛通用的一种专业化语言，目前已传播到世界各地，其中更主要地是在亚洲流行，与欧美证券分析师发明并流行于欧美的直线图并驾齐驱，一起构成证券市场技术分析最重要、最基本的工具之一，在各种证券行情传播和评论中广泛使用，不但是股票、债券、基金、期货、外汇等市场分析师必须精通的“第二语言”，同时也是股票投资者必须学习的投资常识，但 K 线具有易学难精的特点，需要多加观察、领会。

K 线由开盘价、收盘价、最高价、最低价四个价位组成，开盘价低于收盘价称为阳线，反之叫阴线。中间的矩形称为实体，实体又分阳线和阴线，实体以上细线叫上影线，实体以下细线叫下影线。

一根 K 线记录的是股票在一天内价格变动情况。将每天的 K 线按时间顺序排列在一起，就组成了股票价格的历史变动情况，叫做日K线图。

每一根K线都是多空力量争斗的结果，每天交易结束，其最高价、最低价、开盘价、收盘价都真实地显现该股当天的交易状况。但是同样一根K线在不同位置、不同背景之下反映不同的市场含义或趋势有可能不同，需要辨证地具体综合分析。所以，应认真观察多空双方在K线图中的力量变化情况，并以此判断行情走势。

K线还可以表示多种时间段的市场走势。按表示的时间段不同，可分为周K线、月K线、年K线以及一分钟K线、五分钟K线、十五分钟K线、三十分钟K线、六十分钟K线等等，这些K线的画法与日K线雷同，只不过时间段不同。

不同时间段的K线有不同的作用，短时间段K线可以观察短期市场变化，如五分钟K线、十五分钟K线等。中、长时间段的K线可以观察中期趋势或长期趋势，如周K线、月K线等，在实战分析中有大量应用。

K线的最基本形态有：标准阳线、光脚阳线、光头阳线、光头光脚阳线、倒T形K线、十字星、标准阴线、光脚阴线、光头阴线、光头光脚阴线、T形K线、“一字线”等。单根K线也有分析的技巧方法，具体见笔者著《价量实战技术精要》一书中第一章第三节“K线分析的要领”。至于详细的各种K线组合的运用，读者可参看经典书《日本蜡烛图技术》([美]史蒂夫·尼森著)、《蜡烛图精解》([美]格列高里·莫里斯著)、《K线技术实战精髓》(邱太钦著)。

2. K线形态理论

K线组合，只要3根以上的K线就叫K线组合，名称很多，一旦较多的K线组合演变为各种形态，构成独立的形态理论。形态分析是技术分析的重要组成部分，它通过对股价横向运动时形成的各种价格形态进行分析，并且配合成交量的变化，推断市场现存的趋势将会延续还是反转。价格形态可分为反转形态和持续形态，反转形态表示市场经过一段时期的酝酿后，决定改变原有趋势，而采取相反的发展方向，持续形态则表示市场将顺着原有趋势的方向发展。

(1) 反转形态

反转形态是指股票价格改变原有的运行趋势所形成的运动轨迹。反转形态存在的前提是市场原先确有趋势出现，而经过横向运动后改变了原有的方向。反转形态的规模，包括空间和时间跨度，决定了随之而来的市场动作的规模，也就是说，形态的规模越大，新趋势的市场动作也越大。在底部区域，市场形成反转形态需要较长的时间，而在顶部区域，则经历的时间较短，但其波动性远大于底部形态。交易量是确认反转形态的重要指标，而在向上突破时，交易量更具参考价值。

反转形态有：单顶、单底即V形反转，双头及双底也就是M头及W底，三重顶及三重底、头肩顶及头肩底、圆弧顶(底)等。

(2) 持续整理形态

所谓持续形态是指股票价格维持原有的运动轨迹。市场事先确有趋势存在，是持续形态成立的前提。市场经过一段趋势运动后，积累了大量的获利筹码，随着获利盘纷纷套现，价格出现回落，但同时对后市继续看好的交易者大量入场，对市场价格构成支撑，因而价格在高价区小幅震荡，市场采用横向运动的方式消化获利筹码，重新积聚了能量，然后又恢复原先的趋势。持续形态即为市场的横向运动，它是市场原有趋势的暂时休止。

与反转形态相比，持续形态形成的时间较短，这可能是市场惯性的作用，保持原有趋势比扭转趋势更容易。持续形态形成的过程中，价格震荡幅度应当逐步收敛，同时，成交量也应逐步萎缩。最后在价格顺着原趋势方向突破时，应当伴随大的成交量。

持续形态有三角形整理(又分上升三角形、下降三角形、对称三角形)、箱体、旗形、楔形、W 型、头肩型、菱形等。

分析形态的目的有两点：第一，对趋势方向的预测。第二，对趋势目标的预测。

(3) 由形态判断买入时机

形态，真实地记载了股价的运行轨迹和反映了股价的运行趋势，形态分析是股市技术分析系统中的重要分析方法之一。

“给我一张图表，告诉您趋势的变化”，这一形态分析的名言，正是道出了形态分析的精华。这是因为任何一只股票的形态都揭示了其成交密集区在何处、支撑位和阻力位在哪里、有多大上升或下跌的空间，而主力的一切行为如吸货建仓、震荡洗盘、快速拉升与高位派发都隐藏在形态之中，甚至还可以根据形态分析预估主力的建仓成本、持筹比例、控盘能力、获利程度等。问题的关键是我们如何通过形态图形这一表面现象去认识形态背后主力或市场的本质，即在形态形成的过程中或形态突破后尽快地判别出形态的含义和类型，并采取相应的投资策略。另外，其他买入时机的判断方法如趋势线、移动平均线、成交量、各种技术指标等往往也需要结合形态或 K 线图进行，这也足见形态分析的重要。

一般来说，形态判断买入时机有：二次探底不破底是最佳买入时机；有效突破整理形态和反转形态颈线位是最佳买入时机。

(4) 形态理论的缺陷

①几乎所有形态始终未曾有过统一的、较客观的标准。就许多形态分析与判断看，与其说是见仁见智，还不如说没有一个客观标准。如上证大盘在 2100 点先形

成双顶形态，经过一段时间后，又像是双底形态。使很多人如坠云雾之中，这一谜团似乎只有事后才能搞清。

②在形态未完成前，似是而非的形态容易使人对它的属性出现误判。转向形态可能被误认为是持续形态，或者持续形态被误认为转向形态，两种现象都有可能发生。

读者欲详细了解形态理论，建议阅读经典技术分析名著《期货市场技术分析》([美]约翰·墨菲著)和《股市趋势技术分析》([美]约翰·迈吉、罗伯特·D·爱德华著)，选择其中一本均可，书中均有权威的各种形态详细介绍。

3. 趋势线简介与运用

趋势的概念主要是指股价运行的方向，它是股价波动有序性特征的体现，也是股价随机波动中偏向性特征的主要表现。趋势实际上是物理学中最有名的运动学即牛顿惯性定律在股市中的真实再现，是技术分析中最根本、最核心的因素。即便是国家宏观经济运行在各个阶段也存在有发展趋势，各个行业在不同的阶段更存在明显的发展趋势。

实战投资家最重要的投资原则，就是顺势而为，即顺从股价沿最小阻力运行的趋势方向而展开操作，与股价波动趋势达到“天人合一”。正所谓，顺势者昌，逆势者亡!

(1) 趋势线的划法

所谓“一把尺子走天下”其实就指的是趋势线的运用。投资者要时刻记住：趋势是你的朋友，永远顺着趋势展开操作，不可逆势而为。学会使用趋势线来确定趋势的方向，对于投资者来说，这是必不可少的基本功之一。

趋势线实际上是对股价波动轨迹和方向进行化繁为简的一种方法性实战运用，它能将细小的股价波动过滤掉，使我们可以简单、清晰地把握股价的波动方向和趋势的脉络。趋势线的画法就是将股价波动运行的低点和低点连接，或者高点和高点连接而形成一条直线。如果股价是按一个低点比一个低点高的运行方式运行，所画出来的趋势线就是上升趋势线即支撑线；如股价是按一个高点比一个高点低运行，所画出来的趋势线就是下降趋势线，即压力线；还有一种是股价的低点和高点横向延伸，没有明显的上升和下降趋势，这就是横盘整理或称为箱型整理。趋势根据时间的长短，可以划分为长期趋势、中期趋势和短期趋势。一个长期趋势一般由若干个中期趋势组成，而一个中期趋势由若干个短期趋势组成。

一般说来，所画出的趋势直线只需要两个低点或高点即可构成，但趋势线被触及的次数至少三次，才能确认趋势线的有效性。趋势线被触及的次数越多就越重要，这条趋势线延续的时间越长，这条趋势线越具有有效性。

(2) 趋势线主要有两种作用

①对股价今后的波动起到一定的约束作用。这种约束作用实质上主要体现为投资者人的心理暗示作用，如当股价跌至某条主要趋势线时，持仓者暂时不再卖出，看趋势线的支撑力度怎样再作决定，而场外观望者，认为是一个买入的时机，一旦买方力量大于卖方力量，投资者的心理集合产生的实际买盘力量使股价便回升。同样，当股价跌破某条主要趋势线时，持仓者认为股价还会再跌，便纷纷卖出，一旦卖方力量大于买方力量，投资者的心理集合产生的实际卖盘力量会使股价加速下跌。压力线对投资者人的心理暗示作用也同样存在。

②趋势线被突破后，就说明股价波动的下一步趋势将要出现逆向运动，越重要越有效的趋势线被突破，其转势的信号越强烈。

(3) 支撑线与压力线相互转化(图 1-43)

趋势线中支撑线和压力线是可以相互转化的。如当股价从上向下突破一条支撑线后，原有的支撑线将可能转变为压力线。在某些时候我们可以发现，股价运行在两条相互平行的趋势线之间，上面的线为压力线，下面的线为支撑线，这种情况称为箱型整理。趋势线经常需要和成交量配合使用，股价从下向上突破压力线时，往往需要大的成交量支持。如果没有成交量和大盘背景的支持，很多时候往往是假突破。

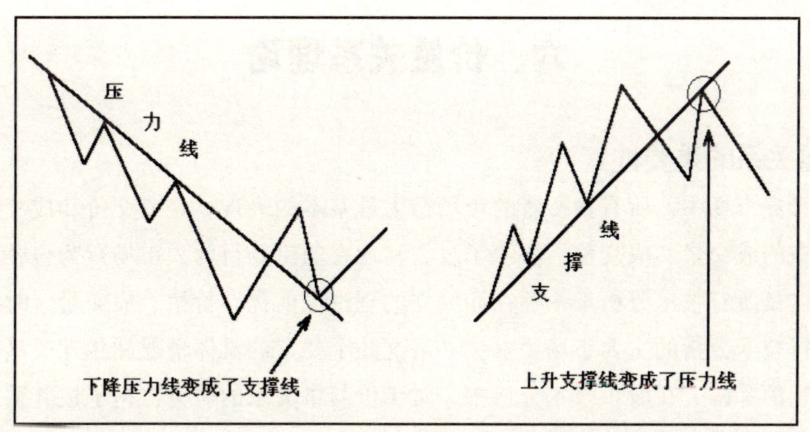

图 1-43　支撑压力转化

(4) 趋势线的角度

趋势线的角度至关重要，一般来说，倾斜角度为 45°的趋势线最有意义，稳定且持久。过于平缓的上升趋势线角度显示出力度不够，不容易马上产生大行情；过于陡峭的上升趋势线，说明股价上升太快则不能持久，往往容易很快转变趋势角度，将上升趋势线的角度调整到45°线上下左右，但不是趋势的逆转。反之，下降趋势线也同理。

(5) 怎么确认趋势线的有效突破

这是应用趋势线最为关键的问题。传统趋势理论中没有很准确的结论，有的只是人们经验性总结。在实战中需要把握三个原则。

①收盘价突破原则：收盘价突破趋势线比日内的最高点或最低点的突破趋势线重要。

②3%突破原则：它主要用于长期趋势线突破的鉴别。突破趋势线后，离趋势线越远，突破越有效。该原则要求收盘价突破趋势线的幅度至少达到3%。只要达到这一幅度，才算有效，否则无效。

③三天原则：一旦股价突破中长期趋势线，其收盘价必须连续三天在该趋势线的另一方。突破趋势线后，在趋势线的另一方停留的时间越长，突破越有效。

(6) 运用趋势线的目的

运用趋势线是可以帮助投资者展开顺势而为的操作，即寻找股价运动的趋势，在上升趋势时买入并持有，在下跌趋势时卖出股票而持币观望。在确认趋势逆转、趋势线被打破之前，做多、做空的操作策略将一直维持不变。

六、价量关系理论

1. 价量关系的重要性

在证券市场中，所有投资者的市场行为最基本的表现就是成交价和成交量，过去和现在的成交量、成交价，涵盖了过去和现在的市场行为，市场行为包容和消化一切，这是所有技术分析理论存在和成立的理论性前提。价格、成交量、时间和空间是进行技术分析的主要市场要素，弄清这几个要素的具体情况和相互关系是进行正确分析的基础。在股市技术分析中，对于价与量关系的研究占据了极其重要的地位，希望投资者注重基础性的学习和研究。

在实战操作中，仅仅根据成交量，并不能有效判断价格趋势的变化，至少还需要有价格与成交量配合关系确认。成交量仅仅是价格变化的一个重要因素之一，也是一个可能引起本质变动的因素，但是在大多数时候，它起到催化剂的作用。

引起股价趋势变化的根本原因是价与量的变化，价量变化是研究股价波动的核心。它们是互为影响、互为因果的矛盾体。价的变化会引起量的变化，量的变化又会引起价的波动。没有价的变化也没有量的变化，没有量的变化也没有价的波动，量是价变化的原因，价是量变化的结果。

价量关系涵盖了市场的一切信息。价量关系的状态不仅是市场波动的现实反映，而且还预示着市场未来的发展趋势。投资者研判市场趋势时必须要抓住价量关系这一本质。目前很多散户投资者热衷于用各种技术指标去研判后市，指导自己的操作，但很少有人能真正预测准确。这是因为，股市中绝大多数所谓的技术分析指标仅仅是表达价量关系的一种数学模型而已，很难全面客观地反映价量关系的本质特征，其本身就带有很大的片面性，如果单靠它们就用于实战操作，其效果不佳是可想而知的。因此，我们只有全面正确地理解和把握量价关系的本质特征，才能比较准确地把握市场的波动趋势。对此，传统的量价关系理论显得相对比较简单，其主要是从价量配合正常与背离两方面去总结价量关系的规律，如果用一句话来概括，那就是“价升量增，价跌量缩”。

价升量增：理论上量价关系配合正常、理想，表示股价后市将继续上升。但同时也要防止一旦成交量放得过大，说明有大户在悄悄出货，或者主力机构在高位放量对倒拉高，制造多头陷阱。

价跌量缩：理论上量价关系配合正常、理想，预示空头力量减弱，后市价格有望见底回升。但是在股价高位，此态势不能说明股价一定会止跌回升，防止主力机构一路向下减仓，致使股价阴跌不止。

价涨量缩：理论上量价关系有背离现象，预示多头力量逐步减弱，股价有见顶回落的可能。但是，对于高度控盘的股票，这却是一种非常安全的强势态势。

价跌量增：理论上量价关系有背离现象，预示空头力量强大，后市股价将继续下跌。但对于在股价底部区域，此态势说明有大户在大量承接散户恐慌杀跌出来的筹码，股价可能很快止跌回升。

在实践中，如果简单使用传统价量关系理论去判断价格走势，往往容易出现失误。因为，根据价量关系理论得出的结论事实上不是唯一的答案，这主要是由于成交换手中多空双方角色的不确定性造成的，也就是说，单凭成交量无法客观真实反映买卖双方的真实意图和力量对比。由此，如果要想正确判断价量关系的真实含义，还需要对价与量的变化配合关系作进一步的细分研究，同时，需要正确对应股价的不同循环阶段，对应股价具体位置的高低。不能机械地运用传统的“价升量增，价跌量缩”价量关系理论，否则，容易被市场中的主力机构骗线，掉入他们设置的陷阱。

2. 九种基本价量关系运用

价与量的变化趋势的配合关系组合起来有九种最基本的关系：即价升量增、价升量平、价升量减、价平量增、价平量平、价平量减、价跌量增、价跌量平、价跌量减。一般情况下，“价升量增、价平量平、价跌量减”属于价量配合正常、良好、理想的范畴；如果“价升或价跌时量增幅过大或缩减过快”，以及“价平量增、价平量减”就属于价量关系配合异常的范畴；“价升量减、价跌量增”是价量关系配合背离的迹象，甚至是严重背离。

实践中，以上九种最基本价量关系的常用法则如下。

①价升量增，买入信号：价格随成交量的递增而上涨，为市场行情的正常特性，此种持续价升量增的关系，表示股价趋势将转为上升，或股价上升趋势将延续，是短中线最佳的买入信号。“量增价升”是最常见的多头主动进攻模式，应积极进场买入与主力共舞。

②价平量增，转市信号：股价经过持续下跌后的阶段性低位区，出现成交量增加而股价不明显上升的企稳现象，此时一般成交量的阳柱线明显多于阴柱，凸凹量差比较明显，说明底部在积聚上涨动力，有主力在进货，为中线转阳信号，可以适量买进持股待涨。有时也会在上升趋势中途也出现“量增价平”，则说明股价上行虽然暂时受挫，但只要上升趋势未破，一般整理后仍会有行情。如果股价经过持续上涨后的高价区，持续出现价平量增的放量滞涨现象，说明有主力在出货，为中线转阴信号，应寻机卖出。

③价升量平，持股观望：成交量保持等量水平，而股价持续上升，说明股票筹码锁定比较良好，只要上升趋势未破，一般应该持股观望，或持股待涨；如果累计涨幅不大，也可以在此期间适时适量地参与。有时“价升量平”的价量配合现象在日K线看起来不很明显，但从周K线、月K线上可以看得更清楚。

④价跌量增，卖出信号：当行情经过一段持续上涨以后，如果出现成交量持续放大，而价格却在不断下跌，说明有主力机构在减仓、出货，通常应及时退出观望。但是，如果股价经过长期大幅下跌之后，出现成交量增加，即使股价仍在下跌，也要慎重对待极度恐慌的“杀跌”，须注意低价区的增量说明有资金在大量承接，后市有望形成底部或产生反弹，应适当关注。

⑤价平量平，观望为主：成交量没有明显的增加或减少，同时，价格保持一种横向整理态势，股价趋势不明朗，说明目前场内、场外投资者均在观望，此时，不适宜过早介入或卖出，等待趋势明朗后再做决定。

⑥价跌量平，继续卖出：成交量没有急剧减少，也没有急剧增加，而股价却持

续下跌，说明下跌趋势仍将延续不变，此阶段应继续坚持及早卖出的方针，不可买入，当心“飞刀断手”。

⑦价升量减，谨慎持有：成交量减少，而股价仍在继续上升，表明市场做多动能在逐渐衰竭(但对于某些高控盘的庄股，这说明主力机构锁定筹码良好)，意味行情可能反转或短线将回档或进入盘整，此时应谨慎持股，并做好随时寻机减仓或出局的准备。如果在上涨初期出现“量减价升”，则可能是昙花一现，需经过补量后才会有上行空间。另一种常见的现象是，随着股价上涨，突破前一波的高峰创新高，然而此波段股价上涨的整个成交量水准却低于前一波段上涨的成交量水准，股价突破创新高，量却没突破创出新高水准，则说明此波段股价的涨势令人怀疑，同时，也是股价趋势潜在反转的警示信号。

⑧价平量减，警戒信号：股价没有什么明显变化，而成交量却显著减少，说明了有向上或向下攻击停顿的迹象，后市走向还不明朗，应警觉可能变盘。如股价经过长期大幅上涨之后，进行横向整理不再上升，此为警戒出货的信号；反之，如股价经过长期大幅下跌之后，进行横向整理不再下跌，为底部信号。

⑨价跌量减，卖出观望：也就是常说的价跌量缩，理论上这种量价关系配合正常，预示空头力量减弱，同时从另一个角度来讲，股价下跌很多时候不需要成交量的配合，可表现为自由落体。如果股价从高位下跌，成交量持续减少，股价趋势由上升开始转为下降，通常为卖出信号。此为无量阴跌，底部遥遥无期，正所谓多头不死跌势不止，一直跌到多头彻底丧失信心斩仓认赔，爆出大的成交量，跌势才会停止，所以，在操作上，只要趋势逆转，应及时止损出局。但是，如果在中长期下降趋势逆转后的上升初中期，主力机构震仓洗盘时也常常出现“价跌量减”，一旦价跌量减结束，再次出现价升量增的放量上涨，又不失为较好的买入机会，此为警觉的信号，准备伺机进场。

以上这些带有高度经验性概括总结的价量分析规律，在大多数时候是成立的，是每个技术分析者都要重点研究和掌握的。但以上最基本的九种经典价量关系在股价循环的各个阶段都可能出现，即便是同一种价量关系，如果处于在不同的位置，其蕴含的市场意义和最终得出的走势结论也很可能不相同，因此，实战操作中，必须结合股价循环的具体位置的高、低，辨证分析，灵活把握，谨慎地下结论。有关价量关系更详尽的图解介绍及实战运用精要，读者可参阅笔者的专著《价量实战技术精要》一书。

七、相反理论介绍

相反理论的基本要点是投资买卖决定全部基于群众的行为。它指出不论股市及期货市场，当所有人都看好时，就是牛市开始到顶。当人人看淡时，熊市已经见底。只要你和大多数人意见相反的话，致富机会永远存在。

证券投资活动的最本质特征即“零和博弈”所产生的结果是，能够赚大钱的人只有少数，而大多数人必然都是输家。要想做赢家，只能和投资大众的思路相背，尤其是在重要的底顶转折关键时期，切不可以从众、同流。

相反理论表达的是一种哲学上的理念：“盛极而衰，否极泰来”。它主要揭示的是，人应该拥有自己独特的思想和行为风格。不能在投资活动中人云亦云，盲目跟从，以便在行情转折的关键时刻，能够比常人有更加敏锐的警觉。

相反理论所谓的相反，并不是指任何时候都要与大众相反，大众也不是任何时候都是错的。相反，大众在行情发展的大部分主要阶段的看法都是对的。他们只是在牛、熊市场行情的两个极端位置，因每一个人都看对，就会质变，从而变成为每一个人都错误。所以，运用该理论时必须借助于其他技术分析方法来对牛、熊转化的两个极点进行确认。

需要提醒的是，相反理论在使用时，由于无法对牛熊两极的根本性转点进行客观化、精确化定量，因而必须非常小心和注意。在实战投资操作中，它的警示价值，远远重要于其具体操作意义。目前还没有绝对正确的方法能够给予该理论以实战价值巨大的真正帮助。因此，该理论只能作为宏观警示使用，其实战操作价值较低。

盛极而衰否极泰来的两极运用，以及行情运动趋势的量变与质变的度的把握是一门艺术。投资者只有通过刻苦的反复训练，才能在操作运用的艺术的把握上，真正具备一定的功力。

作为投资人士借鉴的地方，相反理论提醒投资者应该要：

①深思熟虑，不要被他人所影响，要自己去判断。

②要向传统智慧挑战，群众所想所做未必是对的。即使投资专家所说的，也要用怀疑态度去看待处理。

③凡事物发展，并不一定好似表面一样，你想象是升就一定是升。我们要高瞻远瞩，看得远，看得深，才会是胜利。

④一定要控制个人情绪。恐惧贪婪是成事不足，败事有余。周围人的情绪会影

响到你，你反而因此要加倍冷静。其他人恐惧大市已经无得玩，有可能这才是时机来临。在一窝蜂的争着在市场买入期货、股票时，你要考虑市势是否很快就会见顶而转入熊市。

⑤当事实摆在眼前和希望并非相符时，勇于承认错误。因为投资者都是普通人。普通人总不免会发生错误。只要肯认输，接受失败的现实，不作自欺欺人，将自己从普通大众中提升为有独到眼光见解的人，才可改变自己成为成功人物。

在任何市场，相反理论都可以大派用场，因为每一个市场的人心、性格、思想、行为都是一样。大部分人都是追随者，见好就追入，见淡就看淡。只有少部分人才是领袖人物。领袖人物之所以成为领导人，皆因他们见解、眼光、判断能力和智慧超越常人。亦只有这些异于常人的眼光和决策才可以在群众角力的投资市场脱颖而出，在金钱游戏中成为胜利者。

实际运用相反理论时，一般的难题都出于搜集资料方面。好友指数并非随时可以得知，在报章上亦并非随时能找到。

投资人士可以自行从报纸杂志投资专家发表的言论去归纳分析好淡观感的比例，以做买卖决策。但资料是否全面，当然是一大疑问。另外，相反理论有个很好的启示，那就是当大众媒介都争着报导好消息时，大市见顶已为时不远。这个说法，屡经印证，屡试不破。投资人士可以加倍留意。最后一点要提醒大家，即使收集到一个可靠的好友指数也不要等待百分之一百的人看好时才决定离市，或者所有人看淡时才入市。因为当你的数据确认有这些现象出现时，时间上已经出现了差距，其他人早比你洞悉先机可能已经比你快一步采取行动。你有可能错失在最高价沽出或在最低价买入的机会。快人一步，早过好友指数采取适当行动的投资人士将会更加稳操胜券。一般笔者结合波浪分析，如在周、月 K 线的清晰 5 浪尾端，同时结合价量配合背离和指标背离时才使用相反理论，平常极少运用，大部分时候还是坚持顺势而为的原则。

投资者请注意，任何投资理论只要无法做到客观、定量和处变，就无法真正成为深具价值的实战操作系统。投资者在实战运用时必须对其进行客观化、定量化以及投资安全保护化，即意外出现时的正确处理。

八、技术指标分析方法

1. 技术指标的本质和实战地位

市场上的技术指标五花八门，无所不有，而且每天都在产生新的指标。从简单的均线到软件自编公式，即使是顶尖高手也不能穷尽了解所有的技术指标，在每天交易中发出的买卖信号无数，到底哪些有效，哪些无效？出现指标信号矛盾怎么办？哪个指标更好呢？经验丰富的投资者都知道，技术指标还经常失灵，有时根据大多数技术指标给出信号买入后，马上被套，时间一长，就有“技术指标没用论”之说。

其实对待技术指标其思考方法是应用的关键，即对待技术指标要“知其然，知其所以然，知其不然”。在实战中技术指标的地位就是为我们研判行情作出量化的依据。技术指标是一种工具，是投资者在市场上进行投资活动的参考依据。不管投资者你是否认为技术指标有效、无效，你在投资活动中总是需要有一个能量化的、且尽量符合实际的标准来指导自己的操作。技术指标以其强大的功能可以从不同的角度对股价运动的规律进行定量描述，每一个技术指标都是从一个特定的方面对股价进行观察。通过一定的数学公式产生技术指标，这个指标就反映股价的某一方面深层的内涵，这些内涵仅仅通过原始数据是很难看出来的。

对于经典理论我们也许早就知道，但往往是停留在定性的程度，没有进行定量的分析。因为在股价运行的过程中，到底是处于哪一个阶段，股价是否已涨到顶、跌到底，如果没有技术上的界定，那么临盘操作策略将不能有效的制定。技术指标可以进行定量的分析，这样使具体操作时的精确度得以大大提高。价格、成交量、时间、空间几大要素在技术指标里都能进行反映。技术指标由于种类繁多，所以考虑的方面就很多，人们能够想到的，几乎都能在技术指标中得到体现，这一点也是别的技术分析方法无法比拟的。

技术指标就是按事先设计好的固定的方法对原始数据进行处理而得出的结论数据。通常将其绘制在图表上，反映在我们用的分析软件窗口下方，并用制成的图表对股价运动研判。原始数据指的是开盘价、最高价、最低价、收盘价、成交量、成交金额、成交笔数，以及交易的时间。其余的数据不是原始数据。那么，对应不同的处理方法就将产生不同的技术指标。从这个意义上讲，有多少处理原始数据的方法就会产生多少种技术指标。为了直观的分析技术指标的状态，一般来说，生成技术指标的方法是按明确的数学公式，计算出它们的值。例：著名的MA指标、MACD指标、RSI指标、KDJ指标等等。

技术指标系统在投资活动中相当于战争中的武器系统，是决定胜负的辅助因素，不是决定性因素，决定投资活动胜败的是交易规则、交易策略及仓位控制。证券投资活动是严格的、专业的、科学的管理过程，而绝非简单的、随意的炒作行为。不管在战略和战术级别上的技术管理，还是具体落实在每次每一步的进场、出场、保护、止损等细则的管理上，技术指标系统能给我们提供一种量化的依据，所以在实战中属于交易系统之一部分，其重要性或所占比例应该不会超过30%，而单一指标在交易系统内所占据的位置就更小。对此，大家要有一个深刻而清醒的认识。

技术指标功能：技术指标是一种工具，是从不同角度描述股价运动规律的数据。它们试图发现价格转折点和价格趋势运动，即寻找到股价运动的高、低点和转折点；识别其转折的属性；并追踪所形成的趋势运动。

技术指标缺陷：每一个技术指标都只是从一个特定的方面对股价运动的市场要素进行描述，必然会存在内在设计缺陷，它是不可能靠自身条件的改善而获得克服的。所以我们必须对其缺陷有一个清醒的认识才能够对其扬长避短，以发挥出最大效力，才可能进一步创造出自己独特的针对每一个指标的使用方法。综合来说，单个指标的缺陷就是对所有市场要素不能进行全面描述。

技术指标信号：任何指标信号是由于股价波动而产生，即先有行情，后有信号；行情产生信号，而不是信号决定行情！

在实战分析操作中，投资者把常用的一些主要几个指标如移动平均价格线指标、MACD指标、RSI指标、BOLL布林带、乖离率指标及成交量和换手率指标等熟悉、精通即可。笔者一位叫高工的朋友，完全称得上编写技术分析指标方面的顶尖高手，自1999年开始，编写了上万个指标、公式。分析软件有的编写函数、功能都能用，没有函数、功能他都能想法去完成。同期开始，笔者也编写过数百个指标、公式，试图找到分析操作中的终极指标，结果发现不存在。而今笔者也只是经常参看以上几个常规指标和自编的两三个指标而已。笔者对大部分投资者在使用技术分析指标方面的真诚忠告是，根本不必贪多，用精三五个指标足矣！

2. 移动平均价格线MA

(1) 移动平均线设计原理

移动平均线(MA)是以道·琼斯的“平均成本概念”为理论基础，采用统计学中“移动平均”的原理，将一段时期内的股票价格平均值连成曲线，用来显示股价的历史波动情况，进而反映股价(指数)未来发展趋势的技术分析方法。它是在证券市场中最直观、最常见、最常用的指标之一，也是被投资者研判最多的指标。移动平均线代表的是某个时段的平均收盘价或者平均成本，反映股价运动的趋势方向。

移动平均线依算法分为算术移动平均线、线型加权移动平均线、阶梯形移动平均线、平滑移动平均线等多种，最为常用的是下面介绍的算术移动平均线。

其计算公式、参数：

$MA(n)=(P_1+P_2\cdots+Pn)/n$

参数：P 为每日收盘价，n 为计算周期。一般选取 5、10、30、60……。

对于均线参数的设立，没有一个固定的限制，大家可以根据具体的股票设定参数，以吻合其波动周期即可，当选取的参数越接近该股票的价格变动趋势时，效果就越好。同时，也可针对不同循环周期级别上的操作，进行有针对性的设定。通常用的分析软件中，短期均线参数一般设为：5、10、20；中期均线参数一般设为：30、60、90；长期均线参数可设为：120、250 或 300。分时均线参数设立同理。周、月均线参数设为 5、10、20、30、60 即可。另外，还可参考斐波纳茨级数：3、5、8、13、21、34、55、89……进行设立。

（2）移动平均线的特性

运用移动平均线时，通常将 K 线图与平均线放在同一张图表中，这样便于分析比较。通过分析移动平均线的走势以及平均线与 K 线之间的关系来决定买卖的时机，或是判断趋势的方向。其优点是防止我们过分看重这些小波动，忽略主要的趋势。将交易中的大多数细小波动过滤掉，使投资者着眼于价格变动的大趋势。具体来讲，它具有以下基本特征:

①趋势的特征：平均线能够表示出股价运动的基本趋势。

②稳重的特征：移动平均线不会像日线那样大起大落，而是起落得相当平稳。向上的平均线经常是缓缓向上，向下也是同样。要改变平均线的运动趋势相当不容易。

③安全的特性：通常愈长期的平均线，愈能表现出安全的特性，即移动平均线不会轻易地往上往下，必须等市势明朗后，平均线才会真正改变方向。经常是市势开始回落之初，平均线却是向上的，等到市势落势显著时，才见平均线走下坡。这是平均线的最大特色。越是短期的平均线，安全性越差。越是长期的平均线，其安全性越好，但也因此而使平均线反应迟钝。

④助涨的特性：股价从平均线下方向上突破后，平均线也开始向上移动，可以看成是多头的支撑线，市价每次跌回平均线附近时，自然会产生支撑力量。短期平均线向上移动的速度较快，中长期移动平均线向上移动的速度较慢，但都表示一定

期间内平均持股成本增加，买方力量若仍然强于卖方的话，股价每次回落到平均线附近时，便是买进的时机。如果平均线的助涨功能消失，股价重回平均线之下，这时可能趋势已经转变。

⑤助跌的特性：股价从平均线上方向下突破后，平均线也由此开始向下方移动，这时平均线成为了空头的阻力线，市价每次反弹至平均线附近时，自然产生阻力。因此在平均线往下运动时，每当股价反弹到平均线附近都是卖出的时机，平均线此时具有助跌的功能。如果市价下跌逐渐趋缓，平均线开始减速下行，此时若股价再次与平均线接近，则可能向上冲破均线开始升势，此时均线的助跌功能减弱。

(3) 葛兰威尔八大法则

关于移动平均线的运用法则，传统用法最有名的是葛兰威尔八大法则和金叉死叉法则。尤其是美国投资专家葛兰威尔创造的八项法则可谓是其中的精华，历来的平均线使用者无不视其为技术分析中的至宝，而移动平均线也因为有了它，才淋漓尽致地发挥了道·琼斯理论的精神所在。八大法则中有四条是用来研判买进时机，另有四条是研判卖出时机。具体如下：

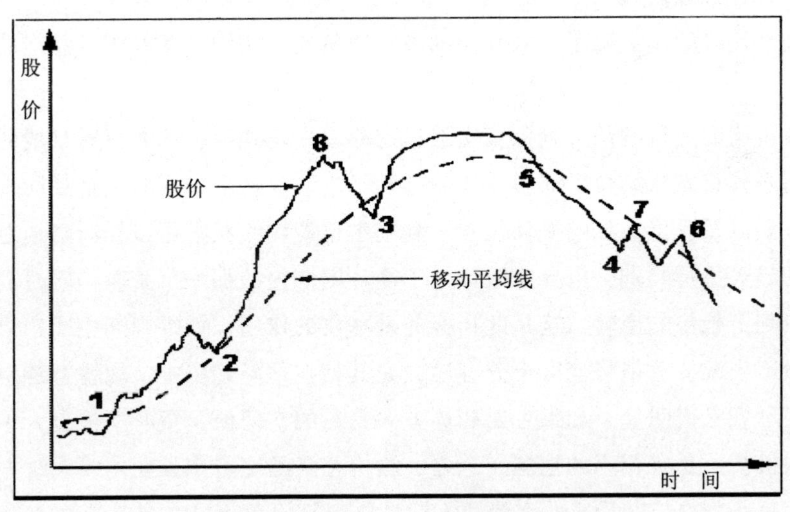

图 1-44 葛兰威尔八大法则运用示意图

①移动平均线从下降逐渐走平且略向上方抬头，而股价从移动平均线下方向上方突破，为买进信号。

②股价位于移动平均线之上运行，回档时未跌破移动平均线后又再度上升时为买进时机。

③股价位于移动平均线之上运行，回档时跌破移动平均线，但短期移动平均线继续呈上升趋势，此时为买进时机。

④股价位于移动平均线以下运行，突然暴跌，距离移动平均线太远，极有可能向移动平均线靠近，此时为买进时机。

⑤股价位于移动平均线之上运行，连续数日大涨，离移动平均线愈来愈远，说明近期内购买股票者获利丰厚，随时都会产生获利回吐的卖压，应暂时卖出持股。

⑥移动平均线从上升逐渐走平，而股价从移动平均线上方向下跌破移动平均线时说明卖压渐重，应卖出所持股票。

⑦股价位于移动平均线下方运行，反弹时未突破移动平均线，且移动平均线跌势减缓，趋于水平后又出现下跌趋势，此时为卖出时机。

⑧股价反弹后在移动平均线上方徘徊，而移动平均线却继续下跌，宜卖出所持股票。

以上八大法则中第三条和第八条不易掌握，具体运用时风险较大，在未熟练掌握移动平均线的使用法则前可以考虑放弃使用。

在第四条和第五条中，葛兰威尔没有明确股价距离移动平均线多远时才是买卖时机，可以参照乖离率指标来解决。

(4) 补充实战用法

移动平均线的用法除了上面介绍的葛兰威尔八大法则，还有笔者总结的使用要点：

①股价当前运行的趋势判别：实战运用移动平均线时，不能只看日线的移动平均线，而必须首先要结合看周、月线的移动平均线，从大的方向上把握股价的运行结构、方向以及股价所处的循环位置。利用中长期均线状态可以较清晰地对股价当前运行的趋势进行判别，以界定股价处于循环周期内的那一个阶段，同时利用其方向的改变判定趋势的逆转。这是此指标的最重要的作用。如果判断主要趋势方向是错的，投资失误、亏损将变得十分容易，尤其是在下降趋势中，均线系统空头排列的风险警示意义很明显。如果主要趋势方向是对的，即便是短时期被套，中长线解套获利的机会还是有相当的把握。总之，股价总是围绕着中长期均线系统振荡上行或下行，故研判中长期均线的走势及方向是研判股价运动趋势方向的关键。

②底部区域的确认：中长期均线在股价运行的某个区域平行粘合对股价底部确认有重要参考价值。一般认为 90 天均线是区分中级行情牛熊的分界线，股价中级上升行情的展开，股价必须有效突破该均线。如果 55 日、90 日、144 日、255 日均线从分散到聚合，股价突破该四条均线并站上四均线之上，股价将进入多头行情，中长线获利的机会极大(图 1–45)。

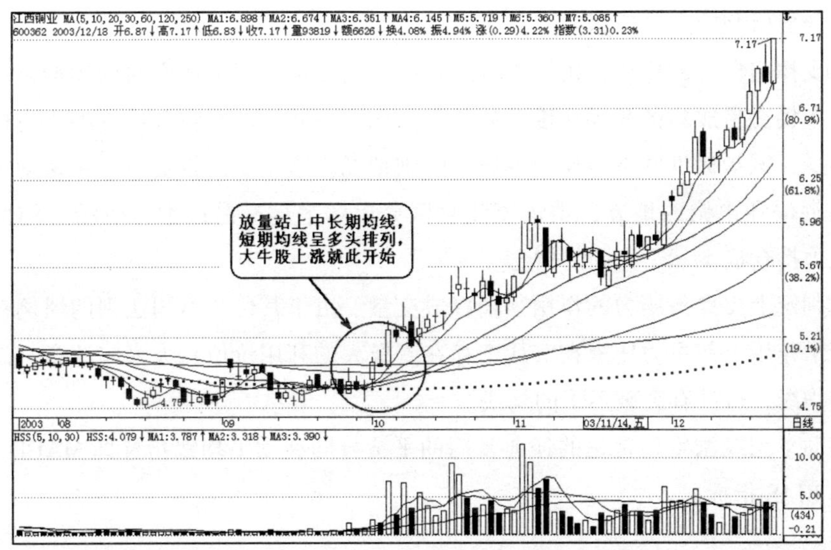

图 1-45 均线系统

③头部区域的确认：通过短期均线与中期均线的乖离率，以及上升角度的减小判定股价攻击力的消失，并 30 天均线走平，且短期均线与之死叉，结合其他指标综合判定头部区域。

④减仓与回补仓位：短期均线与长期均线的远近，可以一定程度上反映市场上的获利与亏损程度，当股价远离中期均线即乖离率较大时，说明市场中期持仓投资者获利丰厚，有兑现的可能，则股价有回落的可能，反映为均线对股价的“吸引力”作用。反之，当股价连续下跌，造成股价偏离中期均线较远，套牢者及抄底者有回补筹码仓位的意愿，均线系统对股价有“回拉”作用。结合换手率、乖离率、可解决短线偏离均线太远，采取冲高减仓出局或回补仓位。

⑤均线的压缩作用：均线不仅在趋势行情中有助涨、助跌作用，还在整理形态中对靠近均线的股价有压缩作用。

⑥寻找临界爆发点：“成本共振点”，利用均线流，如刚多头排列或空头排列的交叉点，可发现股价突破时的临界爆发点，做到及时准确参与投资买卖活动。一般投资者只注意均线系统的两个功能，一是“黄金”、“死亡”交叉，二是均线对股价的支撑作用。其实均线系统更为重要的功能即由粘和的形态突然向上发散，这是个股涨升的重要先行信号。均线流转向发散之时，均线系统应成为投资者投资选股的重要参考指标。

⑦研判股价攻击力度：短期均线(三日、五日均线)的上升（下跌）角度，配合换手率对研判股价的上涨(下跌)攻击力(速度)有重要指示作用。这是短线操作时必

须加以分析研判的主要依据之一。

⑧支撑与压力的作用：由于均线系统只能大致反映目前各个时间周期市场交易成本、市场交易成本的移动速度及趋势的方向，但并不能真正准确反映主力持仓成本是多少，该指标也并不能反映筹码的吐纳情况。这是一般投资者使用移动平均线时容易混淆和出错的地方，请大家注意区分市场平均交易成本、市场平均持仓成本、主力持仓成本三个不同的概念。

在判定上支撑与压力的作用须辅以成交量。由于其传统运用法则的惯例在心理上的暗示作用，使主力庄家在实战中存在着极大的利用价值！大家应注意：没有跌不穿的均线，也没有突破不了的均线。

移动平均线派生出常见的经典常用的平滑异同移动平均线指标即 MACD 指标、乖离率 BIAS 指标。

3. 均线看百年道琼斯指数走势

由于国内股票分析软件能提供的日线数据起始时间为 1970 年，因此，一般只能够看到美国道琼斯指数的数据仅为 1970 年以后的。为了让读者全面了解百年经典道琼斯走势，笔者朋友高工花费大量时间收集，并采用特殊的时间转换技巧，使 1910 年至 1970 年的道琼斯指数日线数据能够在国内分析软件上查看。笔者特地将 100 年道琼斯指数的各个阶段用均线图示，以便供广大读者分析研究，甚至可以收藏(图 1–46~1–59)。

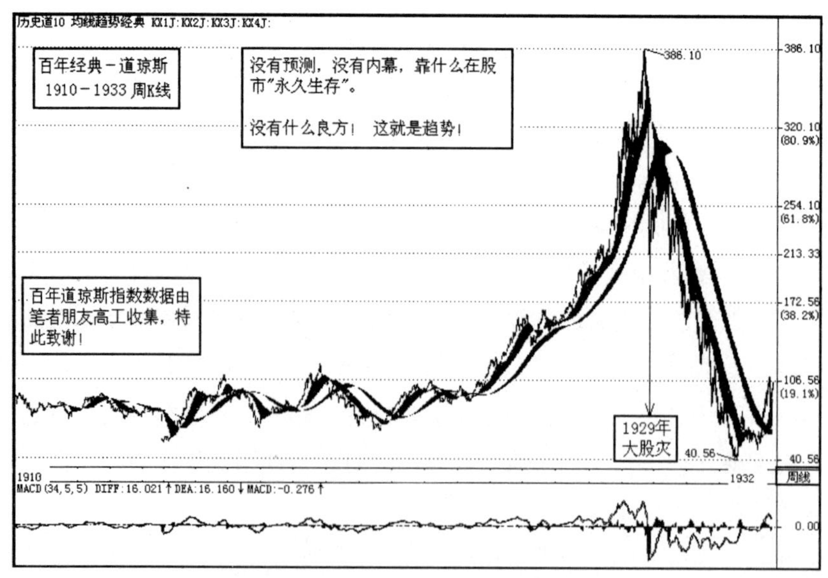

图 1–46 1910~1933 道琼斯周 K 线图

图 1–47　1929~1932 道琼斯股灾的日 K 线走势

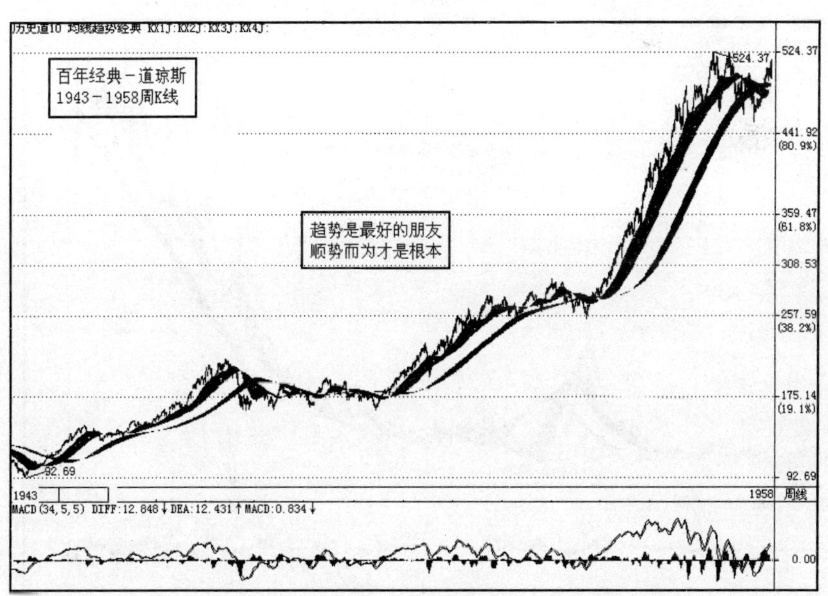

图 1–48　1932~1949 道琼斯周 K 线图

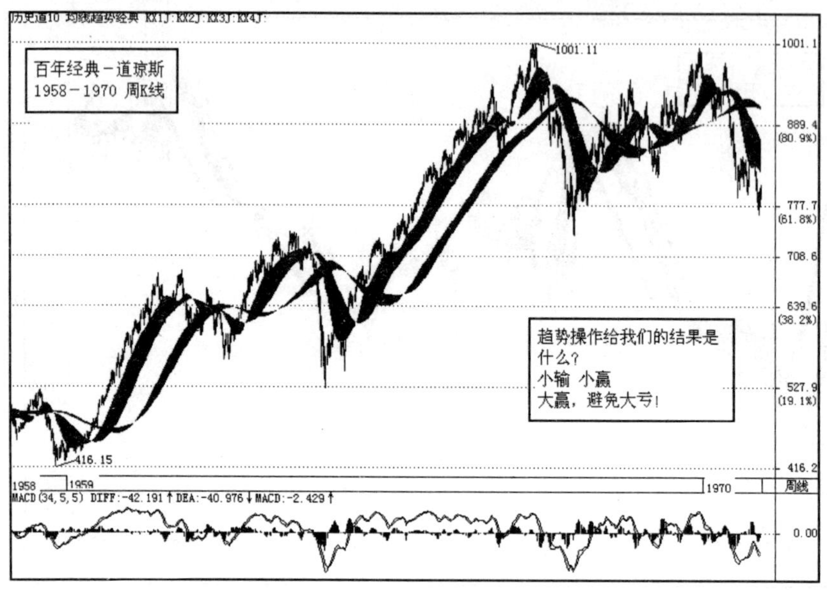

图 1–49　1943~1958 道琼斯周 K 线图

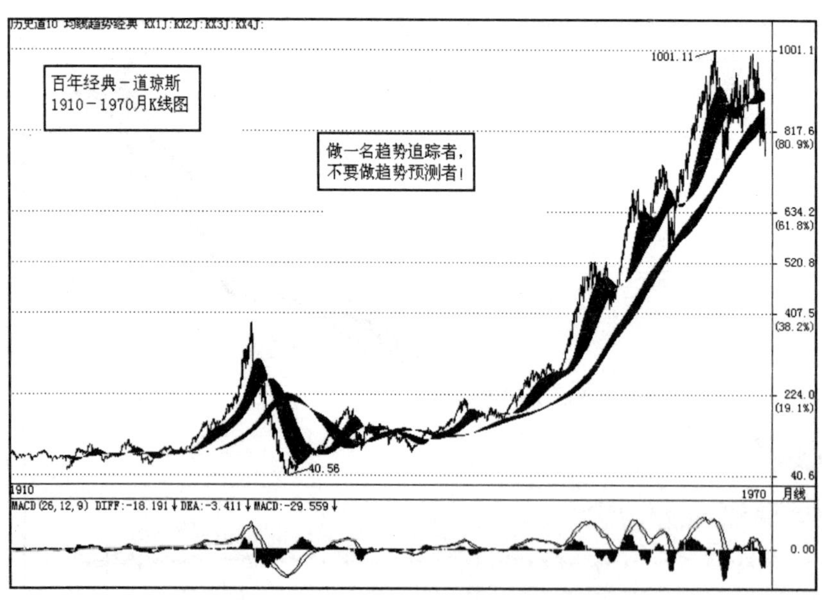

图 1–50　1958~1970 道琼斯周 K 线图

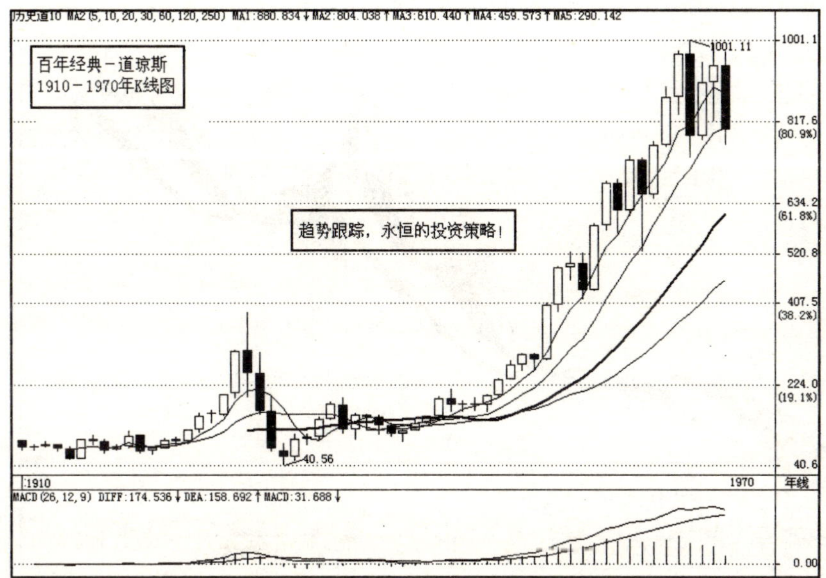

图 1-51　1910~1970 道琼斯月 K 线图

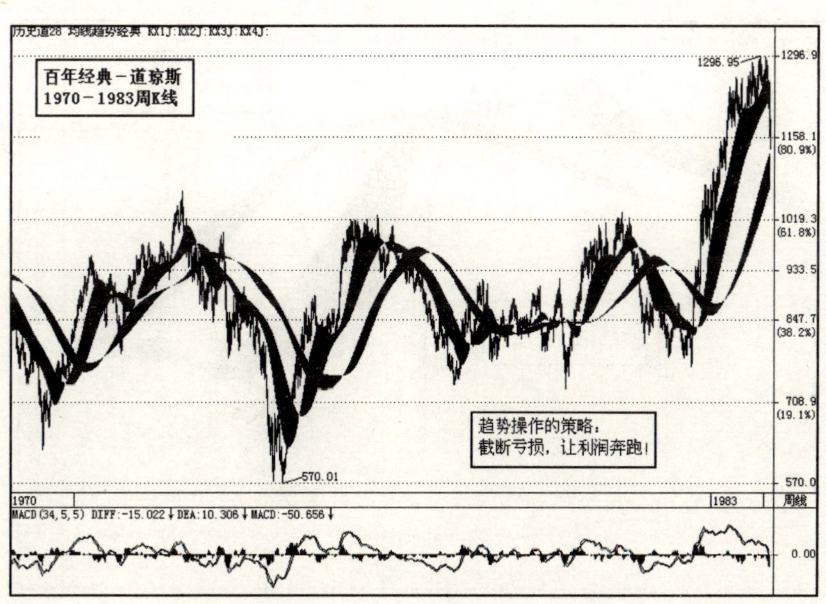

图 1-52　1910~1970 道琼斯年 K 线图

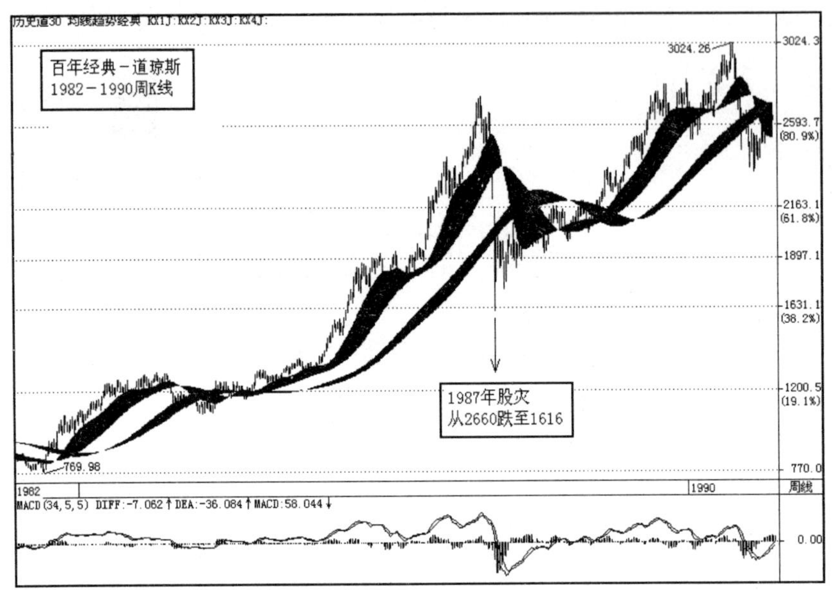

图 1-53　1970~1983 道琼斯周 K 线图

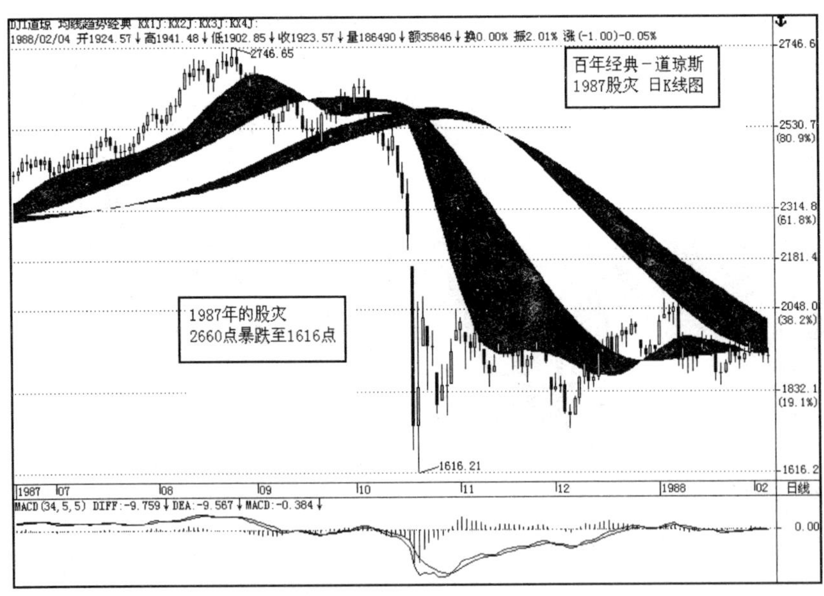

图 1-54　1982~1990 道琼斯周 K 线图

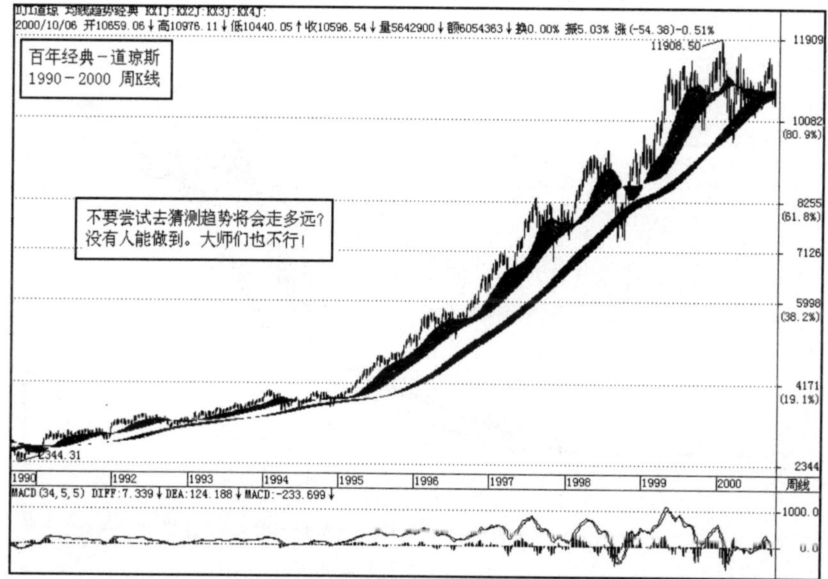

图 1-55　1987 道琼斯股灾日 K 线图

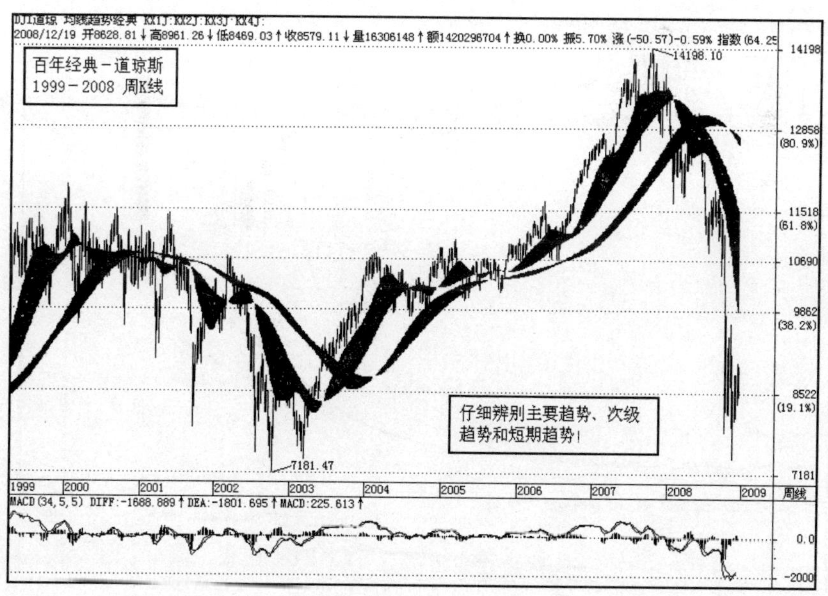

图 1-56　1990~2000 道琼斯周 K 线图

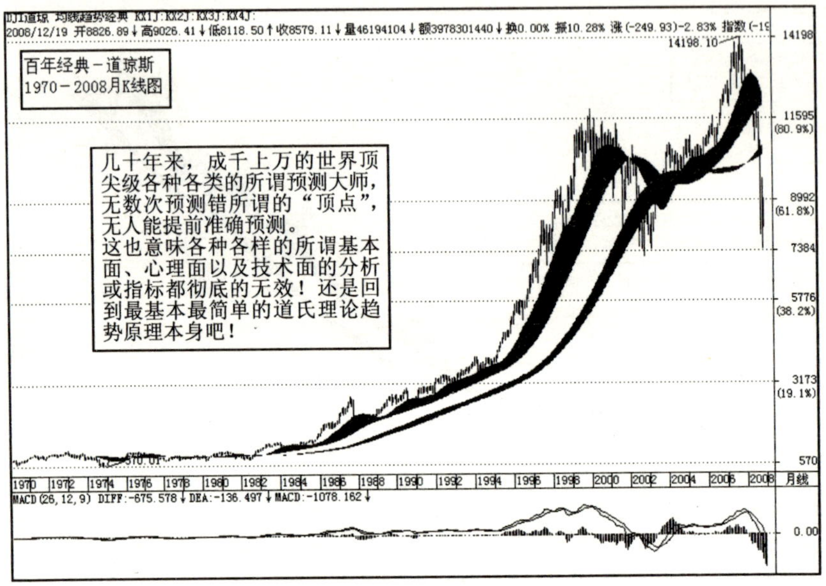

图 1-57　1999~2008 道琼斯周 K 线图

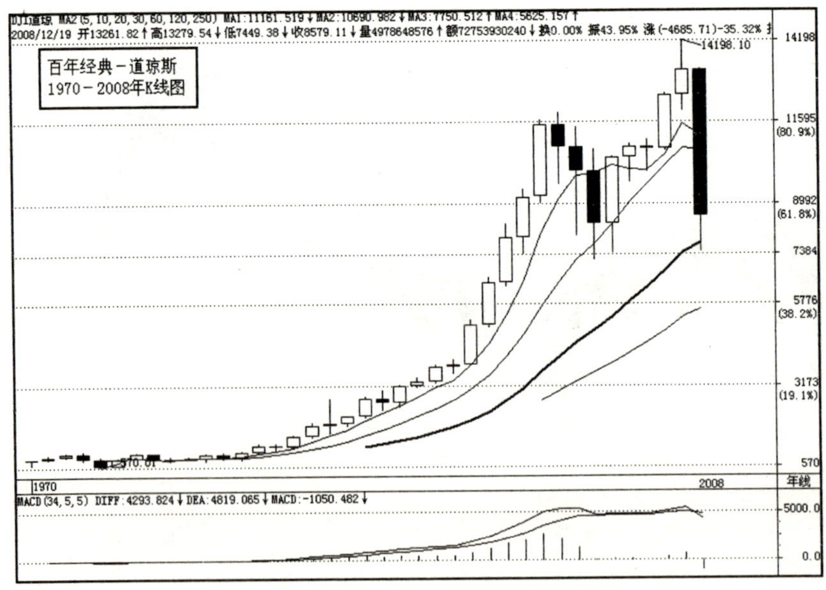

图 1-58　1970~2008 道琼斯月 K 线图

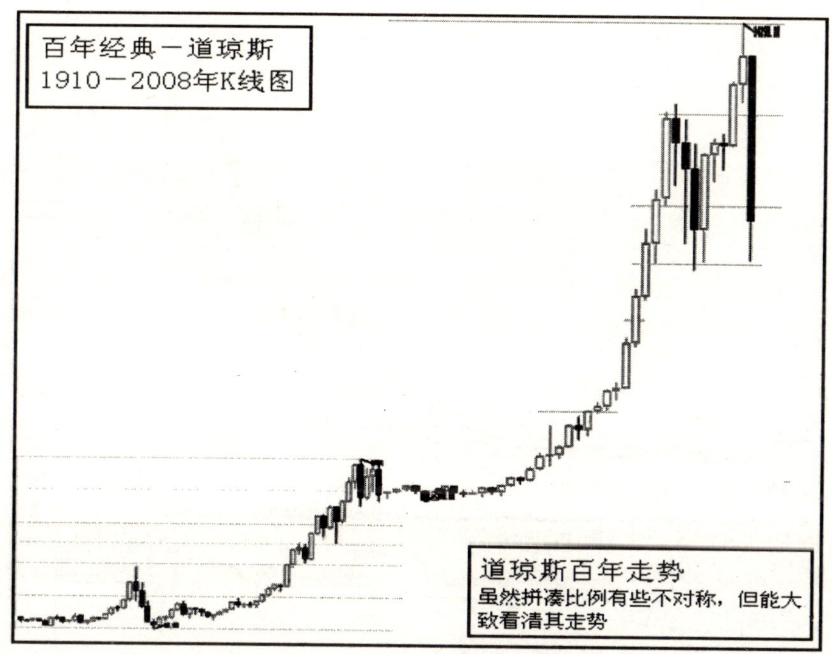

图 1-59 道琼斯 1910~2008 百年走势图

4. RSI 相对强弱指标

RSI 是以某一特定时期内股价的变动情况，即平均上升波幅与平均涨跌波幅的比较，用以推测价格未来的变动方向，并根据股价涨跌幅度显示股票(市场)的强弱。它可以判定股价内部的实际强弱。公式原理及参数如下：

LC:= REF (CLOSE,1) ;【指上一日收盘价】

RSI:SMA (MAX (CLOSE-LC,0) ,N,1) /SMA (ABS (CLOSE-LC) ,N,1) ×100;

市场含义：RSI= [上涨移动平均÷ (上涨移动平均+下跌移动平均)] ×100;

如 12 天 RSI 计算公式：

RSI (12) =A/(A+B) ×100

A=12 天中上涨幅度的移动平均数。表示 12 天中股价向上平均波动的大小；

B=12 天中下跌幅度的移动平均数。表示 12 天中股价向下平均波动的大小；

A+B 表示股价总的波动大小。

RSI 的底背离一般是出现在 20 以下的低位区。当 K 线图上的股价一路下跌，形成一波比一波低的走势，而 RSI 线在低位却率先止跌企稳，并形成一底比一底高的走势，这就是底背离。底背离现象一般预示着股价短期内可能将反弹，是短期买入的信号(图 1-60、1-61、1-62、1-63)。

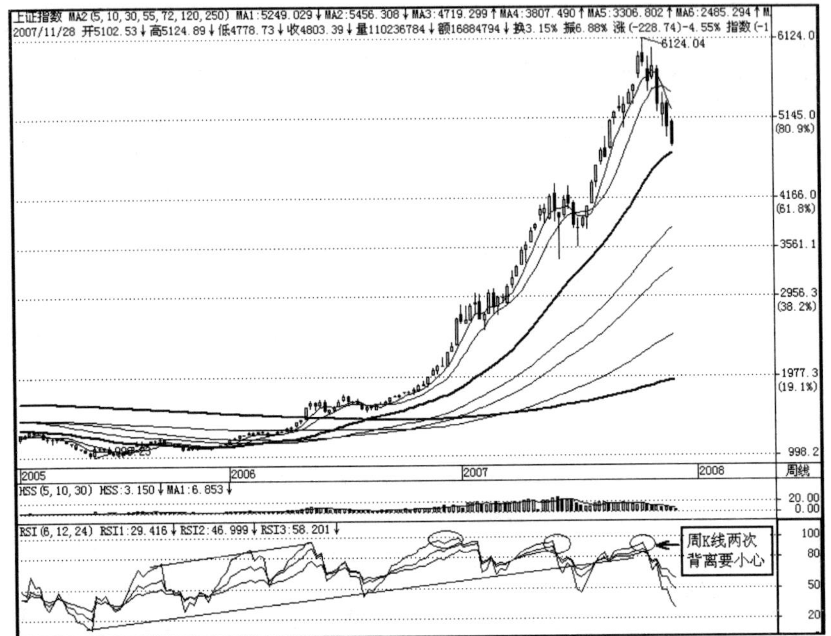

图 1-60　大盘两次背离见顶

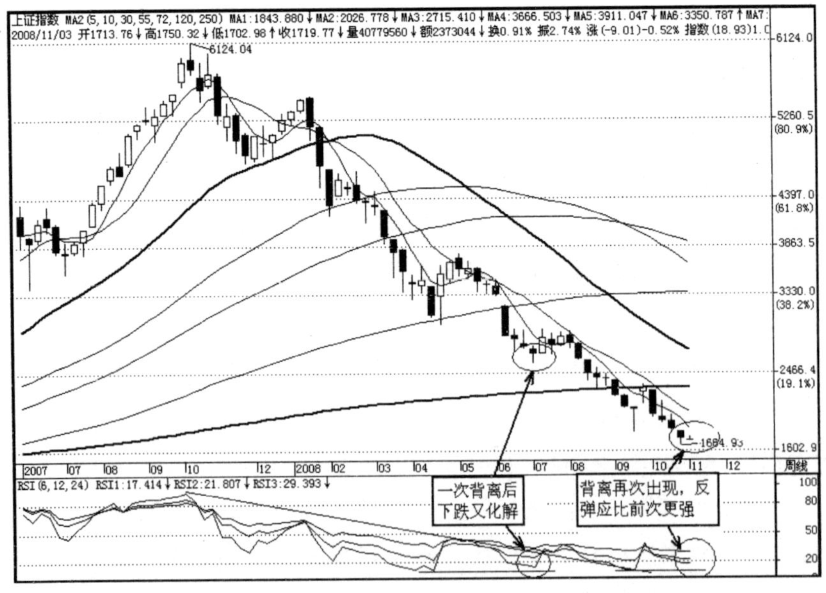

图 1-61　大盘再度出现底背离

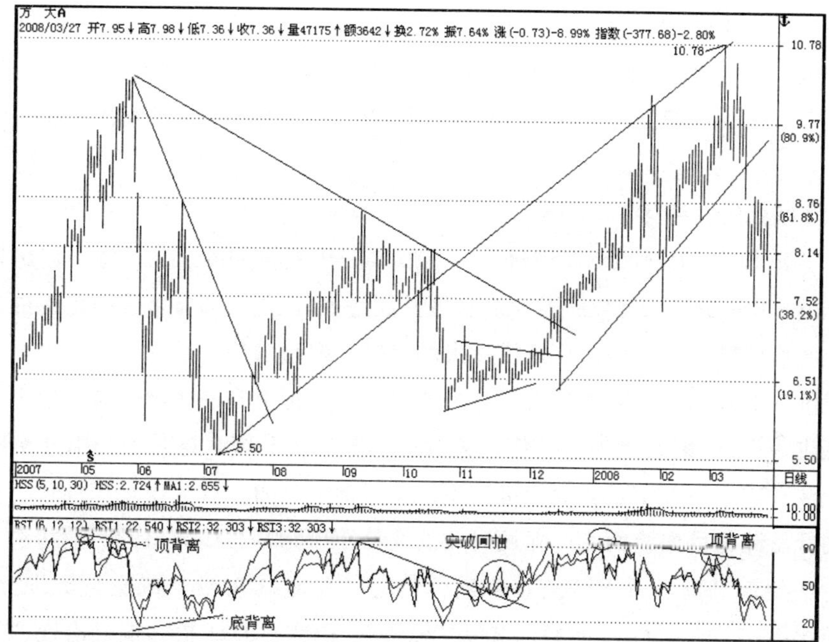

图 1-62　RSI 指标用法

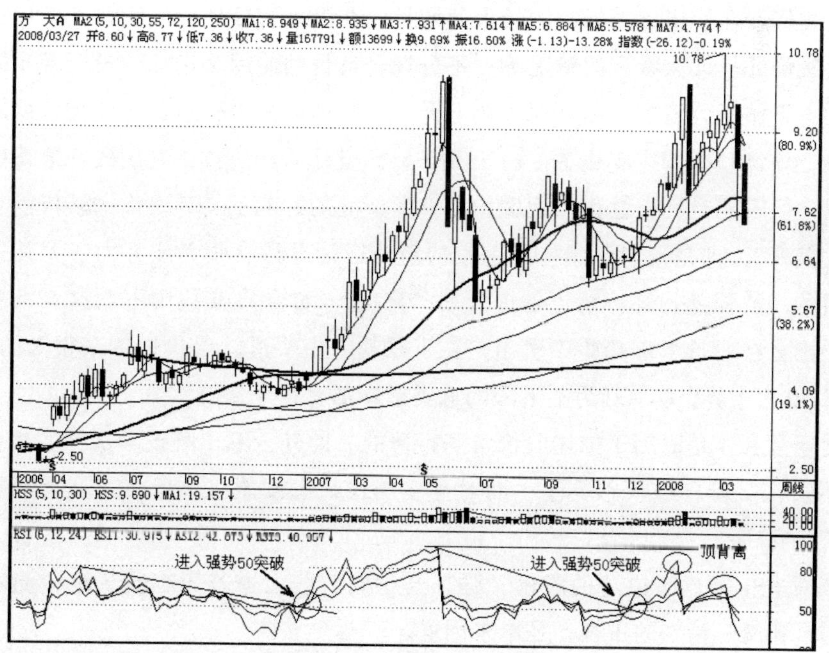

图 1-63　RSI 指标用法

当 RSI 处于高位，但在创出 RSI 近期新高后，反而形成一峰比一峰低的走势，而此时 K 线图上的股价却再次创出新高，形成一峰比一峰高的走势，这就是顶背离。顶背离现象一般是股价在高位即将反转的信号，表明股价短期内即将下跌，是卖出信号。

RSI 指标的“钝化”

以上升为例：RSI 指标高位钝化只有股票处于超强势的情况下才可能出现。一般情况下，RSI 指标从低位爬升至高位区并超过 80 以上，通常认为股票已进入超买阶段，股价可能出现回挡，是短线卖出的时机。但超强势股票到高位区以上拒绝回调，股价的上升幅度却越来越大，越来越快，而指标上升的幅度会越来越小。如投资者在进入 80 区域卖出的话，将失去股票上升的主升段！这是因为 RSI 实际上表示向上波动速率的大小。当股价涨幅不能超过前一日时，就会出现“钝化”。同理，指标的低位钝化也如此而已。在此时应放弃使用该指标日线数值的所谓超买、超卖信号，而使用其周、月 RSI 的数值进行判定。并辅以 BIAS、成交量等进行判定。一般情况下，只有指标日线才会出现“钝化”，而周、月线指标很难出现“钝化”，这就需要各个周期综合研判。

实战中使用误区

①投资者在使用该指标时的最大问题是，在没有有效地确认股票处于什么循环阶段、股价处于什么状态的情况下，不分场合盲目的使用该指标。投资者没能对该指标的主要作用分清楚，用其对大幅上升(下跌)的趋势进行追踪，往往就得出错误的结论，导致亏损。在实战中，由于 RSI 指标设计原理所致，它能较好地识别股价转折点，但不能对其属性作出识别，在日间杂波的影响下，其发出的转折信号有很多是“骗线”，即是说 RSI 指标对追逐的趋势行情显得有些无能为力。尤其是对正在进行的一波强劲趋势行情更是进入其“盲点”。如果在实战中不对这点有深刻的了解，则会在股价上涨趋势中卖出，在下跌趋势中买进，给投资带来很大的失败。凡是以 50 为中界，0~100 为上下限的这类指标都有这个缺陷。

②通常 RSI 是适用于描述股价常态行情的。此外，不了解技术指标的复合周期综合用法，仅对日线状态关注，而对月、周线状态没能综合考察，就会常常掉进“骗线”的陷阱。

③对 RSI 指标所描述的股价“强”与“弱”的大道若简本质忽略，而对“金叉”与“死叉”特别的重视，是本末倒置。

因本书篇幅限制，平滑异同移动平均线指标(MACD)、BOLL 布林带指标、成交量、换手率、抛物转向、随机指标等常用技术指标使用技巧可参阅笔者所著《价量实战技术精要》第一章或《期货市场技术分析》中有关介绍；至于乖离率 BIAS 指标的实战运用，具体可参阅《反弹操作技术精要》中暴跌抢反弹利器章节及本书下部实战运用中的有关介绍。

九、投资学习也需要悟性

前面用了不少的篇幅介绍主要传统的经典理论，包括K线、形态理论、趋势线、价量关系以及常用技术分析指标，这些都是笔者历经十几年的学习、实战中的深刻体会，而且是投资最基础的入门知识。如果读者欲作为职业投资人，切不可忽视经典理论、经典书籍的学习。这些既是投资学习提高的基础，也是长期学习的捷径。现在市面上国外、国内的各种证券、期货、外汇投资书籍可以说是成千上万，而且以所谓的操作绝招或技巧居多，让人感觉永远都学不完。不可否认，每一本出版的投资书籍中多少都有精华的地方，但所有的操作技法、技巧无一不是从传统的经典理论中提炼、延伸出来的。大部分投资者几乎都一开始便热衷于各种操作技巧、秘诀的研究，如古人所说的“世人好小术”，看似很快在实战中赚大钱。殊不知，古人也强调“术于外，而道于内”，基础不扎实，掌握不牢靠，即使学习别人书中的众多技巧也难以真正吸收，在操作中自然常常变样。

笔者编写本书的中心思想，就是倡导投资者首先多读、精研经典理论(理论部分可重点选择道氏理论与波浪理论，或道氏理论与江恩理论结合研读，当然三种理论都研究更好)和经典书籍，当打下坚实的投资理论基础后，再结合参考学习其他各种技法、技巧方面的书籍，方能吸取书中的精髓，为我所用。这种先慢后快的学习投资的方法，其实就是学习投资的捷径！

1. 关于技术分析的本质

技术分析立足于重点研究市场行为，主要是假设过去的历史数据会重演，是预测市场价格变化及未来趋势的一种手段。这里所说的市场行为包括几个要素：价格、成交量、时间、空间和参与者。前三个要素在看技术图表时是最原始的数据，其他的诸如均线、指标等全部由这三个要素演化而来。最后的一个要素参与者是谁决定了市场中资金的性质，而资金的性质在很大程度上影响着股票的价格走势，比如我们常说的主力机构、大户及散户。

技术分析包含的本质有：

①市场行为包容和消化一切。崇尚技术分析的人认为，市场中能影响股票价格

的所有因素最终都会在图表中得到体现，宏观环境或是公司业绩的变化，以及投资者心理变化等都会最终反映到价格走势图上，这也是技术分析的理论基石。

②股票价格有保持原来方向运动的惯性。这符合自然界和物理学中物体运动的惯性定律，也是“顺势而为”科学理论依据。热衷于抄底、逃顶的投资者在技术分析中有时容易忘记的一条最重要原则就是顺势而为！所有技术分析的方法都是为了找到趋势延续的方式，及趋势的转折点或时间点。顺势交易无疑是获利避险的不二法门。

③技术分析是基于历史会重演的观点来指导分析操作(但不是简单地完全地重复)。江恩曾说过：“过去发生的将来还会发生，阳光底下没有新的东西。”技术分析本质上是一种应用经验模型研究市场价格的方法。当我们按时间的顺序将价格进行排列时会发现某种相对比较稳定的模式。例如，图形形态分析中，上升整理形态完成后，一般会向上突破，而且这种模式在各种市场价格波动中频频出现。当它们再度出现时，就会根据已总结的模式去判断未来价格的变化趋势。不仅价格本身具有经验模型，而且我们可以通过成交量、时间、空间、参与者分析，亦可以发现许多经验模型，并加以应用。如市场参与者的行为也是有规律可寻的，通过对他们的心理进行研究，就可以提前预知他们未来可能所做的投资倾向与决定。

2. 技术分析的概率性

这里笔者要强调技术分析的概率性，以及分析结果的不确定性观点。

技术分析只是一种分析市场的手段而不是目的。我们的目的是用交易来获利，所以，在实战操作中，技术分析必须结合自己的投资思想(理念)、操作系统。由于市场的本质特征是零和博弈，因此，决定了技术分析只是提供一种假设，如果怎样市场会怎样，但并不代表市场一定会朝预计的方向演变。也可以说技术分析提供的仅仅是一种概率的分析判断，小概率的错误是难免的，而操作系统必须制定出市场在出现非自己意料中的概率外情况时应该采取的应对措施。

另外，不论是基本分析，还是技术分析，其市场分析结果都具有不确定的性质。有经验和高明的分析师的分析结果在市场没有印证之前都是不确定的，只有通过市场才能证明他们的预测结果错或对。当然，不可否认，有经验的、高水平的分析师的分析结果，准确率要高得多。首先，每一个市场分析结果都属于预测产物。其理论和方法本身就具有“分析”、“推论”和“判断”等带有主观成分的不确定内涵，所以其结果的不确定性也就顺理成章了。其次，影响市场价格的因素是复杂和多变的，影响因素的主与次也在不断变化，没有一种分析理论和方法能够解释影响市场价格的全部因素(如在金融危机之前，恐怕没有人敢从基本面或技术面分析预测平安买进的富通集团股票会从 20 欧元一下子跌至 1 欧元以下），也没有一种因素永远主导市场价格。也就是说，影响市场价格的主导因素的不断转换，也导致市场分析结论的不确定性。因此，可以说，不确定性是客观存在的，不以人的意志为转移。这就要求在分析操作中，力求客观，不要迷信分析结果，更不要迷信专家和分析师。只有把分析结果与操作系统结合，才能发挥分析的作用，同时通过风险控制环节，有效克服和避免市场分析结果不确定性的不利影响。

3. 学习也需要悟性

学之得法，事半功倍；学不得法，事倍功半。学海无涯，学无定法，任何适合自己的、有助于学习的方法即为好方法。多择良法，但不拘泥于某一种具体方法，受其束缚，要学会站在方法之上，融会贯通，为己所用。

何谓悟性？即每个人都具有的能够开悟的本性。词典上解释，悟即理解，悟性指人对事物的分析和理解能力。成语讲“心有灵犀一点通”，即是指理解能力强的，悟性高的，而“对牛弹琴”即是指理解能力差的、悟性低的。因此，如果大家要提高自己的悟性，应把握住悟性的关键内涵，即“悟”字，也就是“理解”有没有悟性。

笔者认为，悟性跟个人分析思考中是否具有辩证法的哲学思想有极大的关联。通常说一个人很有悟性，主要是指这个人很聪明，对什么事情都能够举一反三、触类旁通，或者是能够领悟别人说话的真正含义，能从表象看背后的本质，所以说，悟性是一种智慧的体现。

悟性和智慧是任何成功者所必需的。也可以说，是用最简单的方法来处理、看待一切事物。但一些庸人自扰的人总是把简单的事情看复杂了、做复杂了。繁和简其实是一回事，是一回事的两个方面。聪明的人看到的是简单的一面，能够化繁为简，愚蠢的人看到的是复杂的一面，脑中一团麻。

如何提高自己的悟性？投资是一门艺术，一方面需要有悟性，另一方面，也需要进行不断亲身的磨练。投资分析的悟性是靠“经历”与“环境”决定。笔者初涉股市时，就听投资高手常说：“一个人如果能经历一个完整的牛市和熊市的循环过程，成熟进步最快。”的确很有道理。当然，投资分析的悟性完全可以通过一种正确的学习思考方式，不仅可以培养，而且还能提高自己对市场的悟性。提高悟性的方法如下：

一要不断地去实践。牛顿因苹果落地而得出万有引力定律，鲁班为齿草所伤而发明锯条，这是因为他们在对某一事物执着的追求，全身的投入，才终有所悟的结果。同样，在投资活动中，如果离开了多次分析判断经验积累、具体买卖操作、盈亏的体验，就无悟可谈，求悟亦如椽木求鱼，失去其本了。

二要大胆地怀疑。事有千千疑结，情有种种疑窦。大疑大悟，小疑小悟，不疑不悟，解除结窦，断掉疑惑，就是大彻大悟。要悟就要开拓进取，不固执、不迷信、不盲从，于纷乱中理清思绪，于迷茫中晓明真理，怀疑但决非是要怀疑一切。投资活动中需要大胆假设、小心求证的科学精神，不迷信、不盲从，相信自己、独立判断。

三要冷静地思索、总结。要能静得心来，静下心来，耐得住寂寞，学会欣赏孤独，玩味孤独，让思想在冷静中飞跃、升华。孔子在《大学》中说，“物有本末，事有终始，知所先后，则近道矣。”这一句话就道破了玄机，也就是说，要把握道即事物运行的内在根本的规律，关键就是要认清什么是事物的根本，什么是事物的枝末；什么是原因，什么是原因所导致的结果。在投资学习、实践中要寻找到市场波动的内在规律，通过不断的模拟训练和实盘操作，总结出自己最熟悉的适合自己的操作方法。

其实，任何学问到了最高的阶段都是相同的，正所谓大道若简！把握住了事物内在的规律，就可以触类旁通，举一反三。

中　篇

运用传统理论研判行情精彩实录

一、大跌引发技术分析、基本分析争议

当上证指数从6124点高位历经一年时间跌至1800点附近，一名股民网友2008年10月23日在网易财经论坛的股吧发帖，呼吁联合起来，放弃技术分析！短短几天里，该贴非常红火，仅网易股吧就有上万的点击，700多位技术派、价值派的股民发言跟帖，加入到这场论战里，并广为转到各个财经、股票论坛。网易财经形容“技术派、价值派股民‘群殴’，上千人动手，万人围观”！

这名股民网友言之凿凿地痛诉：中国股市从6000点跌到现在不到2000点，技术分析完全失效，如果完全依靠技术分析，散户不知道死了多少遍。鉴于技术分析的种种弊端，他归纳了“技术分析的五宗罪”。

①散户弄不通、弄不透技术分析，模模糊糊，往往得出相反的结论；

②即使散户弄懂了大部分技术分析，仍会被庄家利用技术指标骗线；

③技术分析让散户热衷于追涨杀跌，踏不中节奏，最终只好割肉出局；

④技术分析让散户常年耗在电脑前，浪费大量精力，无心工作；

⑤技术分析促使投机风行，短线进出，负担沉重心理压力大，不利身心健康。

由此引发了热烈的五轮大论战。

第一轮论战：技术派股民愤怒批驳。

该网友的极端观点引起了技术派股民的愤怒批驳，认为这是侮辱技术派的能力，他们纷纷讲述自己用技术分析逃过大熊。

第二轮论战：80%股民亏在技术面。

价值派(基本面派)则反驳，越是亏损的股民，却越热衷于技术分析！有些人什么技术都懂，可就是不会赚钱，这样的人老股民中比较多。

第三轮论战：分析基本面照样可以逃顶。

从长期来看，技术派大多数亏钱，价值派大多数赚钱。

第四轮论战：都给我闭嘴！二合一不是很好么！

温习一下金庸的《笑傲江湖》吧，不要再作气宗剑宗之争了！还是令狐冲高明。

第五轮论战：技术派、价值派比不上内幕派。

尽信技，不如无技。不管是技术派也好，价值派也好，都比不上内幕派。大小非破坏了技术面、基本面！你们还分析个什么？

同时，也有网友发帖宣称“价值投资法纯属胡说八道”，该网友认为基本分析即价值投资法纯属胡说八道(欢迎反驳)！列举了价值投资法的八条不是。

①价值投资法只能告诉你什么股票有投资价值，却不能告诉你具体的买卖点，就是说你用该方法有可能买到价值被低估的好公司，但不等于你一定能从它身上挣到钱。

②尽管你用的分析方法是对的，但你通过各种渠道得到的信息本身却真伪难辨，所以你最后得出的结论未必正确。

③等你知道某利好消息时，股价一般已被炒到天上了！

④利好消息就算是真的，但你却无法用价值投资法分析出主力是想借利好出货，还是借利好再拉一波。

⑤即使分析方法和目前掌握的消息都是真实的，仍然有你未知的消息会在将来影响估值。

⑥你无法知道某消息对该股的影响具体有多大，是能让该股涨 1 倍、5 倍，还是 10 倍？

⑦巴菲特用的是典型的价值投资法，但让他来炒中国 A 股，他一定能赢吗？

⑧所谓的“专家”用价值投资法推荐股票时，唯一的好处是，以后该股涨了，他可以说那是他水平高，万一跌了他可以说那是大盘整体不好，二级市场上的短期波动与公司价值没关系。

总之价值投资法给人的感觉是：听起来头头是道，句句是理，但真正用价值投资法炒中国 A 股时，有一种无从下手的感觉。

一时间，公说公有理，婆说婆有理，众说纷纭。参与论战的大量股民，根据自身理解体会，投赞成票的或投反对票都很多。各自所说的看似都有充足的理由，让人无所适从。难道存在了上百年的技术分析、基本分析都是无效、无用的吗？德国著名哲学家黑格尔有句名言：“存在即合理”！当然该名言不能绝对片面去理解，实际上他阐述的意思是，“凡是合乎理性的东西都是现实的，凡是现实的东西都是合乎理性的”。

在此，笔者只想说一下，上面两位网友的观点都过于偏激了。技术分析的核心与目的是什么？是识别和把握趋势！其实，只要熟悉运用常用的移动平均均线一个指标就可以规避 6124 高点到 1800 点大跌的大部分风险(如图 2-1)。许多人被套、亏损不外乎是没有看到已经明显形成了的下降趋势而未能及时退出，或者自视技高，心存侥幸过早进场抢反弹，还有就是没有止损观念。

其实，不论基本分析也好，技术分析也罢，都有各自的优点与缺陷，它们都是投资分析操作的工具而已。关键在于使用者怎么正确运用！

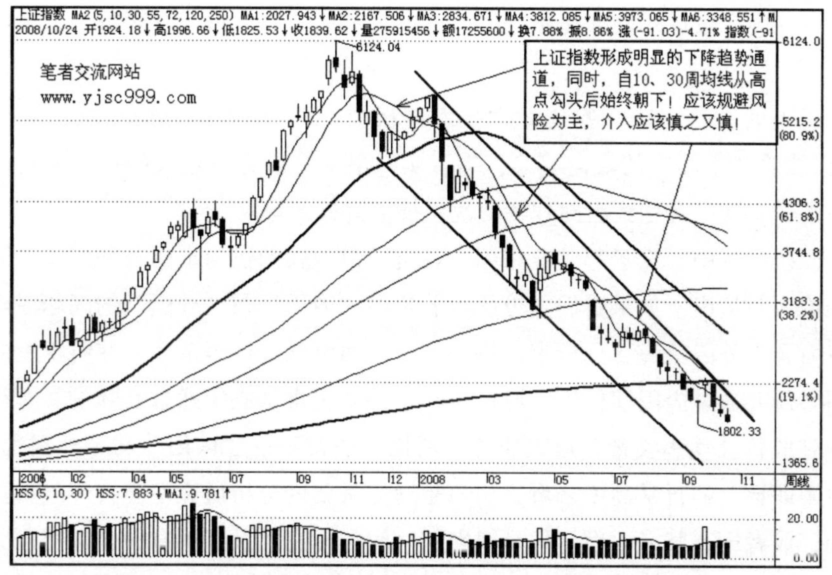

图 2-1 上证周 K 线移动平均均线图

二、如何运用好技术分析

首先，借鉴古人认识事物的思想与方法。在古代的《易经》中，就已提出了“位、时、中、应”几个重要的概念。这些概念深刻揭示了事物运动发展的基本规律。事物能够发生、发展必须合乎它在空间上的条件即位置(位)，时间上的条件(时)，还须符合它应有的限度(中)，以及相互作用即感应(应指宇宙间阴阳缺一不可，同性相斥，异性相吸，万物都是相应相生)。事物的发展是和时间、地点、限度、感应相互联系在一起的，是动态的、综合作用的过程。这就是我们分析、认识事物的方法。

具体到股市分析，每一个循环阶段的价格、成交量、形态等都有合乎它的空间上的“位”，时间上的“时”，以及它的“中”，不可完全照般套路和机械的运用理论。例如，即使价值投资，当较短时间里某些所谓蓝筹股价翻了 10 倍、数十倍，甚至上 100 倍，超过了限度(中)则价值投资也容易变味了。2007 年 4000 点到 6124 点不就是基金忽悠的价值投资热潮推升上去的吗？不仅套进了许多散户，最终连许多基金自己也套了进去，当跌至 3000 点、2500 点，甚至 2000 点时基金还在大肆杀跌减仓(称为调仓)，让许多投资者感觉不可思议！因此，任何分析方法、技术指标及交易系统的有效运用同样离不开对不同的大势状态和股票运行阶段、状态的正确认识。

市场上时常会出现一些诸如“技术分析失灵”、“技术分析是骗人的把戏”、“基本面战胜技术面”的议论等等，笔者认为主要是因为多数人的技术分析仍处于入门的水平，远没有达到正确理解与使用技术分析的程度。

在股票市场中，真正起决定作用的就是股市内在的供与求的经济规律，即股市的资金流入与流出。如果我们划分股市分析的“内因”与“外因”的问题，政策面和基本面属于外因范畴，分析市场行为的技术面则属于内因范畴。在哲学上的逻辑是外因必须要通过内因起作用，股市中一切外部因素都必须通过实际的买卖盘力量来体现其股价波动和实现其运动轨迹。所以，股市中的“内因”与“外因”，从中国“阴阳即道”的哲学高度来看，应该是同等重要的分析研究范畴，不可偏重于某一方面，或者废弃某一方面。但是对它们之间的相互关系必须有一个清醒而深刻的认识。现在有不少人还在争论技术分析在股市中是否有效、无效的问题，实属于缺乏对世界观和方法论的正确的认识、理解。事实上，它们各自都有其适用的外部条件、范围和其实战中的制约限制。

如果总是脱离大盘和个股具体的实际状态，就技术而论技术，那么这种投资者犹如瞎子摸象，只见树木不见森林，只能是学习到一些技术皮毛，也就永远成不了市场上的专业选手和职业投资家。其实，股市中的任何基本分析方法和技术分析方法，都必须要透过现象看到本质，运用科学的思维和哲学思想的辨证方法，全面、灵活地去运用。不同时空、点位的背景条件下，同一种技术分析所描述、表达的的含义有可能是不同的。

例如，一个简单的指标在同一只个股的不同循环阶段的使用是有区别的，而不同的股票自然也会存在不同步的波动阶段，如果对此没有一个清醒的认识，实战中就不可避免的产生此“金叉”买进正确而彼“金叉”买入错误的困惑！这就是为什么众多的投资者都在用同样的一种技术分析方法，其结果是有的人能判断正确，有的人却判断错误。错的不在于技术分析方法或理论本身，而在于使用的人自己。

在实践中，没有明显的“纯”基本分析者，存在少部分“纯”市场技术分析者，而更多的是两种方法的融合，然后各有侧重而已。

这两种分析方法的目的是共同的：预测价格移动的方向。但这两种分析方法所采用的方法、研究的方向是大不相同的。两者只是因观察的角度不同而引出的不同分析方法，本质上是一致的。基本分析是基础，技术分析是建立在基本分析基础上的各种数学模型。技术分析是对基本分析某一重要领域(价格与成交量资料)的量化处理结果。基本分析主要告诉你投资的方向，而技术分析不但可以告诉你投资的方向，还主要告诉你正确买卖的时机选择。

虽然技术分析也有其缺点，但在世界跨入21世纪之后，单凭人云亦云，道听途说，或者凭自己直觉在股票市场中闯荡，都是对自己不负责的行为。若要提高你的投资技巧，改善你在股市中的投资业绩，增加利润，减低风险，做一个成功的投资人士，你必须要充实股市的专业投资知识，必须熟悉掌握技术分析。在一切都走向专业化的社会里，投资也不例外。技术分析已经不再是专家独有的分析工具，而是每一个投资人士必备的投资工具。

基本分析和技术分析必须结合起来运用，才能达到最佳功效！熟悉技术分析乃大势所趋。

三、运用传统理论研判行情实录

每周周末只要没有被事情耽搁，我们都会坚持对沪深指数大盘的走势进行点评和研判，这已经成为每周必做的操盘功课之一。每周以图文并茂式的点评，给永久生存网站交流的读者及时指明操作方向和策略，让许多读者及时规避了2008年大暴跌风险(有不少读者从5500点一直空仓到2000点下)，同时也捕捉部分短线机会。其中所运用的分析方法、技巧均来自传统的经典理论和常用分析方法，没有使用任何所谓“新发明”的投资理论。笔者始终坚持认为，投资者只要认真学习、彻底解读传统经典理论，并运用好，就完全能够有效地投资赚钱。

为此，本书特地将经典理论运用研判大盘行情的完全真实记录汇总，供有兴趣的读者借鉴，也是对前面争议技术分析是否有用的回答(注：当然对此没有兴趣的读者可跳过直接看下一章内容；书中楷体字为网站交流原文)。通过笔者一年来连贯的大盘分析研判，读者从中自会看懂笔者的分析思路(其实，结论倒是次要的)，希望对广大读者在运用经典理论和方法上有所帮助。

1. 6000点大盘顶部分析判断(2007-10-10)

2007年10月10日，在“今天指数如过山车，6000点的压力是很大！”一文中明确指出6000点是一个阻力很大的黄金分割位，也可以说是极限目标位。一般个股3浪能涨升到1浪的2.618黄金比例位就很不错了，何况是大盘(图2-2、2-3)。

10月18日，提醒：大盘在6000点关口还会有宽幅振荡，不建议激进操作(图2-4)！

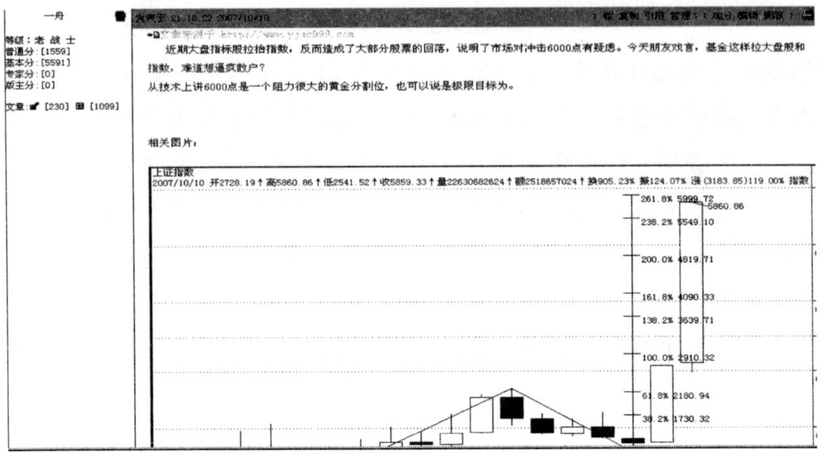

一舟

等级：老 战 士
普通分：[1559]
基本分：[5591]
专家分：[0]
版主分：[0]
文章：[230] [1099]

近期大盘指标股拉抬指数，反而造成了大部分股票的回落，说明了市场对冲击6000点有疑虑。今天朋友戏言，基金这样拉大盘股和指数，难道想逼疯散户？

从技术上讲6000点是一个阻力很大的黄金分割位，也可以说是极限目标为。

相关图片：

图 2-2 2007 年 10 月 10 日贴子

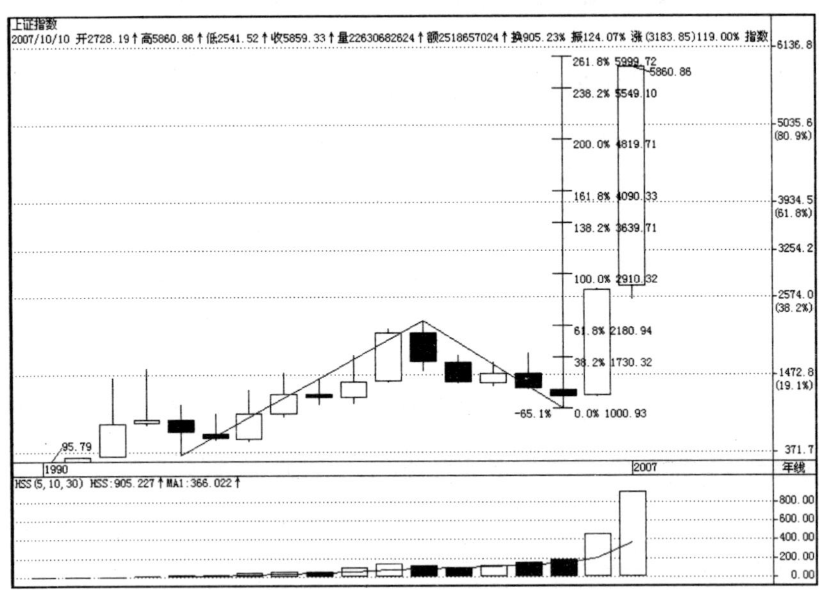

图 2-3 个股 3 浪能涨升到 1 浪的 2.618 位很不错了，何况是大盘！

一舟

等级：老 战 士
普通分：[1559]
基本分：[5591]
专家分：[0]
版主分：[0]
文章：[230] [1099]

发表于 12 04:05 2007/10/13　　26 楼 复制 引用 管理：（加分 编辑 删除）

文章来源于 http://www.yjcc993.com

近期大盘在6000点关口还会有宽幅振荡，不建议激进操作！

图 2-4 不建议激进操作

2. 上涨完结，三五个月防御性操作 2007-10-24

2007 年 10 月 24 日，笔者在“近期短线要选好买点，卖出也要快!”文章里，明确指出：对 4 季度的行情均不乐观，认为后市可能在 3~5 个月里都须要采取防御性操作。建议近期少操作，尽量空仓休息为主。眼下控制风险最为重要！否则，回吐起来将非常厉害!

近期短线操作的体会

近期金石和我们分别轻仓做了不少短线攻击态势的个股及反弹股票两种类型，可以说还算跑的快，基本上都是今天买进次日出局。结果是做短线图形较好的攻击态势股票十有七八均小亏 1~3%出来，反而低吸买进做反弹的个股，十有七八都小赚出来，收益最好的要算金石昨天买进今天早盘卖出 600272 赚 10%。总的体会是，不管做哪种类型，一旦出局犹豫很容易被套。现阶段操作难度非常之大，钱难赚。

今天下午金石和我们几个朋友讨论时，总结目前的盘口走势，认为现在攻击态势的股票很少，而且担心容易补跌急速下挫，因此要尽量少追涨参与。另外，目前个股分化严重，大部分中低价股的周线月线图形不好看，担心有被边缘化的迹象。虽然短期这些中低价股许多跌幅较大，有反弹要求，但即使有反弹，力度大小目前难判断，一旦大盘股也进入补跌调整，难说这些股票还不会加速赶底。至于二八或一九能否成功切换到八二或九一，大家心中没有底。所以，讨论结果，对 4 季度的行情均不乐观，认为后市可能在 3-5 个月里都须要采取防御性操作，只能以做一些轻仓反弹、大部分资金先休息为主，等待周月线图形企稳再寻机进场。

根据我们的体会，建议朋友们近期少操作，尽量空仓休息为主。一旦短线连续两三单操作失利，停止操作休息为主。切忌不要频繁加大操作，眼下控制风险最为重要！否则，回吐起来将非常厉害!

以上是近期我们试验的体会，希望对大家有所参考及启发。

2007 年 10 月 27 日，再次提醒：周 K 线的 5 浪上涨可以说基本完结，因此，后市大盘继续维持振荡的可能性大。必须控制好仓位，不能重仓参与，设好止损点，果断执行(图 2-5、2-6)。

本周两市如我前周点评所料，基本维持振荡下行的调整格局。周初小幅反弹，却没有量能支持，周末大幅下挫，回补 10 月 8 日缺口，后探底有所回升，上证收出一根缩量中阴线的周 K 线，而深成指收出缩量十字星周 K 线。

从盘面看，前期大部分的中低价股阴跌不断，本周蓝筹也一度出现大幅回落，而我所担心的大盘股补跌时中低价股还加速暴跌，市场持股信心大减，高位套牢者损失惨重。目前扩容压力较大，市场资金面较为紧张，盘中反弹无量，而消息面也

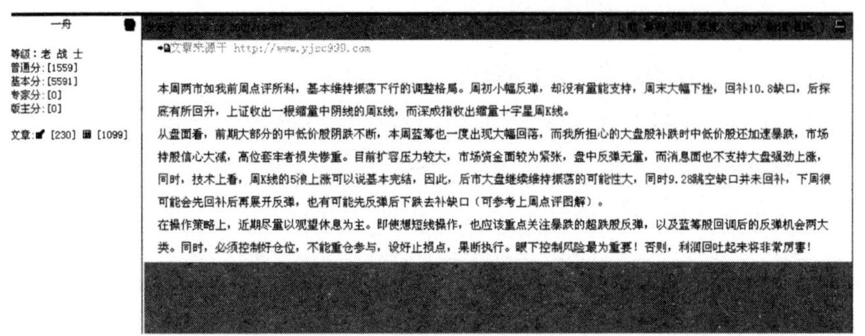

一舟

等级：老 战 士
普通分：[1559]
基本分：[5591]
专家分：[0]
版主分：[0]

文章：[230] [1099]

文章来源于 http://www.yjcc939.com

本周两市如我前周点评所料，基本维持振荡下行的调整格局。周初小幅反弹，却没有量能支持，周末大幅下挫，回补10.8缺口，后探底有所回升，上证收出一根缩量中阴线的周K线，而深成指收出缩量十字星周K线。

从盘面看，前期大部分的中低价股阴跌不断，本周蓝筹也一度出现大幅回落，而我所担心的大盘股补跌时中低价股还加速暴跌，市场持股信心大减，高位套牢者损失惨重。目前扩容压力较大，市场资金面较为紧张，盘中反弹无量，而消息面也不支持大盘强劲上涨，同时，技术上看，周K线的5浪上涨可以说基本完结，因此，后市大盘继续维持振荡的可能性大，同时9.28跳空缺口并未回补，下周很可能会先回补后再展开反弹，也有可能先反弹后下跌去补缺口（可参考上周点评图解）。

在操作策略上，近期尽量以观望休息为主。即使想短线操作，也应该重点关注暴跌的超跌股反弹，以及蓝筹股回调后的反弹机会两大类。同时，必须控制好仓位，不能重仓参与，设好止损点，果断执行。眼下控制风险最为重要！否则，利润回吐起来将非常厉害！

图 2–5　眼下控制风险最为重要！

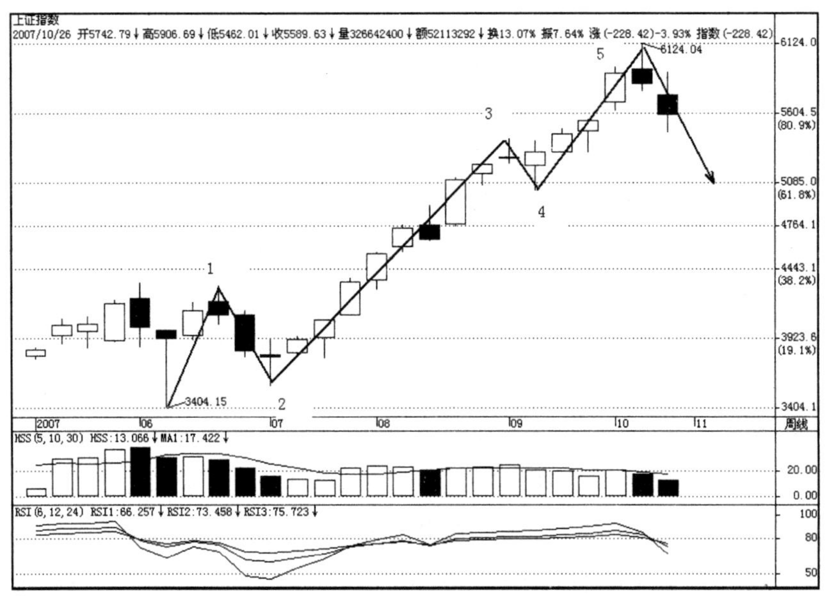

图 2–6　2007 年 10 月 26 日大盘周 K 线

不支持大盘强劲上涨，同时，技术上看，周 K 线的 5 浪上涨可以说基本完结，因此，后市大盘继续维持振荡的可能性大，同时 9 月 28 日跳空缺口并未回补，下周很可能会先回补后再展开反弹，也有可能先反弹后下跌去补缺口(可参考上周点评图解)。

在操作策略上，近期尽量以观望休息为主。即使想短线操作，也应该重点关注暴跌的超跌股反弹，以及蓝筹股回调后的反弹机会两大类。同时，必须控制好仓位，不能重仓参与，设好止损点，果断执行。眼下控制风险最为重要！否则，利润回吐起来将非常厉害！

3. 中期调整远未结束，要到3500点(2007–11–17)

2007年11月17日，在“11.16大盘简单点评及操作策略”中明确指出：继续观望，中期调整还远未结束。

本周两市大盘呈现缩量振荡的走势。周初上证指数低开下探至5000点附近，随后展开回升、短暂强劲反弹的走势，但受阻10日均线，便振荡回落。上证指数如上周预测那样本周收出一根缩量的周小阳K线，而深圳收出一根缩量的十字星周K线。从盘面看，虽然前期连续下挫的基金重仓股也一度强劲反弹，超跌中低价股表现良好，但外围股市的暴跌以及缺乏量能配合，使得市场缺少领涨热点，许多个股反弹均没有持续性。由此大盘的弱势特征仍较为明显。个人预计下周大盘会呈现反弹冲高回落振荡的走势，指数收周阴线的可能性较大。如果真是如此演变，则后市大盘很可能会先破5000点再展开较大的反弹。下周需要密切关注的是，首先，周一中石油将计入指数，短期大盘指数将取决于它的走势。其次，反弹时关注5500点压力。其三，大盘的量能持续情况。操作上，稳健者仍可继续观望(中期调整还远未结束)，激进者可轻仓短线捕捉一些超跌蓝筹或中低价股的反弹机会。近期的操作必须要设立止损，不纠缠，快进快出。敢于低买高卖，有盈利要及时了结兑现(图2–7)。

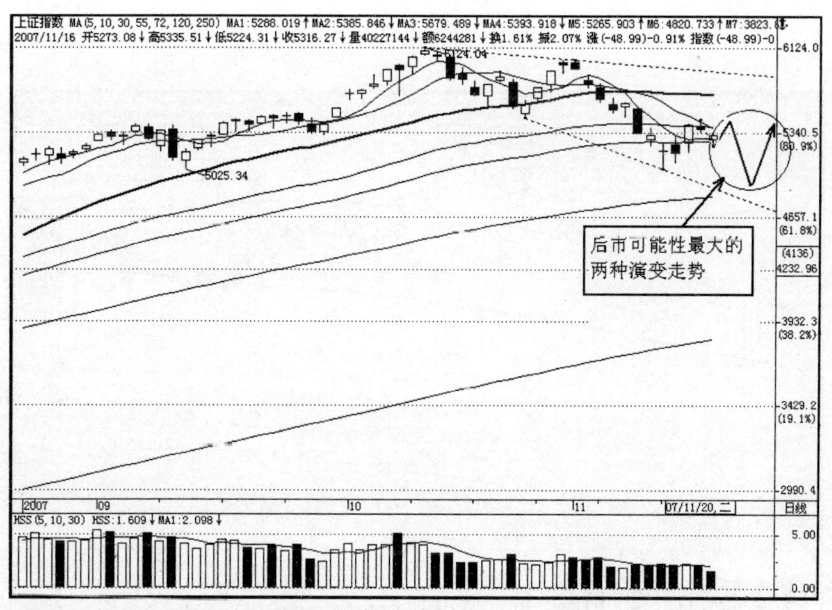

图2–7　2007年11月17日上证大盘走势

2007年12月2日，在“对下周大盘说几句”文章里强调指出：再强调一下，中期调整还远未结束，理论上要到3500点一带去。

对下周大盘说几句，12月2日晚(图2-8)

刚从外面回来，对大盘简单说几句：上证指数目前看下跌比较完整，但下周因太保发行估计对市场资金面影响大，同时中石油能否很快暂时止跌，还是继续杀跌对大盘走势影响很大，需密切关注，因此，下周大盘能否守住4778点很关键，一旦下破反弹要延后，估计要破4700点，寻求支撑；反之，如果能顽强守住4778点，则反弹的可操作性则较强，可精选个股短线轻仓操作。再强调一下，中期调整还远未结束(理论上要到3500点一带去)，只能按反弹做，稳健者仍可选择休息观望，多半等春节后再看了。

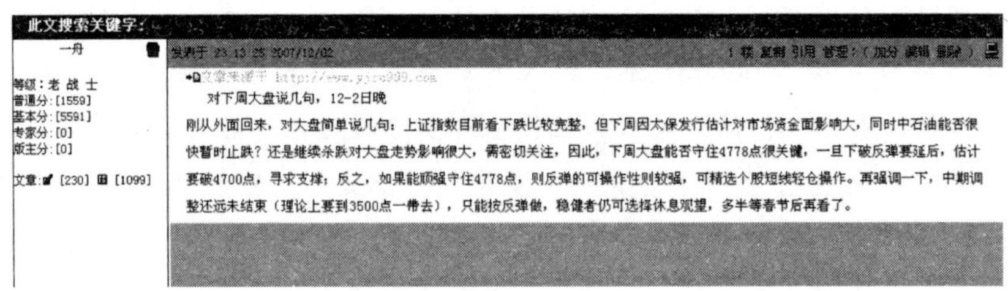

此文搜索关键字：

一舟

等级：老战士
普通分：[1559]
基本分：[5591]
专家分：[0]
版主分：[0]

文章：[230] [1099]

发表于 23:13:25 2007/12/02

1 楼 复制 引用 管理：（加分 编辑 删除）

对下周大盘说几句，12-2日晚

刚从外面回来，对大盘简单说几句：上证指数目前看下跌比较完整，但下周因太保发行估计对市场资金面影响大，同时中石油能否很快暂时止跌？还是继续杀跌对大盘走势影响很大，需密切关注，因此，下周大盘能否守住4778点很关键，一旦下破反弹要延后，估计要破4700点，寻求支撑；反之，如果能顽强守住4778点，则反弹的可操作性则较强，可精选个股短线轻仓操作。再强调一下，中期调整还远未结束（理论上要到3500点一带去），只能按反弹做，稳健者仍可选择休息观望，多半等春节后再看了。

图2-8

2007年12月11日，在“近期注意操作节奏”文章里，明确指出：近期冲高，将大部分持仓减出来，保住前面抢反弹的果实(图2-9)。

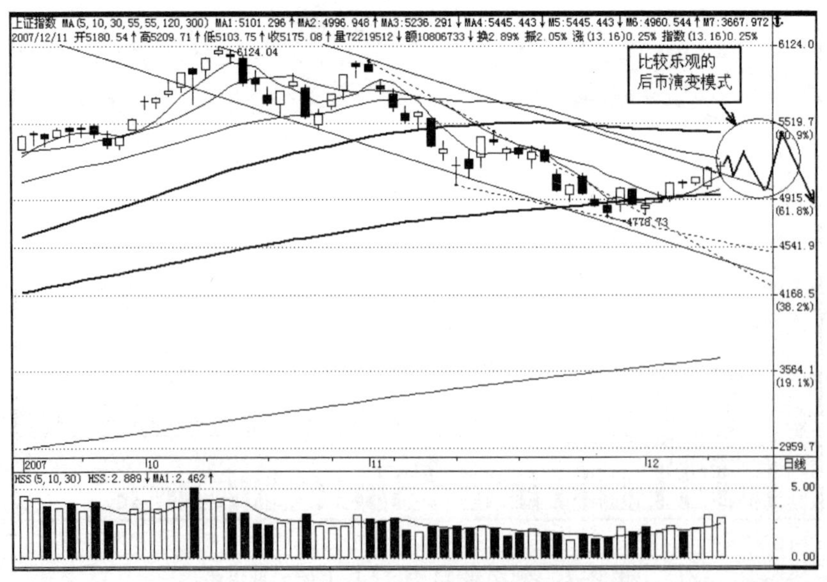

图2-9 图解分析反弹到5500点附近即下跌

近期注意操作节奏

今天下午与朋友喝茶，一起用了2小时的时间，把所有股票都翻阅了一遍，发现目前符合我们新开仓较好买点的股票一下子减少到很少了，说明后市反弹操作难度增大许多。凭我的经验，后市大盘将会有反复振荡的过程，而且一旦回补11月22日缺口后，大盘很有可能再度回试5000点。从浪形看，反弹已经进入反弹第一波的末端，等回落振荡后再做第二波(这还是乐观的走势)。因此，我计划明天大盘或手中个股冲高，则将大部分持仓减出来，暂时观望一下，保住前面抢反弹的果实。

提醒朋友们，近期注意把握好操作节奏，降低盈利预期，控制好仓位，严格执行止损。

2007年12月16日，在“本周大盘简单点评及后市操作策略”文章里指出：稳健者继续观望，反而是基金重仓股目前面临的风险较大。

12月16日，本周大盘简单点评及后市操作策略

(下午又要出去，简单对大盘说几句)

本周沪深两市均呈现冲高回落，探底回升的走势，周K线收出一根放量十字星。目前到底运行在A浪-5还是B浪反弹二次探底成功，我难以下判断，需密切观察两市反弹成交量的变化，以及中石油、银行、地产走势。从大盘的周线看，很可能处于A-4结束，运行在A-5中，即使这样，后市破4778点后的下跌空间也不会很大，反而紧接着的B浪反弹还能好好把握一下。目前盘口看，股票分化仍严重，中低价个股仍比较活跃，这也给激进者提供了短线参与的一些机会。反而是基金重仓股目前面临的风险较大，尤其是受到调控政策影响的。

操作策略仍坚持原来的不变：稳健者继续观望，激进者仍可轻仓短线做反弹。我这两天整理了一下选股的思路，供激进者参考：①强势股的回调；②超跌股的反弹；③近期刚开始启动加速，因大盘暴跌被打回来的；④短线3子浪刚启动的个股。

4. B浪反弹完成，C浪下跌开始(2008-1-18)

2008年1月13日，大盘反弹到5500点，在“1.11本周简单点评及操作策略”文章里提醒：上升空间不大了，要及时了结。

本周两市继续振荡上扬，上证周K线收出一根放量小阳，深市强一些，收出一根放量中阳，深证综指也创出新高。从盘口看个股继续表现活跃，近30%个股创出新高，走出第5浪推动上涨。但盘中不时出现八二与二八现象轮番转换，而且振荡有加剧的迹象，说明场内的存量资金有些紧张，同时许多个股经过1~2月的反弹上涨筹码有松动迹象，有部分资金获利兑现意图明显。从浪形结构看，目前运行在反弹或上涨的第三浪末端。因此，下周密切关注深成指能否创新高，一旦创新高将基本确认反弹演变成推动上涨结构，这是理想的走势。同时，如果假定上证仅仅是反弹行情，那么向上涨升的空间估计不大了。下周大盘虽然还有继续振荡上涨的可能，但要防止冲高回落宽幅振荡的风险。在操作策略上，应该立足短线操作为主(不管是反弹的末期还是5浪的中后期，短线策略较为适宜)。现在操作难度加大，尽量精选个股低吸为主，而且对于凡是近期涨幅大的个股要及时了结，兑现利润，再寻找有补涨潜力的个股。为了控制风险，需注意设置止损和控制仓位，一旦出现走势恶化，好控制风险。简单一句话，严格要求目前自己的进出场点位的精细选择，符合自己操作系统的买点和股票就做，否则，宁愿观望休息。

2008年1月18日，在“1.18大盘简单点评及后市操作策略”文章里指出：B浪反弹完成后的C浪开始(图2–10)！

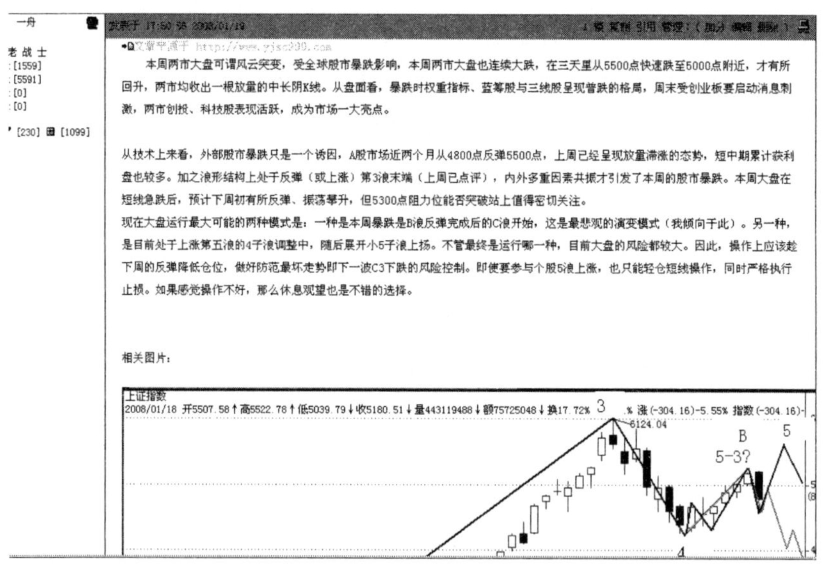
一舟

老战士
:[1559]
:[5591]
:[0]
:[0]
[230] [1099]

本周两市大盘可谓风云突变，受全球股市暴跌影响，本周两市大盘也连续大跌，在三天里从5500点快速跌至5000点附近，才有所回升，两市均收出一根放量的中长阴K线。从盘面看，暴跌时权重指标、蓝筹股与三线股呈现普跌的格局，周末受创业板要启动消息刺激，两市创投、科技股表现活跃，成为市场一大亮点。

从技术上来看，外部股市暴跌只是一个诱因，A股市场近两个月从4800点反弹5500点，上周已经呈现放量滞涨的态势，短中期累计获利盘也较多。加之浪形结构上处于反弹（或上涨）第3浪末端（上周已点评），内外多重因素共振才引发了本周的股市暴跌。本周大盘在短线急跌后，预计下周初有所反弹、振荡攀升，但5300点阻力位能否突破站上值得密切关注。
现在大盘运行最大可能的两种模式是：一种是本周暴跌是B浪反弹完成后的C浪开始，这是最悲观的演变模式（我倾向于此）。另一种，是目前处于上涨第五浪的4子浪调整中，随后展开小5子浪上扬。不管最终是运行哪一种，目前大盘的风险都较大。因此，操作上应该趁下周的反弹降低仓位，做好防范最坏走势即下一波C3下跌的风险控制。即使要参与个股5浪上涨，也只能轻仓短线操作，同时严格执行止损。如果感觉操作不好，那么休息观望也是不错的选择。

相关图片：

图2–10 防范下一波C3下跌的风险控制

1月18日，大盘简单点评及后市操作策略(图2–11)

本周两市大盘可谓风云突变，受全球股市暴跌影响，本周两市大盘也连续大跌，在三天里从5500点快速跌至5000点附近，才有所回升，两市均收出一根放量的中长阴K线。从盘面看，暴跌时权重指标、蓝筹股与三线股呈现普跌的格局，周末受创业板要启动消息刺激，两市创投、科技股表现活跃，成为市场一大亮点。

从技术上来看，外部股市暴跌只是一个诱因，A股市场近两个月从4800点反

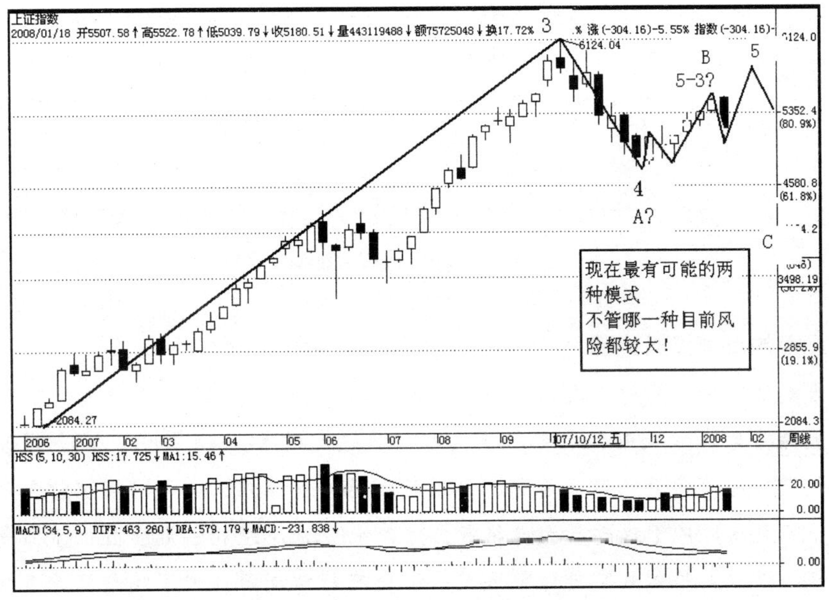

图 2-11　2008 年 1 月 18 日图解大盘

弹到 5500 点，上周已经呈现放量滞涨的态势，短中期累计获利盘也较多。加之浪形结构上处于反弹(或上涨)的第 3 浪(B 浪)末端(上周已点评)，内外多重因素共振才引发了本周的股市暴跌。本周大盘在短线急跌后，预计下周初有所反弹、振荡攀升，但 5300 点阻力位能否突破站上值得密切关注。

现在大盘运行最大可能的两种模式是：一种是本周暴跌是 B 浪反弹完成后的 C 浪开始，这是最悲观的演变模式(我倾向于此)。另一种，是目前处于上涨第五浪的 4 子浪调整中，随后展开小 5 子浪上扬。不管最终是运行哪一种，目前大盘的风险都较大。因此，操作上应该趁下周的反弹降低仓位，做好防范最坏走势即下一波 C3 下跌的风险控制。即使要参与个股 5 浪上涨，也只能轻仓短线操作，同时严格执行止损。如果感觉操作不好，那么休息观望也是不错的选择。

5. 不要抱幻想，要趁早跑(2008-1-22)

2008 年 1 月 22 日，在“趁后面的反弹抓紧跑吧！”文章里明确指出：不要抱过多的幻想了，防范风险要紧，利用反弹要趁机减仓，要趁早跑(图 2-12)！

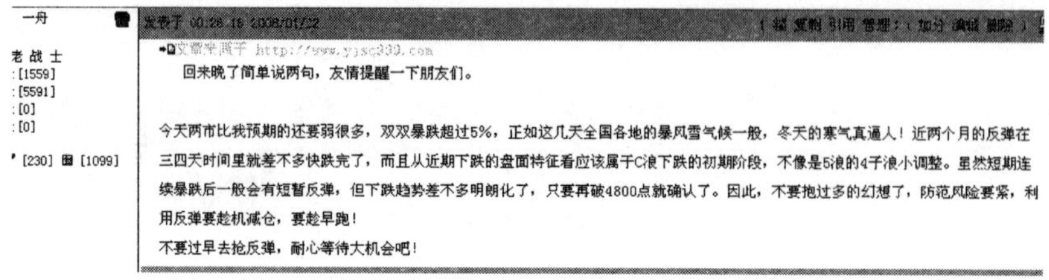
一舟
老战士
:[1559]
:[5591]
:[0]
:[0]
[230] [1099]

回来晚了简单说两句，友情提醒一下朋友们。

今天两市比我预期的还要弱很多，双双暴跌超过5%，正如这几天全国各地的暴风雪气候一般，冬天的寒气真逼人！近两个月的反弹在三四天时间里就差不多快跌完了，而且从近期下跌的盘面特征看应该属于C浪下跌的初期阶段，不像是5浪的4子浪小调整。虽然短期连续暴跌后一般会有短暂反弹，但下跌趋势差不多明朗化了，只要再破4800点就确认了。因此，不要抱过多的幻想了，防范风险要紧，利用反弹要趁机减仓，要趁早跑！

不要过早去抢反弹，耐心等待大机会吧！

图 2-12　耐心等待大机会

趁后面的反弹抓紧跑吧！

回来晚了简单说两句，友情提醒一下朋友们。

今天两市比我预期的还要弱很多，双双暴跌超过5%，正如这几天全国各地的暴风雪气候一般，冬天的寒气真逼人！近两个月的反弹在三四天时间里就差不多快跌完了，而且从近期下跌的盘面特征看应该属于C浪下跌的初期阶段，不像是5浪的4子浪小调整。虽然短期连续暴跌后一般会有短暂反弹，但下跌趋势差不多明朗化了，只要再破4800点就确认了。因此，不要抱过多的幻想了，防范风险要紧，利用反弹要趁机减仓，要趁早跑！

不要过早去抢反弹，耐心等待大机会吧！

2008年1月22日，回复提问时再次明确指出：明天顺势低开下挫，然后振荡小反弹几日，明天是否破4800点已经不怎么重要了，但市场已经朝恶化方向演变了，趁反弹减仓出来，休息观望为上(图 2-13)！

一舟
老战士
:[1559]
:[5591]
:[0]
:[0]

明天顺势低开下挫，然后振荡小反弹几日，明天是否破4800点已经不怎么重要了，但市场已经朝恶化方向演变了，趁反弹减仓出来，休息观望为上！

图 2-13　趁反弹减仓出来

6. 年前再次提醒要跌至3350点(2008-1-25)

2008年1月25日，在“1.25大盘后市预测分析”文章里指出：C浪下跌的结束时间大约要在3月底或4月中旬，大盘最终很可能要跌至3350点一带(图 2-14、2-15)。

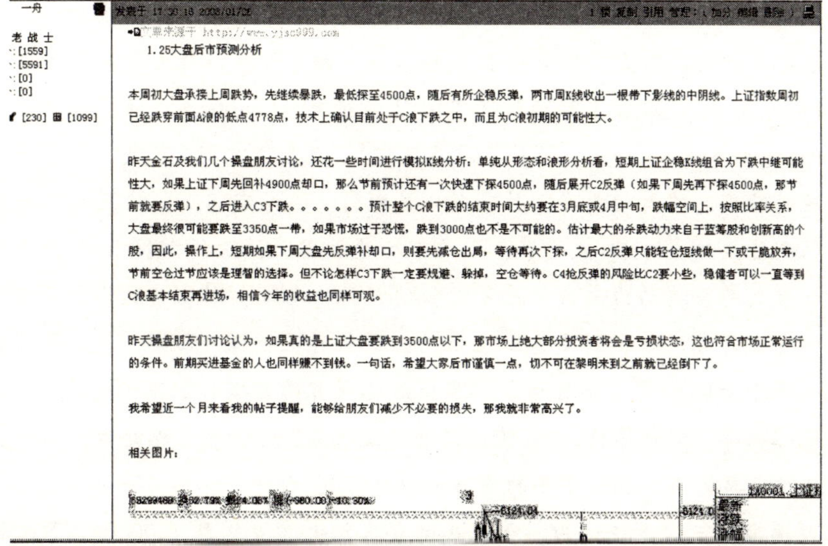

一舟

老战士

[1559]

[5591]

[0]

[0]

[230] [1099]

1.25大盘后市预测分析

本周初大盘承接上周跌势，先继续暴跌，最低探至4500点，随后有所企稳反弹，两市周K线收出一根带下影线的中阴线。上证指数周初已经跌穿前面A浪的低点4778点，技术上确认目前处于C浪下跌之中，而且为C浪初期的可能性大。

昨天金石及我们几个操盘朋友讨论，还花一些时间进行模拟K线分析：单纯从形态和浪形分析看，短期上证企稳K线组合为下跌中继可能性大，如果上证下周先回补4900点缺口，那么节前预计还有一次快速下探4500点，随后展开C2反弹（如果下周先再下探4500点，那节前就要反弹），之后进入C3下跌。。。。。。。预计整个C浪下跌的结束时间大约要在3月底或4月中旬，跌幅空间上，按照比率关系，大盘最终很可能要跌至3350点一带，如果市场过于恐慌，跌到3000点也不是不可能的。估计最大的杀跌动力来自于蓝筹股和创新高的个股，因此，操作上，短期如果下周大盘先反弹补缺口，则要先减仓出局，等待再次下探，之后C2反弹只能轻仓短线做一下或干脆放弃，节前空仓过节应该是理智的选择。但不论怎样C3下跌一定要规避、躲掉，空仓等待。C4抢反弹的风险比C2要小些，稳健者可以一直等到C浪基本结束再进场，相信今年的收益也同样可观。

昨天操盘朋友们讨论认为，如果真的是上证大盘要跌到3500点以下，那市场上绝大部分投资者将会是亏损状态，这也符合市场正常运行的条件。前期买进基金的人也同样赚不到钱。一句话，希望大家后市谨慎一点，切不可在黎明来到之前就已经倒下了。

我希望近一个月来看我的帖子提醒，能够给朋友们减少不必要的损失，那我就非常高兴了。

相关图片：

图 2-14　1.25 大盘后市预测分析

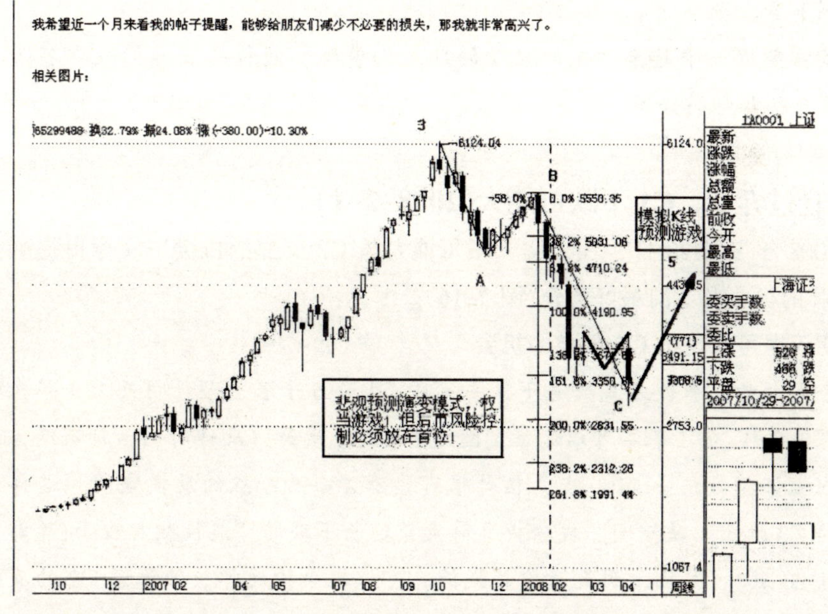

图 2-15　图解模拟预测后市大盘目标位

1 月 25 日，大盘后市预测分析

本周初大盘承接上周跌势，先继续暴跌，最低探至 4500 点，随后有所企稳反弹，两市周 K 线收出一根带下影线的中阴线。上证指数周初已经跌穿前面 A 浪的低点 4778 点，技术上确认目前处于 C 浪下跌之中，而且为 C 浪初期的可能性大。

昨天金石及我们几个操盘朋友讨论，还花一些时间进行模拟 K 线分析：单纯从形态和浪形分析看，短期上证企稳 K 线组合为下跌中继可能性大，如果上证下周先回补 4900 点缺口，那么节前预计还有一次快速下探 4500 点，随后展开 C2 反弹(如果下周先再下探 4500 点，那节前就要反弹)，之后进入 C3 下跌……。预计整个 C 浪下跌的结束时间大约要在 3 月底或 4 月中旬，跌幅空间上，按照比率关系，大盘最终很可能要跌至 3350 点一带，如果市场过于恐慌，跌到 3000 点也不是不可能的。估计最大的杀跌动力来自于蓝筹股和创新高的个股，因此，操作上，短期如果下周大盘先反弹补缺口，则要先减仓出局，等待再次下探，之后 C2 反弹只能轻仓短线做一下或干脆放弃，节前空仓过节应该是理智的选择。但不论怎样 C3 下跌一定要规避、躲掉，空仓等待。C4 抢反弹的风险比 C2 要小些，稳健者可以一直等到 C 浪基本结束再进场，相信今年的收益也同样可观。

昨天操盘朋友们讨论认为，如果真的是上证大盘要跌到 3500 点以下，那市场上绝大部分投资者将会是亏损状态，这也符合市场正常运行的条件。前期买进基金的人也同样赚不到钱。一句话，希望大家后市谨慎一点，切不可在黎明来到之前就已经倒下了。

我希望近一个月来看我的帖子的朋友们警醒，能够给朋友们减少不必要的损失，那我就非常高兴了。

7. 空仓过春节，C1 下跌可能大(2008–2–1)

2008 年 1 月 28 日，在“明天很可能是抢 C2 反弹的机会”文章里提醒：是抢 C2 反弹的机会及节前最好清仓(图 2–16)。

明天很可能是抢 C2 反弹的机会

今天大盘以暴跌方式快速下探去完成 C1 的 5 子浪，预计明天上午早盘顺势低开下探破年线，C1 基本可以完结，随后展开 C2 反弹 (反弹时间估计有两至三周)。短期内上证指数跌去 1100 点，估计很可能有 400~500 点的反弹空间，这样才能为随后的 C3 腾出下跌空间。我分析目前直接延长下跌的可能性相对较小(除非短期直接破 4120 点)。因此，明天盘中寻找低点可以轻仓抢反弹。但注意 C2 的反弹也有风险，要快进快出，学会及时了结，同时设定止损位。前面已经提醒了：节前最好清仓或少量持仓，不论怎样，C3 要躲避，否则容易被深套。

2008 年 2 月 1 日，在“2.1 本周大盘简单点评及操作策略”文章里明确指出：要趁 C2 反弹减仓出来，建议尽量空仓过节。

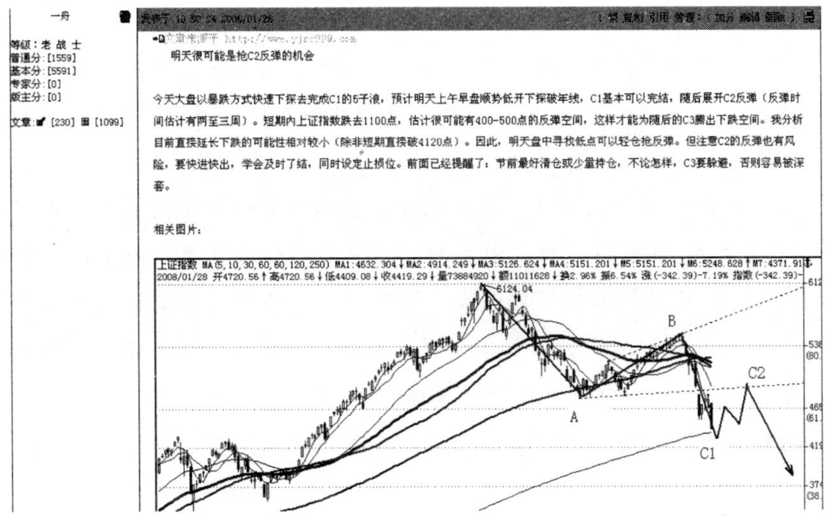
一舟

等级：老 战 士
普通分：[1559]
基本分：[5591]
专家分：[0]
版主分：[0]

文章：[230] [1099]

明天很可能是抢C2反弹的机会

今天大盘以暴跌方式快速下探去完成C1的5子浪，预计明天上午早盘顺势低开下探破年线，C1基本可以完结，随后展开C2反弹（反弹时间估计有两至三周）。短期内上证指数跌去1100点，估计很可能有400-500点的反弹空间，这样才能为随后的C3腾出下跌空间。我分析目前直接延长下跌的可能性相对较小（除非短期直接破4120点）。因此，明天盘中寻找低点可以轻仓抢反弹。但注意C2的反弹也有风险，要快进快出，学会及时了结，同时设定止损位。前面已经提醒了：节前最好清仓或少量持仓，不论怎样，C3要躲避，否则容易被深套。

相关图片：

图 2-16　大盘走势演变图解

2 月 1 日，本周大盘简单点评及操作策略(图 2-17)

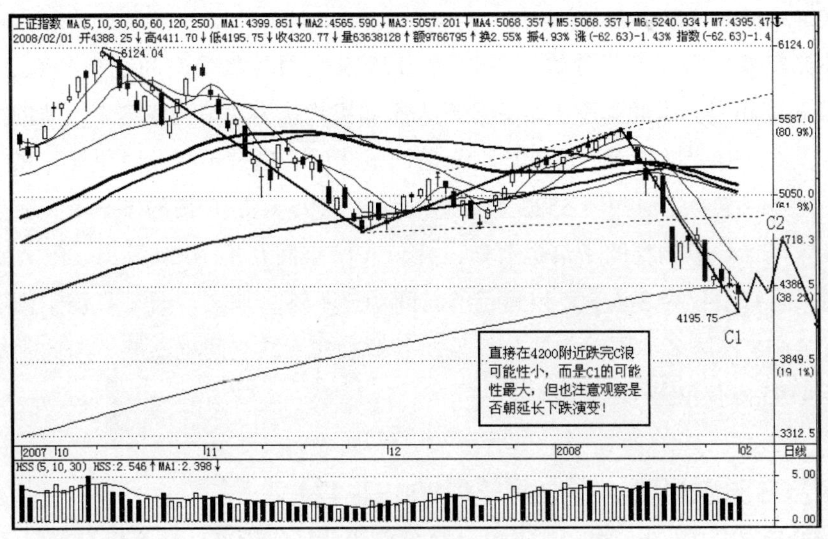

图 2-17　2008 年 2 月 1 日大盘走势预测

今天马上出发要返回老家过节了，还是简单说几句：

本周两市大盘继续大跌，蓝筹指标、八类股、前期强势股轮番杀跌，指数振荡走低，上证指数最低破 4200 点，最终收在 4300 点。两市大盘收出一根放量中阴周 K 线。从盘口看，周末前期强势股快速暴跌，很多个股两三天跌幅达到 20%（我自己操作了几只个股，除了2144，2103成功，其他都是止损出局，过早抢反弹风险是较大!)，让市场人气更加恐慌，但从另一角度看，这些强势股的调整是否也意味着短期调整接近尾声了？从K线组合看，呈现收敛下跌，说明了杀跌动能在衰竭。虽然周五因深成指创前新低，引发恐慌抛压，但日K线收出带长下影线的十字星，说明了市场开始凝聚反弹的力量。从浪形看，原来所担心的近两天没有出现再度长阴K线，以及跌破4120点，那么前面担心延长下跌的可能性在减少，而在年线处开始随后展开C2反弹的可能性在增大。下周节前的两个交易日，虽然投资者持币过节心里影响入场积极性，但只要不出现暴跌长阴，那么后市大盘将振荡走高、展开反弹可能性大。而C2反弹时间预计应该在两三周。

操作上，对于很可能展开的C2反弹，只能轻仓短线参与。现在被套的个股要趁反弹进行减仓出来。这里要提醒的是，C2的反弹风险比C4大很多，要注意快进快出，学会及时了结，同时设定止损位，锁定风险。当然，稳健者可以放弃，等整个C浪调整结束再进场。

至于持币还是持股，因为C浪下跌里，利空容易被放大，建议尽量空仓过节，持股也只能是轻仓。

提前祝福各位朋友春节快乐！

补充解释：当上证指数快速下跌至4195点，因为跌幅空间基本与6124跌至4778点幅度相当，因此，不少市场分析人士和机构认为4浪调整结束，新的5浪上涨开始，由此有些投资者再度进场，而前面浅套的人也舍不得及时出局，最终损失惨重。但当时笔者为何判断5522点快速下跌至4195点是C浪的1子浪？其实很简单，虽然当时C浪调整的子浪也清晰，且与A浪空间几乎100%等长，但A浪下跌了7周，而C浪仅为3周，C浪运行的时间明显不够。加之，通常C浪空间和时间为A浪1.618倍居多，同时大部分权重、蓝筹股的下跌空间也不够，因此，综合判断跌至4195点仅仅是C1子浪。

8. 规避C3大跌风险，空仓观望(2008-2-17)

2008年2月17日，在“2.15大盘简单点评及操作策略”文章里指出：C2反弹后大盘再度连续急跌，利用反弹须减少持仓，尽量规避C3大跌风险。

2月15日，大盘简单点评及操作策略(图2-18、2-19)

鼠年的第一周，大盘并未承接节前的强势上行，反而出现缩量整理的格局，两市周K线收出一根缩量十字星。盘口看，蓝筹指标股基本处于弱势整理的走势，表现低迷，而3G概念、农业股、造纸、发电设备题材股等个别板块表现活跃。总体而言，受近期市场利空不断，如宏观紧缩、扩容、小非解禁等制约了投资者入场的

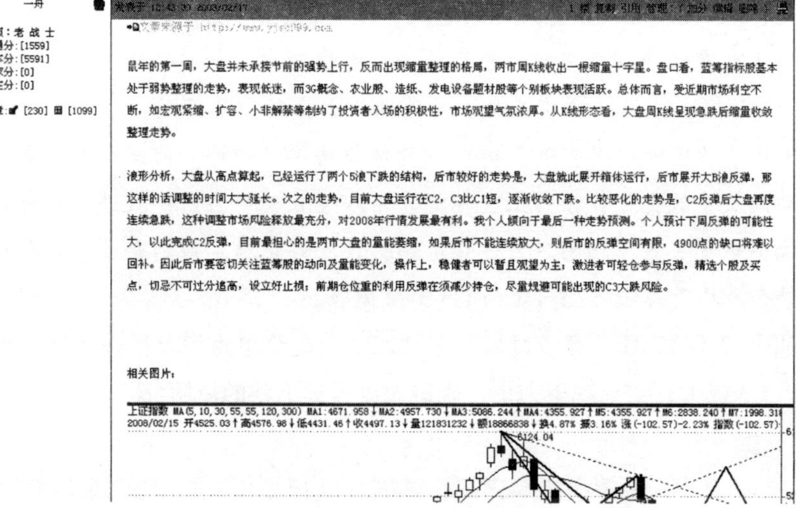

一舟

等级：老 战 士
普通分：[1559]
基本分：[5591]
专家分：[0]
版主分：[0]

文章：[230] [1099]

鼠年的第一周，大盘并未承接节前的强势上行，反而出现缩量整理的格局，两市周K线收出一根缩量十字星。盘口看，蓝筹指标股基本处于弱势整理的走势，表现低迷，而3G概念、农业股、造纸、发电设备题材股等个别板块表现活跃。总体而言，受近期市场利空不断，如宏观紧缩、扩容、小非解禁等制约了投资者入场的积极性，市场观望气氛浓厚。从K线形态看，大盘周K线呈现急跌后缩量收敛整理走势。

浪形分析，大盘从高点算起，已经运行了两个5浪下跌的结构，后市较好的走势是，大盘就此展开箱体运行，后市展开大B浪反弹，那这样的话调整的时间大大延长。次之的走势，目前大盘运行在C2，C3比C1短，逐渐收敛下跌。比较恶化的走势是，C2反弹后大盘再度连续急跌，这种调整市场风险释放最充分，对2008年行情发展最有利。我个人倾向于最后一种走势预测。个人预计下周反弹的可能性大，以此完成C2反弹，目前最担心的是两市大盘的量能萎缩，如果后市不能连续放大，则后市的反弹空间有限，4900点的缺口将难以回补。因此后市要密切关注蓝筹股的动向及量能变化，操作上，稳健者可以暂且观望为主；激进者可轻仓参与反弹，精选个股及买点，切忌不可过分追高，设立好止损；前期仓位重的利用反弹在须减少持仓，尽量规避可能出现的C3大跌风险。

相关图片：

图 2-18 规避 C3 大跌风险

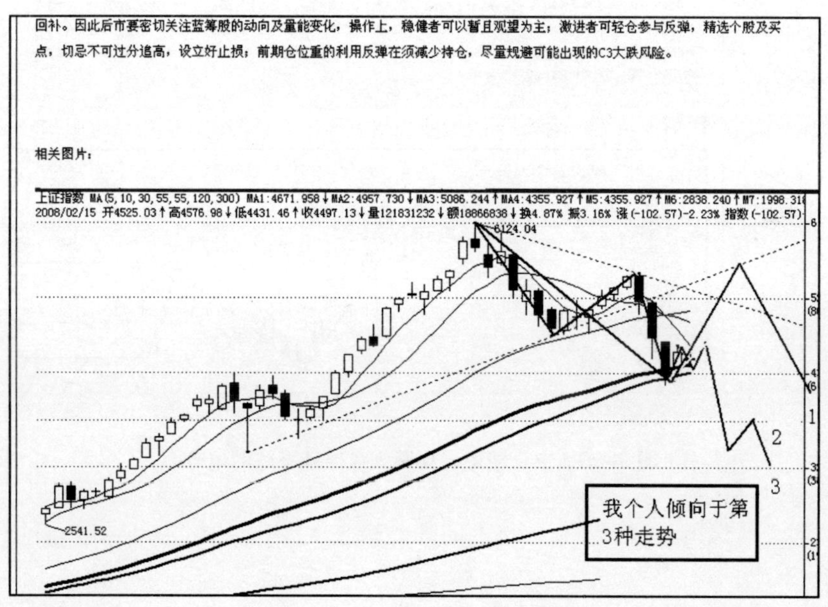

图 2-19 图解大盘走势预测

积极性，市场观望气氛浓厚。从 K 线形态看，大盘周 K 线呈现急跌后缩量收敛整理走势。

浪形分析，大盘从高点算起，已经运行了两个 5 浪下跌的结构，后市较好的走势是，大盘就此展开箱体运行，后市展开大 B 浪反弹，那这样的话调整的时间大大延长。次之的走势，目前大盘运行在 C2，C3 比 C1 短，逐渐收敛下跌。比较恶化的走势是，C2 反弹后大盘再度连续急跌，这种调整市场风险释放最充分，对 2008 年行情发展最有利。我个人倾向于最后一种走势预测。个人预计下周反弹的可能性大，以此完成 C2 反弹，目前最担心的是两市大盘的量能萎缩，如果后市不能连续放大，则后市的反弹空间有限，4900 点的缺口将难以回补。因此后市要密切关注蓝筹股的动向及量能变化，操作上，稳健者可以暂且观望为主；激进者可轻仓参与反弹，精选个股及买点，切忌不可过分追高，设立好止损；前期仓位重的利用反弹必须减少持仓，尽量规避可能出现的 C3 大跌风险。

2008 年 2 月 17 日，春节过后，在“2.22 大盘简单点评及操作策略”里明确指出：进入 C3 极大，空仓观望为主，规避大盘连续下跌的风险(图 2–20、2–21)。

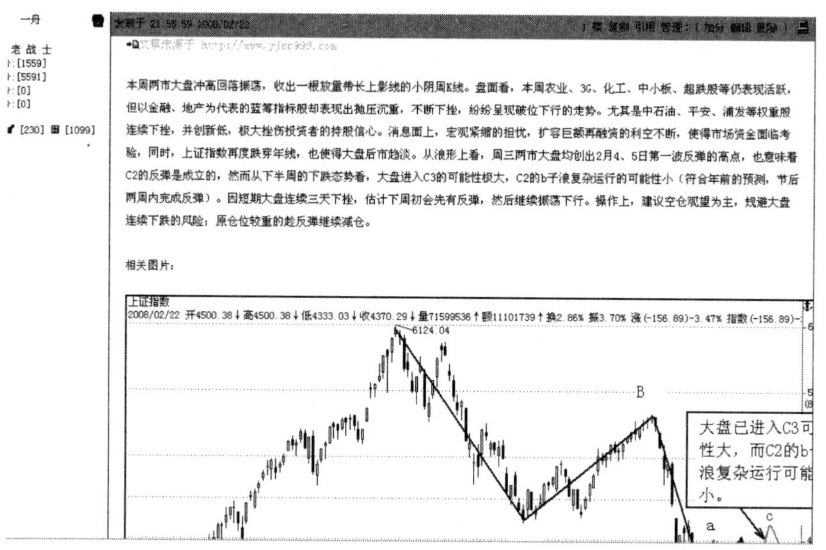

一舟

老战士

[1559]

[5591]

[0]

[0]

[230] [1099]

本周两市大盘冲高回落振荡，收出一根放量带长上影线的小阴周K线。盘面看，本周农业、3G、化工、中小板、超跌股等仍表现活跃，但以金融、地产为代表的蓝筹指标股却表现出抛压沉重，不断下挫，纷纷呈现破位下行的走势。尤其是中石油、平安、浦发等权重股连续下挫，并创新低，极大挫伤投资者的持股信心。消息面上，宏观紧缩的担忧，扩容巨额再融资的利空不断，使得市场资金面临考验，同时，上证指数再度跌穿年线，也使得大盘后市趋淡。从浪形上看，周三两市大盘均创出2月4、5日第一波反弹的高点，也意味着C2的反弹是成立的，然而从下半周的下跌态势看，大盘进入C3的可能性极大，C2的b子浪复杂运行的可能性小（符合年前的预测，节后两周内完成反弹）。因短期大盘连续三天下挫，估计下周初会先有反弹，然后继续振荡下行。操作上，建议空仓观望为主，规避大盘连续下跌的风险；原仓位较重的趁反弹继续减仓。

相关图片：

图 2–20　空仓观望，规避大盘连续下跌的风险

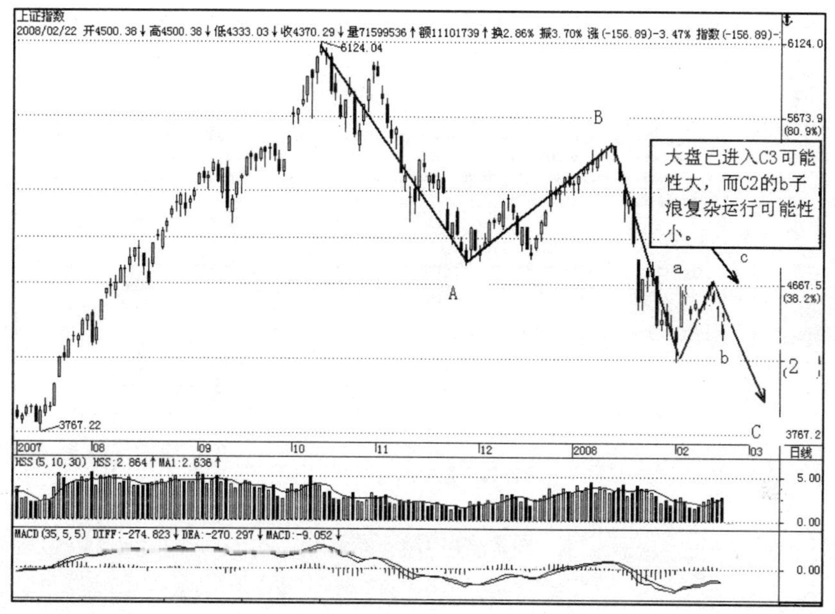

图 2-21　C2 子浪复杂运行的可能性小

2 月 22 日，大盘简单点评及操作策略

本周两市大盘冲高回落振荡，收出一根放量带长上影线的小阴周 K 线。盘面看，本周农业、3G、化工、中小板、超跌股等仍表现活跃，但以金融、地产为代表的蓝筹指标股却表现出抛压沉重，不断下挫，纷纷呈现破位下行的走势。尤其是中石油、平安、浦发等权重股连续下挫，并创新低，极大挫伤投资者的持股信心。消息面上，宏观紧缩的担忧，扩容巨额再融资的利空不断，使得市场资金面临考验，同时，上证指数再度跌穿年线，也使得大盘后市趋淡。从浪形上看，周三两市大盘均创出 2 月 4、5 日第一波反弹的高点，也意味着 C2 的反弹是成立的，然而从下半周的下跌态势看，大盘进入 C3 的可能性极大，C2 的 b 子浪复杂运行的可能性小(符合年前的预测，节后两周内完成反弹)。因短期大盘连续三天下挫，估计下周初会先有反弹，然后继续振荡下行。操作上，建议空仓观望为主，规避大盘连续下跌的风险；原仓位较重的趁反弹继续减仓。

9. 再提示 3370 点目标位，耐心等待(2008–2–25)

2008 年 2 月 25 日，在“2.25 规避风险，不要急于抢反弹”里明确指出：C3 下跌确立，已经没有幻想可言，耐心等待(图 2–22、2–23)！

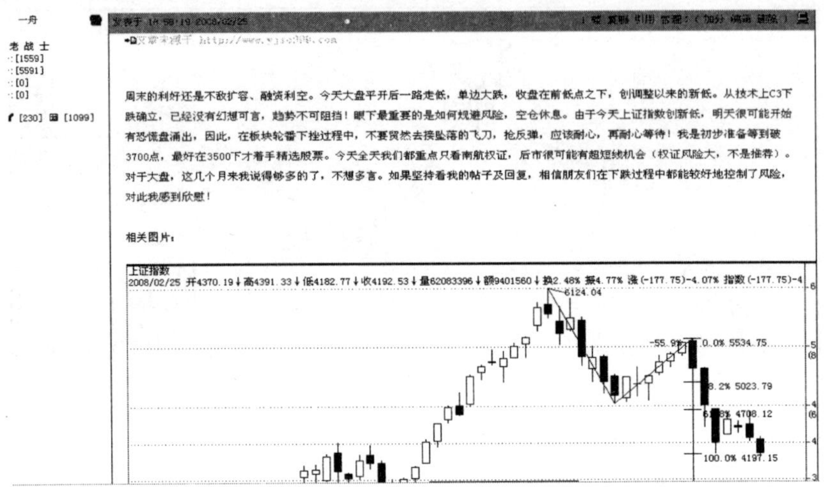

一舟

老战士

:[1559]

:[5591]

:[0]

:[0]

[230] [1099]

周末的利好还是不敌扩容、融资利空。今天大盘平开后一路走低，单边大跌，收盘在前低点之下，创调整以来的新低。从技术上C3下跌确立，已经没有幻想可言，趋势不可阻挡！眼下最重要的是如何规避风险，空仓休息。由于今天上证指数创新低，明天很可能开始有恐慌盘涌出，因此，在板块轮番下挫过程中，不要贸然去接坠落的飞刀，抢反弹，应该耐心，再耐心等待！我是初步准备等到破3700点，最好在3500下才着手精选股票。今天全天我们都重点只看南航权证，后市很可能有超短线机会（权证风险大，不是推荐）。对于大盘，这几个月来我说得够多的了，不想多言。如果坚持看我的帖子及回复，相信朋友们在下跌过程中都能较好地控制了风险，对此我感到欣慰！

相关图片：

图 2-22 C3 下跌确立

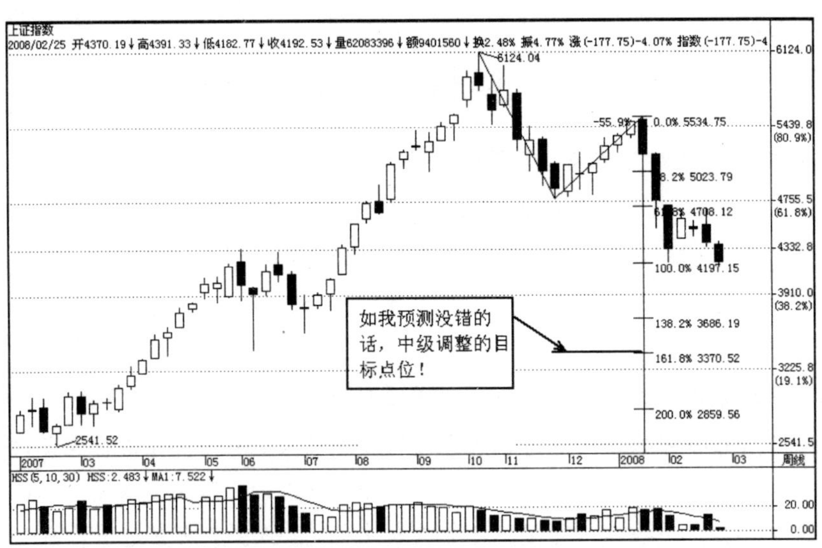

图 2-23 中级调整目标点位预测

2 月 25 日，规避风险，不要急于抢反弹

周末的利好还是不敌扩容、融资利空。今天大盘平开后一路走低，单边大跌，收盘在前低点之下，创调整以来的新低。从技术上看 C3 下跌确立，已经没有幻想可言，趋势不可阻挡！眼下最重要的是如何规避风险，空仓休息。由于今天上证指数创新低，明天很可能开始有恐慌盘涌出，因此，在板块轮番下挫过程中，不要贸然去接坠落的飞刀，抢反弹，应该耐心，再耐心等待！我是初步准备等到破 3700 点，最好在 3500 下才着手精选股票。今天全天我们都重点只看南航权证，后市很

可能有超短线机会(权证风险大，不是推荐)。

对于大盘，这几个月来我说得够多的了，不想多言。如果坚持看我的帖子及回复，相信朋友们在下跌过程中都能较好地控制风险，对此我感到欣慰!

2008年3月7日，在“3.7本周大盘简单点评及操作策略”里指出：下跌的中继，要谨防中阴再度跌穿300日线支撑，容易引发恐慌下跌，建议观望为主。

3月7日，本周大盘简单点评及操作策略(图2–24、2–25)

本周两市大盘低开冲高回落，呈现宽幅振荡的走势，周K线收出一根放量的周阴十字星，重心在逐渐下移。盘口看，因为中国平安巨额再融资引发一些权重指标股的下跌走势，影响了投资者的持股信心。而近期走势强劲的农业、创头等题材股周末出现退潮迹象，直接打击了市场人气。另外，周末金融、权重股展开反弹时，

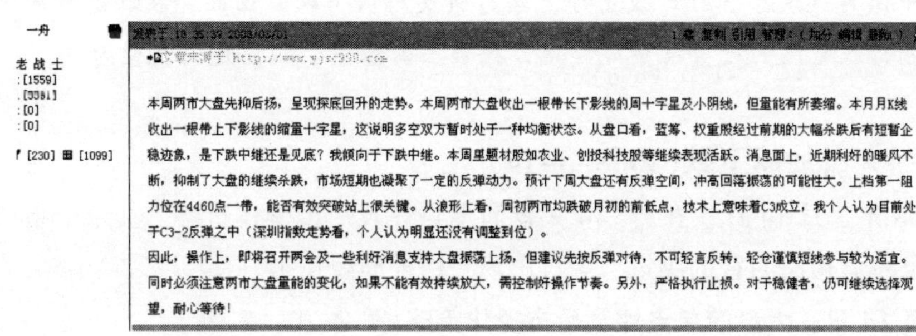

一舟

老战士
:[1559]
:[3381]
:[0]
:[0]
[230] [1099]

本周两市大盘先抑后扬，呈现探底回升的走势。本周两市大盘收出一根带长下影线的周十字星及小阴线，但量能有所萎缩。本月月K线收出一根带上下影线的缩量十字星，这说明多空双方暂时处于一种均衡状态。从盘口看，蓝筹、权重股经过前期的大幅杀跌后有短暂企稳迹象，是下跌中继还是见底？我倾向于下跌中继。本周里题材股如农业、创投科技股等继续表现活跃。消息面上，近期利好的暖风不断，抑制了大盘的继续杀跌，市场短期也凝聚了一定的反弹动力。预计下周大盘还有反弹空间，冲高回落振荡的可能性大。上档第一阻力位在4460点一带，能否有效突破站上很关键。从浪形上看，周初两市均跌破月初的前低点，技术上意味着C3成立，我个人认为目前处于C3-2反弹之中（深圳指数走势看，个人认为明显还没有调整到位）。

因此，操作上，即将召开两会及一些利好消息支持大盘振荡上扬，但建议先按反弹对待，不可轻言反转，轻仓谨慎短线参与较为适宜。同时必须注意两市大盘量能的变化，如果不能有效持续放大，需控制好操作节奏。另外，严格执行止损。对于稳健者，仍可继续选择观望，耐心等待！

图2–24　谨防中阴再度跌穿300日线

图2–25　下跌的中继

大部分个股则出现纷纷回落，市场形成跷跷板效应，说明了当前市场资金的紧张局面。消息面上，现在利好利空杂乱，利空方面如再融资、红筹回归、大小非解禁、宏观紧缩、次贷危机未结束等都对当前市场上行都构成实质性的压制。还有外围股市持续走低，对国内A股市场构成做多的心理压力。虽然昨天有几家新基金获批及下调印花税的呼声等利好，说明管理层在两会期间呵护市场的用心良苦，但下周一中铁建上市将考验市场的承受能力，值得观察。

从日K线走势简单分析，上证指数在250日线下、300日线上方4300点整理了两周，呈现多空拉锯的僵持状态(我仍认为是下跌的中继)，但K线重心有逐渐下移的倾向，同时中期均线朝下，不断在往下压。预计下周大盘将继续振荡整理为主(浪形仍坚持前面的分析)。下周也是一个重要的时间之窗，变盘可能性较大，尤其要谨防中阴再度跌穿300日线支撑，容易引发恐慌下跌。因此，在敏感时间里，密切关注指标权重股的走势及量能变化，操作上需谨慎小心，建议观望为主。

10. 判断大盘加速下跌(2008-3-14)

2008年3月14日，在“3.14大盘简单点评及后市操作策略”文章里指出：目前管理层不救市是明智的决策，等再出现一两根周线长阴。

3月14日，大盘简单点评及后市操作策略(图2-26、2-27)

其实对于目前大盘没有多说的必要了，基本按照早先预测的走势在运行。还是简单说几句：

本周两市大盘在权重蓝筹轮番下跌及前期强势股调整带动下，不断走低，盘中一度跌破3900点，上证收于4000点下方。本周两市均收出一根跌幅7.8%、11.2%

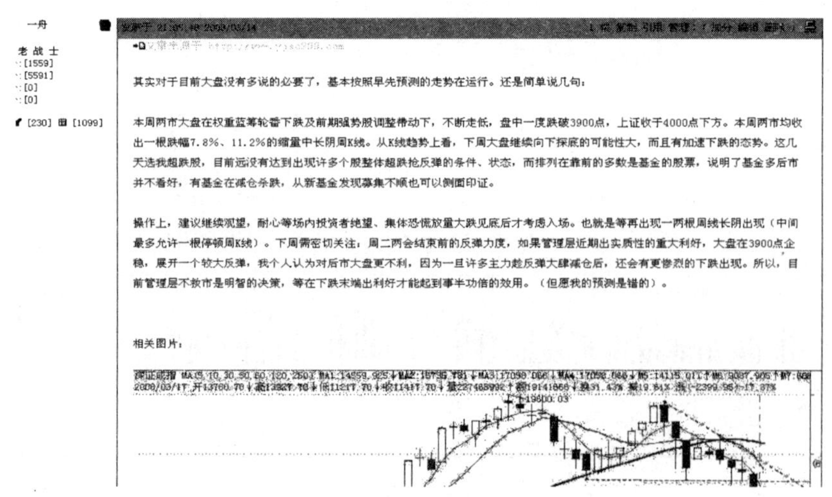

一舟

老战士

[1559]

[5591]

[0]

[0]

[230] [1099]

其实对于目前大盘没有多说的必要了，基本按照早先预测的走势在运行。还是简单说几句：

本周两市大盘在权重蓝筹轮番下跌及前期强势股调整带动下，不断走低，盘中一度跌破3900点，上证收于4000点下方。本周两市均收出一根跌幅7.8%、11.2%的缩量中长阴周K线。从K线趋势上看，下周大盘继续向下探底的可能性大，而且有加速下跌的态势。这几天选我超跌股，目前远没有达到出现许多个股整体超跌抢反弹的条件、状态，而排列在靠前的多数是基金的股票，说明了基金多后市并不看好，有基金在减仓杀跌，从新基金发现募集不顺也可以侧面印证。

操作上，建议继续观望，耐心等场内投资者绝望、集体恐慌放量大跌见底后才考虑入场。也就是等再出现一两根周线长阴出现（中间最多允许一根停顿周K线）。下周需密切关注：周二两会结束前的反弹力度，如果管理层近期出实质性的重大利好，大盘在3900点企稳，展开一个较大反弹，我个人认为对后市大盘更不利，因为一旦许多主力趁反弹大肆减仓后，还会有更惨烈的下跌出现。所以，目前管理层不救市是明智的决策，等在下跌末端出利好才能起到事半功倍的效用。（但愿我的预测是错的）。

相关图片：

图3-26 目前管理层不救市是明智的

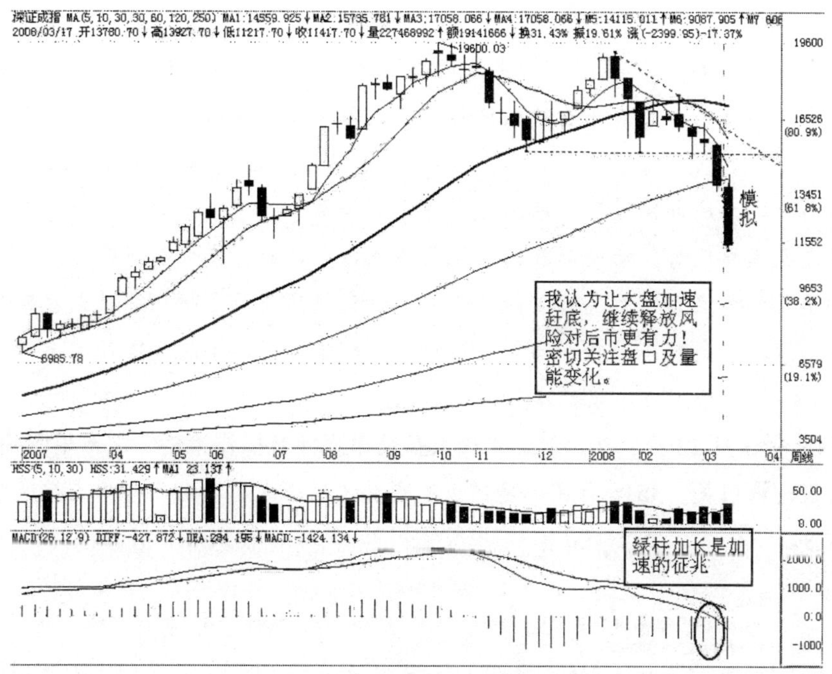

图 2-27　等再出现一两根周线长阴

的缩量中长阴周K线。从K线趋势上看，下周大盘继续向下探底的可能性大，而且有加速下跌的态势。目前远没有达到出现许多个股整体超跌抢反弹的条件、状态，而排列在靠前的多数是基金的股票，说明了许多基金并不看好后市，有基金在减仓杀跌，从新基金发行募集不顺也可以侧面印证。

操作上，建议继续观望，耐心等场内投资者绝望、集体恐慌放量大跌见底后才考虑入场。也就是等再出现一两根周线长阴出现(中间最多允许一根停顿周K线)。下周需密切关注：周二两会结束前的反弹力度，如果管理层近期出实质性的重大利好，大盘在3900点企稳，展开一个较大反弹，我个人认为对后市大盘更不利，因为一旦许多主力趁反弹大肆减仓后，还会有更惨烈的下跌出现。所以，目前管理层不救市是明智的决策，等在下跌末端出利好才能起到事半功倍的效用(但愿我的预测是错的)。

2008年3月20日，在“今天阶段性底部没有探明了吗?”文章里明确指出：暴跌250点探底大回升仅仅是修复性反弹，调整还没有真正完结。

今天阶段性底部探明了吗?

今天大盘探底强劲回升。早盘在权重股快速下探带动下，上证跌至3500点附近，暴跌250点，基本达到了早先预预测的3500点位置，随后地产、奥运、钢铁、创投、农业等板块上涨带动下逐步放量反弹，强劲回升。两市振幅分别超过8%、

10%，振荡巨大，可谓绝地大反击！但是否是惊天大逆转，阶段性底部探明了？我认为还不是，有待于观察。作为中级调整的底部，往往不会是单针探底就能成功的，后市必须有一个再次探底确认过程，我认为今天的探底大回升仅仅是修复性反弹而已，后市再度跌穿 3500 点的可能性仍大，调整还没有真正完结。只能说 3500 点已经离阶段性底部很近了。因此，操作上，如果今天动作慢的，没有及早抢到反弹的朋友也不要后悔，后面会有回落低吸的机会。在此，我倒要提醒今天买进的投资者，明天要关注领涨板块及量能变化，要注意逢高了结。防止明天大盘反手来一个长阴下灌，以免到手的利润溜走。另外，提醒抢反弹不要过于在股票大幅拉升时追涨。

2008 年 3 月 22 日，在“3.22 本周大盘简单点评及操作策略”文章里明确指出：入联公投也未过关，3516 点还不是真正的底部，后市大盘还会有一个再探底的过程(图 2–28)。

今天台湾地区领导人选举，结果马英九大胜，入联公投也未过关。现在看来，台海上空的战争疑云可以过去了，至少未来4年大陆可以集中精力解决经济发展的问题。

对于大盘简单说一下：

上周两市大盘呈现探底强劲回升的大幅振荡走势，均收出一个长长的带量阴十字星周K线。预计下周还有向上反弹的动力，我个人预测下周大盘冲高回落走势的可能性大。上证指数如果继续强劲反弹的话，则有可能要去补13日的4068点缺口。但要强调的是，现在展开的上涨按超跌反弹对待为宜。因为从浪形结构上，目前的反弹最多是C4反弹（如果周初即开始逐步走低，则可看成为C3－4）。至于有些人认为现在是A浪下跌末端的走势，现在看来基本不成立了（因为深成指的所谓A3现在明显成了最短的一浪，违背波浪的规则）。也就是说，技术上讲，3516点还不是真正的底部，后市大盘还会有一个再探底的过程。操作上，短期几天激进者可轻仓参与一些超跌股、题材股的短线操作，注意不要过于追涨，及设好止损来操作。而稳健者仍可耐心等待大盘再次探底结束时再分配展开建仓。

相关图片：

图 3–28　3516 点还不是真正的底部

3 月 22 日，本周大盘简单点评及操作策略

今天台湾地区领导人选举，结果马英九大胜，入联公投也未过关。这是有利于两岸和平进程的大事，值得庆贺！现在看来，台海上空的战争疑云可以过去了，至少未来 4 年大陆可以集中精力解决经济发展的问题。

对于大盘简单说一下：

上周两市大盘呈现探底强劲回升的大幅振荡走势，均收出一个长长的带量阴十字星周K线。预计下周还有向上反弹的动力，我个人预测下周大盘冲高回落走势的可能性大。上证指数如果继续强劲反弹的话，则有可能要去补13日的4068点缺口。但要强调的是，现在展开的上涨按超跌反弹对待为宜。因为从浪形结构上，目前的反弹最多是C4反弹(如果周初即开始逐步走低，则可看成为C3-4)。至于有些人认为现在是A浪下跌末端的走势，现在看来基本不成立了(因为深成指的所谓A3现在明显成了最短的一浪，违背波浪的规则)。也就是说，技术上讲，3516点还不是真正的底部，后市大盘还会有一个再探底的过程。操作上，短期几天激进者可轻仓参与一些超跌股、题材股的短线操作，注意不要过于追涨，设好止损来操作。而稳健者仍可耐心等待大盘再次探底结束时展开建仓。

11. 4月走势分析预测(2008-3-29)

2008年3月29日，在“3.28大盘简单点评及4月走势预测”里提醒短线参与C3-4反弹。大盘见最低点的时间可能在4月下旬或5月中旬。

3月28日，大盘简单点评及4月走势预测(图2-29、2-30)

本周两市大盘在金融蓝筹继续下跌带动下而不断振荡下探，最低探至早先预计的3350点一带，周末受各种救市利好传闻预期，及随金融地产超跌反弹而有所回升，最终两市周K线分别收出一根缩量的中阴线及阴十字星。本周市场有两个最明显的特征，一是已经有几只蓝筹股连续破发行价，这预示着市场所谓的估值标准在发生变化，打击了市场人气。二是各种利好传闻不断，似乎市场信心只有靠利好消

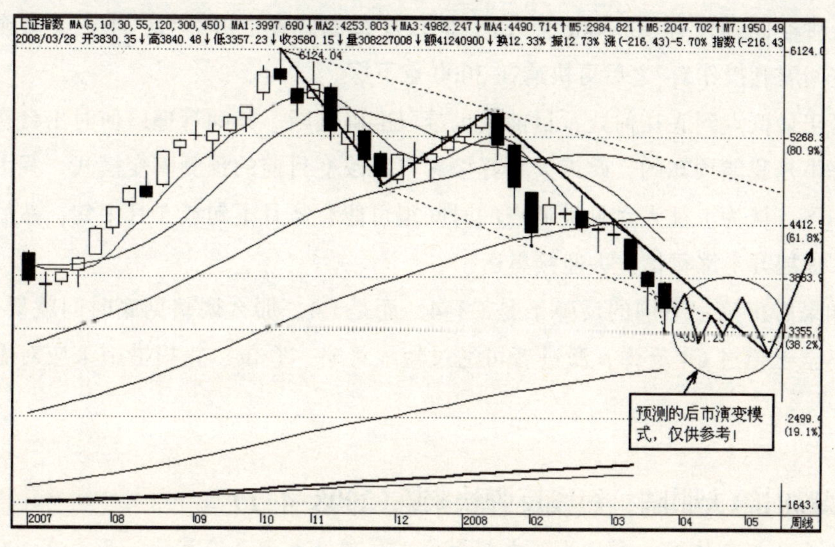

图2-29　预测4月大盘演变模式

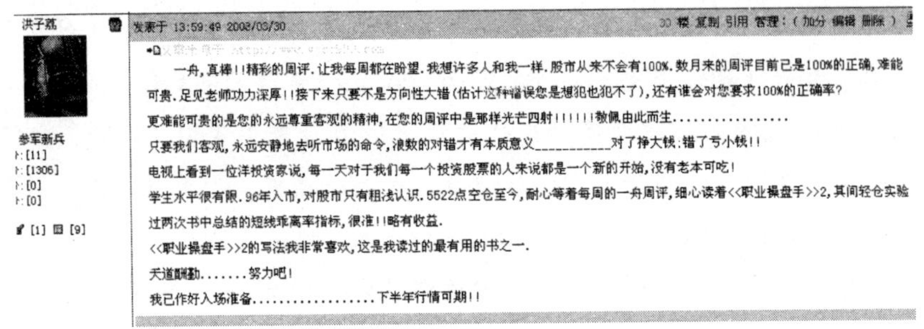

图 2-30 顺便附录一读者的感言

息才能重建。从目前的位置、量能情况分析，我倒认为短期关于印花税下调要出台的可能性低，因为目前还不是最好的时机。

至于下周大盘走势，我个人观点，下周初大盘先回落下探(技术上短期先再大幅回落就比较完美)，然后再展开振荡上扬的可能性大，周K线收小阳线或十字星。操作上，对反弹暂不要抱过高的期望，激进者可半仓以下积极短线参与，快进快出，注意关注量能变化，不必过于追高操作，设好止损点，而稳健者仍可继续观望!

对于未来一个月的大盘走势，我简单谈谈自己的预测观点：

单纯从技术分析看，下周展开的反弹我比较倾向于可能是C3–4(现在我自己的几种分析都存在分歧，等两周时间就更能确定到底是C3–4还是C4，我担心几个月都看对，最后可能看错，就有点冤枉了)，如果我分析没有错的话，C3–4反弹后还要回到3300一带，很可能再创新低，到3200附近，然后再展开两三周左右的反弹，反弹空间预计有500~600点左右(此段反弹稳健者也可参与，小资金有充足的时间空间展开操作)，之后再快速往3000点下探。

至于最低点到底在何处？目前我也难以准确判断。其间管理层何时出台实质性大利好不是我能预知的，政策大利好极有可能改变目前的预测演变模式。我大概推算了一下，认为上证大盘见最低点的时间很可能在4月下旬或5月中旬，然后一去不回头地展开上涨行情，去迎接奥运。

如果后市确定下周的反弹不是C3–4，而是C4，那么调整见底时间就要提前。为了不至于错过C4反弹，激进者可通过短线策略、仓位、止损措施来应对看错的风险。

12. 暴跌时瞪大眼睛，短线反弹快来临(2008–4–1)

今天受加息传闻、利好兑现失望影响下，市场大盘再度暴跌，两市有600只接近跌停，只能用“惨烈”二字来形容，但我认为放量不够。盘面看，深成指有补跌的趋势，金融股逆势抗跌，中石油差3分破发。

收盘后我统计了个股的乖离率BIAS情况：5日乖离率达到−10%的共有670只，30日乖离率达到−20%的共有820只。说明了短期市场超跌严重，如果明日早盘惯性下探，超跌情况还会更严重。恐慌暴跌时，我倒认为激进者短线抢反弹机会快来临了。

对于近期大盘走势，估计明后日大盘以宽幅振荡为主，还有新低点出现(深成指创新低)，要到周四下午、周五才可能展开反弹。激进者可轻仓选择连续急跌的农业、创投概念股或极度超跌的个股抢反弹，低吸为主，分批展开，快进快出，不过于纠缠。稳健者仍可选择观望。

提醒看盘关注：1、中石油是否破发的走势，我认为这两天破了最好。2、关注金融股的走势，它们对大盘影响实在太大。3、3250点短期不能破，否则，反弹的时间很可能往后延，本周则要继续收阴线。

2008年4月2日，大盘宽幅振荡，继续就市场超跌状况提示注意超跌反弹的机会(图2–31、2–32)。

今天收盘统计了一下：

30日乖离率接近−20%达1100只，5日乖离率−10%有850只。比昨日超跌更严重。

明天大盘再杀跌一下，再摸今天低点后，技术上应该有强力回抽的反弹出现。只是有点担心近期金融股是否出现补跌？许多个股急跌显露出拉长下跌的态势，另外，担心上证破3250点，下跌振荡时间要拖长。

再次提醒一下：激进者抢反弹，选股尽量选位置偏低的极度超跌、或连续暴跌股，一律不追涨，尽量在跌9%左右或跌停价低买。

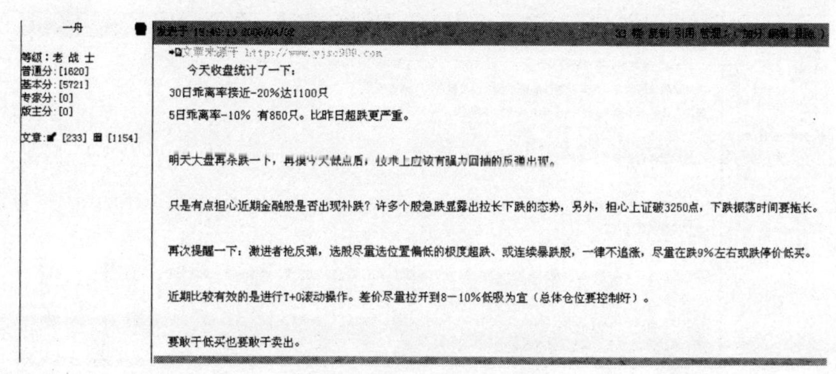

一舟

等级：老 战 士
普通分：[1620]
基本分：[5721]
专家分：[0]
版主分：[0]

文章：[233] [1154]

今天收盘统计了一下：

30日乖离率接近-20%达1100只

5日乖离率-10% 有850只。比昨日超跌更严重。

明天大盘再杀跌一下，再摸今天低点后，技术上应该有强力回抽的反弹出现。

只是有点担心近期金融股是否出现补跌？许多个股急跌显露出拉长下跌的态势，另外，担心上证破3250点，下跌振荡时间要拖长。

再次提醒一下：激进者抢反弹，选股尽量选位置偏低的极度超跌、或连续暴跌股，一律不追涨，尽量在跌9%左右或跌停价低买。

近期比较有效的是进行T+0滚动操作。差价尽量拉开到8−10%低吸为宜（总体仓位要控制好）。

要敢于低买也要敢于卖出。

图2–31　乖离率超跌统计

图 2-32 2008 年 4 月 2 日上证日 K 线图

近期比较有效的是进行 T+0 滚动操作。差价尽量拉开到 8~10%低吸为宜(总体仓位要控制好)。要敢于低买也要敢于卖出。

13. 短线如何抢反弹？阻击国金证券(200-4-2)

2008 年 4 月 2 日，有读者朋友抢反弹被浅套，有点慌乱，不知怎么办？笔者回复(图 2-33)：

我马上要外出，简单说几句：

没有必要很恐慌了！没有只涨不跌的股票，也没有只跌不涨的股票！基本上你们都是低吸买的，应该说没有大的问题。

选股尽量选位置偏低的极度超跌、或连续暴跌股，一律不追涨，尽量在跌 9%

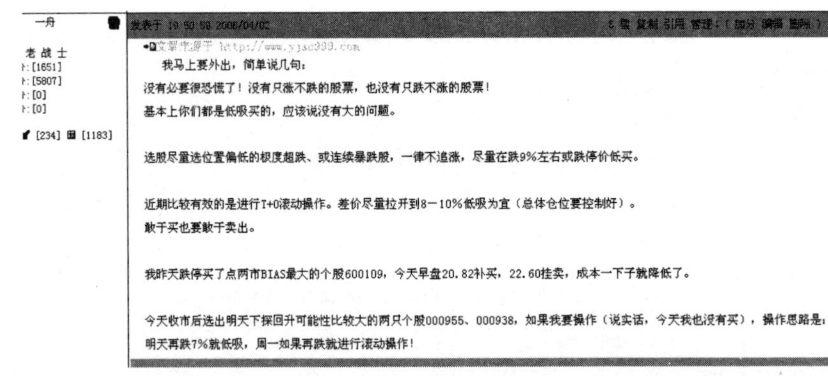
一舟
老战士
[1651]
[5807]
[0]
[0]
[234] [1183]

我马上要外出，简单说几句：

没有必要很恐慌了！没有只涨不跌的股票，也没有只跌不涨的股票！

基本上你们都是低吸买的，应该说没有大的问题。

选股尽量选位置偏低的极度超跌、或连续暴跌股，一律不追涨，尽量在跌9%左右或跌停价低买。

近期比较有效的是进行T+0滚动操作。差价尽量拉开到8－10%低吸为宜（总体仓位要控制好）。

敢于买也要敢于卖出。

我昨天跌停买了点两市BIAS最大的个股600109，今天早盘20.82补买，22.60挂卖，成本一下子就降低了。

今天收市后选出明天下探回升可能性比较大的两只个股000955、000938，如果我要操作（说实话，今天我也没有买），操作思路是：

明天再跌7%就低吸，周一如果再跌就进行滚动操作！

图 2-33 短线抢反弹怎么操作？

左右或跌停价低买。

近期比较有效的是进行 T+0 滚动操作。差价尽量拉开到 8~10%低吸为宜（总体仓位要控制好）。

敢于买也要敢于卖出。

我昨天跌停买了点两市 BIAS 最大的个股 600109，今天早盘 20.82 补买，22.60 挂卖，成本一下子就降低了。

今天收市后选出明天下探回升可能性比较大的两只个股 000955、000938，如果我要操作(说实话，今天我也没有买)，操作思路是：明天再跌 7%就低吸，周一如果再跌就进行滚动操作！

4 月 5 日，本周大盘简单点评及后市操作策略(图 2–34、2–35)

本周大盘先抑后扬，振荡下探后周末有所回升，周 K 线收出一根缩量阴十字星及中阴，人气仍低迷。盘面看，金融股递势反弹，成为股市的亮点，但前期强势及中低价股却展开大幅的补跌；深成指有补跌的趋势；周末有色、钢铁板块超跌反弹强劲，但反弹没有量能配合；中石油短期发行价算是守住了，我估计反弹后才可能去破发。许多个股本周连续暴跌释放风险后，预计下周大盘可望展开修复性振荡上扬的反弹走势，但大盘反弹高度要看政策消息、量能放大情况及领涨板块持续支持，否则，我担心下半周大盘继续呈现冲高回落、振荡探底走势。毕竟技术上，目前大盘调整还没有结束(我看了两市的平均股价指数还真不乐观)。操作上，稳健者继续观望；激进者轻仓短线参与超跌股反弹，须快进快出！弱势反弹只能采取游击战术，不纠缠，盈或止损都要动作快！另外，提醒关注，周一大盘不能开盘就低开低走，最好开市上证即上涨 30~50 点，这样上证大盘可维持两三天的反弹走势。关注短期 3250 点一旦跌破，走势容易走复杂了。

4 月 9 日晚：今日大盘受利空及获利回吐，两市股指双双大跌。上证又回到 3400 点一线，明日急跌下探到 3360 一带也许又是重新买进的低吸机会。先暂时把

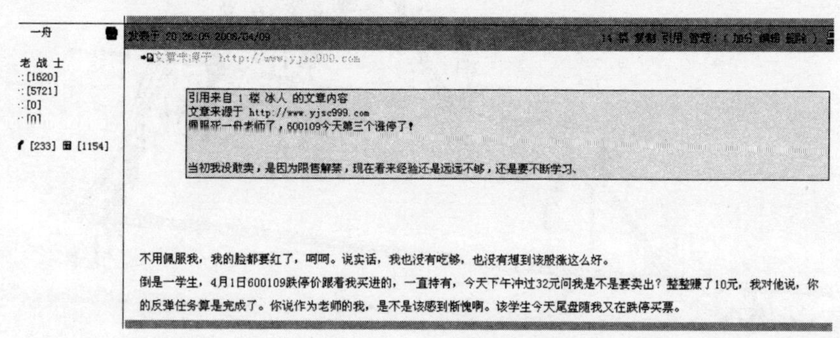

图 2–34　回复读者

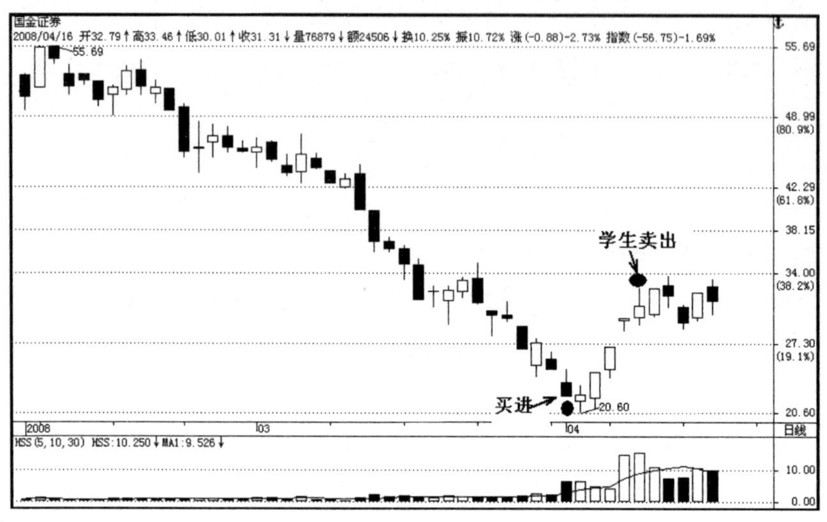

图 2-35 600109 进出示意图

大盘看成是 C4 反弹的回档，明天下探能否企稳回升很关键。

做好两手准备吧。

14. 反贪反恐振荡中求机会(2008-4-8)

实战交流社区里还有实战高手如一本版主，针对实盘操作提出了许多独到的真知灼见，对后市操作的指导建议是：反贪(心)反恐(慌)! 限于篇幅摘录少部分内容(图 2-36)。

目前大家思路应该清晰，当前的操作应该定义为：超跌反弹，而不是什么趋势

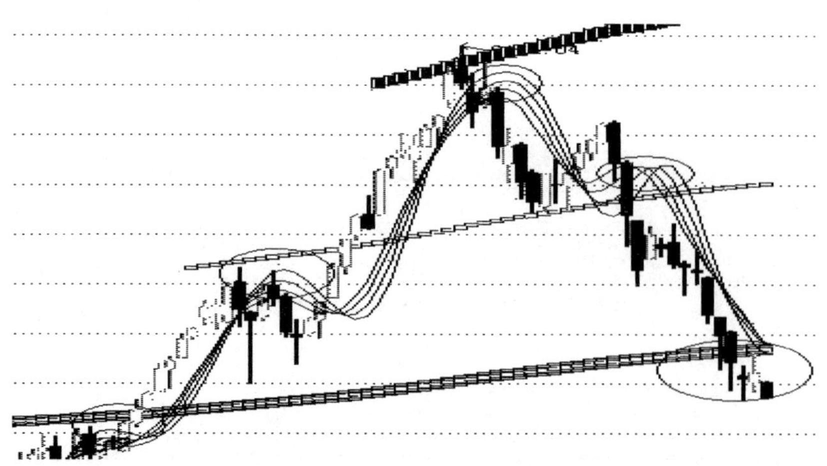

图 2-36 大盘周 K 线分界指标

运动。

扩大利润，就要把握节奏 123321。

行情的演化与实战有关系但不应该太死板，教条化。为什么呢？

每个投资者，介入市场的时候都有意或无意对市场有一个判断(演化)，而他的判断就决定了他未来的操作策略。这个对市场演化的判断是必须的，但它仅仅是一个个人的假设而已。

一个成功的操作者，一个希望能在市场永久生存的投资人，不在于其演化的能力，而在于其实战时的随机应变能力！他必须有根据市场变化而变化的自我保护能力！

对于市场判断做简单一些划分：

上涨阶段(初期，振荡推高｛不断创阶段新高｝，疯狂拉升｛大幅偏离长期均线｝)。

平衡振荡阶段(围绕一长期均线较长时间盘整｛可分为中期均线逐步向上或向下靠近均线情况｝)。

下跌阶段(初期，振荡打压｛不断创阶段新低｝，疯狂下跌｛大幅偏离长期均线｝)。

上面情况是比较好判断的，对策也明了。

关键是实战对策制定时要操作的问题。

一句话：是人要适应市场，不可能市场适应人吧。

金石老师牛吧！

一般，一般真的很一般，哈哈。

他只不过能敏锐的捕捉市场信息，进得果断，出得坚决！仅仅这一点点他就笑傲江湖了。

简单吧！做起来可能就没有这么简单了。

15. 较佳低吸机会在周末或下周(2008-4-11)

在 4.11 大盘简单点评及后市操作策略中，笔者判断 C3-5 下跌开始。

4 月 11 日，大盘简单点评及后市操作策略

本周两市大盘冲高回落，宽幅振荡，沪深周 K 线收出放量的阳十字星或中阳线，连续 8 周阴线得以终结，迎来了周阳线报收。从盘面看，本周个股活跃、精彩纷呈，超跌的农业、煤炭、创投、奥运、通讯、军工等板块表现良好。而权重大盘股则大都出现窄幅整理的走势，“二、八”个股走势错位，抑制了大盘的反弹空间。目前隐忧的是周末连续两天两市成交量明显萎缩，市场做多信心表现不足，呈现多空僵持状态。

目前上证周K线连续十字星，我认为不是最后的见底信号，应该是下跌的中继。个人预计下周大盘继续冲高回落振荡的走势可能性较大，总之，我不乐观。

操作上，建议激进者轻仓关注超跌个股，尽量低吸不追涨，动作要快，不纠缠；稳健者继续观望。下周看盘需密切关注：①权重大盘股的走势，尤其是中石油的走势。②周初两市的量能是否能放大？③大盘要继续反弹，要先放量站稳3550点，并突破3656前高点。④关注消息面变化。

对于大盘后市的演变：虽然周一我曾预测第一波上行阻力位大致在5周均线处即3650点附近，但目前大盘处于可上可下的缩量平衡状态时，我也难以判断目前上证指数到底是C3-5开始，还是C4没有走完？我倒倾向于正运行C3-5。时间自会告诉我们一切的(图2-37)！

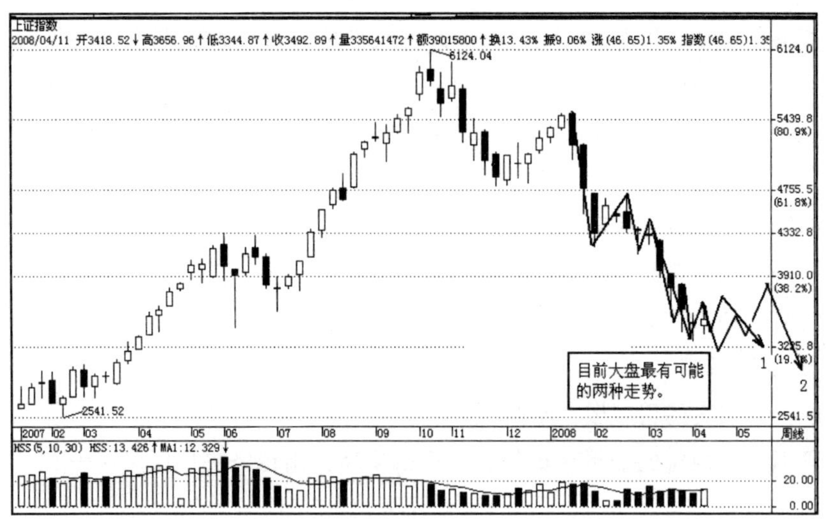

图2-37 倾向于正运行C3-5

4月14日，笔者在“下次较佳低吸机会在周末或下周”文章中指出，耐心等待几天，等待较佳的低吸进场点出现(图2-38、2-39)。

今天权重蓝筹几乎全线下挫，个股普跌，两市大跌5.62%及7.39%，距离前低点一步之遥。明天上证破低点基本上应该没有什么悬念，只是难以判断能探至什么点位。经过今天暴跌后，预计明天大盘宽幅振荡或探底回升收阳这两种可能性大(如果明天大幅振荡，短期走势还可能走复杂)。如果明天早盘即破了3270点，中石油仍不破发，我粗略测算了一下时间，后市较佳的低吸机会应该在周末的再度急跌，或下周初。如果我没有判断错现在正运行的是C3-5(虽然有可能直接运行C5，但

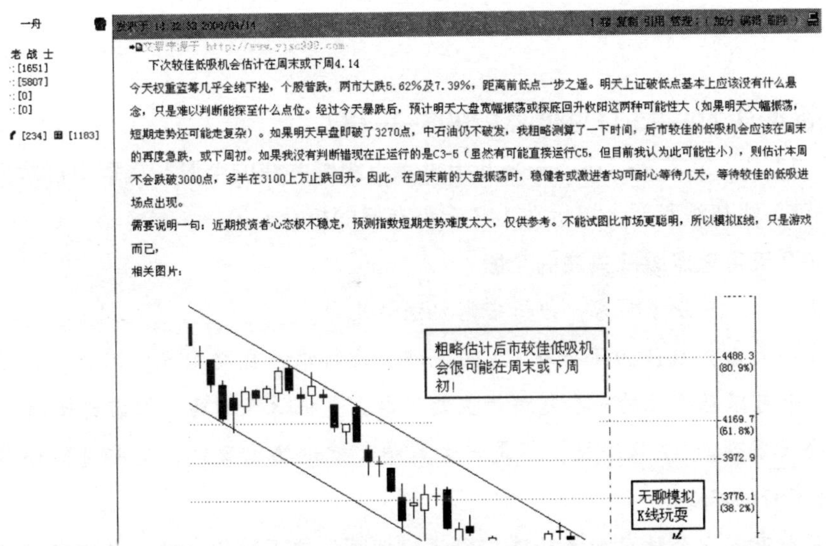
一舟

老战士
:[1651]
:[5807]
:[0]
:[0]
[234] [1163]

1楼 复制 引用 管理：(加分 编辑 删除)

下次较佳低吸机会估计在周末或下周4.14

今天权重蓝筹几乎全线下挫，个股普跌，两市大跌5.62%及7.39%，距离前低点一步之遥。明天上证破低点基本上应该没有什么悬念，只是难以判断能探至什么点位。经过今天暴跌后，预计明天大盘宽幅振荡或探底回升收阳这两种可能性大（如果明天大幅振荡，短期走势还可能走复杂）。如果明天早盘即破了3270点，中石油仍不破发，我粗略测算了一下时间，后市较佳的低吸机会应该在周末的再度急跌，或下周初。如果我没有判断错现在正运行的是C3-5（虽然有可能直接运行C5，但目前我认为此可能性小），则估计本周不会跌破3000点，多半在3100上方止跌回升。因此，在周末前的大盘振荡时，稳健者或激进者均可耐心等待几天，等待较佳的低吸进场点出现。

需要说明一句：近期投资者心态极不稳定，预测指数短期走势难度太大，仅供参考。不能试图比市场更聪明，所以模拟K线，只是游戏而已，

相关图片：

图 2-38　判断下次较佳低吸机会

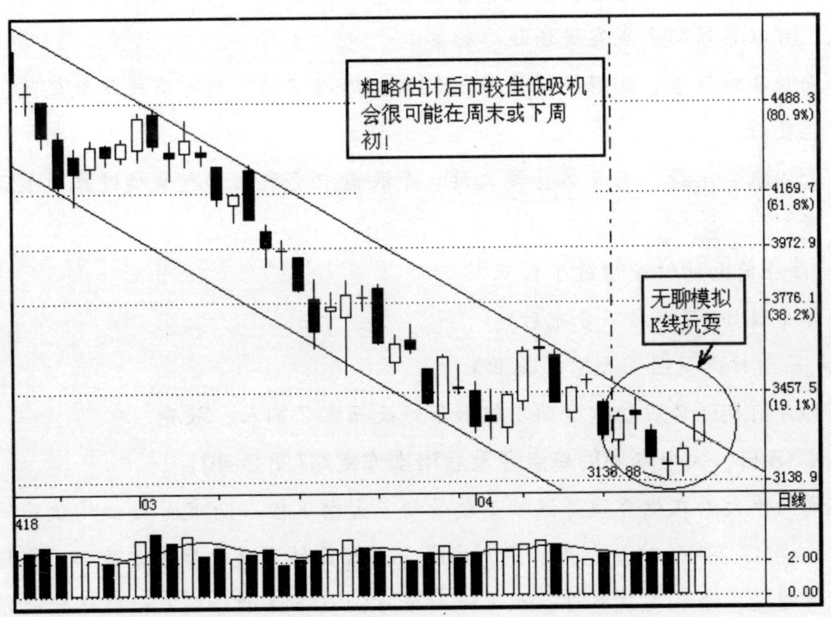

图 2-39　模拟的未来几天日 K 线走势

目前我认为此可能性小），则估计本周不会跌破 3000 点，多半在 3100 上方止跌回升。因此，在周末前的大盘振荡时，稳健者或激进者均可耐心等待几天，等待较佳的低吸进场点出现。

需要说明一句：近期投资者心态极不稳定，预测指数短期走势难度太大，仅供

参考。不能试图比市场更聪明，所以模拟 K 线，只是游戏而已。

16. 判断 4 月 21 ~ 25 日见低点(2008-4-18)

4 月 17 日，笔者专门在“未来几天可重点跟踪关注的个股”文章中首次公开精选 47 只可关注超跌股票，提示在 1~3 天就有好的机会。

未来几天可重点跟踪关注的个股

晚上 10 点 15 分才回家，匆忙中需要强调几句。

现在的大盘，我认为运行在 C3 的尾端，应该很快就要结束，因此，选出我认为未来几天可跟踪关注的一些超跌为主的股票，寻机低吸进场。但需要强调：

1. 今天罗列的 47 只个股，不是叫大家明天就进场抢反弹，有些可能还要多等 1~3 天才有好的机会。

2. 目前有不少个股在加速补跌，因此短期有拉长下跌的态势，至于大盘是否也拉长需要观察确认(我认为大盘短期破 3000 点可能性小)。

3. 抢反弹风险始终存在，因此，根据自己的技术条件，如果第一个点自己感觉不好抢，可以等第二个点在进场较为稳妥。

4. 仓位不能过重，而且要学会分批低吸，加以滚动，则可有效降低风险，持股心态才能良好。

5. 介入机会选择，首单尽量等大盘、个股盘中急跌末端有衰竭迹象时展开，尽量不追涨。

(方法在前面的帖子讲过了)

具体个股如下(排名不分先后)：

==........(按约定时间删除，抱歉)

有部分前期强势股担心有朋友把握不好反而害了别人，放弃。

4 月 18 日，大盘本周简单点评及后市操作策略(图 2-40)

本周两市大盘在权重蓝筹继续下跌带动下大幅下挫，两市周 K 线均收出一根跌幅 11.40%和 15.28%的缩量光头长阴，比我上周预计的下跌走势还要疲弱。市场持股心态极不稳定，恐慌气氛蔓延，尤其是一季度业绩下降的个股，动辄连续大跌。市场各方都很关注的中石油终于在周五跌破发行价，再度长阴下跌至 16 元，随即引发恐慌抛盘。

今天晚上统计了一下超跌情况：5 日乖离率−10%有 300 只，30 日乖离率−20%以上有 850 只。有超过一半即 750 只的股票从最高价跌去 50%，云南铜业最大跌幅 76.53%，半年时间从 98 元跌至 23 元，可谓惨烈。就大盘超跌而言，市场再次进入整体超跌状态，技术上大盘随时可能有反弹出现。

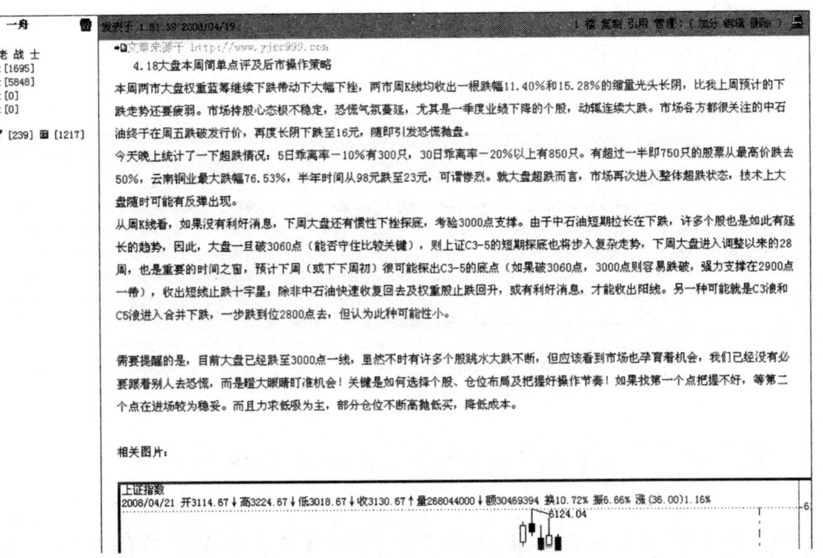

一舟

老 战 士
:[1695]
:[5848]
:[0]
:[0]
[239] [1217]

发表于 1:51:39 2008/04/19　　1 楼 复制 引用 管理：（加分 编辑 删除）

4.18大盘本周简单点评及后市操作策略

本周两市大盘权重蓝筹继续下跌带动下大幅下挫，两市周K线均收出一根跌幅11.40%和15.28%的缩量光头长阴，比我上周预计的下跌走势还要疲弱。市场持股心态极不稳定，恐慌气氛蔓延，尤其是一季度业绩下降的个股，动辄连续大跌。市场各方都很关注的中石油终于在周五跌破发行价，再度长阴下跌至16元，随即引发恐慌抛盘。

今天晚上统计了一下超跌情况：5日乖离率－10%有300只，30日乖离率－20%以上有850只。有超过一半即750只的股票从最高价跌去50%，云南铜业最大跌幅76.53%，半年时间从98元跌至23元，可谓惨烈。就大盘超跌而言，市场再次进入整体超跌状态，技术上大盘随时可能有反弹出现。

从周K线看，如果没有利好消息，下周大盘还有惯性下挫探底，考验3000点支撑。由于中石油短期拉长在下跌，许多个股也是如此有延长的趋势，因此，大盘一旦破3060点（能否守住比较关键），则上证C3-5的短期探底也将步入复杂走势，下周大盘进入调整以来的28周，也是重要的时间之窗，预计下周（或下下周初）很可能探出C3-5的底点（如果破3060点，3000点则容易跌破，强力支撑在2900点一带），收出短线止跌十字星；除非中石油快速收复回去及权重股止跌回升，或有利好消息，才能收出阳线。另一种可能就是C3浪和C5浪进入合并下跌，一步跌到位2800点去，但认为此种可能性小。

需要提醒的是，目前大盘已经跌至3000点一线，虽然不时有许多个股跳水大跌不断，但应该看到市场也孕育着机会，我们已经没有必要跟着别人去恐慌，而是瞪大眼睛盯准机会！关键是如何选择个股、仓位布局及把握好操作节奏！如果找第一个点把握不好，等第二个点在进场较为稳妥。而且力求低吸为主，部分仓位不断高抛低买，降低成本。

相关图片：

图 2-40　4 月 18 日大盘点评

从周 K 线看，如果没有利好消息，下周大盘还有惯性下挫探底，考验 3000 点支撑。由于中石油短期拉长下跌，许多个股也是如此有下跌延长的趋势，因此，大盘一旦破 3060 点(能否守住比较关键)，则上证 C3-5 的短期探底也将步入复杂走势，下周大盘进入调整以来的 28 周，也是重要的时间之窗，预计下周(或下下周初）很可能探出 C3-5 的底点(如果破 3060 点，3000 点则容易跌破，强力支撑在 2900 点一带)，收出短线止跌十字星；除非中石油快速收复回去及权重股止跌回升，或有利好消息，才能收出阳线。另一种可能就是 C3 浪和 C5 浪进入合并下跌，一步跌到位 2800 点去，但认为此种可能性小。

需要提醒的是，目前大盘已经跌至 3000 点一线，虽然不时有许多个股跳水大跌不断，但应该看到市场也孕育着机会，我们已经没有必要跟着别人去恐慌，而是瞪大眼睛盯准机会！关键是如何选择个股、仓位布局及把握好操作节奏！如果找第一个点把握不好，等第二个点在进场较为稳妥。而且力求低吸为主，部分仓位不断高抛低买，降低成本。

4 月 19 日，针对市场的极度恐慌情绪，金石特地给大家鼓气，指出：

一般来说，在 3000 点一带买入的很多股票(有些票除外)，目前被套，短中期恐怕套的是金项链！

17. 判断破 3000 点是最后一跌，C4 开始(2008-4-22)

4 月 21 日，针对利好消息，特发文章解释大盘却走出高开长阴走势的技术含义，高开长阴创新低是为了完成最后的小 5 浪，并指出在 3000 点一线，本周见 C3–5 低点概率极大，机会大于风险(图 2–41)。

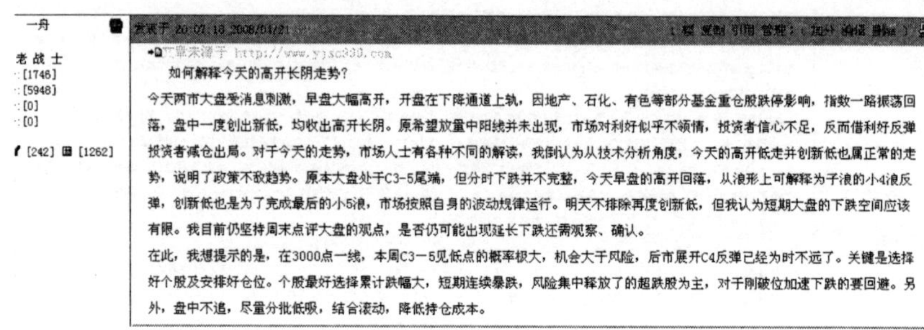

一舟

老战士
[1746]
[5948]
[0]
[0]
[242] [1262]

发表于 20:07:18 2008/04/21

文章来源于 http://www.yjsc330.com

如何解释今天的高开长阴走势?

今天两市大盘受消息刺激，早盘大幅高开，开盘在下降通道上轨，因地产、石化、有色等部分基金重仓股跌停影响，指数一路振荡回落，盘中一度创出新低，均收出高开长阴。原希望放量中阳线并未出现，市场对利好似乎不领情，投资者信心不足，反而借利好反弹投资者减仓出局。对于今天的走势，市场人士有各种不同的解读，我倒认为从技术分析角度，今天的高开低走并创新低也属正常的走势，说明了政策不敌趋势。原本大盘处于C3-5尾端，但分时下跌并不完整，今天早盘的高开回落，从浪形上可解释为子浪的小4浪反弹，创新低也是为了完成最后的小5浪，市场按照自身的波动规律运行。明天不排除再度创新低，但我认为短期大盘的下跌空间应该有限。我目前仍坚持周末点评大盘的观点，是否仍可能出现延长下跌还需观察、确认。

在此，我想提示的是，在3000点一线，本周C3－5见低点的概率极大，机会大于风险，后市展开C4反弹已经为时不远了。关键是选择好个股及安排好仓位。个股最好选择累计跌幅大，短期连续暴跌，风险集中释放了的超跌股为主，对于刚破位加速下跌的要回避。另外，盘中不追，尽量分批低吸，结合滚动，降低持仓成本。

图 2–41　在 3000 点一线，机会大于风险

4 月 22 日中午，上午下探至 3008 点随即回升，中午笔者专门发帖用分时走势图解提醒，大盘分时还有一跌才算下跌完整。

从目前分时看，大盘分时还有一跌才算下跌完整，所以，下午破 3000 点可能性大，然后再振荡回升。目前上证有延长下跌的趋向，而深圳、沪深 300 指数倒算标准，没有明显延长的趋向。关键是成交低迷及因恐慌导致个股杀伤力大。最好等第 2 点再进场(图 2–42、2–43)。

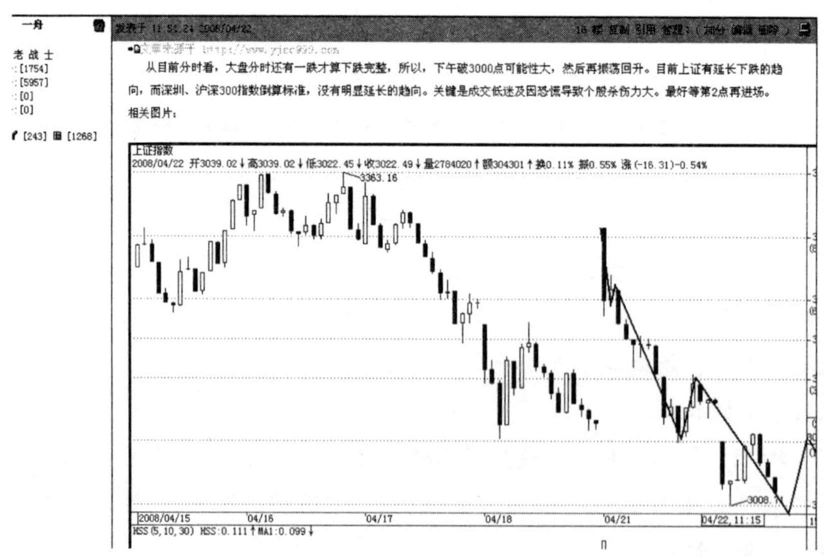

一舟

老战士
[1754]
[5957]
[0]
[0]
[243] [1268]

发表于 11:51:24 2008/04/22

文章来源于 http://www.yjsc999.com

从目前分时看，大盘分时还有一跌才算下跌完整，所以，下午破3000点可能性大，然后再振荡回升。目前上证有延长下跌的趋向，而深圳、沪深300指数倒算标准，没有明显延长的趋向。关键是成交低迷及因恐慌导致个股杀伤力大。最好等第2点再进场。

相关图片：

图 2–42　还有一跌才算下跌完整

图 2-43 判断探底回升

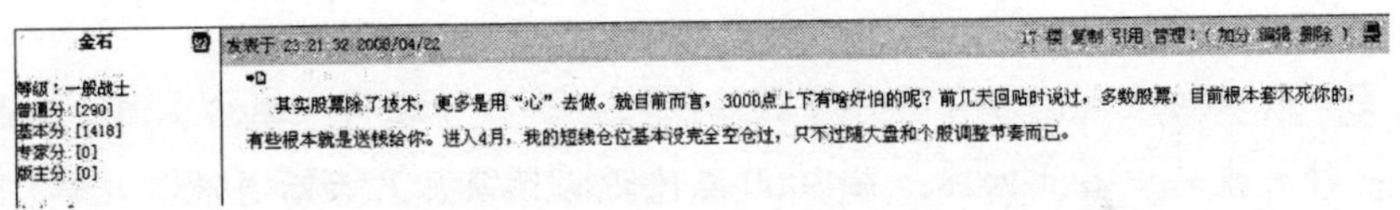

金石

等级：一般战士
普通分：[290]
基本分：[1418]
专家分：[0]
版主分：[0]

发表于 23:21:32 2008/04/22

17 楼 复制 引用 管理：（加分 编辑 删除）

其实股票除了技术，更多是用"心"去做。就目前而言，3000点上下有啥好怕的呢？前几天回贴时说过，多数股票，目前根本套不死你的，有些根本就是送钱给你。进入4月，我的短线仓位基本没完全空仓过，只不过随大盘和个股调整节奏而已。

图 2-45 金石回复：3000 点短期就是送钱给你

晚上，笔者专门发帖，判断 C4 反弹开始，提醒把握好分批进场及滚动操作。

C4 反弹开始了吗(图 2-45)？

晚上回来有点偏晚，让大家久等了。今天收盘时金石有点高兴，主动说他请客(今天他持有的股票中 601099、000952 吃了两涨停)，原来他是招待西藏来的朋友，顺便请我，有点老奸巨猾，呵呵。对于大盘简单说几句：

今天大盘探底回升，盘中一度跌破 3000 点，不破不立，随即金融、地产绝地反弹，带动大盘振荡回升。从跌 127 点拉回翻红涨 30 点，收出一根长下影线的小阳线。前面我一直讲的 C3–5 是否在今天下探 2990 点即告结束？我简单谈谈我的看法：目前指数里面，深圳成指及沪深 300 指数的 C3–5 下跌比较完整、标准，没有明显延长的趋向，但上证指数有点可能延长下跌的趋向，我分析主要受空方司令——中石油的影响。对此，中午我专门在两个帖子里图解回帖大盘分时浪形，说明再杀穿 3000 点即结束，随后振荡回升(就是担心有些朋友在跌穿 3000 点因恐慌盲目斩仓在低点区域)。

我的观点是：70%–80%的可能 2990 点就是 C3 的结束点，C4 很可能开始了。当然还需要未来几天回落不创新低确认。明天如果大盘收出一根放量中阳 K 线就更

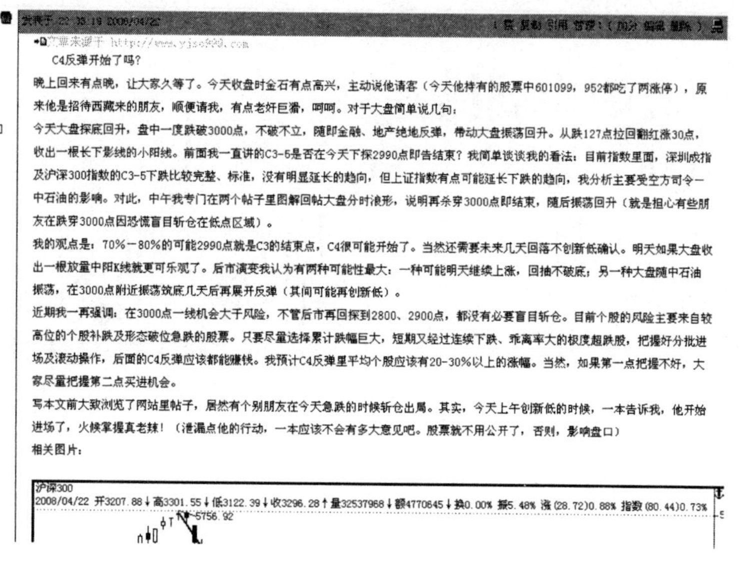

一舟

老战士
:[1762]
:[5949]
:[0]
:[0]

[243] [1276]

C4反弹开始了吗?

晚上回来有点晚，让大家久等了。今天收盘时金石有点高兴，主动说他请客（今天他持有的股票中601099，952都吃了两涨停），原来他是招待西藏来的朋友，顺便请我，有点老奸巨猾，呵呵。对于大盘简单说几句：

今天大盘探底回升，盘中一度跌破3000点，不破不立，随即金融、地产绝地反弹，带动大盘振荡回升。从跌127点拉回翻红涨30点，收出一根长下影线的小阳线。前面我一直讲的C3-5是否在今天下探2990点即告结束？我简单谈谈我的看法：目前指数里面，深圳成指及沪深300指数的C3-5下跌比较完整、标准，没有明显延长的趋向，但上证指数有点可能延长下跌的趋向，我分析主要受空方司令—中石油的影响。对此，中午我专门在两个帖子里图解回帖大盘分时浪形，说明再杀穿3000点即结束，随后振荡回升（就是担心有些朋友在跌穿3000点因恐慌盲目斩仓在低点区域）。

我的观点是：70%—80%的可能2990点就是C3的结束点，C4很可能开始了。当然还需要未来几天回落不创新低确认。明天如果大盘收出一根放量中阳K线就更可乐观了。后市演变我认为有两种可能性最大：一种可能明天继续上涨，回抽不破底；另一种大盘随中石油振荡，在3000点附近振荡筑底几天后再展开反弹（其间可能再创新低）。

近期我一再强调：在3000点一线机会大于风险，不管后市再回探到2800、2900点，都没有必要盲目斩仓。目前个股的风险主要来自较高位的个股补跌及形态破位急跌的股票。只要尽量选择累计跌幅巨大，短期又经过连续下跌、乖离率大的极度超跌股，把握好分批进场及滚动操作，后面的C4反弹应该都能赚钱。我预计C4反弹里平均个股应该有20-30%以上的涨幅。当然，如果第一点把握不好，大家尽量把握第二点买进机会。

写本文前大致浏览了网站里帖子，居然有个别朋友在今天急跌的时候斩仓出局。其实，今天上午创新低的时候，一本告诉我，他开始进场了，火候掌握真老辣！（泄漏点他的行动，一本应该不会有多大意见吧。股票就不用公开了，否则，影响盘口）

相关图片：

图 2-45 判断 C4 反弹开始

可乐观了。后市演变我认为有两种可能性最大：一种可能明天继续上涨，回抽不破底；另一种大盘随中石油振荡，在 3000 点附近振荡筑底几天后再展开反弹(其间可能再创新低)。

近期我一再强调：在 3000 点一线机会大于风险，不管后市再回探到 2800、2900 点，都没有必要盲目斩仓。目前个股的风险主要来自较高位的个股补跌及形态破位急跌的股票。只要尽量选择累计跌幅巨大，短期又经过连续下跌、乖离率大的极度超跌股，把握好分批进场及滚动操作，后面的 C4 反弹应该都能赚钱。我预计 C4 反弹里平均个股应该有 20~30%以上的涨幅。当然，如果第一点把握不好，大家尽量把握第二点买进机会(图 2–46)。

写本文前大致浏览了网站里帖子，居然有个别朋友在今天急跌最惨的时候斩仓出局。其实，今天上午创新低的时候，一本告诉我，他开始进场，火候掌握真老辣(泄漏点他的行动，一本应该不会有多大意见吧。股票就不用公开了，否则，影响盘口)!

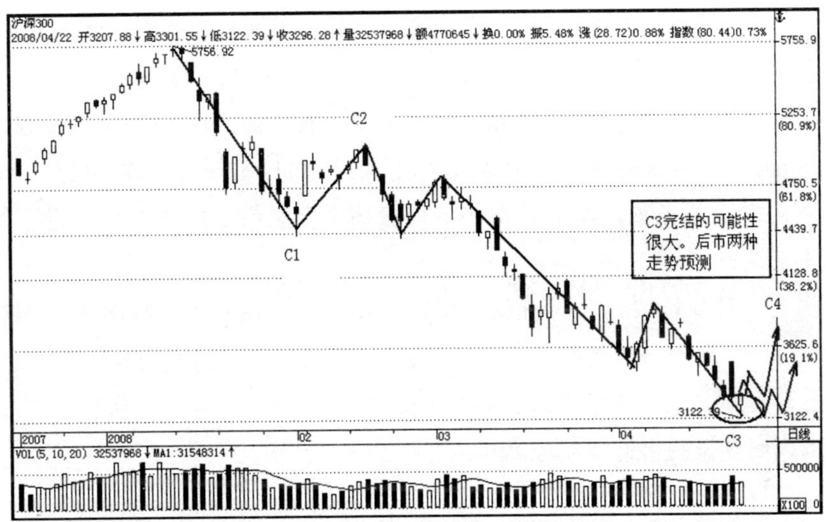

图 2-46　沪深 300 后市演变走势

18. 印花税降，不会重演高开长阴(2008-4-23)

4 月 23 日晚，管理层出台降低印花税及单边收取的重大政策利好，但市场分析人士分歧较大，有些人认为会重演 21 日证监会发文规范大小非解禁消息刺激后高开低走的长阴走势，甚至与 2002 年 6.24 行情比较。为此，笔者特地阐明自己关于“印花税降，不会重演周一高开长阴”的判断(图 2-47)。

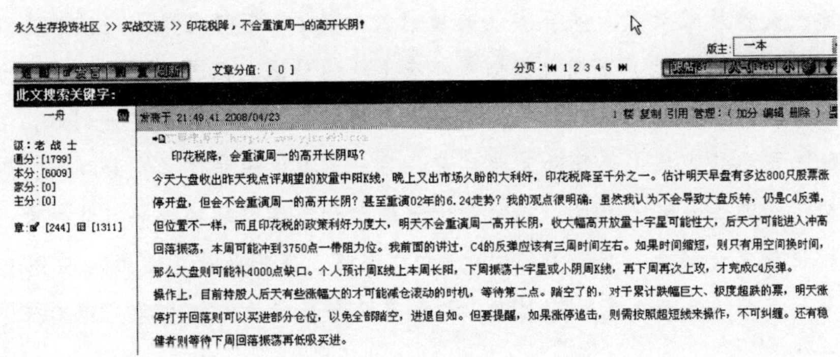
永久生存投资社区 >> 实战交流 >> 印花税降，不会重演周一的高开长阴!

版主: 一本

文章分值: [0]　分页: 1 2 3 4 5

此文搜索关键字:

一舟　发表于 21:49:41 2008/04/23　1 楼 复制 引用 管理:（加分 编辑 删除）

级: 老 战 士
通分: [1799]
本分: [6009]
家分: [0]
主分: [0]
章: [244] [1311]

印花税降，会重演周一的高开长阴吗?

今天大盘收出昨天我点评期望的放量中阳K线，晚上又出市场久盼的大利好，印花税降至千分之一。估计明天早盘有多达800只股票涨停开盘，但会不会重演周一的高开长阴? 甚至重演02年的6.24走势? 我的观点很明确: 虽然我认为不会导致大盘反转，仍是C4反弹，但位置不一样，而且印花税的政策利好力度大，明天不会重演周一高开长阴，收大幅高开放量十字星可能性大，后天才可能进入冲高回落振荡，本周可能冲到3750点一带阻力位。我前面的讲过，C4的反弹应该有三周时间左右。如果时间缩短，则只有用空间换时间，那么大盘则可能补4000点缺口。个人预计周K线上本周长阳，下周振荡十字星或小阴周K线，再下周再次上攻，才完成C4反弹。

操作上，目前持股人后天有些涨幅大的才可能减仓滚动的时机，等待第二点。踏空了的，对于累计跌幅巨大、极度超跌的票，明天涨停打开回落则可以买进部分仓位，以免全部踏空，进退自如。但要提醒，如果涨停追击，则需按照超短线来操作，不可纠缠。还有稳健者则等待下周回落振荡再低吸买进。

图 2-47　印花税降，不会重演周一的高开长阴

今天大盘收出昨天我点评期望的放量中阳 K 线，晚上又出市场久盼的大利好，印花税降至千分之一。估计明天早盘有多达上 1000 只股票涨停开盘，但会不会重演周一的高开长阴？甚至重演 2002 年的 6.24 走势？我的观点很明确：虽然我认为

不会导致大盘反转，仍是 C4 反弹，但位置不一样，而且印花税的政策利好力度大，明天不会重演周一高开长阴，收大幅高开放量十字星可能性大，后天才可能进入冲高回落振荡，本周可能冲到 3750 点一带阻力位。我前面的讲过，C4 的反弹应该有三周时间左右。如果时间缩短，则只有用空间换时间，那么大盘则可能补 4000 点缺口。个人预计周 K 线上本周长阳，下周振荡十字星或小阴周 K 线，再下周再次上攻，才完成 C4 反弹。

操作上，目前持股人后天有些涨幅大的才可能是减仓滚动的时机，等待第二点。踏空了的，对于极度超跌的票，明天涨停打开回落则可以部分仓位，以免全部踏空。但要提醒，如果涨停追击，则需按照超短线来操作，不可纠缠。还有稳健者则等待下周回落振荡再低吸买进。

19. C4 子浪反弹走势分析(2008-4-25)

4 月 25 日，大盘简单点评及后市操作策略

本周股市可以说是经历了从地狱到天堂的洗礼。周初受到第一个利好刺激，先大幅跳空高开，随即长阴下掼，上证快速跌破 3000 点，创出新低后振荡回升。周三晚上突然宣布印花税下调，再度激活市场，周四大盘冲击涨停，本周两市均收出带长下影线的放量中阳周 K 线，从上周创造最大周跌幅到本周创造最大周涨幅，可谓惊险刺激！由于本周我每天都及时点评(如高开长阴的技术解释、还差 3000 点最后一跌、印花税降不会重演高开长阴、周五冲高减仓等等)，现在反而感觉对盘面好像没有什么可说的了。今天只是对后市大盘谈谈我的看法：①虽说管理层出台利好组合拳，大盘展开放量大涨，我认为目前仅仅是 C4 反弹行情，还谈不上就是反转。②单纯从周 K 线看，下周大盘似乎还有上攻的动能，因连续两天做多能量消耗过大，估计短期上涨空间也不大了，需要休整一下。③印花税降这一利好，激发了投资者的入市热情，周末连续两天放巨量，另一角度也说明了多空分歧大，也给短期走势分析判断带来较大难度，我倾向于下周大盘振荡整理的走势可能性大。不过回撤的幅度也不会较大，估计在 3400 点左右企稳，下周收十字星或小阴周 K 线可能性大。节后继续展开振荡反弹上攻，初步有两个目标位可供参考：3800 点、4050 点。

操作上，下周初对于手中的个股短期涨幅较大的可先部分减仓或卖一些出来，等待回落后再度低吸进场，把握好操作节奏，争取更大收益，当然，也可以持股到反弹行情结束时清仓出局。总之，既然是先界定反弹行情，那么总体仓位不能太重，保持半仓即可；凡是追涨进场的，按照短线操作的思路来做，以便控制风险。

4 月 30 日，大盘简单点评及后市操作策略

本周只有三天交易时间。大盘呈现先抑后扬的走势，周三在中石化强势涨停的刺激下，权重股整体上涨，金融、奥运、钢铁、农业、化工、煤炭石油等板块个股活跃，强势上涨，带动大盘放量上扬，上证收于 3700 点附近，两市大盘收出一根缩量中阳周 K 线，强势特征明显。对于大盘后市走势，我认为有两种可能性大，①继续以逼空式振荡盘升，但需要量能维持较高水准，如上证 1500 亿以上，以及权重股走势稳健。②偏复杂走势，在 3500~3750 之间先运行强势振荡整理，然后逐波上扬。如果周一出现大幅回落则有可能朝此种演变，此种走势也容易让散户出错。总之，下周有许多个股仍会有精彩表现，难的是把握好个股的节奏。

操作上，前面较低价位买的可持股到反弹行情结束时清仓出局。追涨进场的，按照短线操作的思路半仓以下做，以便控制风险。前几天减仓过多的或空仓的朋友尽量选择日标股的分时或盘中低吸机会进场。需要提醒的是，要注意在 5 月中下旬防范风险，观察 C4 是否结束。

5 月 5 日，一本版主在“贪心总是难免的，你又何必一股情深”文章里，通过独有指标提醒，要控制好资金的安全(图 2–48、2–49)。

今天开盘持续了节前的涨势，但量能还需要观察。大盘振荡是难免的，大家要控制好资金的安全。对于一些个股要注意其风险，精选个股在大盘调整完成后，再进行阻击。

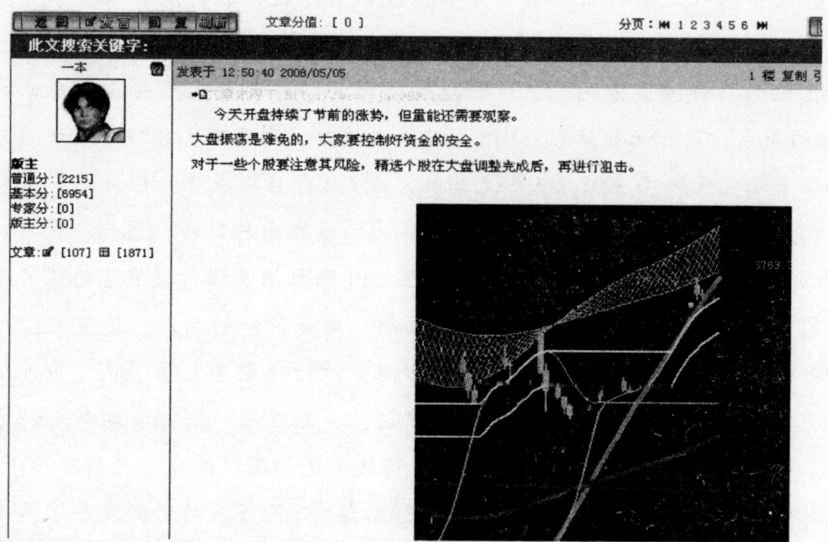

图 2–48　贪心总是难免的，你又何必一股情深

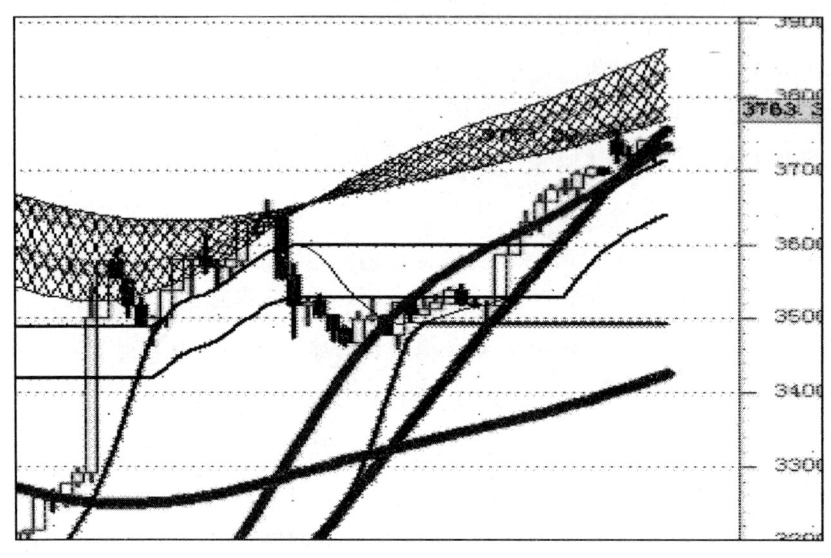

图 2-49 一本独有指标提示风险

5 月 9 日，大盘简单点评及后市操作策略

本周两市大盘在金融、蓝筹、权重股回落及短期个股获利回吐双重压力下，呈现冲高振荡回落，两市均收出放量小阴周 K 线，运行的是上周点评的第二种走势(周二我的点评有点过于乐观了)。盘面看，银行、地产板块主力减仓迹象明显，拖累指数下行，券商、农业、科技、煤炭等强势板块因这波涨幅较大，振荡幅度已开始加剧，对市场人气有打击，盘中更多体现的是个股补涨行情。从技术走势上分析，目前大盘面临一个比较敏感的时刻，周一就是本次反弹的第 13 天，我重点谈谈后市可能的三种演变方式：第一种是最悲观的，即大盘已经在 5 月 6 日完成了 C4 反弹的高点，目前正展开 C5 下跌。虽然在缺口上方两市已经堆积了近 2 万亿成交，个股平均也反弹了 32%，浪形上就此完成 C4 也可以成立，但我个人认为此轮反弹八九天的时间偏短了点，达不到场内主力大量减仓的目的，因此，我目前还不倾向于此种。第二种，周一如果大盘能抗住 CPI 高数据及银行股解禁的压力而不出现中长阴下跌，收在 3600 点上方，甚至收阳，则是较好的局面，后市大盘将继续振荡盘升(本周权重、金融股已提前连续回调，估计短期再大幅下跌可能性小了)，需密切关注下周初上证指数 3520 点能否守住，一旦跌破，则可能朝第三种方式演变。第三种，大盘短期继续下跌，在 30 日均线上进行深幅洗盘，然后在逐步盘升。这种走势的反弹持续时间会拖长一些，反弹后留给 C5 下跌的时间就长了，而市场留给管理层期望的奥运行情时间也就不多了。同时，担心假摔变成真摔，破 30 日均线，此种有可能演变成第一种了。我个人比较倾向于第二种相对乐观的走势，这样可以让我们有时间精选个股来操作，同时要注意防范其他走势所带来的风险。到底市场会怎么运行？还是让时间来告诉我们吧(图 2–50)。

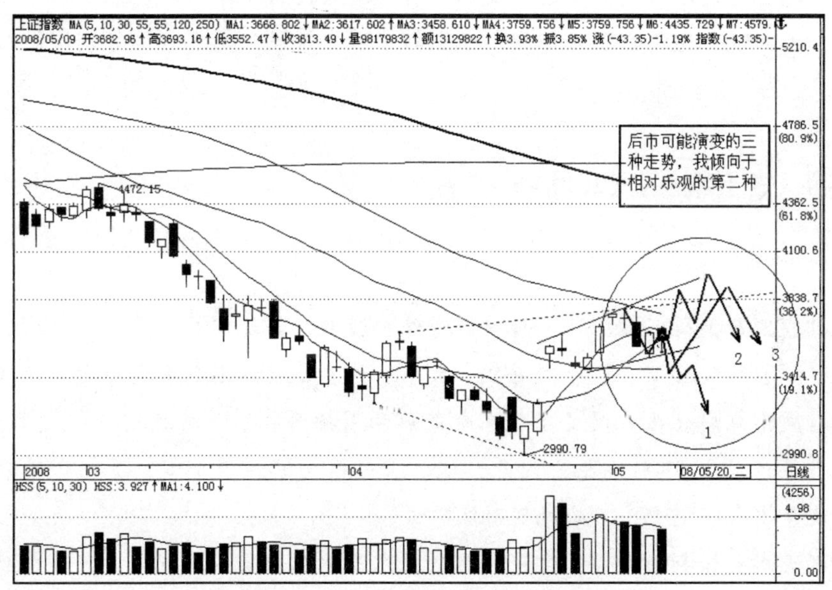

图 2–50　上证指数后市演变预测

操作上，在反弹的末期，仍会有许多个股精彩表现的机会。关注强势股、超跌补涨个股的短线机会。只是要注意把握好操作节奏，尽量避免盲目追高，控制好仓位，低吸为主，要敢于高抛，严格执行止损。提醒前面已经盈利超过 30%的朋友要注意防御性操作，不要大幅回吐即可。

五一节后，今年刚经历春季南方雪灾过后，大家期待着北京奥运会的到来，可是意想不到的事发生了！

5 月 12 日 14 时 28 分，随着隆隆的巨响，大地肆意的震荡，百年一遇的里氏 8.0 级汶川大地震突袭而来。而这一切就发生在笔者热爱的家乡四川省下辖的汶川县，笔者虽身在成都，也感到地动山摇的震感。地震发生虽然只有短短 3 分钟而已，然而这 3 分钟却像一个世纪般漫长。数万人瞬间葬身在倒塌的大楼间、滑坡的山凹里，原本山清水秀的祖国山川顿时变成了一片片苍芒的废墟。一时间，汶川、北川、都江堰、绵阳、映秀镇等大小城镇出现在全国、全世界人们的视线里。随着时间慢慢一点一点的流逝，通过电视，全国人民看着废墟淹埋的同胞，心越揪越紧。同时，余震不断，灾区人心惶惶。在这个危机时刻，党中央心系灾区人民，温总理、胡主席以最快时间赶赴灾区，指挥、组织救援，举世瞩目的“众志成城，抗震救灾”伟大行动在全国拉开。十万人民子弟兵和数十万志愿者奔向灾区，以最快的时间参与救援和救人！

因为笔者身处地震灾区附近，受每天各种余震传言不断影响，白天根本无法正常看盘，天天晚上也是在室外休息。虽然做了减仓处理，但仍有部分仓位最后止损出局。

20. 判断 C5 下跌展开(2008-5-20)

5 月 20 日，笔者专门发“今日长阴，后市堪忧”！大盘大有朝恶化方向 C5 演变。

近期我们是搞得人心惶惶，盘中经常外出躲避，今晚回家一看，大盘跌得还有点过深了，长阴 K 线破位，个股普跌。大盘、许多个股的图形有点难看了。从浪形上，大盘大有朝恶化方向演变了，也就是前两周指出的第一种演变，即展开 C5 下跌。除非快速站上 3500 点上。因此，操作上，请大家谨慎小心，有持仓的趁反弹逢高先减仓出来观望吧，不必等创新低确认。

前两天对大盘判断失误，主观以为全国人民都在众志成城抗震，股市也应该会如此，大跌的可能性小。也因为大意了点，我前几天进的几只股票从小赚到今天还是被套了，也活该受到违背操作原则的惩罚。只好后市反弹先出来再说。

5 月 23 日，大盘简单点评及后市操作策略

本周全国人民经历了具有历史意义的汶川 8.0 级大地震遇难者三天哀悼日，中华山川大地皆为之哭泣！希望数万遇难同胞一路走好！

现在我都还没有走出大地震的沉重心情，对大盘简单说几句：

本周两市大盘呈现振荡下跌的走势，分别收出一根缩量的小阴或中阴周 K 线。盘口看，个股分化明显，灾后重建概念、新能源、3G 通讯等板块表现活跃，周三受消息刺激，中石化、中石油一度双双走强，但市场观望情绪浓厚，也无力挽救大盘的振荡下行，3500 点三度失守。从走势上看，下周大盘先抑后扬的振荡走势可能性大，市场中仍有不少个股会表现活跃。浪形看，下周大盘最有可能的两种走势为：一种很乐观的仍还在运行 C4 的走势，大盘先探至 3350 点一带，然后展开 C4-C 振荡上扬；另一种相对悲观的运行 C5-1 的缩量振荡走势(直接连续大幅下跌的可能性小)，我比较倾向于第二种(希望是第一种)。操作上，不管大盘运行哪一种走势，下周个股仍有可操作性，可精选个股轻仓短线参与，注意观察权重蓝筹的走势及大盘量能变化，尽量采取低买高抛的策略，把握好大盘个股的节奏(图 2-51)。

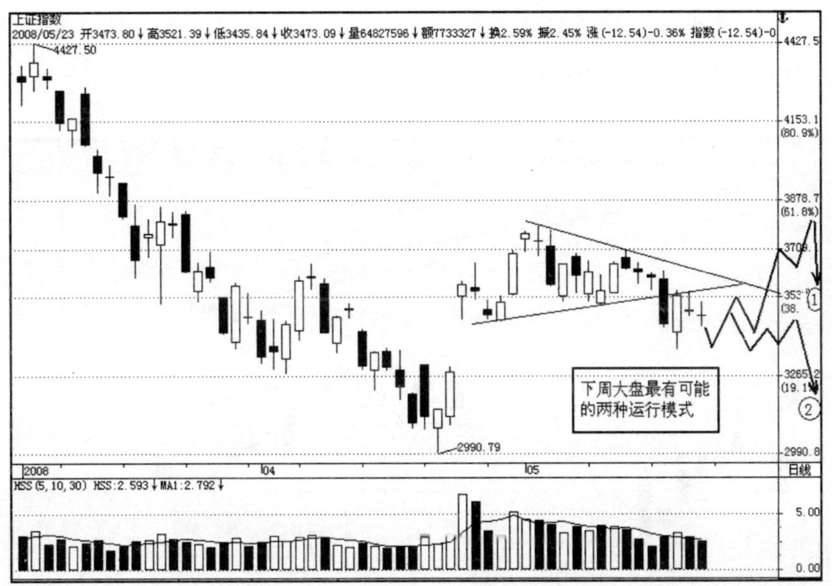

图 2-51 倾向于大盘运行第二种

5 月 30 日，大盘简单点评及后市操作策略

本周两市大盘探底回升，振荡整理，成交量明显萎缩，均收出一根缩量的阴十字星周 K 线，而本月两市大盘收出一根中阴月 K 线。盘面看，本周期货概念、石化、煤电、有色、金融、券商、软件等板块均不时有所表现，但因市场观望气氛浓厚，热点持续时间都短暂，可操作性差，同时前期领涨板块的退潮也打击人气。尤其是中石化、中石油本周继续强势振荡上扬，却也无力挽救大盘的下滑。从 K 线走势上看，目前大盘受到均线指标系统压制明显，加之成交低迷，周线十字星很可能只是下跌的中继而已，因此个人对下周大盘不乐观，预计大盘仍将维持整理为主，同时要提防出现连续下挫的走势。除非在消息政策面上有强力支持，刺激投资者的入市热情，否则，操作上要尽量以观望等待为主或超短线应对。

上周点评的两种浪形演变模式，现在我仍倾向于大盘在 C5 里，虽然还差一小口气就确认。在此，我再提示朋友们注意几点：①下周大盘只能上涨，而且要尽快站上 3500 上，才可能朝乐观的走势演变。印花税形成的缺口，深成指还差一点点就完全回补了，两市缺口一旦完全回补，说明了大盘走势会更弱，C5 走势就确认了，其后的反弹是出局的机会。②目前制约大盘最大的就是成交量过小，市场观望气氛浓厚，下周不管石化双雄怎么拉抬指数，如果上证指数的量能不能放大到 900~1000 亿以上，大盘将难以持续上涨，不可盲目乐观。③如果后市一定要有奥运行情的话，那么市场最佳的走势就应该像我在 3、4 月预测的那样，在 6 月或 7 月初再次破 3000 点，让市场自己找出底部后才能上涨更坚实，这也是我提醒要防止大盘可能出现连续下挫的风险原因(图 2-52)。

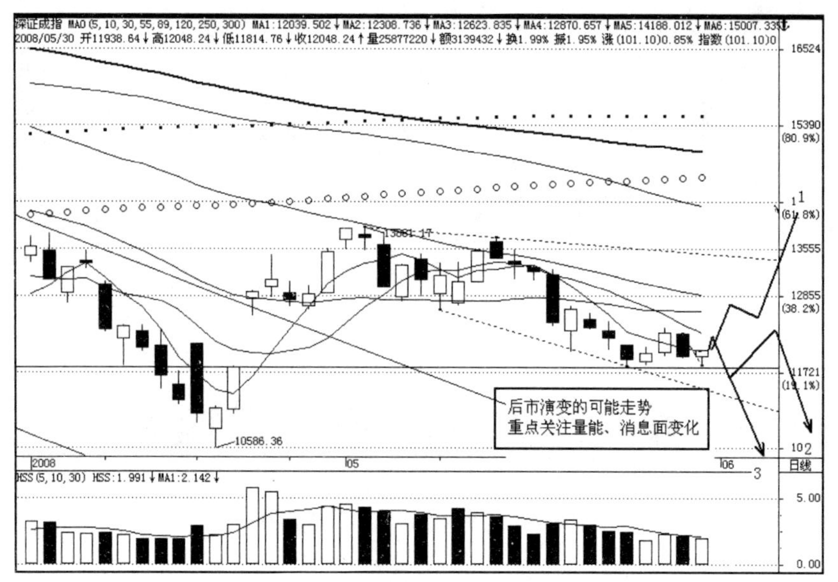

图 2-52 后市三周演变模式

6 月 6 日，大盘简单点评及后市操作策略

本周两市仍呈现震荡走低的态势，大盘成交量不断萎缩，深成指已经完全回补了降低印花税形成的跳空缺口，上证指数仅差 32 点就回补，两市均收出一根缩量小阴周 K 线。盘面看，本周市场缺乏持续性热点，热点轮动过快，基本上都是一日行情，没有赚钱效应导致投资者观望气氛更浓，值得一提的是，通信大重组，市场预期看好的中国联通却出现连续大幅下挫，基金减仓出货坚决，3G 概念炒作也突然退潮。另外，因原油持续上涨而前期活跃的煤炭板块，也因政府限价令而整体出现连续下跌。这些前期领涨的热门板块连续下挫，以及大盘新股中国建筑的闪电发行通过审核，对市场人气打击较大，导致成交量不断创新低。周五大盘创 2007 年以来的地量，成交的低迷，表明目前市场的弱势特征明显，预计下周大盘将继续振荡下探，上证指数缺口补掉应该没有什么悬念。虽然连续地量也说明市场杀跌动能在衰竭，但在当前宏观紧缩的政策下，只要成交量维持较低水平，目前要想靠市场自身展开强劲反弹的难度非常大，因此对后市我倾向于悲观。至于下周大盘是展开大跌还是缓慢盘跌，我目前还难以下准确判断(如果周初出现中长阴 K 线，则容易加速大跌)。因此，操作上，建议休息观望，以控制风险为主，同时密切关注大盘量能、石化双雄走势及政策面的变化(图 2-53)。

图 2-53 看不到乐观的走势

6 月 10 日，点评大盘，预计大盘 C5 结束在 7 月。

今天大跌会这么多，有点出乎我的意料。受油价暴涨、外围股市大跌、越南经济危机，以及宏观政策从紧的综合影响，今天两市暴跌 8%，近 1000 只个股跌停，可谓惨不忍睹！估计明天创新低的可能性极大，而恐慌成交量并未放出，也给明天惯性下探后的强力回抽反弹带来隐忧。预计大盘 C5 结束在 7 月了，稳健者还需耐心等待一段时间。

21. 预测 C5 子浪下跌结束时间及点位(2008-6-13)

6 月 13 日，大盘简单点评及后市需重点关注的关键点

本周两市大盘加速下跌，上证暴跌 460 点，创 10 年来最大跌幅，上证指数本周一举跌穿所谓的 3000 点政策铁底，收于 2868 点；深成指也一举跌破 10000 点整数大关，两市周 K 线均收出带大缺口的缩量长阴线。日线也已经出现了罕见的八连阴，市场进入 C5 恐慌杀跌阶段，本周一线的金融、地产股、石化再度破位进入 C 浪杀跌，成为拖累指数的最大板块，其他板块个股基本全线爆跌，市场恐慌气氛蔓延。虽然上周周评曾提及可能加速暴跌，但如此的分时浪形延长后再延长，不给市场任何短线超跌反弹机会的下跌还是有点出乎我的意料，不过日线或周线的浪形看也属正常的 3-3 下跌走势。

消息面上，上周末央行提高存款保证金率百分之一，越南经济危机的影响直接

导致周二开市即大幅低开低走，同时，5 月份 CPI 已公布，但由于 PPI 的连接上涨，市场对未来通胀预期依然不容乐观。加上目前的成品油价格和电价等都属管制阶段，后期 CPI 能否持续下降值得担忧。其次，资金面上，下周中国建筑发行有望确定，对市场抽资严重；中国人民银行周四发布的 5 月份金融运行数据显示，当月全国居民户存款增加 2369 亿元，比去年周期多增 5154 亿元，呈现连续 7 个月增长的势头，导致新基金发行惨淡。再者，上周美股、港股的大跌，以及国际原没价的飙升也给市场带来许多阴影，使得后市大盘短期不容乐观。

未来需重点关注的几个关键点(图 2–54)：

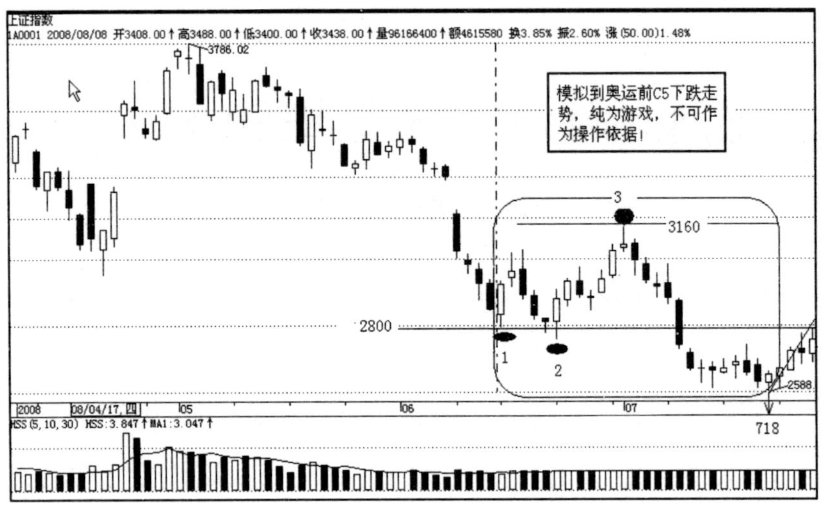

图 2–54 模拟 C5 在奥运前结束

①后市大盘分析：从浪形看，未来大盘演变有三种可能较大，第一种是目前运行在 C5–3–3 末(也就是图中模拟的走势)，第二种最乐观的走势，大盘在 2700 点附近止跌，6 月下旬完成 C5，随即展开大 B 浪反弹，即奥运行情提早开始。第三种悲观的走势，下周继续暴跌，后市破 2550 点，回抽 2001 年 2245 顶点。以上三种走势里，我倾向于第一种，认为目前运行在 C5–3–3 末可能性最大。

本着目前运行在 C5–3–3 末的思路，昨晚我花了 5~6 个小时模拟了从下周一到 8 月 8 日大盘未来日 K 线走势，主要是想模拟出 C5 调整结束点时间、周 K 线、月 K 线的大致走势，以及推算是否有奥运行情？虽然这种模拟 K 线游戏的可靠性低，不具备实际点位的买卖时机选择，但我自认为还算相对合理，对大致走势演变有一定参考价值。

②通过精确画线，可看出上证指数原始通道上轨在 2810~2830 点，因此，短期

在2800点附近有较强支撑，应该会有一番争夺。另外，2700点是指数回撤的2/3支撑位置，也是应该关注的位置，而2550点更是一个多方需全力防守的关键点位，一旦后市跌破则影响后续的B浪反弹力度强弱判断，轻易不能跌穿。虽然有分析人士看到2200，甚至更低，但我初步认为C5可能跌不穿2550。

③短期看，周一走势比较关键，如果再度出现大幅低开低走，再收中阴线，则2800点短期可能不保，直奔2700点位置，那么后市2550点能否守住，难度就大了。我倒认为周一也有高开收阳的可能。如果周一或周二能收出中阳，则短期就可以相对乐观点。

④收盘后统计：5日BIAS接近−10的股票有300，30日BIAS<−20的股票有738只，因此，下周初大盘展开短暂反弹的可能性极大，但如果时间只有2天左右的反弹，则下周周末或下下周初的再度下探是短线进场的好时机。在做完反弹后还需尽量回避C5−5的急跌赶底段。

⑤如果我分析判断目前运行C5−3没有错，则中期进场时间很可能落在7月中旬了，因此，稳健者可再耐心等待两三周时间。

⑥以上的模拟周K线走势图仅仅是个人主观的推算，图中标识的3点位置，只要其中一个出现较大误差，以及走势模式出现变化，则C5结束的时间及大致位置均需要重新预测。

⑦至于奥运行情的大B浪反弹，我初步估计有2000点的上涨空间，也就是说上证只要突破3786点的前高点，就可看至4500−4700点一带。希望大家好好把握未来的机会吧！

⑧综合以上分析，后市操作策略简要说几句：短期应该先以观望为主，如果下周初即反弹，而手中持仓重的趁反弹减仓部分，下去回补；如果周初继续暴跌，则伺机抢反弹或持股等待反弹；中线进场还需等待观察两周。

6月20日，大盘简单点评及操作策略

本周两市大盘可谓惊心动魄，承接上周跌势惯性下探后大幅振荡，一周里有三天出现200点左右的宽幅振荡，上证、深成指周K线收出一根放量十字星和小阴线。成品油、电价上调的利好并未带动大盘扭转下降趋势，但盘口看明显有场外资金进场的迹象，估计下周大盘有望企稳回升。从大的浪形看，仍坚持6.13日周评里的第一种，认为目前运行在5−3末可能性最大。短期看，2695点是否是5−3下跌的结束还有待于最后确认，因此，下周初大盘的走势值得关注：如果大盘再度创新低则说明5−3还未完结，反之，如果大盘突破2945点，则说明运行在5−4反弹里。个人估计下周大盘振荡幅度也大，操作上，密切关注双雄的走势，领涨板块出现，以及大盘量能的变化。激进者立足于轻仓短线，采取低吸高抛，快进快出，不纠

图 2-55 等反弹后的下一波杀跌结束

缠，尽量踏好节奏。稳健者继续以观望为主。反弹后的下一波杀跌结束时才是我们要操作的重点大机会。

22. 对 C5-4 小浪反弹有疑惑(2008-6-27)

6 月 27 日，大盘简单点评及后市操作策略

本周两市呈现反弹冲高回落、大幅振荡的走势，周 K 线均收出一根带长上影线的十字星。值得一提的是周五，受周四美国期货原油价创新高至 140 美元、美国道指暴跌，全球通胀压力加剧，而市场也担心可能加息，加之两只大盘股 IPO 再度放行等多重利空消息影响，大盘也随即出现大幅跳低，单边暴跌，上证综指暴跌 153 点，跌幅超过 5%，将前几天反弹的空间悉数抹去，已逼近本轮调整行情以来的新低附近。投资者信心又一次遭受严重打击，多达 200 只股票跌停，市场恐慌气氛再度蔓延。从 K 线走势看，市场弱势特征明显，后市不容乐观，下周前低点 2700 点将面临严峻考验。从短期浪形分析看，个人认为有几种走势值得观察：①下周初的惯性下探是否创新低？这主要取决于大盘权重股的走势。②我大致测算了一下，5-5 子浪的下跌还需要市场股价平均再下跌 20%，指数下跌 500~600 点，才算较为彻底，那么许多个股就完全有可能再跌 20–30%。③创新低后大盘是连续跌，还是再度探底回升，围绕 2800 点为中轴上下振荡一周左右，然后再急跌去见底？

说实话，现在要预测短期走势很难，我的看法：从今天周五开始，如果大盘连续暴跌一周，连破 2500、甚至到 2300 点，见本轮大调整的低点，则只有权重指标

股连续暴跌才能实现。如果这样直接杀下去，那么杀跌的时间将缩短，可能 2500 点都难以击穿，另外，时间上，在 7 月初就发动大 B 浪行情的时间偏早了，这种可能性偏小，要么只有选择阴跌的方式。我倒认为另一种走势，即下周再度探底回升，再次在 2700~3000 点振荡一周左右的可能性较大，真正完成小 4 子浪反弹。这种既容易让短线客踏错节奏，又能为下一步积累更多的杀跌动能，那么大 B 浪奥运行情就可以在 7 月下旬发动，时间选择上不快不慢。

在操作上，密切关注消息面、大盘量能变化，及权重股走势。稳健者等待大盘连续下挫后伺机分批建仓。激进者根据个股节奏，在急跌后轻仓展开短线操作。

7 月 4 日，大盘简单点评及后市操作策略(图 2–56、2–57、2–58)

本周两市大盘呈现振荡探底的走势，上证指数周四探至最低 2566 点，随即展开强劲反弹，周五回落整理，两市周 K 线均收出一根十字星，表明市场仍处于空方主导的弱势探底态势。从盘面看，本周奥运、旅游、传媒、上海本地股等题材股、部分超跌股活跃，而基金重仓的蓝筹股如金融、石化、钢铁、煤炭等板块本周却出现轮番下跌，成为本周的主要做空动力，这表明基金在加快调仓的动作，根据以往的经验，底部往往就是基金主力砸出来的。从周 K 线走势看，已经七连阴，而且连续三周放量阴线十字星，说明市场分歧在加大，但低位承接力也较强，也表明距离底部不远了。短期分析看，我认为下周初可能还有一次短暂的反弹，随后继续探底的可能性较大 (周一 2640 点不能破，否则走势更弱)。单纯从调整 8 个多月及下跌空间上看，本周大盘跌至 2500 点一线就此结束勉强也算可以，但这种需要实质性

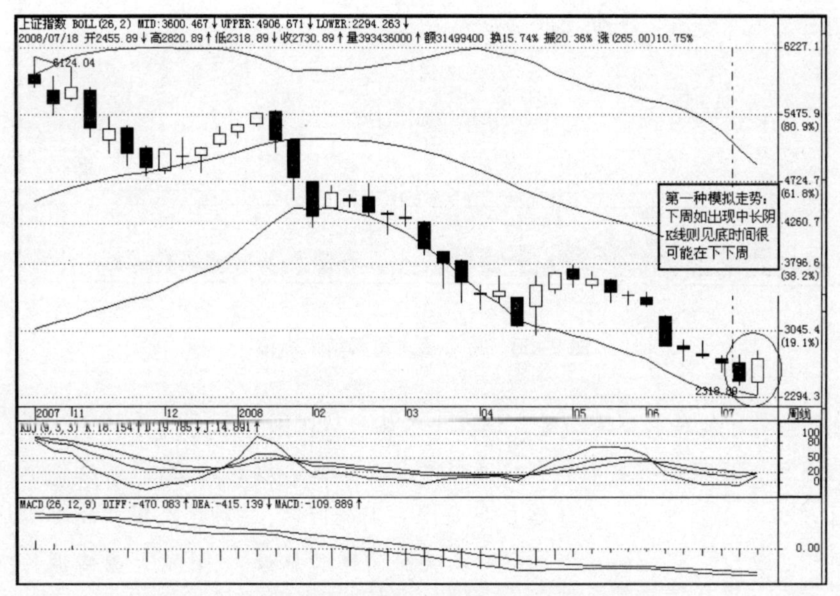

图 2–56 模拟的第一种演变

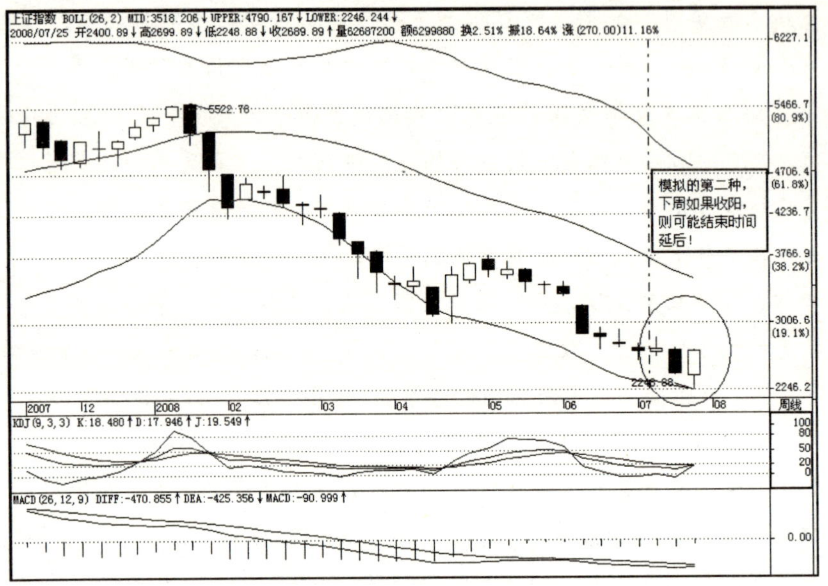

图 2-57 模拟的第二种演变

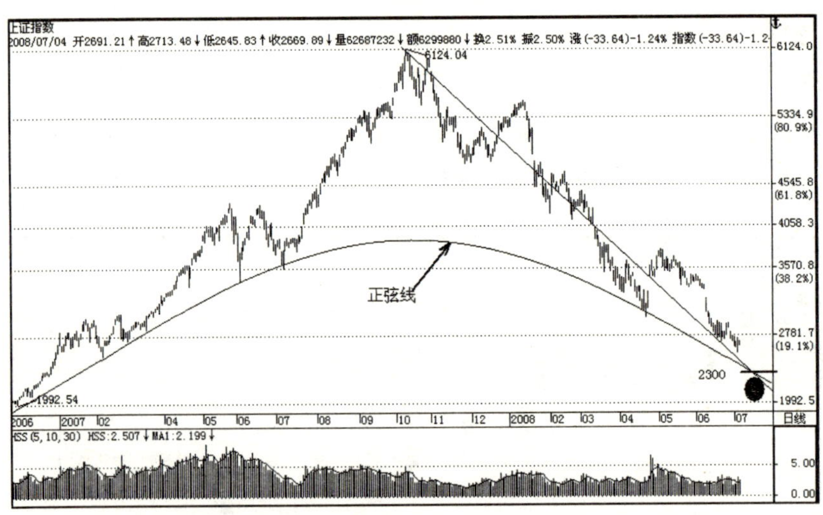

图 2-58 用正弦线预测结束点位

利好配合量能才能逆转下降趋势，但我个人认为从时间和 K 线上看还差一根中长阴周 K 线下跌，这样调整更彻底。从浪形看，现在我认为 6.20~25 日的反弹很可能就是 5-4 反弹，除非下周大盘振荡反弹维持一周的时间(这种情况现在我都不抱什么希望了，如果下周收阳的话，则调整结束时间还需延后)。目前大盘回调的空间已经破了 2/3 百分比位置，下一档支撑就是 75%位置也就是 2300 点一带；即使根据浪形等长规则，5 浪理论判断位置在 2450 点；用对数坐标跌 50%，也在 2460 点。也就是说调整结束点大致在 2300~2460 点之间(本轮调整应该不会破 2245 前高点)。时间上，估计见底时间可能落在下下周(为此，我模拟了两种，权当付之一笑吧)。

操作上，建议激进者控制好仓位，轻仓参与题材股、超跌股的操作，不纠缠！稳健者可继续等待一周伺机而动。密切关注消息面、蓝筹板块及大盘量能变化。

7 月 9 日，放量三连阳后如何操作？

受国际油价大跌、美道指大涨，加之有消息称 6 月份 CPI 将回落至 7.1%，担心加息消除的刺激，今日沪深两市继续放量上扬，其中以金融股、地产、石油石化等蓝筹板块大幅反弹，上证突破并站上 2900 点，收在周线下降通道上轨附近。连续三天成交量的持续放大，说明有资金进场积极做多，市场强势特征明显。盘面看，这两天蓝筹接过题材股的炒作势头，热点板块成功切换，蓝筹股轮动上扬，有效推动大盘持续上升。两个月来难得的放量三连阳终于出现，短期如何操作？我提出个人的观点：

说实话，近期上证指数与深圳成指的浪形不协调、统一，给我波浪分析带来困惑，才导致我周评里经常出现两三种可能的走势预测。

深成指看似乎处于 5-4 反弹末，而上证却基本上走出了分时 5 浪推动的上涨，一定程度上预示前面的调整可能已结束。假设沪深指数趋于一致，上证也可能处于 5-4 的反弹 3 浪中，则极有可能现在处于分时反弹的延长浪之中，则操作上有两个减仓点。如果明天上午上攻至 2950~2980 点便回落，操作上可先进行减仓动作(短期关注冲高回落时上证 2880、2800 点支撑力度)。短线仍可低吸部分有补涨潜力的蓝筹股，或者等待反弹后的回调再进场操作也可。对于短期升幅大的个股，盲目追高风险也大，注意蓝筹与题材股之间转换的节奏！总之，目前不必过于乐观，也不必过于悲观。

7 月 11 日，大盘简单点评及操作策略(图 2-59)

本周两市大盘呈现放量反弹，冲高回落的走势，周 K 线收出一根久违的放量中阳。盘面看，周初个股普涨，周三四蓝筹接棒轮番上涨，上证量能也回到 1000 亿元水平。但周四尾盘，当上证上攻至 2950 点时，受阻于下降通道线压制，而前期领涨的农业、奥运两大热点板块跳水，游资突然撤退，带动金融、地产等主流品种也出现大幅回落。周末的缩量回落振荡，近期已平均反弹了 15%的行情似乎就此结束。对于后市大盘如何演变？我谈谈自己的看法：

首先，2952 点是否是 5-4 反弹的高点，下周初还需确认。其次，从浪形看，目前最有可能的两种是：第一种，目前的 5-4 反弹差不多结束，下周开始运行最后的下跌探底。如果周初出现长阴下跌，则很可能朝此演变，那么大盘破 2566 点可

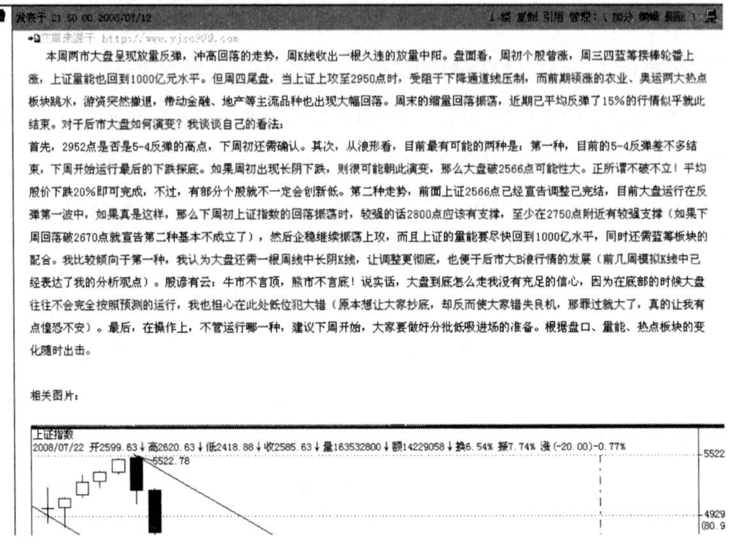

一舟

老战士
:[2087]
:[6928]
:[0]
:[0]

[275] [1537]

发表于 21 50 00 2008/07/12　　　1 楼 复制 引用 管理：（加分 编辑 删除）

本周两市大盘呈现放量反弹，冲高回落的走势，周K线收出一根久违的放量中阳。盘面看，周初个股普涨，周三四蓝筹接棒轮番上涨，上证量能也回到1000亿元水平。但周四尾盘，当上证上攻至2950点时，受阻于下降通道线压制，而前期领涨的农业、奥运两大热点板块跳水，游资突然撤退，带动金融、地产等主流品种也出现大幅回落。周末的缩量回落振荡，近期已平均反弹了15%的行情似乎就此结束。对于后市大盘如何演变？我谈谈自己的看法：

首先，2952点是否是5-4反弹的高点，下周初还需确认。其次，从浪形看，目前最有可能的两种是：第一种，目前的5-4反弹差不多结束，下周开始运行最后的下跌探底。如果周初出现长阴下跌，则很可能朝此演变，那么大盘破2566点可能性大。正所谓不破不立！平均股价下跌20%即可完成，不过，有部分个股就不一定会创新低。第二种走势，前面上证2566点已经宣告调整已完结，目前大盘运行在反弹第一波中，如果真是这样，那么下周初上证指数的回落振荡时，较强的话2800点应该有支撑，至少在2750点附近有较强支撑（如果下周回落破2670点就宣告第二种基本不成立了），然后企稳继续振荡上攻，而且上证的量能要尽快回到1000亿水平，同时还需蓝筹板块的配合。我比较倾向于第一种，我认为大盘还需一根周线中长阴K线，让调整更彻底，也便于后市大B浪行情的发展（前几周模拟K线中已经表达了我的分析观点）。股谚有云：牛市不言顶，熊市不言底！说实话，大盘到底怎么走我没有充足的信心，因为在底部的时候大盘往往不会完全按照预测的运行，我也担心在此处低位犯大错（原本想让大家抄底，却反而使大家错失良机，那罪过就大了，真的让我有点惶恐不安）。最后，在操作上，不管运行哪一种，建议下周开始，大家要做好分批低吸进场的准备。根据盘口、量能、热点板块的变化随时出击。

相关图片：

图 2-59　对底部预测缺乏信心

能性大。正所谓不破不立！平均股价下跌20%即可完成，不过，有部分个股就不一定会创新低。第二种走势，前面上证2566点已经宣告调整已完结，目前大盘运行在反弹第一波中，如果真是这样，那么下周初上证指数回落振荡时，较强的话2800点应该有支撑，至少在2750点附近有较强支撑(如果下周回落破2670点就宣告第二种基本不成立了)，然后企稳继续振荡上攻，而且上证的量能要尽快回到1000亿水平，同时还需蓝筹板块的配合。我比较倾向于第一种，我认为大盘还需一根周线中长阴K线，让调整更彻底，也便于后市大B浪行情的发展(前几周模拟K线中已经表达了我的分析观点)。股谚有云：牛市不言顶，熊市不言底！说实话，大盘到底怎么走我没有充足的信心，因为在底部的时候大盘往往不会完全按照预测的运行，我也担心在此处低位犯大错(原本想让大家抄底，却反而使大家错失良机，那罪过就大了，真的让我有点惶恐不安)。因此，在操作上，不管运行哪一种，建议下周开始，大家要做好分批低吸进场的准备。根据盘口、量能、热点板块的变化随时出击。

23. 分析C5子浪还差一跌(2008-7-18)

7月18日，大盘简单点评及操作策略

本周两市大盘呈现缩量振荡探底回升的走势，值得一提的是，周五下探至2670附近时，受朦胧利好传言刺激，沪深两市周五尾盘放量大涨，上演100点大逆转，最终周K线收出一根缩量小阴。从本周的盘口看，权重股低位整理，而题材股调整

居多，个股活跃大为降低。周三、四因国际期货油价大幅回落而美国道指连续大涨，但国内股市却呈现高开缩量振荡走低的观望走势，为此我也感到有些奇怪。另外，盘面给人感觉涨跌均处于缩量状态，盘中上涨无量配合，下跌略放量，总体而言上涨无力，但下跌杀跌的动能也明显不足。周五中午一本老师说大盘杀不下去了，金石也说，如果大盘出现放量启动就该及时抢进部分筹码再说，担心周末有利好而踏空。

从浪形分析，我认为后市有三种走势值得观察：第一种，周五尾盘的反弹仅仅是下跌 C5-4 反弹而已，因为目前均线系统仍未走好，如 30 日均线还处于朝下状态，并未走平，对股指的运行构成压制，下周初一旦量能跟不上，股指还得继续向下探底。第二种，前面的调整已经完结，二次探底也差不多，目前的头肩底形态支持此走势。还有一种，后市大盘在 2600~3000 点之间箱体振荡，奥运前保持一种"维稳"的态势，且管理层维稳的意图决心也很强烈。我仍比较倾向于原来的第一种，从大盘、主要权重股如 600028、000002 的走势看，均还差一跌就完美了(如图 2-60、2-61、2-62)。600028 还能否连续收攻击中大阳 K 线，值得观察。如果假定奥运前启动大 B 浪，随着奥运的临近，从时间上留给启动的时间已不多了，而大盘的下跌并不彻底，如果要快的话，只有下周出现大幅振荡，快速放量探底创新低，然后拉起来展开 B 浪反弹最理想(市场是否按照完美的走势只有市场说了算)。

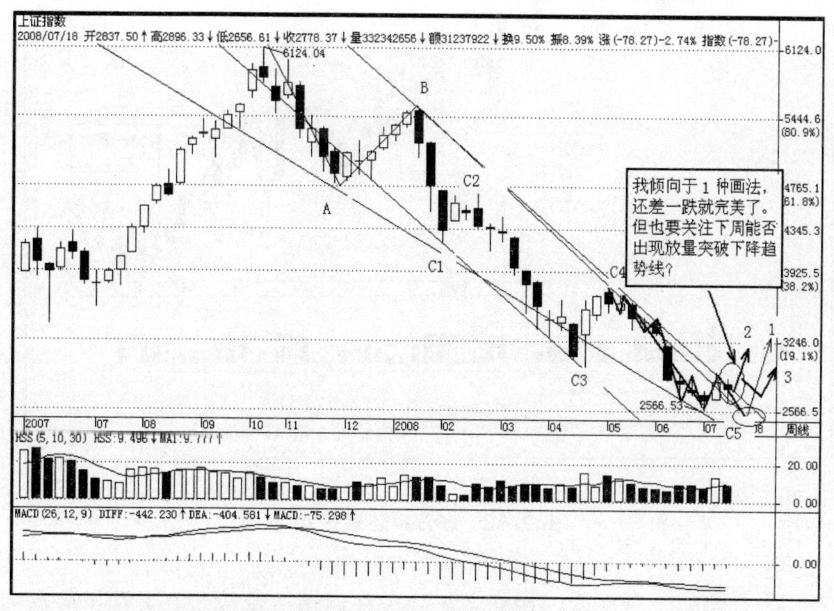

图 2-60　分析认为还差一跌

图 2-61 中石化还差一跌

图 2-62 深万科还差一跌

总之，不管朝哪一种演变，操作上，要关注后市持续放量是关键，股指需站上30日均线，有领涨热点板块、赚钱效应出现才能引领大盘持续走强，此时可操作性才高。另外，注意大盘如回下来要学会分批建仓，可采取分批主动买套的方法。如周五尾盘时，我就发现原本看好的个股一旦放量快速拉升时，根本难以按自己的要求买到。小资金可根据盘口、量能、热点板块的变化随时准备出击。

24. 对众人期待的奥运行情不乐观(2008-8-1)

8月1日，大盘简单点评及操作策略

本周两市呈现缩量震荡回落的走势，周五尾盘金融股有一波快速上扬，最终上证收于2800点，周K线均收出缩量小阴。盘面看，本周大盘量能持续萎缩、热点散乱，而且板块切换过快，导致市场人气涣散，做多信心减弱，观望气氛浓厚。形态看，目前大盘呈现平台式整理，且有收敛迹象，日K线还受到短期均线压制，弱势整理态势明显。奥运开幕前只有一周交易时间，虽有官方媒体多次的唱多维稳，然而下周南车IPO重启，8月份为大小非解禁的高峰期，市场面临极大的资金面压力，如果没有实质性政策的利好支持，下周大盘如果继续目前600亿以下的缩量状态，那么后市不容乐观，将难以有效突破2950点或3000点。从浪形上看，我始终认为前面的调整不彻底，7月的平台很可能只是C5−4的下跌中继反弹而已，要么就要用时间来换空间。如果是子浪4，那可能的演变有两种：一种是下周连2950点都不能突破，遇阻回落(奥运开幕后)继续缓步下探；另一种是逐步振荡上扬，完成C5−4中小C子浪，在3100点左右终结，然后再度回探。如果下周没有实质性利好，我倾向于第一种。因此，操作上，下周应谨慎为主，仓位重的可逢高减仓部分，激进者可多关注题材股、小盘股的机会，低吸为主，多用游击战术。同时密切关注消息面、大盘量能、热点板块的变化。只有上证出现连续攻击量能在800亿以上，才可全力做多，否则，保持谨慎点为宜。

最近我一直在反思，从7月中旬以来，分析研判时犯了一个错误，先入为主，首先主观认为奥运可配合大B浪反弹，而在调整不彻底的情况下，借助政策面消息面因素可强行扭转，现在的量能看来已经说明了奥运有行情的希望越来越小。市场会按照自身的规律运行！例如，5.12大地震，全国人民、各行各业都在众志成城、抗震救灾，然而社保、基金却暗中大肆做空，让广大散户去抗震救灾，其实是规律使然。又如，近期官方媒体连续不断的多次维稳唱多，却不见实质维稳的措施，而基金主力仍继续“调仓”，导致市场上攻无量没有力度，其实，也是规律使然。如果大盘后市能出现快速下探创新低，那么反弹的力度就会比现在强多了。

8月5日，点评

今日大盘在煤炭、有色、钢铁等板块杀跌带动下，缩量单边下跌，收盘破2700点，弱势特征明显，日K线已经出现破位迹象，明日将考验前低点2656点支撑。不过，目前大盘分时处于短期超卖状态，加之今日人气板块也纷纷大幅回落，预计

奥运开幕前大盘有一次分时级别的反抽反弹行情，然后继续下探。后市一旦破 2566 点，估计大盘要在 2300−2400 之间见底的可能性大，原先预计的大 B 浪行情延后！操作上，趁反弹先进行减仓，同时密切关注是否有实质性利好出台及大盘量能的变化(图 2−63)。

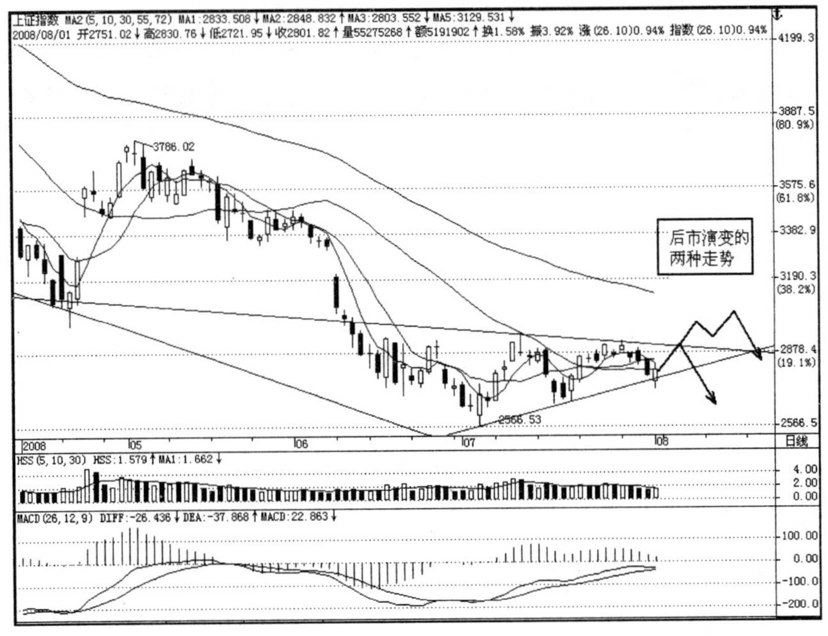

图 2−63 奥运行情预测演变

8 月 7 日，针对万亿申购资金解禁，大盘反而弱势整理，提醒要谨防后市加速下跌。

明日是期待已久的奥运会开幕，有 2.26 万亿申购资金解禁，但今天大盘并没有出现强烈的攻击欲望而强势上涨，反而弱势整理，难道等解禁资金入场来推升大盘，显然不现实。分时看，明日早盘还可接尾盘继续反弹，可是目前两条压力线、及 10、30 日均线均在 2780~2790 聚合，如果明日不能放量突破站上，则后市不乐观！如果明日缩量反弹至此是高抛减仓的机会，因为一旦冲高回落，对奥运行情失望及短线资金会选择不断退出。如果明日大盘收阴，则周 K 线难看了，要谨防后市加速下跌(图 2−64)。

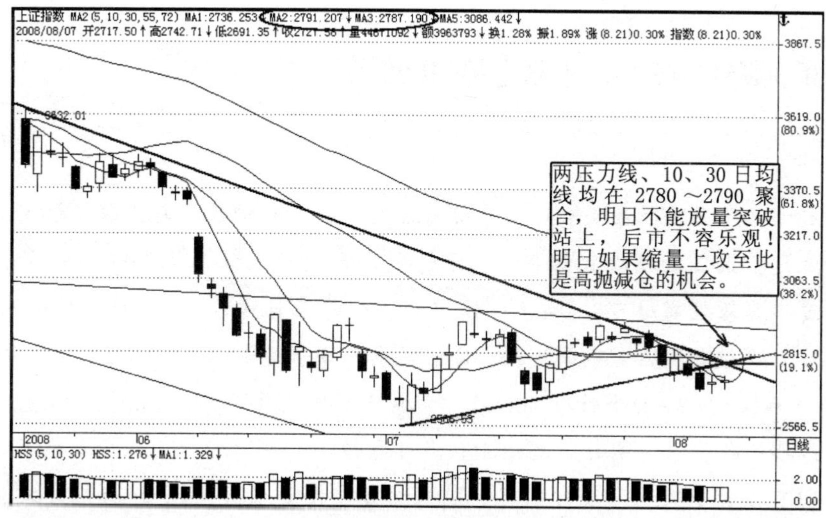

图 2-64　后市不容乐观

8 月 8 日，大盘简单点评及操作策略

期盼已久、全球瞩目的北京奥运会正式开幕，1 小时开幕式中，精彩绝伦的表演让人震撼，令人叫绝！衷心祝福北京奥运会圆满成功！

本周沪深两市大盘继续维持缩量振荡下探的走势。随着奥运会开幕式的临近，周五下午，由于投资者对奥运行情或维稳走势的彻底失望，悲观气氛弥漫，市场中做空动能终于集中释放，出现恐慌性杀跌抛售局面，大盘跳水不断，个股纷纷快速大跌，多达 300 只个股跌停，540 只个股跌幅超过 9%。收盘大盘双双暴跌超过 4%，深成指、沪深 300 等指数已经创出调整以来的新低。在举国同庆、全国人民大喜的日子，然而我们的股市却出现奥运首日的暴跌走势，真正是以“绿色”股市迎接绿色奥运！如我周四点评的悲观走势，本周两市周 K 线收出一根缩量光头长阴，技术形态遭到破坏，呈现破位下行的走势。预计下周大盘将继续向下探底，寻求支撑，以完成 A 浪调整的最后一跌，然后再展开迟到的大 B 浪反弹。预计上证 2566 点近期被跌破的可能性大，即使下周初因周五原油期货继续大跌、美股大涨而出现反弹，也难以扭转周 K 线的破位下行趋势。

因此，操作上，建议控制好仓位，下周初如有反弹对手中回调较浅的个股进行减仓处理，等待大盘再度企稳时进场。另外，未来两三周，激进者尽量选择暴跌乖离率大的个股和题材股为短线操作的主要目标。

如果没有突发利好，初步推算，大盘 A 浪或 A3 见底时间很可能在月底或 9 月初中旬了。空间估计在 2280 点~2350 一带。

25. 分析预测 C5-5 小浪下跌走势(2008-8-11)

8 月 11 日，两市大盘继续暴跌，为此笔者专门作出分析，见底时间多半在 9 月。

原本以为周五国际原油大跌，今日可能会先高开反弹一下再下探，然而大盘却是低开低走，上证直接破底创新低，恐慌气氛蔓延，上证探至 2450 点一带，收盘大盘再度单边暴跌超过 5%，收出一根中长阴。收盘时跌停 9.91%的个股达 600 只，可谓惨烈，做空能量继续集中释放。目前两市 5 日乖离率-10 以上的个股有 950 只，30 日乖离率接近-20 的个股有 500 只，大盘 5 日乖离率已达到-6.5%，表明大盘开始进入短期超跌状态。明日再度跌 100 点可能性小，早盘顺势下探后反抽的可能性较大，即有分时小级别的反弹出现。我认为多半明天低开下探至 2400 左右，随着明天公布 CPI 数据下降来引发分时反弹，至于反弹后尾盘会不会再探底要看量能情况。操作上，明日对于今日尾盘买进或手中有部分仓位的人是做 T+0 的机会，空仓投资者新开仓倒不一定是好机会，可多观望一下。

至于大家比较关心：大盘到底跌到什么点位见底回升？说实话，目前我也难判断。随着时间推移，应该会越来越清楚的。

如果未来盘整的时间不拖长、或连续暴跌、或者突发实质利好，模拟推算见底时间多半在 9 月(图 2-65)。

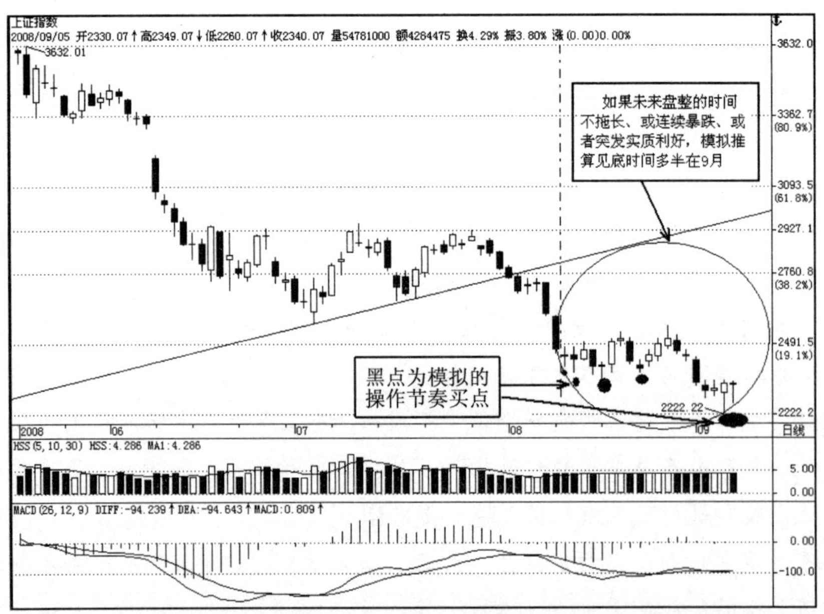

图 2-65 预测见底时间多半在 9 月

8.15 大盘简单点评及操作策略

看奥运比赛，只好简单说几句了。

本周两市大盘呈现急跌探底后的缩量整理走势，上证最低探至 2370 点，尤其是连续几天地量窄幅整理，说明了目前市场投资信心差，人气低迷、盘中做空、做多力量均不足，最终收出一根平量(缩量)的中阴周 K 线。目前大盘如前面分析的那样，我认为仍处于 C5 即 A 浪调整的末期，估计还需要 2、3 周反复振荡才可能看清楚是否探明底部？个人预计下周仍以探底回升的振荡走势为主。操作上，建议观望为主，激进者可轻仓低吸展开短线操作，注意操作节奏的把握。下周初密切观察盘口及量能的变化：周末证监会发言人谈话让投资者看到一些利好的希望，但周一大盘股南车的上市、周二宝钢 119 亿解禁(如没有减持限价承诺)无疑让市场不得不将面对资金与心理压力，到底市场最终如何反应还需观察。假如周一大盘高开放量高走，则短期还可继续反弹，短线阻力位看 2500、2560 点，逢高短线减仓，否则，如果直接低开低走或高开低走，则短期不乐观，短期将很可能再度创新低，观察短线在 2350、2320 点的支撑力度。后市大盘的大致走势可参看上周的模拟 K 线演变图。

26. 捕捉 19 日反弹的短线机会（2008-8-18）

8 月 18 日，上午股市下跌，个股呈现普跌，为此，中午专门发文章指出：创新低不必太恐慌，反而是短线抢反弹机会(图 2-65)。

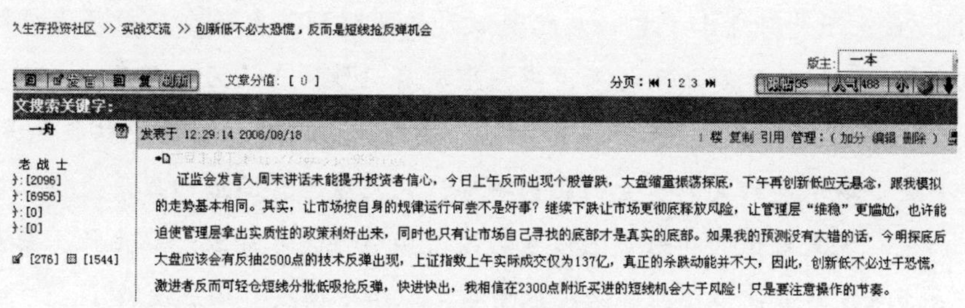
久生存投资社区 >> 实战交流 >> 创新低不必太恐慌，反而是短线抢反弹机会

版主: 一本

文章分值: [0]　分页：1 2 3

一舟　老战士

发表于 12:29:14 2008/08/18　1 楼 复制 引用 管理：(加分 编辑 删除)

证监会发言人周末讲话未能提升投资者信心，今日上午反而出现个股普跌，大盘缩量振荡探底，下午再创新低应无悬念，跟我模拟的走势基本相同。其实，让市场按自身的规律运行何尝不是好事？继续下跌让市场更彻底释放风险，让管理层“维稳”更尴尬，也许能迫使管理层拿出实质性的政策利好出来，同时也只有让市场自己寻找的底部才是真实的底部。如果我的预测没有大错的话，今明探底后大盘应该会有反抽2500点的技术反弹出现，上证指数上午实际成交仅为137亿，真正的杀跌动能并不大，因此，创新低不必过于恐慌，激进者反而可轻仓短线分批低吸抢反弹，快进快出，我相信在2300点附近买进的短线机会大于风险！只是要注意操作的节奏。

图 2-65　创新低反而是短线抢反弹机会

证监会发言人周末讲话未能提升投资者信心，今日上午反而出现个股普跌，大盘缩量振荡探底，下午再创新低应无悬念，跟我模拟的走势基本相同。其实，让市场按自身的规律运行何尝不是好事？继续下跌让市场更彻底释放风险，让管理层“维稳”更尴尬，也许能迫使管理层拿出实质性的政策利好出来，同时也只有让市场自己寻找的底部才是真实的底部。如果我的预测没有大错的话，今明探底后大盘应该会有反抽2500点的技术反弹出现，上证指数上午实际成交仅为137亿，真正的杀跌动能并不大，因此，创新低不必过于恐慌，激进者反而可轻仓短线低吸抢反弹，快进快出，我相信在2300点附近买进的短线机会大于风险！只是要注意操作的节奏。

8月18日收盘后，再次点评大盘(图2–66)。

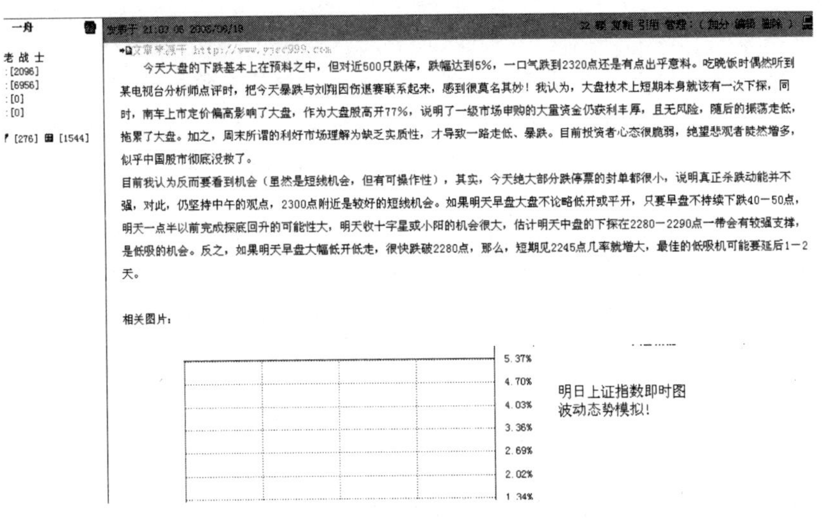

一舟

老战士

:[2096]

:[6956]

:[0]

:[0]

[276] [1544]

今天大盘的下跌基本上在预料之中，但对近500只跌停，跌幅达到5%，一口气跌到2320点还是有点出乎意料。吃晚饭时偶然听到某电视台分析师点评时，把今天暴跌与刘翔因伤退赛联系起来，感到很莫名其妙！我认为，大盘技术上短期本身就该有一次下探，同时，南车上市定价偏高影响了大盘，作为大盘股高开77%，说明了一级市场申购的大量资金仍获利丰厚，且无风险，随后的振荡走低，拖累了大盘。加之，周末所谓的利好市场理解为缺乏实质性，才导致一路走低、暴跌。目前投资者心态很脆弱，绝望悲观者陡然增多，似乎中国股市彻底没救了。

目前我认为反而要看到机会（虽然是短线机会，但有可操作性），其实，今天绝大部分跌停票的封单都很小，说明真正杀跌动能并不强，对此，仍坚持中午的观点，2300点附近是较好的短线机会。如果明天早盘大盘不论略低开或平开，只要早盘不持续下跌40—50点，明天一点半以前完成探底回升的可能性大，明天收十字星或小阳的机会很大，估计明天中盘的下探在2280—2290点一带会有较强支撑，是低吸的机会。反之，如果明天早盘大幅低开低走，很快跌破2280点，那么，短期见2245点几率就增大，最佳的低吸机可能要延后1—2天。

相关图片：

图2–66 暴跌应反弹机会

今天大盘的下跌基本上在预料之中，但对近500只跌停，跌幅达到5%，一口气跌到2320点还是有点出乎意料。吃晚饭时偶然听到某电视台分析师点评时，把今天暴跌与刘翔因伤退赛联系起来，感到很莫名其妙！我认为，大盘技术上短期本身就该有一次下探，同时，南车上市定价偏高影响了大盘，作为大盘股高开77%，说明了一级市场申购的大量资金仍获利丰厚，且无风险，随后的振荡走低，拖累了大盘。加之，周末所谓的利好市场理解为缺乏实质性，才导致一路走低、暴跌。目前投资者心态很脆弱，绝望悲观者陡然增多，似乎中国股市彻底没救了。

目前我认为反而要看到机会(虽然是短线机会，但有可操作性)，其实，今天绝大部分跌停票的封单都很小，说明真正杀跌动能并不强，对此，仍坚持中午的观点，2300点附近是较好的短线机会。如果明天早盘大盘不论略低开或平开，只要早盘不持续下跌40~50点，明天一点半以前完成探底回升的可能性大，明天收十字星或小阳的机会很大，估计明天中盘的下探在2280~2290点一带会有较强支撑，是低吸的机会。反之，如果明天早盘大幅低开低走，很快跌破2280点，那么，短期见2245点几率就增大，最佳的低吸机可能要延后1–2天。

8 月 20 日，针对大盘如期反弹点评：

周一大盘一大跌，许多分析人士纷纷看空后市，我坚信在 2300 附近是较好的短线低吸机会，为此承受了很大的压力专门发贴“创新低不必太恐慌，反而是短线抢反弹机会”，目的就是提醒大家不要跟着别人盲目恐慌，反而要看到机会，更不要轻易丢掉低位的筹码！今天早盘回抽 2300 后持续放量攻击，个股普涨，已逼近 2500 点下方了，为此总算松了一口气，担心看错让大家埋怨。今后如果看错、分析判断出现一些失误，还得请大家理解、谅解！

上午的走势看，我估计有什么利好会出来，当然如果没有利好消息大盘就能如此大涨更好。短期阻力位在 2530、2600、2700 点，注意选好高抛减仓的卖点。如果昨天、今早盘低吸好机会有的错过，下午不必重仓盘中追高，等待后面的回落低吸。如没有利好，我估计后市大盘还有可能在 2360~2550 一带振荡几天。如果本次反弹能到 2600 点，那么即使还有一次诱空下探，多半也难创 2280 点新低了。密切注意消息面、量能持续情况而展开短线操作。

27. 研判行情开始变得过于主观起来(2008-8-22)

由于大半年来，整个研判大盘行情几乎很少出现明显失误，自信膨胀，分析研判时变得有些偏于主观。

8 月 22 日，大盘简单点评及操作策略

本周一至周五，我基本上是每天都在点评大盘，而且针对点位、如何操作说得比较细，同时也感到很累。周评就不想多说了，本周两市大盘如预计的走势，探底回升振荡，最终均收出一根放量阴十字星周 K 线。预计下周仍以振荡整理走势为主，很可能再有一次上冲 2530 点的走势出现。今天重点谈一谈，自周三大涨后连续两天的回落走势，到底是大涨后的振荡洗盘还是 2523 点反弹结束后的继续新下探？如我前面周评模拟的 K 线走势，我倾向于大盘周 K 线至少还差一根小阳才相对完美，至于模拟中的其后是否再有一阴一阳，我也吃不准，还需观察。假如周三 2523 点已经反弹结束，现在展开的是新的下跌，那么这种走势的操作很简单，下周只要快速跌破 2300 或 2280 点，大盘仍旧会很快拉起来，建议到时候可重仓出击，收益会比本周三的反弹更高、更持久。如果是大涨后的振荡洗盘，那么大盘很可能在 2370~2530 区间上下振荡盘整，这种走势就有点复杂，市场就是要让短线客追涨杀跌容易出错，盘久后再度下探，完成探底。在盘整、振荡走势中，操作时就需要注意把握低吸高抛的技巧。总的来讲，我分析判断盘整后的再次下探难跌穿 2000 点整数关，至于有人看到 2000 点以下如 1800 点、1500 点，那应该是明年的事情，现在不必过早去预测，意义不大。

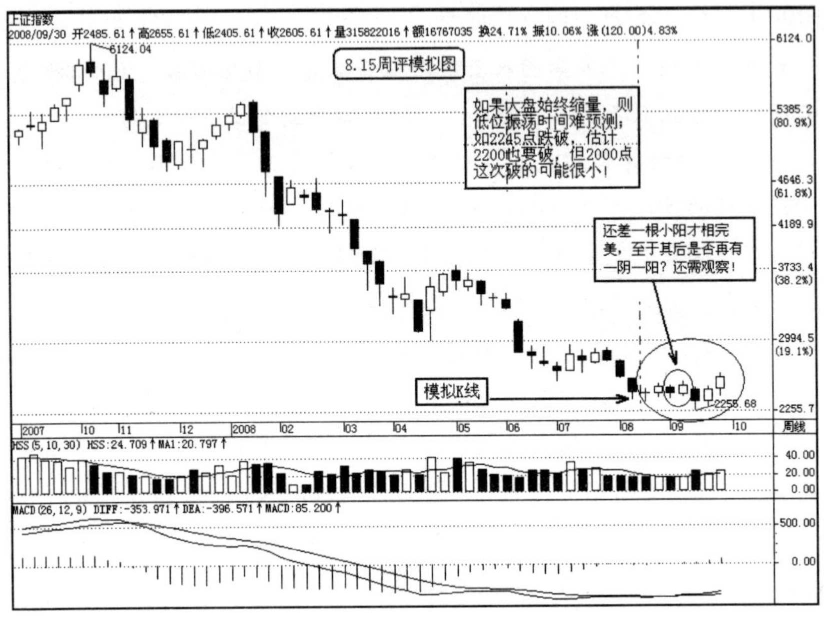

图 2-67 模拟未来大致演变

补充一句：2001 年 2245 高点具有较大的技术含义，至少本月的收盘价不能收在 2220 点下，否则，2007 年的上涨要重新界定。

8 月 29 日，大盘简单点评及操作策略

本周两市大盘呈现缩量下探、探底回升的振荡走势，周 K 线均收出一根缩量的孕线阴十字星。因每日连续成交处于地量水平，表明市场大幅杀跌与上涨的动能均不足，也表明多空双方在 2300 点上方维持短暂的平衡状态，连续两周的探底回升，也说明在 2300 点一带有较强的支撑，这也是我两次提醒在 2300 附近机会大于风险。目前从分时走势看，下周大盘还有反弹的要求与动能，至于高度主要取决于量能放大及政策面支持。

本周已经有 50%的股票创出大阳反弹前 8 月 19 日的新低，同时深综指也创出新低，预示后市大盘可能会再度下探创出新低，至于 2245 点是否一定会跌破，目前难判断(技术角度上讲最好不破)。如我前面周评模拟的 K 线走势，我仍倾向于大盘周 K 线至少还差一根小阳才相对完美。当然，假如下周大盘直接下探破 2284 前低点，那么创新低就是短线较好的买点机会，不过我认为这种衰竭式诱空杀跌可能性小。从小级别浪形看，我认为目前大盘运行在复杂小 4 子浪的可能性大。也就是说，如果没有实质性利好出台，大盘先维持地量在 2300 点上缩量横盘振荡三四周，然后选择方向。我的看法延续上周的观点，倾向于先诱空探底，然后回升，展开 B

浪反弹(如图 2–68 模拟)。曾有朋友提出：还有一种走势，即调整最低点 2284 已出现，回调幅度已达到 75%，从浪形上也可成立，不过我认为有些破绽，同时这种走势需要外力配合才行。

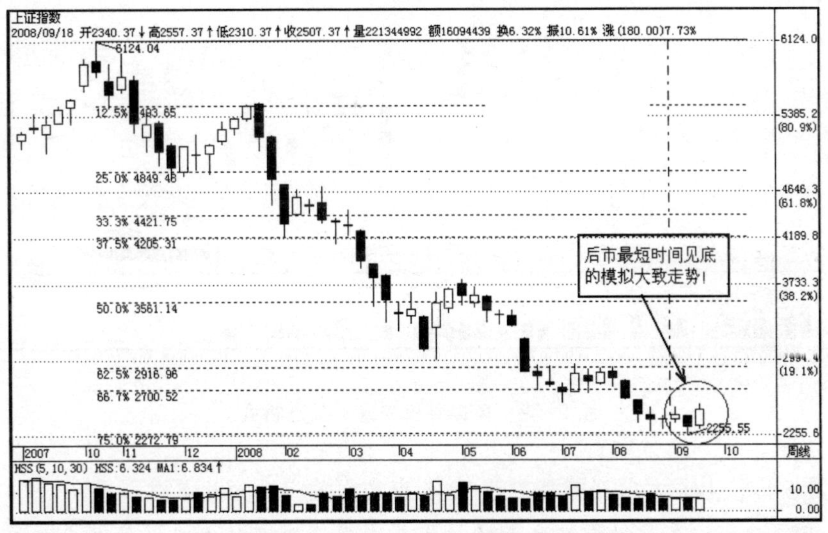

图 2–68　模拟分析后市最短见底时间

总之，未来两三周如果大盘横盘后下跌不必过于恐慌了，反而应该视为逢低分批进场的机会。操作上，如果下周大盘仍运行窄幅区间振荡盘整，则需要注意把握低吸高抛的时机，短线操作。

9 月 1 日，点评注意把握近期的短线机会(图 2–69)

受周末攀枝花地震影响、投资者对未来经济的担忧，以及对周末没有政策利好出台的失望，今日大盘低开低走，在金融、有色、钢铁、农业等板块整体回落带动下，缩量振荡下探，深成指已经创出新低，上证指数又再度逼近 2300 点，成交量维持地量水平。由此可见，目前大盘之疲弱，市场人气低迷，信心脆弱，估计大盘明后天惯压式下跌便可创出新低。由于 250 周线和回档 75%位置都在 2280 点，短期该位置多空应该会有一番争夺，预计创新低后会有至少分时级别的反抽机会。但从分时看，如果明日大盘创新低，再收中阴，则有延长下跌的趋势，这是需要密切关注的地方。至于 2245 点的支撑力度，我觉得跌破的可能性较大，一旦破 2245，较强支撑点位将在 2150 点附近。操作上，我仍坚持原来的看法，上证直接创新低后不应盲目恐慌，反而应该是分批进场的短线机会。至于稳健者，可多观察几天，根据大盘量能变化及大盘 K 线有企稳迹象时再进场。

图 2-69 模拟寻找未来的买点机会

9月5日，上证大盘直接跳空破2245点技术关口，为此点评：

今天受招商证券将过会消息影响，投资者对管理层的混乱政策导向极度失望，导致大盘大幅低开，直接破2245点心理关口，早盘已经跌破我前面提到的下降收敛形态下轨2110，但盘面显示恐慌杀跌抛盘并不大，仍维持地量水平，且个股跌幅大多在2~5%之间，主要还是靠权重股打压指数。技术上来说，上证第三次跌至下降收敛形态下轨处是激进者精选个股短线买进的时机。同时，我认为在2200点附近买进机会大于风险！目前最不好的情况是，成交低迷，反弹也无量，将制约反弹的高度，短线盈利预期不能过高，毕竟大盘分时有点延长下跌，注意节奏的把握。密切关注大盘量能变化及领涨板块的出现！

9月5日，关于这波A浪调整(简单周评)，特地说明一下，原先自6124点调整没有跌破2245点以前，先假设的ABC调整。现在已经跌破2245点，原称呼的C浪就应该修正为大A浪调整的3子浪。

本周大盘继续缩量振荡下探，尤其是周五受多重利空影响，大盘大幅低开振荡，直接跳空破2245点心理关口及心理防线，盘中跌破2200点，收在下降收敛形态下轨处，两市均收出一根光头周K阴线。预示后市还有振荡下探的要求。

从下午收盘开始我便思考总结，检讨近期大盘分析判断的是否有重要遗漏的地方，本篇虽写得可能有点凌乱，但花费了不少时间，供大家分享。自2245点破后大级别浪形划分需要重新界定，这里不再多言，只单纯从技术角度谈一谈我对这波A浪调整的观点。

①从调整空间上讲：上证大盘自6124见顶后，按最高价算累计跌幅达到64%(深成指跌63%)，常规回调百分比的75%回调已破。但个股按最高价算，近期累计跌幅超过60%个股数量达73%，近3/4，近期累计跌幅超过70%个股数量近40%，近期最高价算累计跌幅超过80%有120多只。如云南铜业最高98元，跌至目前12元，如此短时间，可谓极度之惨烈，中外罕见！

②从调整时间上讲：目前日线调整已有223个交易日了，未来第233天将是很重要的时间之窗。周线看，目前是调整的47周，未来第49周也是很重要的时间之窗。从月份上看，大盘调整差不多11个月了。整个调整的空间、时间都算是调整比较充分了，估计见底时间很可能就在本月中下旬。

③价量分析上看：随着指数的深幅回调，近五六周以来，大盘成交逐渐大幅萎缩，近期更是屡次刷新地量水平，也符合正常的价跌量缩的价量关系。即使出现暴跌走势，成交量也并未出现急剧放大，说明了许多筹码已经在高位被套住、锁定了，更多的是基金所谓的调仓和短线客进出的成交量。例如昨天40亿流通盘的中石油居然只成交了8000万金额，换手0.16%，今天还不错，算吓出一些恐慌盘，成交放大3倍即2.47亿元，估计短暂企稳的可能性大。

④再看一看本周日K线波动态势：周一中阴下跌72点，周二三四跌幅逐渐收窄，周五再加速扩大跌幅。借周四晚美股大跌、招商证券发行过会及深交所大面积修改新股上市规则等利空影响，大盘大幅跳空(日线上调整以来第三个缺口)低开振荡下探。2245点重要心理关口没有阻碍直接越过跌破，多方看似毫无还手之力，给人有一种绝望的感觉。但在下降楔形的尾端这种走势说明了什么？我认为只是一个短线诱空骗筹的假突破而已，虽然2200点不是最低，我认为技术上讲已经很接近A浪底部了。前面我说过，自8月20日大盘大涨以后直接惯压式下跌不止，相信市场参与各方都将承受极大的压力。现在的大盘犹如弹簧，压得越紧后面的反弹就越大！

⑤主力机构的动向：近期基金调仓动作持续不断，也有数据报道，在调仓导致大盘下跌过程中，包括QFII在内也在不断买进，并非完全的净流出。以前的经验，底部往往最终都是由基金主力砸出来的。近期号称价值投资典范的贵州茅台、苏宁电器为代表的基金集中持仓股及一二季度增仓的煤炭股连续杀跌，已表明最后的最坚定的多头开始死了。俗话说，多头不死空头不止，某种程度上这意味着市场转机快临近了。当大部分的权重股都跌得比较干净了，自然A浪底就出来了。

目前下跌不彻底的就数权重股了，单就中石油而言，按照熊市抢新股反弹的方法，开盘价打折50%，再打折50%，也就是说12元算是调整基本到位了。至于大部分分析人士都认为一定应该与H股9元多接轨，殊不知香港发行价仅为1.27元，A

股发行价却是高达 16.70 元，我估计像保险股完全接轨有点困难！

⑥浪形结构分析：现在大盘分时日线浪形结构划分还不怎么清晰，直接用周线来划分。有两种我认为可能性最大的划分方法，其实就在于上月 20 日大涨和本周下跌阴 K 线的认定：如果本周中阴是 5 子浪的 5–3 小浪，那么下周初即反弹小 4，见底时间就比较快，这种下跌空间难破 2000，估计在 2070~2100 一带止跌回升。如果本周中阴仅仅是 5 子浪里的小 3 浪末，则见底时间延后，这种走势估计可能会下探至 2000 点附近即可回升，这种走势符合按回调 0.809 位置（算是下跌极限位）在 1980 点即 2000 点附近，也与如果深成指极限探至下轨，大约在 6500~6600 点附近相符一致。底部没有走出之前，很难提前准确预测到底走哪一种。其实，最终的低点到底探至何处点位，还与后续政策面、下周的反弹高度有关联，因此，过于精确预测意义不大。

⑦技术形态上讲，现在子浪 5 下跌呈倾斜三角形即楔形走势，加之常规指标的背离，这本身就是经典的衰竭走势图形，一旦突破下轨，在下面停留的时间一定会很短暂。这也是我目前还找不出近期会连续暴跌至 1800 点的理由之一。

⑧关于大小非的问题：现在人人都知道大小非套现是未来 2~3 年影响市场供求失衡和涨跌关键因素。其实，随着股价的持续暴跌，众所周知的大利空已经不成其为最大的利空了，反而像今日这种无预期的突发的利空才叫真利空。当大盘跌至 2245 附近，大家期盼管理层有利好消息的时候，昨晚却突然冒出明显与“维稳”思路混乱的上市新规则和招商证券将发行，才导致市场的茫然、恐慌。前面我说过：随着股市的下跌，相信管理层有智慧找到化解其对市场较大冲击的办法。没有想到，今天晚上就出来了“发行可交换公司债券规定征求意见稿”，管理层就是这样，经常喜欢搞一些利好利空相伴相随的套餐。

最后，关于实盘操作，在股市上涨、下跌的尾端，投资者要有自己独立的清醒判断，切忌人云亦云，盲目跟从媒体、别人的过于看空而得出分析结论。我认为，从现在开始，大盘越跌风险就释放越充分，未来机会就越大，最好的建仓布局很可能就在 9 月(因为总有部分个股会提前见底)。当然，股票买进是要承受风险的，根据目前大盘个股的具体位置判断机会风险大小和承受能力，一旦判断下跌空间不大而后市机会较大，不管选择稳健或激进，有时候敢于分批主动买套是需要胆量和气魄的，当然风险控制措施也不能忘记。

至于周五晚上证监会为了解决制约股市最大的大小非问题，发布发行可交换公司债券规定征求意见稿，我认为是利好。如果周一市场都理解为利好，则早盘必然大幅跳空高开高走，则可形成分时 K 线走势的岛形反转走势，随即可能展开强劲反弹，高度还需量能配合，2450 是强阻力位。相反，如果市场不理睬，还是继续平开或低开下探，但周一仍会走出探底回升可能性大。总之，后市还会有反复振荡探底过程，注意操作节奏的把握。

其实，此时鲜明提出以上自己的看法压力很大是无疑的。俗话说股市中什么都有可能，而且熊市不言底，也就是说不要盲目去预测底在何处点位？加之目前全球股市暴跌，国内经济的不乐观、上市公司业绩下滑，大小非问题(还有一个少有人提及的利空，即新发大盘股价格低对整个股价结构的牵引冲击)等因素，尤其是持续地量及整个市场的悲观氛围，多家财经网站调查统计 80%的人都看到 2000，甚至更低，真是一片看空。以上这些因素自然都会让人感到有些悲观，感觉短期内难以有大的行情出现。可是，大盘走势图形已经摆在那里了，各种技术分析方法综合分析看，目前已经是大 A 浪调整的末端了，离底部很近了，再调整不了多长时间很可能就探明底部。破 2245 点我开始谨慎看多，不是我有意与众人反着来看市场，基于自己对技术走势的看法。

至于后面的 B 浪反弹多高暂时倒不用去预测，我只是想提醒大家注意机会与风险之间在快速转换中。除非市场出现我认为还要拉长下跌的技术理由和依据才修正我的观点。因为我无法提前预知管理层何时出台利好或救市之类的政策，只能按照技术分析，走一步看一步。特别说明一下，前面的许多分析贴里提及的所谓低吸买点机会主要针对短线激进者而言的，至于稳健者建议可多等待。

28. 精确捕捉 1800 点抢反弹(2008-9-12)

9 月 12 日，本周简单点评及操作策略

首先祝朋友们中秋佳节快乐！阖家团圆！

本周两市在银行金融、石化双雄等权重指标股连续下挫带动下，大盘继续向下振荡探底，上证指数向 2000 点整数关逼近，两市收出一根中小阴周 K 线，成交量仍维持地量低迷水准。盘面看，近期基金重仓股如银行、煤炭板块成了重灾区，石化双雄成了空方最佳的工具，而券商、上海本地股相对强势、活跃。鉴于本周几乎收出光头的中小阴周 k 线，上证连收 7 根周 K 阴线，预计下周 2000 点将面临严峻考验，大盘先振荡下探而后回升反弹的可能性较大。

目前大盘跌破 2100 点关口，两市跌幅均已超过 65%。时间上也已调整了 11 个月，目前日线调整了 228 个交易日或调整了 48 周，未来第 233 天和第 49 周时间之窗在下周很快交集来临，大盘面临变盘的时间之窗，值得关注。同时，本周是大盘周线 7 连阴的第 7 根 K 线，历史上周 K 线七连阴之后几乎都会有反弹出现。近期最大的做空板块来自于银行股、石化双雄等权重股，它们也是连续两根中长阴周 K 线，属于短期做空能量集中释放下跌段，下周有望惯性下探后短暂企稳，一旦权重

股企稳将为反弹提供良好的支持。另外，大盘以少见的一直惯压式下跌展开，目前的超跌又超跌状态随时都可能有技术性反弹出现。

再从 9 月开始的日 K 线组合波动态势看，K 线呈现先两个 3 连阴夹一阳，到这两天一阴一阳的变化，说明短期杀跌动能有衰竭的迹象。同时，从周 K 线浪形看，大盘存在有两种相对乐观的演变(如图 2–70，第二种可能要到 1900 点附近才止跌回升)，以上综合分析看，也支持后市大盘在 2000 点附近展开反弹。至于悲观的浪形需要在本月确认。

目前投资者大都处于恐慌、媒体几乎一致看空的氛围，而且看空的理由很多、也很充分。但反过来看，随着持续的暴跌，风险的大幅释放，是不是也应该同时要看到 2000 点孕育着短线的机会？我仍坚持认为技术上 2000 点附近展开反弹的可能性大，同时我认为 2000 点左右也是政府出台救市措施的最佳时机(并非跌的越深其后救市措施的效果就越好，如图 2–71)。其实，现在最麻烦的是持续地量水平的低迷成交量，制约了反弹的空间。虽然下降趋势并未逆转，操作上，下周要做好空翻多布局的准备，激进者可在 2000 点附近半仓参与反弹短线操作，同时密切关注权重股的企稳、大盘量能情况及政策面消息。而稳健者还需多等待、观察。

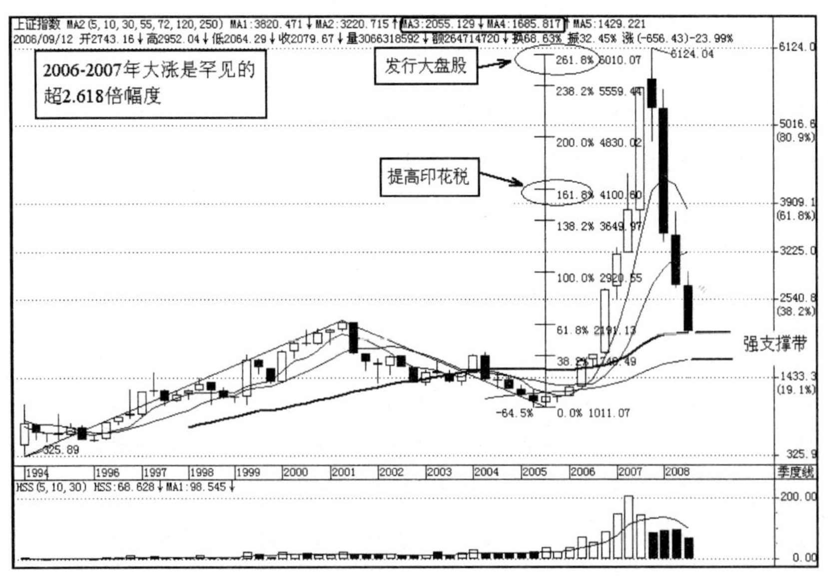

图 2–70 两年大涨罕见的超 2.618 倍

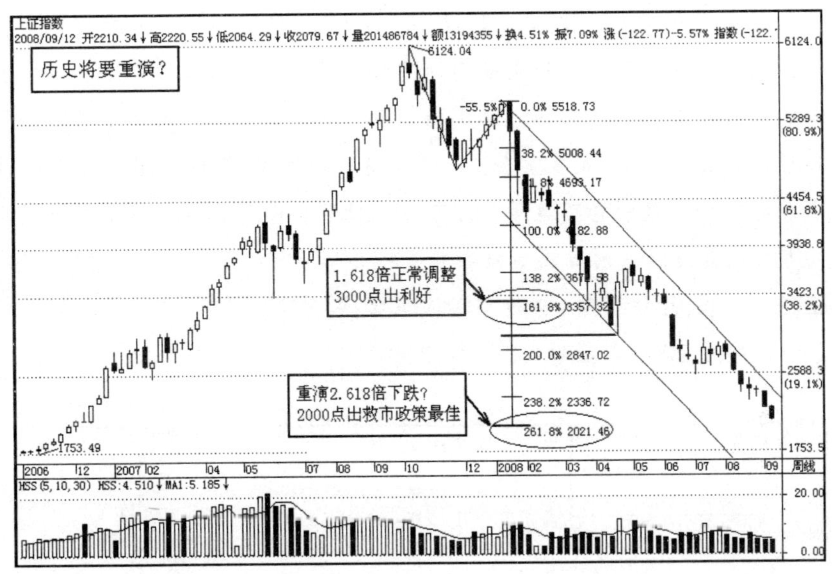

图 2-71　2000 点是出台救市措施的最佳时机

9 月 14 日，对首次下调利率点评：

美国第四大投资银行雷曼兄弟在美国周日申请破产保护。美国联储局前主席格林斯潘认为，未来可能还会有更多大型金融机构的倒闭事件，并指出，一旦出现严重的金融危机，对全球经济都会造成冲击(昨晚道指随即大跌 500 点，跌幅 4.42%)。在此敏感时机，昨晚央行决定下调贷款基准利率和存款准备金率，对国内实体经济无疑是利多，可缓解中小企业融资困境，同时，原油的持续大跌也对中国经济有利。另一方面，4 年来首次下调利率，也传递出宏观调控的拐点信号，至少开始松动了。这些对市场而言应该属于是利好，但鉴于目前国内投资者对全球和国内经济的衰退、金融危机动荡及大小非问题的担忧，可以说一片悲观看空，少有人辩证看问题。因此，今天市场到底如何解读？是否引发继续下跌还是低开大幅振荡、还是中阳上涨都需要密切观察。

如果中国高层能抓住利用美国金融危机大力把国内经济搞好、提升中国的硬软竞争力，那才是中国之福。

9 月 16 日笔者对大盘走势的点评：

美国两大投行的倒下引发了华尔街乃至全球金融业恐慌，各国股市纷纷大跌。虽然昨晚央行决定下调贷款基准利率和存款准备金率，以减少对国内的冲击，但对银行金融股属利空，对贷款多的地产、钢铁等属利好。早盘 A 股低开放量下探，大部分银行股最低探至跌停，加之，原油持续下跌煤炭股继续下挫，市场仍显得较为恐慌，上证早盘快速跌破2000点，探至1980附近有所回升，但成交仍低迷，盘口看盘中反弹无力。其实，银行股在前两周连续下挫后，今日整体大跌，做空能量再度集中释放对后市未尝不是好事。从大盘日线、分时看，3子浪的下跌很快就将跌完，预计后市大盘在2000点多空会有一番争夺，估计短期1980点差不多可能是短期的低点。操作上，激进者可适量精选个股，低吸参与反弹操作。稳健者仍继续观望，市场人气的恢复还需时日及后续利好支持。

9月17日，笔者专门发“9月下旬大盘会探底回升吗？”文章，认为下旬大盘探底后回升，收复2000点希望大(图2–72)。

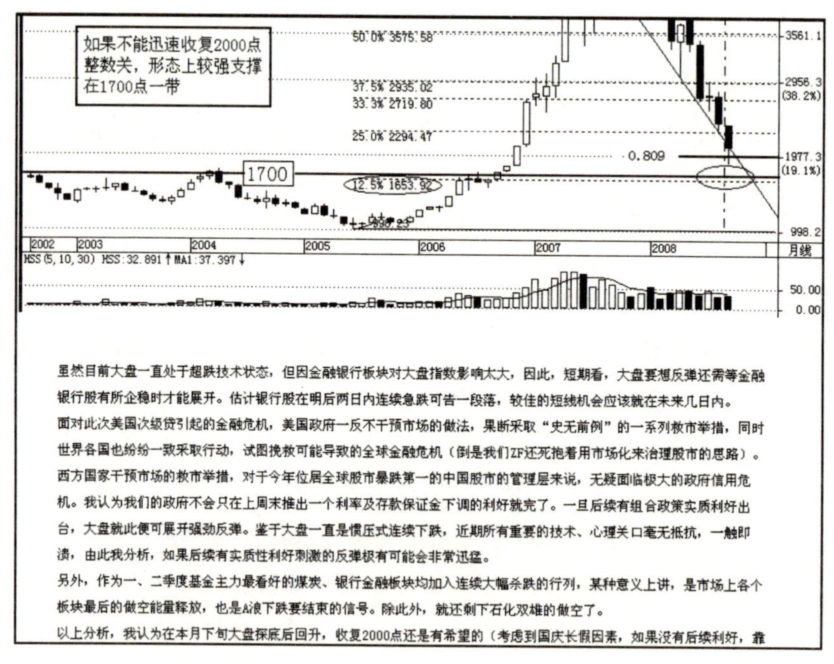

虽然目前大盘一直处于超跌技术状态，但因金融银行板块对大盘指数影响太大，因此，短期看，大盘要想反弹还需等金融银行股有所企稳时才能展开。估计银行股在明后两日内连续急跌可告一段落，较佳的短线机会应该就在未来几日内。

面对此次美国次级贷引起的金融危机，美国政府一反不干预市场的做法，果断采取“史无前例”的一系列救市举措，同时世界各国也纷纷一致采取行动，试图挽救可能导致的全球金融危机（倒是我们ZF还死抱着用市场化来治理股市的思路）。西方国家干预市场的救市举措，对于今年位居全球股市暴跌第一的中国股市的管理层来说，无疑面临极大的政府信用危机。我认为我们的政府不会只在上周末推出一个利率及存款保证金下调的利好就完了。一旦后续有组合政策实质利好出台，大盘就此便可展开强劲反弹。鉴于大盘一直是惯压式连续下跌，近期所有重要的技术、心理关口毫无抵抗，一触即溃，由此我分析，如果后续有实质性利好刺激的反弹极有可能会非常迅猛。

另外，作为一、二季度基金主力最看好的煤炭、银行金融板块均加入连续大幅杀跌的行列，某种意义上讲，是市场上各个板块最后的做空能量释放，也是A浪下跌要结束的信号。除此外，就还剩下石化双雄的做空了。

以上分析，我认为在本月下旬大盘探底后回升，收复2000点还是有希望的（考虑到国庆长假因素，如果没有后续利好，靠

图2–72 下旬收复2000点希望大

今日大盘在金融股继续暴跌的带动下加速探底，成交量较昨日萎缩，尾盘银行股再度封住跌停，压制了反弹做多的人气，投资者的悲观情绪继续蔓延。

作为前期价值投资的代表板块金融银行股，几天之内连续暴跌30~40%，对信奉价值投资理念的投资者简直是沉重打击。从银行金融股走势看，目前处于加速下跌的3子浪中，技术图形比较难看，如果没有利好外力的改变，似乎上证指数要跌至1800点看来也比较容易。一直我心存担忧的是，本月大盘如果不在下旬回升，收在2080点上，最低要求需收复2000点，则月K线图形显示将向延长走势演变，要想扭转月线级别的延长趋势就很困难，那么后市将更不乐观。也就是说，如果上

证不能较快收复2000点整数关，形态上较强支撑在1650–1700点一带(这也是我前期分析时不愿相信A浪会跌破1800点的原因)。这波A浪下跌便如此惨烈，真不知明年的C浪下跌又会是怎样的悲惨状况?

虽然目前大盘一直处于超跌技术状态，但因金融银行板块对大盘指数影响太大，因此，短期看，大盘要想反弹还需等金融银行股有所企稳时才能展开。估计银行股在明后两日内连续急跌可告一段落，较佳的短线机会应该就在未来几日内。

面对此次美国次级贷引起的金融危机，美国政府一反不干预市场的做法，果断采取"史无前例"的一系列救市举措，同时世界各国也纷纷一致采取行动，试图挽救可能导致的全球金融危机。西方国家干预市场的救市举措，对于今年位居全球股市暴跌第一的中国股市的管理层来说，无疑面临极大的政府信用危机。我认为我们的政府不会只在上周末推出一个利率及存款保证金下调的利好就完了。一旦后续有组合政策实质利好出台，大盘就此便可展开强劲反弹。鉴于大盘一直是惯压式连续下跌，近期所有重要的技术、心理关口毫无抵抗，一触即溃，由此我分析，如果后续有实质性利好刺激的反弹极有可能会非常迅猛(图2–72)。

另外，作为一、二季度基金主力最看好的煤炭、银行金融板块均加入连续大幅杀跌的行列，某种意义上讲，是市场上各个板块最后的做空能量释放，也是A浪下跌要结束的信号。除此外，就还剩下石化双雄的做空了。

以上分析，我认为在本月下旬大盘探底后回升，收复2000点还是有希望的(考虑到国庆长假因素，如果没有后续利好，靠市场自身则难度大)。随着股指跌破2000点后的连续下挫，我倒认为较大的机会越来越临近。不管怎样?做好两手准备，多做功课，多盯紧盘面变化，随时准备出击!

以上只是我个人的看法，仅供参考!

9月18日中午，大盘在逼近1800点关键时刻，特在网站发图说明较佳短线机会来临，并少有在网站里明确说明我们进场(上次点明买进是3000点，此次应该算起来是第二次)。

受美国股市昨夜全线暴跌4%(449点)影响，引发全球股市恐慌，上午A股在金融股继续暴跌带动下，个股普跌，恐慌加剧，上证放量大跌5.8%，已逼近1800点关口了。上午收盘时多达150只个股跌停，跌9%的个股近500只，可谓惨烈!大盘经过两天的暴跌，今天再度加速暴跌，加之连续三天放量，说明有资金在承接抛盘。上证指数这种90度的垂直打击式下跌，持续时间应该很短，看大盘下跌的架势，估计此次A浪是一步到位探明底部的走势。从大盘分时看，下午再惯性杀一下差不多完结了，技术上是超短线低吸的较好机会，至于反弹的力度要看量能配合(只是需要密切观察是否再拉长)。从日线看，大盘如果没有外力改变拉长下跌，悲观的话恐怕要1500~1600才能止住。

不过，我前面说过了，虽然不知大盘到底跌至什么点位是最低，但现在越暴跌后市孕育的机会就越大。现在完全可采取超短线思路进场，如果有利好则可持股时间长一点。我认为目前较好的策略，就是如早盘把昨天盘中低吸进的早盘平推或小亏杀出，今天急跌时又分批接回来。

总之，现在在连续暴跌中要看到曙光，而不是盲目的恐慌。至少1800点位置可半仓向下滚动操作，确保筹码不丢，即使管理层任由大盘跌至1700、1600、1500甚至更低，也可进退。不多说了，下午我是要进场的，至于朋友们选择激进短线还是稳健观望，根据自己的承受力而定吧！（图2–73）

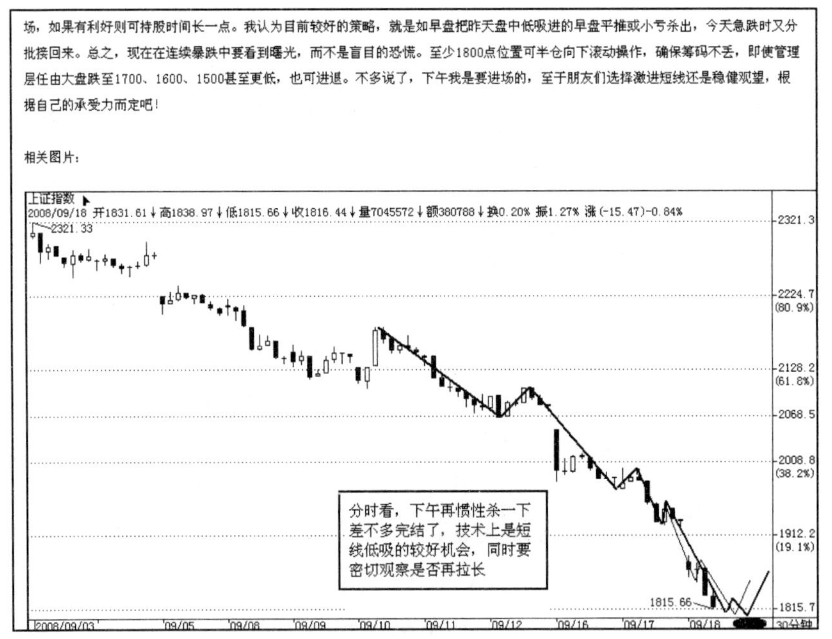

图2–73 图解说明较佳短线机会来临

9月19日，大盘点评及大涨后如何操作？

本周股市呈现先暴跌加速探底，随即迅猛回升的走势，可以用峰回路转、绝地反击来形容。

中秋节后因受金融危机突然恶化影响，在银行金融股持续暴跌带动下，大盘垂直式下跌，加速放量探底，直破2000、1900点，三天暴跌近280点，创造了11个月里大盘跌幅超过了70%的记录，股票市值蒸发20万亿元，市场极度恐慌。为此，周三我专门发帖“9月下旬大盘会探底回升吗？认为ZF很可能还会有利好推出）。

而且近期几次阐明，现在越暴跌后市孕育的机会就越大。当周四最低探至1802点时，银行股午后突然遭遇持续买盘涌入而逆转，在有色等板块反弹协同下，大盘从当日跌127点到翻红，开始展开绝地反击，量能持续放大。周四中午大盘暴跌110多点逼近1800点时，我承受极大的心理压力，专门发帖图解指出："大盘90度的垂直打击式下跌，持续时间应该很短。下午再惯性杀一下差不多完结了，技术上是超短线低吸的较好机会(先写的是绝佳，担心话说满了发帖时改为较佳)，同时说明下午我是要进场(上次破3000点也是中午图解明说我们要进场)"，相信中午看帖的不少朋友多少都有所受益。近期点评较勤，其间也有分析失误，的确感到压力大，有些辛苦，在此自我表点功，否则，没有写的价值了。呵呵！

周四晚上，面对美国金融危机的蔓延趋势，全球央行一致紧急救市，几天输血逾3000亿美元拯救金融市场，我们的管理层也果断行动(就纯技术而言，如破2000出救市政策，走势上就少留破绽了，当然1800点附近也不算晚)，突然推出三条组合政策利好，即单边征收印花税、汇金明示入市操作及央企鼓励回购，在此敏感时刻，政府的救市信号明确，关键是给投资者信心。由于技术面与政策面共振的刺激，周五两市几百只个股涨停开盘，指数大幅高开9%和8.3%，大盘20分钟推升至涨停，上证涨幅9.46%，直至收盘。今天盘口与以往主力借利好出货明显不一样，大幅高开没有出现多次放量振荡，只是略回了一下，便在不断涌入的买盘推动下，急速上攻封住涨停，盘口显示大盘涨势非常强劲。除ST涨5%外，所有股票均涨停，权证也全线涨停，新股更是盘中大涨170~180%。

10年都没有看到大盘即时图红柱整齐并排，白黄线成直线的大盘涨停奇观(大盘走势图值得保存留念)，量能较周四略有减少。本周周K线收出一根长达13%下影线的放量阳锤头K线，技术上锤头线往往是明确见底信号，预计下周大盘继续振荡上扬。

对于这波政府组合利好救市措施和极度超跌引发的反弹行情，现在市场分析人士分歧也很大，有很乐观的，也有比较谨慎的，各说不一。我认为既不要过于乐观，也不用因前期习惯了下跌而过于悲观，理性看待之，当然反转暂时不要去想。需要多观察后续主力机构做多的意愿、领涨板块持续性、大盘量能持续情况，及盘面、走势的变化来适时修正、调整操作思路。

其次，这波反弹会轧空式上涨吗？

短期走势看，8.20放量长阳后，从2500点到1800点，一直是少见的惯压式持续下跌，中间几乎没有停顿，大盘犹如弹簧。形态看，上证指数脱离下降楔形形态的支撑线外达15%之多，理论上可以说是非理性多跌的一段空间，技术上应该很快收回。从板块调整的轮动看，基金最看好的煤炭、金融银行板块的塌方暴跌，往往意味着下跌尾声的到来(以上观点我前面帖子都说明)。反弹行情与推动行情大有区别，往往不会有长时间的筑底建仓，加之，大量筹码高位锁定，因此，场内被套主力自救，加上场外抢反弹资金，两者合力推动便可迅速拉高，放量往往在反弹的末期。另外，有报道称，此次利好是国务院主导下紧急反应，果断及时，组合推出，其力度可见不一般，不要小觑政府救市的决心。而从周五盘口的强劲表现看，我认为70%概率可能会应验前期说的“大盘犹如弹簧，压得越紧反弹起来力度越大”，展开轧空式上涨至2300点上，或2500点左右。

我有一种感觉，这波反弹行情，会把前两天早卖、踏空的等待深幅回落、盘中犹豫不定的人一路轧空难受，一旦有许多人开始忍不住追进，则大盘反弹第一阶段差不多了，便开始进入大幅振荡，周一基本可看出大概。如果大盘放巨量换手后再继续拔高大涨，反弹初期至少要继续轧空一段，如果仅仅是修复性反弹，也不排除直接反弹到接近目标位(具体可密切观察几只大盘指标股的走势及出现放量后均量上涨即可做出判断。)

其三，能否直接演变成大B浪反弹?

今年制约股市、导致大跌的关键因素是大小非减持及扩容压力，极大挫伤投资者的做多信心，但随着持续下跌，大盘风险也释放充分，很大程度上也消化了最大利空即大小非的许多不利因素。在只能单边做多赚钱的势道里，正所谓“暴跌就是最大的利好”!

本次长达11月，70%的大调整，让市场所有参与者均损失惨重。有报道称，基金业从去年底的盈利过万亿到2008年半年报就亏损过万亿，至于到9月18日跌至1800点时亏损又扩大多少不得而知。18日居然出现了0.28元净值的基金，由此可见作为市场最大的主力群体，基金缩水程度之大。19日《证券日报》报道称，券商在下半年的两个半月时间，自营A股浮亏330亿元，浮亏幅度为31.24%，由此更不说普通的投资者了。目前最大跌幅超80%有18.3%，近300只，跌幅超70%的占64.3%，跌幅超60%的占85%，可见本轮调整的惨烈状况。因此，在还有三个月将跨过2008年的时间里，此次反弹很可能是今年所有主力机构借政府救市的机会，展开吃饭行情和减亏行情，否则，今年都将惨淡收场。同时，技术面角度也支撑后市展开大B浪反弹行情，而且我认为在技术上就此展开大B浪反弹，对国家、机构、散户等所有参与者未来两年里营造均有利的局面，因此我倾向于大B浪反弹开始了。从目前调整空间、时间，以及浪形上看，均可认为A浪调整已经结束(虽然尾端有些不规范，留有技术上的破绽)，假如大B浪果真就此展开，则空间应该可看至3000点上，一般可到达3300~3500一带，乐观的话则可看至3800~4000点一带。如果仅仅是超跌之后的修复性反弹，则可先看至2300点、2630点两档。以上仅仅是分析，后市只能是走一步看一步！

当然，反弹的高度取决于后市主力机构的做多决心、美国采取有史以来最大规模的救市措施对金融危机的拯救效果、下半年刺激经济的宏观调控政策，以及管理层对市场最担心的大小非问题有个明确说法(相信管理层后续会有解决的措施出来)。

9 月 24 日，笔者专门发“国庆节长假，持股过节还是持币过节？”文章，建议多持币为主，最多持股 1/3 仓位(图 2–74)。

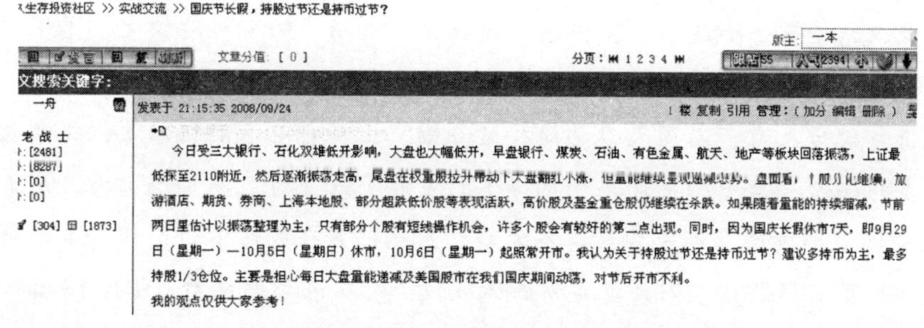
生存投资社区 >> 实战交流 >> 国庆节长假，持股过节还是持币过节？

版主：一本

文章分值：[0]　分页：1 2 3 4

文搜索关键字：

一舟　老战士　[2481]　[8287]　[0]　[0]　[304]　[1873]

发表于 21:15:35 2008/09/24　1 楼 复制 引用 管理：(加分 编辑 删除)

今日受三大银行、石化双雄低开影响，大盘也大幅低开，早盘银行、煤炭、石油、有色金属、航天、地产等板块回落振荡，上证最低探至2110附近，然后逐渐振荡走高，尾盘在权重股拉升带动下大盘翻红小涨，但量能继续呈现递减态势。盘面看，个股分化继续，旅游酒店、期货、券商、上海本地股、部分超跌低价股等表现活跃，高价股及基金重仓股仍继续在杀跌。如果随着量能的持续缩减，节前两日里估计以振荡整理为主，只有部分个股有短线操作机会，许多个股会有较好的第二点出现。同时，因为国庆长假休市7天，即9月29日（星期一）—10月5日（星期日）休市，10月6日（星期一）起照常开市。我认为关于持股过节还是持币过节？建议多持币为主，最多持股1/3仓位。主要是担心每日大盘量能递减及美国股市在我们国庆期间动荡，对节后开市不利。

我的观点仅供大家参考！

图 2–74　国庆节长假，建议持币过节

今日受三大银行、石化双雄低开影响，大盘也大幅低开，早盘银行、煤炭、石油、有色金属、航天、地产等板块回落振荡，上证最低探至 2110 附近，然后逐渐振荡走高，尾盘在权重股拉升带动下大盘翻红小涨，但量能继续呈现递减态势。盘面看，个股分化继续，旅游酒店、期货、券商、上海本地股、部分超跌低价股等表现活跃，高价股及基金重仓股仍继续在杀跌。如果随着量能的持续缩减，节前两日里估计以振荡整理为主，只有部分个股有短线操作机会，许多个股会有较好的第二点出现。同时，因为国庆长假休市 7 天，即 9 月 29 日(星期一)—10 月 5 日(星期日)休市，10 月 6 日(星期一)起照常开市。我认为关于持股过节还是持币过节？建议多持币为主，最多持股 1/3 仓位。主要是担心每日大盘量能递减及美国股市在我们国庆期间动荡，对节后开市不利。

我的观点仅供大家参考！

29. 预测 1700 点附近见底(2008–10–10)

10 月 10 日，大盘简单点评及操作策略

虽有融资融券试点启动及“双率”下调的持续政策利好，但并未阻止大盘的回调压力，在全球性金融危机进一步蔓延、海外股市持续恐慌性暴跌影响下，两市大盘随之继续振荡下行，最终上证勉强收在 2000 点，周 K 线收出一根缩量的中长阴

线，预计下周大盘仍将维持继续探底振荡的走势，如果外围股市没企稳、没有后续利好出台，下周将考验 1930 点、1800 点支撑，鉴于 1800 点是前期政策出台的位置，有较强的支撑力度，估计会有一番激烈争夺，因此，下周探底回升的可能性也较大。

本周，大盘虽然不时有权重股护盘，但外围股市的惨烈暴跌，导致 A 股市场信心尽失，反弹乏力，观望气氛浓厚，个股表现为普跌态势，周五收盘时统计：两市有 44%的个股已经创出 9 月 18 日的低点。这预示后市大盘有创新低的趋势，周五深成指已补 9 月 19 日缺口，而且仅差 55 点便创新低了。中午时提醒："分时看，下午大盘应该还有一小波下杀，但我不建议大家进场，的确风险较大，等下周走势明朗"。主要考虑到分时还差的一个小 5 下跌是否会延长？

从价量配合上看，本周大盘量能持续萎缩，上证都在 500 亿以下，极大制约了市场做多的热情，盘中的反弹几乎都得不到量能有效支持。从形态上看，周五两市大盘日 K 线上形成的岛形走势显得不太妙，虽然位置在相对低位，但如果短期不能迅速回补收复岛形缺口，则大盘再创新低就快了。从浪形结构看，9 月 18 日开始的反弹越来越成为小子浪 4 的可能性大。上月快速跌至 1800 点时，利好引发报复反弹，当时我提及过"就纯技术而言，如破 2000 出救市政策，走势上就少留破绽了"，既然现在结构上存在有破绽，其实，后市上证 1800 点破与不破均可，都是很正常的走势。从深成指走势看，深市大盘先创新低可能大，上证因权重股影响大，现在还不是很确定。如果周末国内没有利好消息，而美股周五继续暴跌，则下周初大盘堪忧。但本月大盘走出探底回升的走势极大！

总之，目前 A 股市场短期能否企稳回升，一方面要看外围美股能否止跌及金融危机的蔓延情况，更主要还要管理层后续的更实质性、刺激股市的政策利好。在目前全球股市恐慌气氛之下，A 股走势存在不确定性，因此，操作上建议暂且谨慎观望为宜。观察 6 日点评的 1930 点一带的支撑，及关注深成指是否创新低，一旦深成指创新低必将挫伤人气，则上证多半要去考验 1800 点支撑。同时盯紧大盘量能、领涨板块变化，一旦破底后跌至什么具体点位难提前准确判断，但我认为会比 9.18 反弹的机会更大。

简单罗列了一些现在对 A 股不利的因素：

①此次美国次贷危机引发的全球性金融危机，逐渐向欧洲、日本、韩国、发展中国家蔓延，而且越演越烈，日本大和生命保险公司 10 日宣布破产，而日经指数的暴跌，也显示出投资者对金融危机蔓延至日本的忧虑，而且金融危机已经明显地有由虚拟经济朝实体经济蔓延的趋势，这点美国、欧洲股市的连续暴跌已经体现出来了。周五道指开盘 10 分钟不到，快速跌破 8000 点关口，早盘最大跌幅达 8%，

市场恐慌程度可见一斑，随即快速反弹，维持低位振荡。已有多个国家干脆不时宣布休市，暂停股市交易，可见暴跌之惨烈。

②原油从7月中旬的147美元最高，持续回落下跌，已跌破80美元，同时，各期货农产品、资源期货品种持续下跌后，近期连续几个跌停下挫，已经预示了全球需求的减小，也就是说全球经济大有步入衰退的态势，势必对中国的经济有较大影响。

③虽然各国政府一致联手降息，及连续出台金融救援方案，但危机何时结束，现在谁也不知道？况且救市措施在短期内也无法迅速扭转市场投资者的信心，只有靠持续不断的出台带实质性的政策利好，靠时间、利好的累计，才能发挥恢复信心的作用。这就要求我们对利好的作用要有耐心。

④港股一般都是跟随美股走势较紧，然后传导到国内A股，尤其是部分权重股如中石油、中石化等A股与H股股价的差距在拉大，周五中石油H股最低5.55，收至6.00元，而中石化H股收盘为4.81，对A股股价有向下的牵引作用。

⑤自从汇金在9月23日第一次出手，象征性增持三大行各200万股后，随着股价的下跌，至今再未见汇金的下一步增持动作。汇金的迟疑不动，观望态度，势必压制市场中主力机构做多的信心。

⑥虽然管理层连续出台了政策利好，但针对制约股市运行的关键因素——巨量大小非套现问题始终没有明确的有效解决办法出来，这也让投资者失望，做多信心缺失。我倒希望A股继续暴跌，把大小非关键问题的解决方案逼出来，配合宏观政策的放宽，才可能让国内股市走出独立于外围的行情。

⑦我以前几乎不看电视财经栏目，这两天偶然看到连央视各个频道都在不停地在播放西方金融危机的专题节目，由此感觉到大部分中国人原本不很清楚的危机，现在通过电视广泛报道、分析，对普通百姓冲击也大，心理上也容易不得不随之恐慌了。

对A股有利的因素有：

①美国准备救市时，道指仅仅才下跌20%多点，而A股已经经过长达11个月，最大跌幅达到70%的大幅调整，股市风险已经释放相对很充分了。也就是说A股市场的位置明显不同，道指很可能在A浪的3-3延长之中，而A股很可能在A浪的末端了，即使再破1800点下行空间也不大了。

②此次号称自1929年以来最严重的金融危机，很可能导致西方国家经济的衰退，虽然对中国的出口影响大，尤其是制造业冲击大，但拉动我国经济增长的投资、出口、消费三架马车中，我国还可以在投资、消费内需上挖潜力，刺激经济发展，确保减少金融危机的冲击。用美国副财长的话说：中国是全球经济增长的发动

机，在这次危机中，中国避免了全球金融市场所面临的很多问题，中国经济的持续发展对全球经济至关重要。

③此次金融危机，西方国家首当其冲波及的是银行金融业，这对中国相对封闭的银行业而言，危机直接冲击程度有限，这也算是比较幸运的了。几年前中国就已经抓紧进行了金融机构的改革，大量剥离不良资产，大部分国有银行的改制、上市，银行资本金充足，有完整的风险管理体系。而且我们的银行业没有过早学习、过多的搞诸如杠杆型的西方所谓金融创新品种，银行体系是稳固安全的。极大地增强了中国抵御外部冲击的能力。

④我国拥有世界第一、多达近 2 万亿美元的外汇储备，短期外债仅为 4000 亿美元，相对于部分国家在金融危机冲击下面临“国家破产”的局面，中国完全有能力从容应对危机。因此，欧美的金融危机短中期内还无法从根本上动摇我国的金融安全体系。在世界各国纷纷自顾不暇的时候，目前在货币、财政政策上，只有中国还有很大的调整、回旋空间，关键要看管理层如何制定、实施救援措施了。

⑤前期国内股市与外围股市的关系是，跟跌不跟涨，而且往往跌得更厉害，但近期相对外围股市连续恐慌暴跌而言跌幅算小的了，尤其是周五的外围股市暴跌，加之中石化巨量解禁的压力，并没有出现放量中长阴 K 线，估计与证监会新批准四家外国公司 QFII 资格和暂停审批新股首发的消息有关。本周恒指跌 16.73%，创 11 年来最大周跌幅；本周日经跌 24.41%，本周道指跌 18%，历史最大跌幅，欧股跌幅超过 20%，估计在十几二十年里算最大跌幅了。两周里恒指跌 17.89%，日经跌 26.50%，道指跌 21.97%，而上证本周缩量跌 12.78%，深成指跌 15.53%，说明了 A 股的恐慌程度远不及海外股市，反过来也可说明目前国内投资者相对于外国投资者对本国经济的信心明显强多了(其实是我们的 A 股提前先暴跌多了)。

总之，战略上，我认为我们不能只是恐慌，而看不到中国股市的机会，战术上选择好时机、精选个股谨慎操作！

10 月 12 日，点评大盘走势

今天我又仔细研究了一下大盘指数的走势，虽然外围股市，尤其是美股最黑暗的一周恐慌暴跌段很可能已过去，下周难再重演本周的走势，下周跌势会趋缓或有反弹，但翻看了 A 股的权重股、基金重仓股及前期强势股的走势，除三大行、石化双雄走势相对强一点，我认为强势股下周存在补跌的几率也较大，如果没有政策利好，估计下周不容乐观，是比较艰难的一周，上证大盘是二次探底还是直接去创新低，现在我不好判断，我倾向谨慎点，较好的短线买点可能在下下周或更后。因此，操作上建议多看少动，谨慎为宜，如果出现连续急跌才有短线的机会。

从 9.18 反弹的走势看，只是小级别的子浪 4 反弹，因此，即使破底创新低后

（三大行、石化双雄硬抗的话，1800 点也许可守住），我认为下行空间应该不大，1700 附近止跌的可能大，至于有些机构看到 1500、甚至 1200 点，我认为此次很难跌到。

只有到时候走势越临近才可看得更清楚！

大盘 2~4 月的子浪划分有点不清晰，目前很可能是 A 浪 3–5–5，也可能是 5–5，如果是前者下跌空间就小许多，如果是后者，下行空间要大些。我倾向于前者，这也是我认为此次难跌至 1500、1200 的原因。当然，一切只有让市场来告诉我们。

10 月 13 日，中午点评大盘走势

外围股市在连续暴跌之后，亚太股市有初步企稳迹象，但也阻挡不了国内投资者的恐慌情绪。今天大盘低开低走振荡下行，深成指直接破底创新低，进一步挫伤人气，个股大面积普跌，观望气氛浓厚，盘面看只有农业、航空相对强势。好在既然深市已经确认前面反弹是小 4 子浪，现在正展开小 5 子浪下跌，对后市的分析、操作就简单许多了。分时上大盘下午再杀一下，就有回拉的反弹机会，是否就此展开上补缺口还难以判断。

对应股市的机会与风险而言，重复前面我的观点：战略上不能只恐慌，看不到后市的机会，战术上则需谨慎。目前先观望为宜，等待较佳的机会出现。多关注外围股市的走势及国内消息面(图 2–75、2–76)。

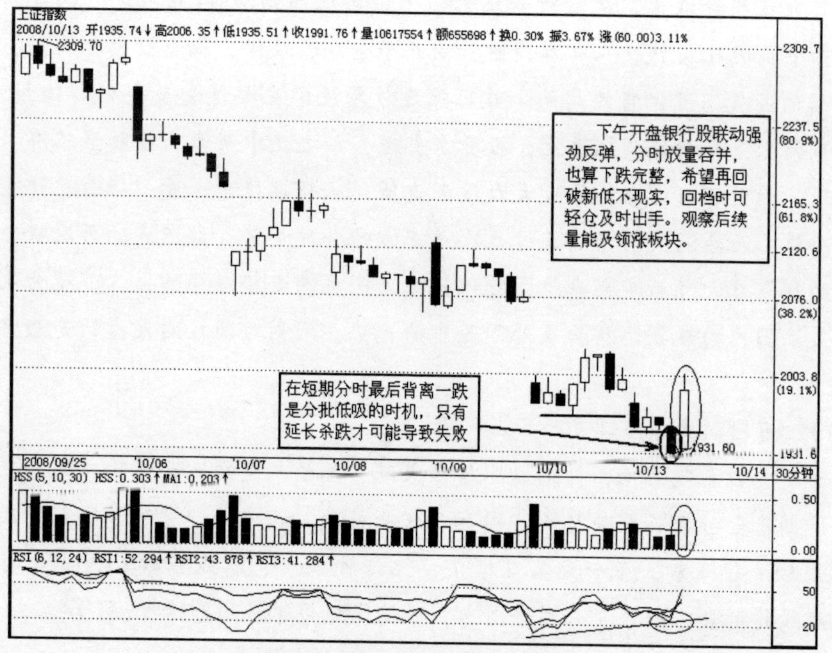

图 2–75　超短线选择买点

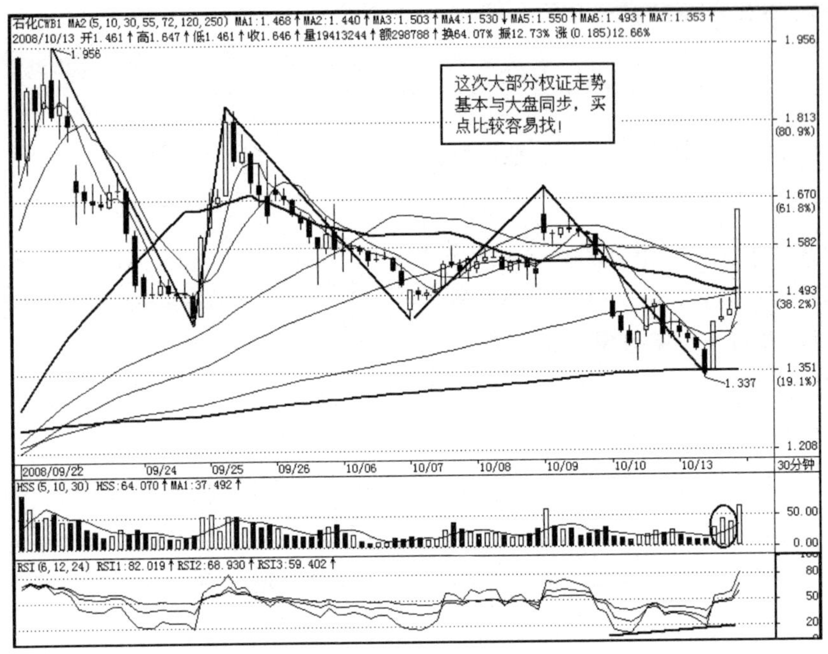

图 2–76 这次权证反弹买点容易找

10 月 14 日对大盘点评

今日大盘高开低走，尾盘放量跳水，上证再次回到 2000 点附近，两市均收出一根高开中长阴日 K 线。人气券商股板块几乎全线收跌停，权重股大都收阴，市场陷入获利兑现及恐慌抛售的局面。昨日探底放量反弹主要是受多个利好传闻刺激，外围股市大涨，而利好预期落空，投资者失望，加之盘中买盘力量明显不济，纷纷选择兑现，抛盘不断涌出，导致大盘逐渐走低。从短期技术上看，短暂反弹主要是为回补缺口，而券商股前面提及过主要是正常的补跌走势，该板块的再次机会出现在下周的可能性大。后市大盘将继续维持振荡探底的走势。操作上，观望为主，同时密切关注国内的政策消息面及外围股市的走势，两周时间左右大盘的走势将明朗化。

10 月 16 日对大盘点评

受昨晚美股暴跌影响，外围股市纷纷大跌，A 股也大幅低开振荡，煤炭、有色持续等前期基金持有股杀跌坚决，券商、农业补跌，盘中地产、部分医药、通信个股相对强势。短线看，下午大盘继续杀，上证破 1900、深成指破 6100，才可能是轻仓超短线的机会。如果没有利好消息，稳健者还得等下周看情况(图 2–77)。

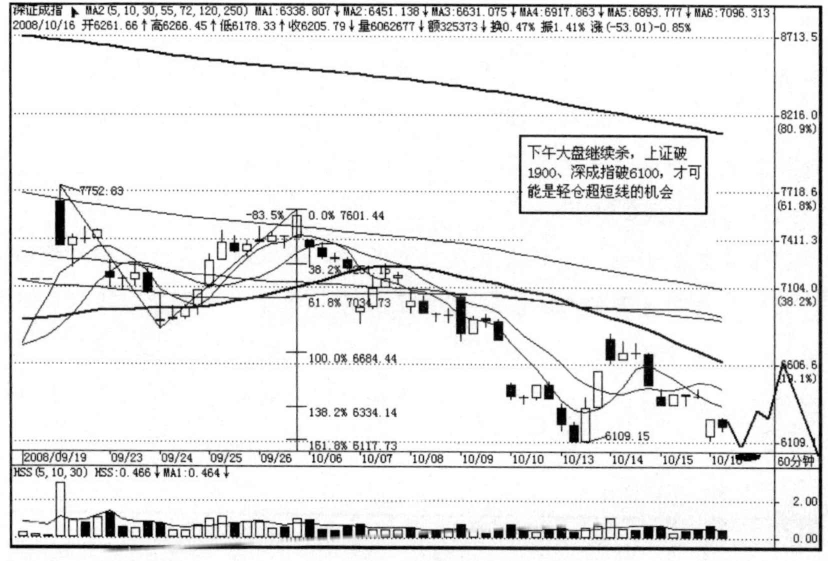

图 2-77　稳健者还得等下周看情况

10 月 17 日，大盘简单点评及操作策略

本周两市冲高回落，振荡探底，上证指数在石化双雄护盘下勉强守住 1900 点，而深成指则在周一、五两次创新低，量能继续呈现逐渐萎缩状态，成交低迷，最终周 K 线均收出一根缩量阴十字星。说明在金融危机蔓延、冲击，而外围股市没有走稳情况下，投资者出于对中国经济的担忧，观望气氛浓厚，下周如果没有利好刺激，预计大盘仍维持缩量振荡的格局。从盘面看，本周受期货品种下跌影响，煤炭、有色金属板块继续下挫，前期强势的人气板块券商、农业、上海本地股出现补跌走势，银行板块继续低位振荡，基金集中持有的个股仍不时在继续杀跌减仓，贵州茅台终于成为最后一只跌破 100 元的个股。本周也有部分题材股活跃，如受利好预期刺激，地产股、灾后重建等板块走势相对活跃，而盘面最明显的是石化双雄在盘中不时的奋力护盘动作，多次在关键时刻挽救上证大盘急速下挫。周末有两条消息引人关注，一是有报道，平安上半年投资 238 亿的富通股票，而今仅剩 10 亿(还好年初管理层及时阻止了平安上千亿的圈钱融资，否则不知往外投资会成什么惨样)，可见西方金融危机对金融业的冲击力之大。有报道称，9 月全国税收收入增速下滑严重，税收增速加速下滑甚至负增长，将直接危及财政，由此可见金融危机已经明显影响到国内的实体经济及我国的经济增长率。另外，汇金除了上月底象征买了 200 万股三大行后，至今再无动作，预示着汇金对目前的股市也无充分信心。鉴于目前市场最大的问题是投资者信心不足，上证成交量缩减至 300 亿以下，自然会制约了个股的炒作。短期看，下周大盘下探后可能会有短暂的超跌反弹出现，但

没有量能配合，反弹持续性差，而高度有限，总体大盘维持振荡走势的可能性大，探底、筑底的时间很可能会延长。因此，操作上，建议谨慎观望为宜，部分题材股如地产、超跌低价小盘、业绩预增股等只是有一定的短线机会。密切关注世界各国救市的进展效果、外围股市的走势，以及国内政策的变化。

10 月 23 日对大盘的点评

受外围股市暴跌影响，今日大盘大幅低开，石化双雄、三大行补跌带动大盘振荡下行，盘中反弹仍无量能配合，买盘明显不济。昨日、今日外围恒指、日经指数均创新低，看来道指也会近期摸前新低，危机恐慌气氛并未结束。操作上，稳健者等待观望为宜，分时看激进者超短线近期有两次较好的轻仓低吸机会，但要精选个股(图 2–78)。

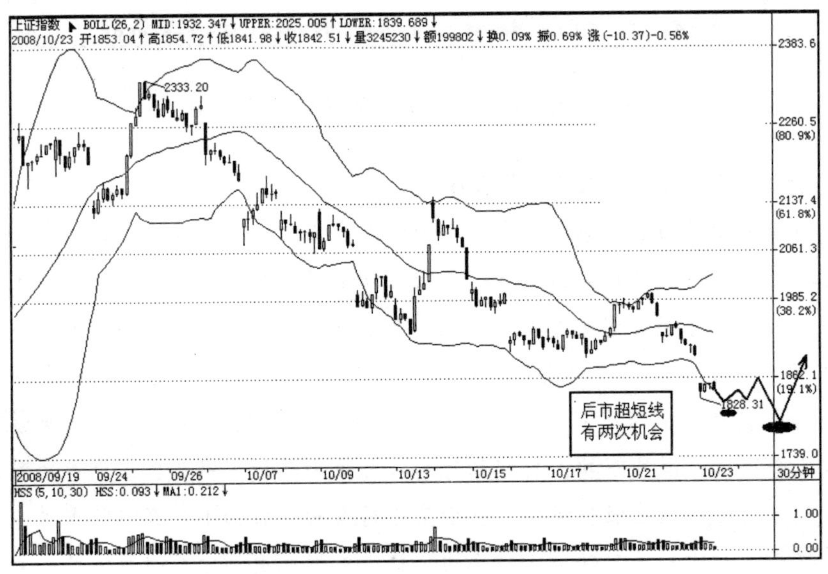

图 2–78 后市较好的轻仓低吸机会

30. 对尾端走势预测分析(2008–10–22)

10 月 24 日，大盘简单点评及操作策略

现在金融危机已经改成金融海啸了，源于对经济衰退和企业盈利下降的担忧，本周海外各国股市再现恐慌暴跌走势，本周香港恒指暴跌 2144 点，跌幅 14.52%；日经指数暴跌 1045，跌幅 12%；韩国股指暴跌超过 20%；均创出调整的新低；美国道指跌 473 点，跌幅 5.35%，纳斯达克暴跌 9.31%，但还未创调整的新低(应该很快了)。全球股市再现恐慌抛售，各国的强力救市措施并未阻挡股市的持续下跌。

尽管本周国内连续出台了一系列刺激经济的政策，但A股市场受外围股市的拖累，在金融、石化双雄等权重股集体走弱，持续下挫带动下，大盘继续振荡探底的走势，深圳指数已提早创出新低，上证也逼近1800点，两市周K线收出一根缩量小阴线和十字星。尤其是港股的加速下跌使A股调整的心理压力加大，直接的影响是部分权重股的H、A价差迅速拉大，对A股市场的股价构成向下牵引。周五统计，目前有77%的个股创出上月1802点时的新低。下周外围股市还会继续动荡，前政策底1800点关口在下周跌破应无悬念，正所谓不破不立。也只有破位创出新低，市场出现恐慌放量下跌后短线转机才有可能出现。因此，我认为大盘下周开盘先向下跳空，或许直接开在1800点附近，周初下探1750点附近，振荡之后再回升反弹的可能性大。从浪形上，大盘运行在A浪或A3末端的可能性极大，是否再延长密切观察(图2-79)。

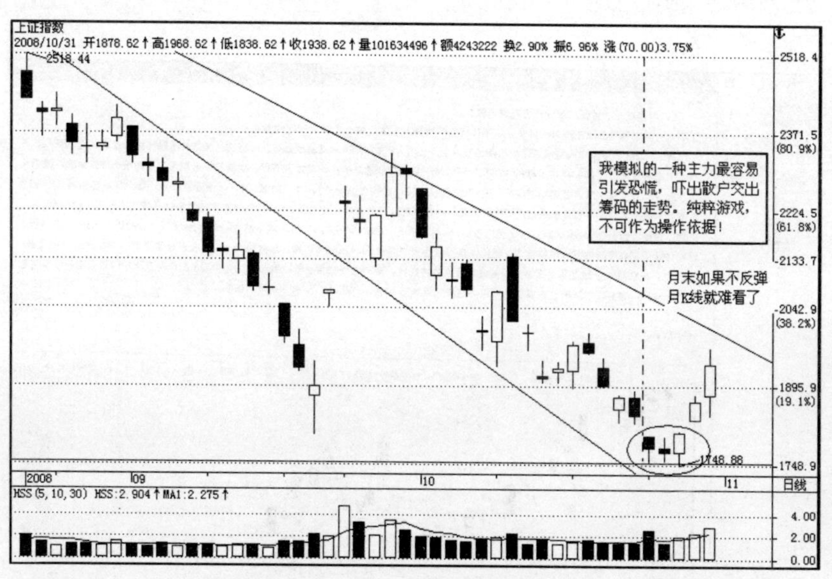

图2-79　模拟短期走势

操作上，等待破位放量下跌后的企稳。一旦后市破1800点，我认为短期不能只恐慌而看不到短线的机会。反而应该在暴跌中，对有些受利好政策引导的行业如铁路建设、券商、医药、商业等行业个股的短线机会加以关注。注意，目前一切操作建议先以短线思路进场，控制好仓位，设好止损位，贯彻反恐反贪的原则，一旦盘面出现积极变化才可延长持股时间。总之，现在我既不过分悲观，也不过于乐观！

近期的盘面有些显露出积极的信号：因金融海啸导致政府加快宏观政策的改

变，刺激经济，同时利好政策还会不断出台，累计效应开始慢慢体现。本周权重股如此下挫，但大盘并未跟随外围股市下跌多少，如周五日经跌 9.6%、恒指也大跌，但国内仅仅下跌 2%多点，说明了很多股票在下跌 70~80%以上后拒绝再深幅调整。另外，我相信，中国是第一个走出危机影响的国家！当然，这些都不是操作的依据，操作时必须根据实时的盘面、走势变化做出判断，及时修正。

10 月 27 日中午和晚上点评大盘时指出，明天再暴跌一次较佳的短线机会就快来临！

今日虽然如期低开在 1800 点附近，现在下探破 1750 点了，前几天的强势股几乎全线下挫，但盘面看没有恐慌杀跌盘放出来，有点出乎我的预料，这样可能导致短期调整时间还得延长。今晚美股继续下跌的可能性也大，加之明日工行、人寿复牌交易，短期对市场都构成压力，短线不容乐观。建议即使激进短线今天也少动，最好在明天看盘面情况伺机而动(图 2–80、2–81)。

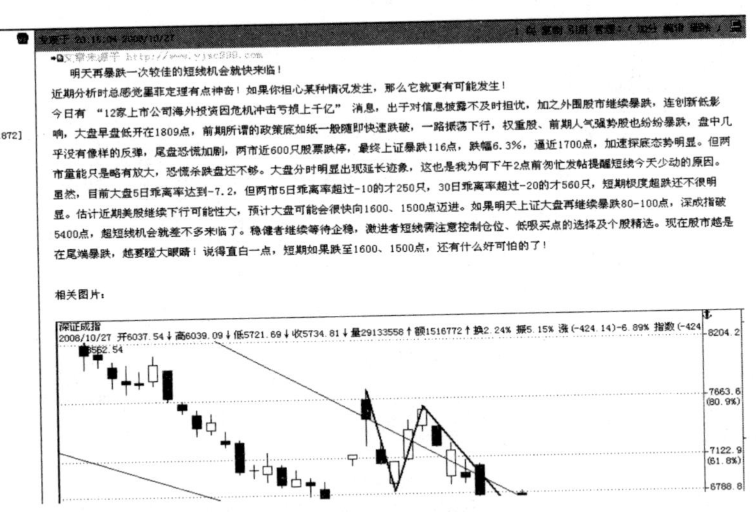
一舟

老战士

:[2480]

:[8288]

:[0]

:[0]

[304] [1872]

明天再暴跌一次较佳的短线机会就快来临！

近期分析时总感觉墨菲定理有点神奇！如果你担心某种情况发生，那么它就更有可能发生！

今日有 “12家上市公司海外投资因危机冲击亏损上千亿” 消息，出于对信息披露不及时担忧，加之外围股市继续暴跌，连创新低影响，大盘早盘低开在1809点，前期所谓的政策底如纸一般随即快速跌破，一路振荡下行，权重股、前期人气强势股也纷纷暴跌，盘中几乎没有像样的反弹，尾盘恐慌加剧，两市近600只股票跌停，最终上证暴跌116点，跌幅6.3%，逼近1700点，加速探底态势明显。但两市量能只是略有放大，恐慌杀跌盘还不够。大盘分时明显出现延长迹象，这也是我为何下午2点前匆忙发帖提醒短线今天少动的原因。虽然，目前大盘5日乖离率达到-7.2，但两市5日乖离率超过-10的才250只，30日乖离率超过-20的才560只，短期极度超跌还不很明显。估计近期美股继续下行可能性大，预计大盘可能会很快向1600、1500点迈进。如果明天上证大盘再继续暴跌80-100点，深成指破5400点，超短线机会就差不多来临了。稳健者继续等待企稳，激进者短线需注意控制仓位、低吸买点的选择及个股精选。现在股市越是在尾端暴跌，越要瞪大眼睛！说得直白一点，短期如果跌至1600、1500点，还有什么好可怕的了！

相关图片：

图 2–80　明天再暴跌较佳的短线机会来临

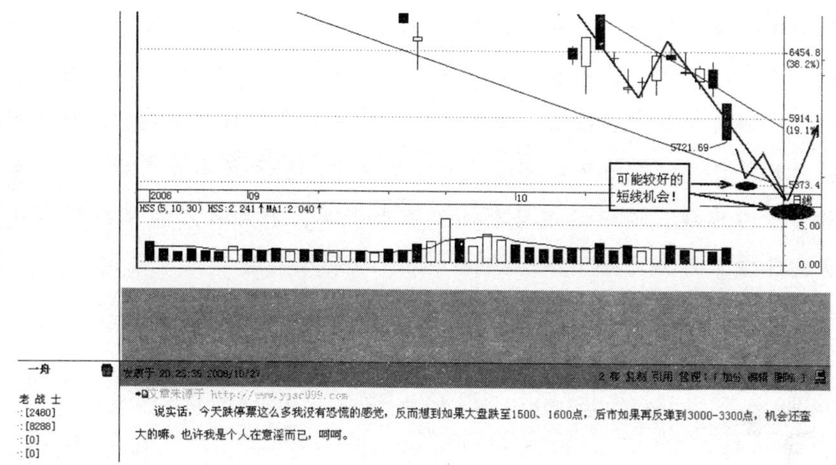

图 2-81　明天再暴跌较佳的短线机会来临

明天再暴跌一次较佳的短线机会就快来临!

近期分析时总感觉墨菲定理有点神奇!如果你担心某种情况发生，那么它就更有可能发生!

今日有“12家上市公司海外投资因危机冲击亏损上千亿”的消息，出于对信息披露不及时的担忧，加之外围股市继续暴跌，连创新低影响，大盘早盘低开在1809点，前期所谓的政策底如纸一般随即快速跌破，一路振荡下行，权重股、前期人气强势股也纷纷暴跌，盘中几乎没有像样的反弹，尾盘恐慌加剧，两市近600只股票跌停，最终上证暴跌116点，跌幅6.3%，逼近1700点，加速探底态势明显。但两市量能只是略有放大，恐慌杀跌盘还不够。大盘分时明显出现延长迹象，这也是我为何下午2点前匆忙发帖提醒短线今天少动的原因。

虽然，目前大盘5日乖离率达到−7.2，但两市5日乖离率超过−10的才250只，30日乖离率超过−20的才560只，短期极度超跌还不很明显。估计近期美股继续下行可能性大，预计大盘可能会很快向1600、1500点迈进。如果明天上证大盘再继续暴跌80~100点，深成指破5400点，超短线机会就差不多来临了。稳健者继续等待企稳，激进者短线需注意控制仓位、低吸买点的选择及个股精选。现在股市越是在尾端暴跌，越要瞪大眼睛!说得直白一点，短期如果跌至1600、1500点，还有什么可怕的了!

10月30日对大盘走势点评

近期外围股市纷纷强劲反弹，动辄一日大涨10%以上，如恒指已反弹了34%，日经指数也反弹近30%。而国内虽然利好政策也不断，如央行罕见地两个月内三次降息动作，但因管理层各个部门之间利益冲突，政策执行出现混乱，使得利好打折，市场确定性预期降低，导致体现在近期股市上反弹疲弱，连续出现下午开盘脉冲式快速上涨一两下即完的奇观走势，量能始终难以放大，维持振荡走势，相比外围股市大涨，国内的股市弱很多。其实，从大盘及许多指标权重股的短期走势看也属正常，分时或日线的浪形下跌都还没有彻底完结。明天是本月最后一天，如果明日没有放量大涨出现，而继续维持窄幅整理或下跌，则本月月K线收中长阴成定局，那么意味着下月初还要下探。操作上，在量能没有持续放大前保持谨慎为宜，同时做好进场的准备，我认为一波较大级别的反弹快要来临(图 2-82)！

图 2-82　一波较大级别的反弹快要来临

31. 一轮中级反弹呼之欲出(2008-10-31)

10 月 31 日，大盘简单点评及操作策略

本周外围股市纷纷强劲反弹，如恒指已反弹了 34%，日经指数也反弹近 30%。国内虽然利好政策也不断，如央行罕见地两个月内三次降息动作，但 A 股市场不买账，跟随外围反弹时较为疲弱，体现为市场对利好及外围股市大涨麻木，跟跌不跟涨，呈现振荡下探的走势，做多信心明显不足，周 K 线均收出略放量的小阴 K 线，上证指数收在前期 1800 点政策底下方，逼近 1700 点，与外围股市的强劲反弹反差较大。本月上证指数创 10 多年来最大月跌幅，收跌幅达 24.63%长阴，而且是前期先已出现接近 70%跌幅的前提下，本月再度大跌，而本月里香港恒指下跌 22.48%，日经下跌 23.83%，美道指跌下跌 14%。

国内疲弱的原因可能有：①国内针对股市的利好政策力度不够，尤其是没有针对大小非关键问题的利好政策，11 月大小非解禁又是一个小高峰，市场供求压力仍很大。②全球经济衰退可能性大，三季度报表显示公司业绩增速明显下滑，投资者担忧金融危机蔓延对实体经济的冲击。加之，目前宏观政策调整的预期还不明确。③汇金公司自从 9 月 23 日象征性增持三大行后，始终未见再次增持的动作，缺乏做多示范效应，使得场内主力缺少信心。④从大盘及许多指标权重股的短期技术走势看，分时或日线的浪形下跌都还没有彻底完结(最难看的是中石化等)，同时，反弹时无量配合，都制约了大盘的反弹力度。

因此，预计下周初大盘很可能继续向下探底。但从调整的幅度、时间看，自 6124 点下跌以来，目前最大跌幅接近 73%，有 77.7%的股票跌幅超过 70%，有近 600 只、37.3%的股票跌幅超过 80%，跌幅超过 90%的股票也有 26 只。调整时间近整整 1 年了，下月是调整的第 13 个月，是重要时间之窗，下周是周 K 线调整的第 55 周，也是重要时间之窗，值得密切关注变盘的信号。从浪形看，未来一两周大盘很可能在 1550~1600 点一带探明反弹前的重要低点，一轮中级反弹行情或许要呼之欲出。

操作上，在量能没有持续放大及汇金再度增持前谨慎观望为宜，同时做好随时进场的准备。后市如果出现放量暴跌创新低便可展开低吸建仓(如果下周下探不破 1664 点，也可轻仓短线)；如果后市持续阴跌振荡，则探底时间可能要拖到 12 月。鉴于下降趋势还未逆转，一切操作先立足于短线思路，稳健者可等待第二点再进场！这样既不过于冒进也可抄部分底。

总之，从技术上，短期再度下破前低点不是恐慌的时候，反而是低吸短线的机会，只需注意是否延长下跌即可。

所谓调整，其实就是股价结构的调整，因此我认为平均股价指数比大盘指数更能反映调整的本质。平均股价指数与大盘走势明显有不同，这也是浪形划分有困惑的地方(图 2-83)。

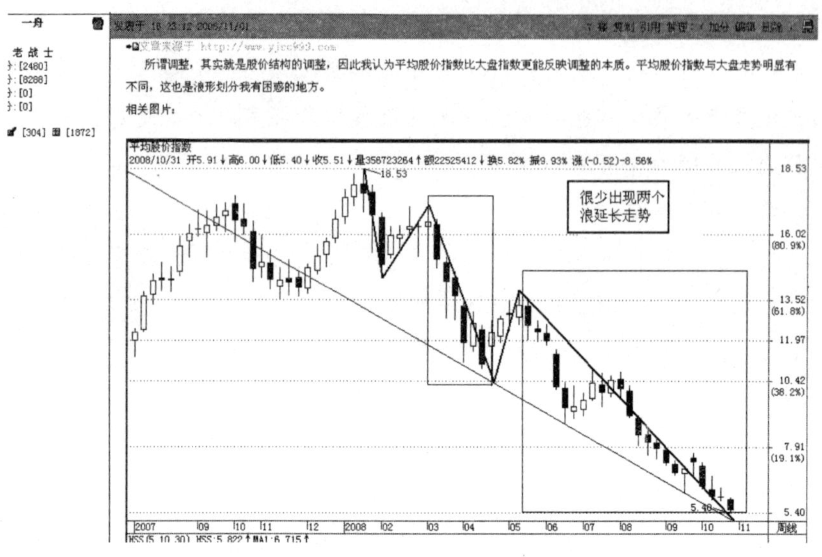

图 2–83 平均股价指数周 K 线走势

11 月 5 日，对大盘点评时判断短期尾端下跌很快要完结(图 2–84)。

受有关加大国家投入拉动经济，及 40000 亿财政刺激经济的救市传闻，早盘大盘高开放量走高，权重股全线上扬，个股普涨，大盘一扫疲弱态势，量能配合良好。我认为先看成回补 27 日缺口的反弹，后市关注量能的持续情况，继续贯彻反恐反贪。因此，操作上，不必过于盘中追高，稳健者可等第二点的低吸机会，后市

图 2–84 日线看，距离底部应该很近了！抄底机会快来临了

重点关注拉动内需相关受益板块、个股。

补充一点：

从平均股价指数看，最乐观的一种演变的短期尾端下跌很快要完结，最终还有待于确认，不过，短线操作可以展开，只是注意进场尽量低吸为主(图 2–85)。

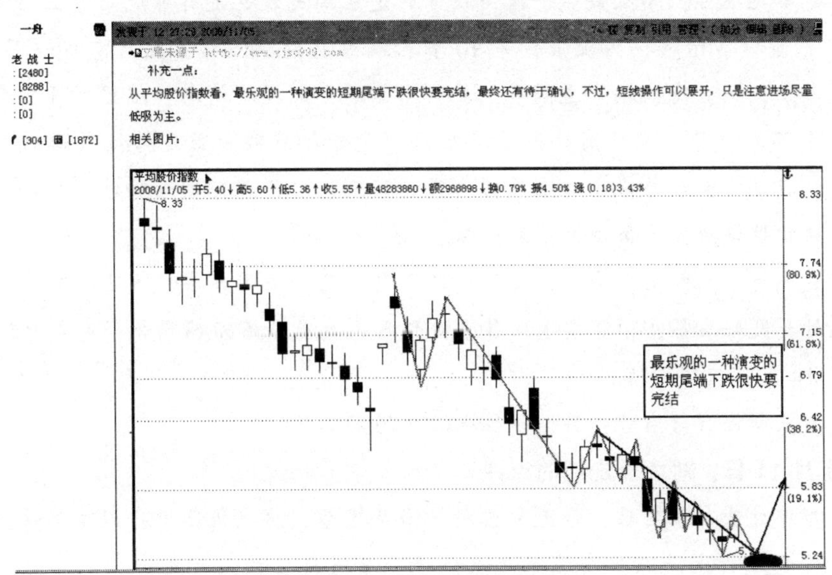

图 2–85　短期尾端下跌快完结

32. 分析 A4 或大 B 浪反弹展开(2008–11–7)

11 月 7 日，大盘简单点评及操作策略

本周感觉没有什么多说的了，上周已经把我的分析及观点表述清楚。

本周受外围股市大幅振荡及大小非解禁压力压制，上证大盘围绕 1700 点上下缩量振荡，最后上证终结前面周 K 线 4 连阴，收出一根阳十字星，深成指却收出一根阴十字星，多空暂时处于平衡态势，大盘整理态势明显。本周盘面有一个明显特征是跌破 1700 点后被快速拉回，说明了 1700 点下方有较强的承接力和支撑力量。另外，个股也表现较为活跃，尤其是低价超跌股表现抢眼。

从技术上看，下周大盘有进一步向上反弹的可能，高度要看量能是否能持续放大。鉴于目前全球经济步入衰退及股市动荡，短期也要防范走势上的最后一跌。操作上，如果下周最后一跌出现，很多个股的下跌就比较干净了，创新低也许就是逢低建仓的波段反弹机会。总之，在没有创新低前，盘面敏锐的人可适当把握题材股、低价超跌股的短线机会(趋势没有逆转前控制好仓位，一切以短线思路来操作)。稳健者可继续等待第二点明确信号进场。

11 月 10 日，笔者在与有网友交流时回复，表明自己的观点：

我倒认为小爱朋友空翻多很正常呀，根据盘面变化及时修正分析预测是实战操盘很重要的一环。谁也不能保证自己不看错。大盘、个股本身超跌严重，技术上展开反弹也不无不可，而且最后一段下跌分时走衰竭失败也是有可能的。上周两次破 1700 点，盘口显示承接力较强，差 10 多点就可创新低，权重股只需打一下即可，但就破不了，明显有机构知道国务院扩大内需的十大措施消息，瑞银巨资抄底其实也是一个预警信号。只要有领涨热点板块、量能持续放大就是持续反弹的主要条件。现在我是把大盘看成小 4 浪反弹和更大级别的反弹开始的两种演变之一，密切跟踪。注意热点把握、仓位控制和节奏。

我更侧重于判断当前市场、个股的收益与风险的关系。在技术上判断处于某段的尾端时要做好准备，按照技术信号来操作。大盘虽然不能确定是否有大 B 浪，我想后市 A4 反弹值得期待。

美国罗斯福有句名言：恐惧往往来源于恐惧本身！

11 月 11 日，对大盘走势的点评

在昨日放量大涨之后，今天大盘放量强势振荡，热点仍集中在内需建设受益板块及低价超跌股上。只要有领涨热点板块、量能持续放大就是持续反弹的主要条件。现在我是把大盘看成小 4 浪反弹和更大级别的反弹开始的两种演变之一，如果是更大级别的反弹开始，则前面最后一段下跌分时是衰竭失败走势，需密切跟踪。注意热点把握、仓位控制和节奏。目前分时的上攻量能有些跟不上，注意不要过于追高，下午可能还会振荡。操作上，可采取进场的仓位一半高抛了结，一半滚动，进退自如(图 2-86)。

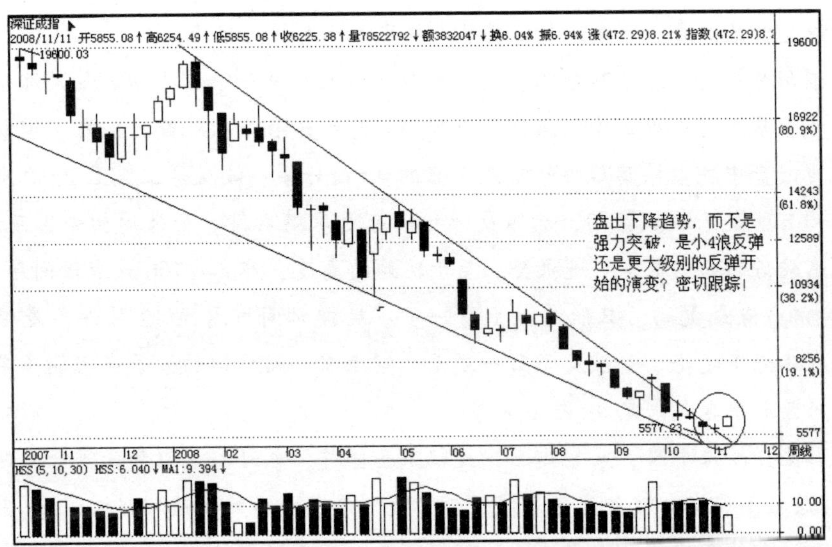

图 2-86　深成指提前盘出下降趋势线压制

11 月 13 日，对大盘走势的点评

大盘经过两天强势整理后，今天低开放量振荡走高，大部分个股拒绝回调，连受制于期货下跌的能源、有色金属也走势稳健，市场强势明显，尤其是受益于刺激内需大建设的板块强势不改，热点集中，逐渐开始扩散，市场全面激活。大盘上攻 30 日均线应该问题不大，密切关注量能持续情况。操作上，精选个股操作，适当拿部分筹码高抛低吸、滚动操作，毕竟大盘很有可能朝更大级别反弹的迹象。

11 月 14 日，大盘简单点评及操作策略

受国务院 4 万亿刺激经济、扩大内需、促进经济增长一系列措施不断出台刺激，本周大盘高开高走，展开放量强劲反弹，已反弹至 2000 点关口。两市均收出一根涨幅 13.6%和 15.7%的放量光头阳线，预示下周仍有继续振荡上攻的动能，站上 2000 点应该没有多大的悬念。

扩大内需的系列政策利好出台时机与技术面(A 末或 A3 末)可谓完美结合，政策面与技术面能起到共振的作用。从盘面看，基建大投资直接受益板块的领涨龙头及超跌低价股在本周纷纷连续大涨 40%以上，太行水泥连收 7 个涨停板，带动水泥、钢铁、铁路、工程机械、建筑、电力设备、低价超跌股等板块轮番上扬，各个板块有序轮动推升反弹行情向纵深发展。个股全面激活，而且许多个股上演连续大涨的逼空式走势。同时，上证大盘成交量也持续两天放大至 800 亿以上，并突破下降趋势线压制，打开向上反弹的空间。A 股告别前期低迷状况，开始摆脱跟随外盘股市涨跌的特性，率先走出独立反弹行情的可能性极大(一个月前我曾说过，中国

A股应该是世界上第一个率先走出金融危机影响而反弹的市场）。

从浪形分析看，原本隐略担心的先反弹小级别小4子浪在周四放量大涨中已经消除，现在基本可以确定中级级别的反弹A4或大B浪正在展开。如果下周初大盘仍继续重演盘中洗盘振荡后再轧空式上涨的话(最好第一波反弹上探至2280点上)，则下半周可能进入剧烈振荡，后市反弹行情可更乐观看待。如果周初先振荡几日，则可能有较好的回调低点买进机会。至于反弹的高度，2500~2700点应该问题不大，至于看3300点或更高，只能走一步看一步。反弹时间可看至12月份，是否跨年度，现在不好下定论。如果反弹第一波是轧空上涨，则反弹的b子浪回调多半会采取剧烈振荡或平台式来完成(图2-87)。

操作上，精选个股，紧靠热点，大胆半仓操作，也可以采取部分守仓、部分仓位滚动(总之不能空仓观望，超短线除外，否则今年最后的行情就错过了)。需注意短期上涨过急的股票不必过于追高，踏好节奏，低吸追涨结合。同时，密切观察量能变化(上证保持800亿以上就行)，及领涨板块的走势。

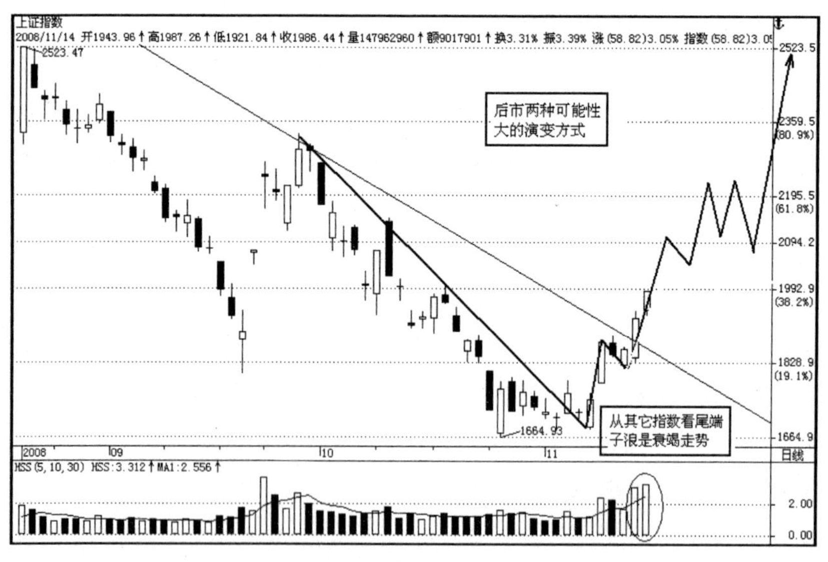

图2-87 后市两种可能大的演变走势

用江恩价格带或黄金分割，分析反弹空间如图2-88、2-89：

如果仅仅是A4反弹，2400点是最小目标，乐观也可到3000点。如果是直接展开大B浪反弹，2500点是最小的目标，乐观也可到3300点，甚至更高！

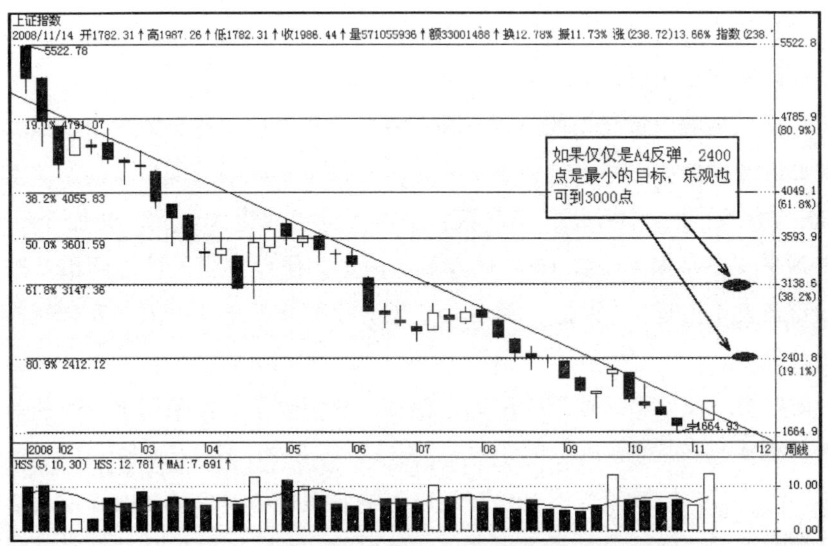

图 2-88　如果是 A4，高度可看至 2400 点

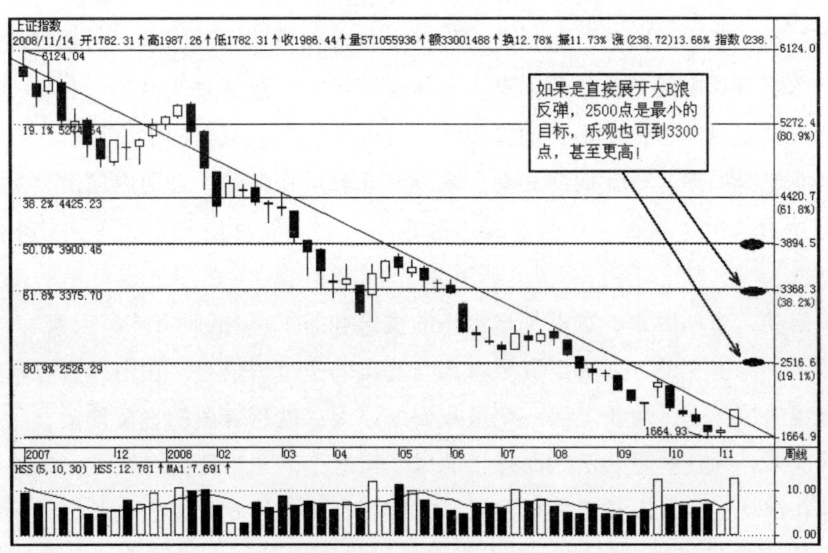

图 2-89　如果是大 B 反弹，高度可看至 2500 点以上

四、建立自己的预测分析系统

读者可以从以上笔者近一年调整中持续研判行情的真实记录里发现，要做到较

为准确分析研判行情也不是很难，只需要多读并熟练运用传统经典理论，根本不需要其他高深莫测的东西。

下面谈谈影响股价波动的因素。如果要广泛列举、详尽分析股市、股票上涨或下跌的原因或理由，恐怕谁也说不清楚。有时候单个股票的因素就能影响整个股市的涨跌，如中石油、中石化、工商银行、深万科等权重大盘股。又如今年元月 21 日，中国平安发布拟再融资 1600 亿方案的消息，便导致当天沪深两市暴跌，一日之间股市蒸发市值近 1.7 万亿，随后大盘还继续下挫不止，中国平安顿时成为千夫所指的对象。

影响股市、股票上涨或下跌的因素很多，也很复杂。如果简单分类的话，大致可分为三类：

第一类，政治、政策因素，是指足以影响股票价格变动的国内外重大活动，以及政府的政策、措施、法令等重大事件，政府的社会经济发展计划，经济政策的变化，新颁布法令和管理条例等均会影响到股价的变动。也包括了国际环境，如国际间货币汇率变化、主要金融市场股市、期货市场价格变化、战争等等。

第二类，基本面因素，包括宏观经济、行业和公司内部因素。宏观经济因素主要是能影响市场中股票价格的因素，包括经济增长、经济景气循环、利率、财政收支、货币供应量、物价水平、购买力评价、国际收支、股票的供应量等。行业因素包括行业寿命周期、行业周期变动、政府产业政策变化等。公司内部因素主要指公司的竞争力、财务状况、经营业绩、股息率、公司管理层改选、重大技术突破等等。

第三类，市场因素，重点是指市场的供给和需求(包括股市扩容因素)，即资金面的流入、流出变动，而决定资金流入与流出的是市场信心。在中国只有单边做多才能赚钱的情况下，股价上涨一个最重要的原因，就是资金的直接推动。寻找所谓的黑马股票，往往就是从活跃而持续的成交量这个基本特征为出发点，即连续不断的资金在推动股价；因技术分析重点研究市场行为，因此，同板块股票之间的比价效应、传媒的投资导向舆论、不正当的投机操作、机构操纵股价、各种传闻、谣言、投资者心理等都可归入到市场因素范畴。

当今时代，各种各样的信息每天都充斥着我们眼睛和耳朵，海量信息多得让人无所适从。分析判断及实战操作时，很多人容易忽视很重要的一点：股市、股价波动具有它自身的运行规律。这为我们在分析影响股价波动的复杂因素时找到化繁为简的较好途径。

建立属于自己的分析预测系统：

分析预测系统，是根据收集到的所有市场信息，借助于各种投资分析理论，建立自己的大势分析系统、板块研判分析系统、个股分析系统三个层次的子系统。力求捕捉“低风险、高收益”的一段操作机会。

大势分析系统主要从战略层面上解决。

①目前大盘运行趋势的研判，包括建立大盘短期、中期、长期趋势变化的预警系统和趋势确认系统。从大周期到小周期各个级别进行研判股市的波动趋势及波动节奏，重点分析大盘的价、量、时、空等各要素是否和谐。

②分析、研判大盘近期能提供的市场机会大小和市场风险度、安全度的大小。

③选择恰当的操作策略，规划确立今后的主要操作方向。大势分析主要通过对基本面、政策面、技术面，对影响股市相关的所有因素进行全面综合分析研判，从而得出比较准确的结论。

板块研判系统主要是通过对行业周期的研究，分析研判未来成长性较好的行业板块，以便通过行业复苏、或高成长带来的投资增长机遇，挖掘出价值严重被市场低估的行业品种，以价值投资的心态，在合理的价位介入这些价值成长型行业品种，获取收益；通过市场资金流动特性，板块轮动、热点的转换，根据基本面和技术面分析，前瞻性、时效性的把握板块轮动、热点龙头品种的投资、投机机会，从而获取尽可能最大的收益。

个股分析系统主要是从静态和动态两个技术方面进行分析研判。静态分析主要从个股基本面分析其成长性，同样从大周期到小周期各个级别进行研判个股的波动趋势、波动节奏、行进结构，价、量、时、空等各要素是否和谐，分析是否具备常说的黑马股特征；以及分析个股的长、中、短期的风险度和安全度的大小；选择具有未来涨升潜力的个股做为自选股储备，加以密切跟踪关注，或者调整操作策略、资金管理、实战布局、应对措施。

动态分析主要从近期活跃的热点板块动态选出目标个股，或跟踪的自选股，进行分析研判个股的波动趋势、技术态势、行进速度、买卖交投情况、安全度大小、机会的判定。结合盘面实时走势，根据实战操作展开的条件，选择、决定进出操作的最佳、较佳时机，进行实战布局。力求做到一出手就赢的境界。

以上所说的分析预测系统属于看对的层面，看对简单地讲就是指对于市场运动的各种情况及其变化能够得出“正确”的分析研判结论。而且必须强调的是，所谓“正确”的分析研判结论也只是概率的研判，没有100%的正确性，同时，因结论的主观性较强及不确定性，一切还需最终让实际走势来验证，所以，实际分析操作时更需要及时修正和风险控制。笔者认为应该本着大胆假设、小心求证的思想，走一步看一步较贴近实战！

预测分析系统同样也需要经过无数次的模拟、实战训练过程，才能逐步加以完善，因此，做好平日的分析预测检讨、总结功课十分重要。

投资成功不仅需要“看对”，更重要的是需要实盘操作“做对”。因此，“看对”距离真正的投资成功还有着“做对”这个巨大的鸿沟需要去跨越！

下　篇

理论、技术实战应用篇

2006 年至 2007 年，上证指数展开了自 1000 点附近上涨至 6124 点的两年大牛市行情，许多投资者获利颇丰，也造就了无数的“股神”。牛市中操作最简单，只要选好股票，并敢入市买进，一路持有，就能够赚大钱，甚至连目不识丁的六七十岁大爷太婆都能成为“股神”。可是，随着 2008 年股市大调整，上证指数在短短一年时间里，从 6124 点又跌至 1664 最低点，最大跌幅达 72%，整个国内股市里蒸发的财富在 20 万亿以上。大部分投资者最终不但把牛市中大赚的钱吐回给市场，而且连本金也赔进不少；很多在 2007 年、2008 年新入市的投资者才真切体会股市里的巨大风险。在没有进行投资基础学习和掌握相关操作技能之前就盲目买卖股票，最终都会在市场上付出沉痛的学费和惨烈的代价，更别想在风险市场中稳定盈利、长久生存。

早些年，笔者也与大部分投资者一样，喜欢收集各种各样的买卖操作技巧。后来慢慢发现，许多看似不同的买卖技巧，其实说的都是同一买卖位置或区域。例如，同一个阶段底部的股价启动，用不同的基本分析和技术分析思路，乃至运用无数的不同技术指标，都可以总结出许许多多看似不同的多种买进操作技巧，一回事不过是说法不一样而已。投资基础差的人还以为买卖操作的绝招或秘笈还真不少，多得让人不知到底该使用哪几招才最有效？其实，投资者只需要牢牢把握市场的基本要素(价、量、时、空)，进行综合分析，透过现象看市场本质，化繁为简，就能找寻到简捷有效的操作方法。

由于笔者在此前出版的《反弹技术操作精要》、《价量实战技术精要》、《永久生存》、《职业操盘手实战全程解析①》、《职业操盘手实战全程解析②》等书中已有许多经典理论和常规技术方法运用的操作技巧，所以，本书下篇仅列举自上证指数 6124 高点大调整以来部分笔者、助手、学生及读者交流网站网友的技术运用实战操作案例，以帮助读者加深对传统经典理论运用的理解。

一、经典理论买卖点训练

投资者通过学习道氏理论，就会明白顺势而为是投资中最重要的操作原则，从而准确定位自己在实战操作中的身份和位置。我们只是市场中的一名趋势追踪者，而不是趋势预测者。趋势跟踪者最基本的操作策略是，顺势而为，锁定亏损，让利润不断扩大。不要尝试去猜测趋势将会走多远，没有人能准确预知未来，投资大师也不行。投资者根据自己所掌握的信息和知识做出的决断始终是主观的，容易带有个人偏见性的影响。投资者事先无法证明所做的决断是否完全根据客观实际走势而判断，只有用市场实际的走势来评判正确与否。预测分析只是为实战操作服务的，如果预测分析准确率提高，自然会极大地帮助顺势操作的成功，但不能本末颠倒。趋势跟踪者知道，精确找出市场趋势起点的尝试是徒劳的，宁愿等待趋势逆转或明朗后再采取行动。

例如在图 3-1 中，你看到一只股票，从最低 2 元涨到 100 元。当它在 2 元的时候，你不会知道它将要涨到 100 元。趋势跟踪者同样也不知道它会涨到 100 元，但是，他们不停地买，就好像知道它可以涨到 100 元，或许也不可能涨到 100 元。那么，你是否因为没在 2 元买入而后悔，遗漏了这笔涨到 100 元的交易？假如你在 5 元、10 元、20 元，甚至 50 元有进入的机会，而不是 2 元，你会错过这笔交易吗？如果你在 5 元、或 10 元、或 20 元进入，而且它涨到了 100 元，那你做出了一笔很棒的交易。你不能预测价格，没有人能在最高处卖出，在最低处买进。

反之，如果一只股票从 100 元跌到 80 元，基本分析者经过分析也许认为这是一个不错的买入机会，但是，对趋势跟踪者来说，一旦发现趋势开始逆转，他会认为自己一定做错了什么，然后离场。

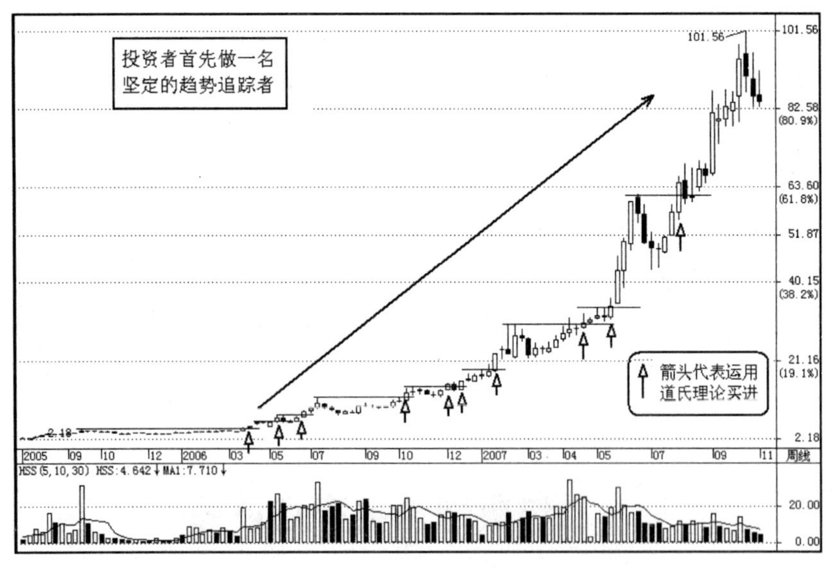

图 3-1 做一名坚定的趋势追踪者

所以，投资者首先要洗掉头脑中想在最低价买进，在最高处卖出的这种平常人幻想的完美操作思想和观点，转变为坚定的趋势追踪者。趋势跟踪者通常在做常人相反的事，往往以较高的价格买进或以更低的价格卖出，因为他们只追逐趋势而顺势展开操作。

图 3-2 为一只股价波动的轨迹，可以测试你是趋势预测者，还是趋势追踪者？图中有 1、2、3、4、5 五个买进点，你喜欢在那一个点买进？图 1 点是最低点，如果选择 1 点买进，说明你喜欢抄底，还是一个趋势预测者。抄底也有可能买到最低价，但更多时候容易被套，因为你是在逆势操作。所谓的最低点都必须靠事后的走势来确认。图中 2 点买进，也就是道氏理论的趋势定义中相对安全的买点。虽然你也可能会买错，但风险可以控制，一旦股价不再创新低，则你就买到了较佳的优势价位，容易掌握主动。

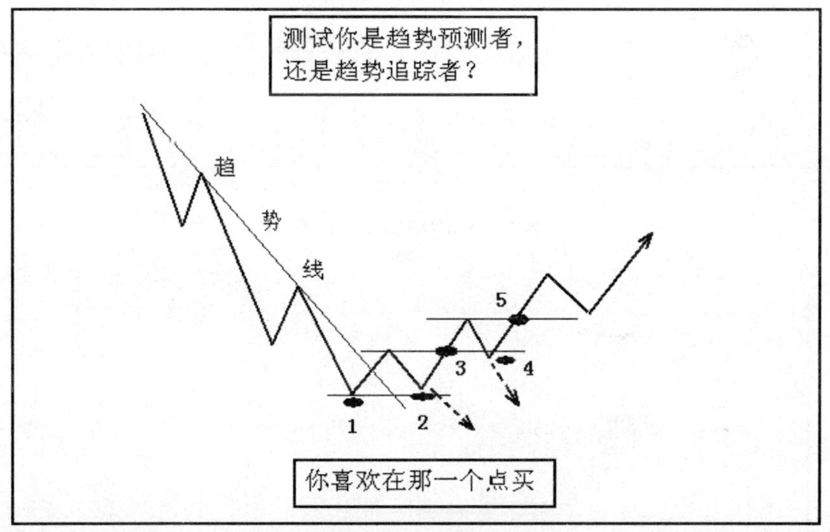

图 3-2　测试你是否为趋势追踪者

你能在经典理论中找到图中每一个买进点的技术理由吗？

为了做到、做好一名优秀的趋势追踪者，投资者必须在学习基础投资理论的同时，还要多通过经典理论运用买卖动作的训练。经过长时间训练后自然就能养成良好的顺势操作习惯。其实，买卖的战术动作不外乎就是追涨、低吸，杀跌、高抛、止损、空仓观望等经典战术(在笔者所著的《反弹操作技术精要》中有这些经典战术的操作要领介绍)，投资者深刻领会经典理论及这些买卖战术的操作要领，必将提高交易的胜算。下面通过简单的图解买卖点、止损点、股价启动点示意图（图 3-3、图 3-4、图 3-5)，供读者参考理解。读者需举一反三地多进行买卖战术动作方面的训练，不要认为 K 线历史图的作用不大，关键是要从中体会经典理论所阐明的买卖依据。

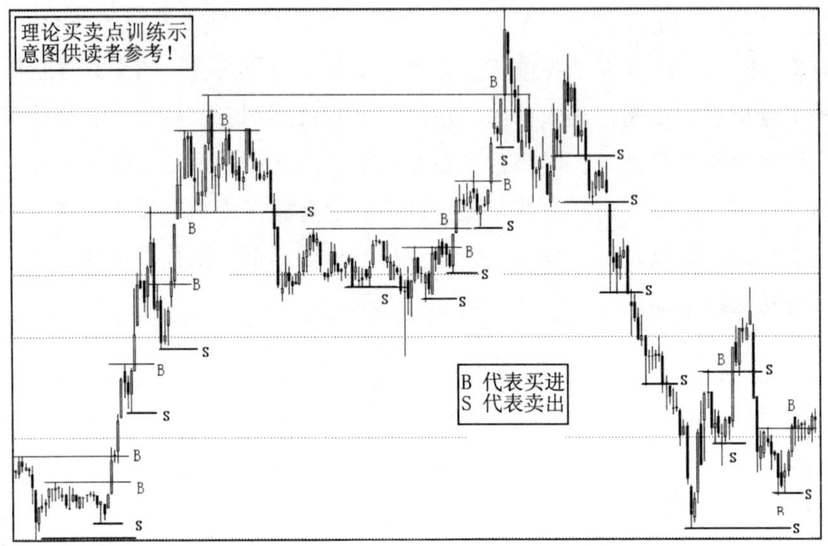

图 3-3 图解买卖点示意图

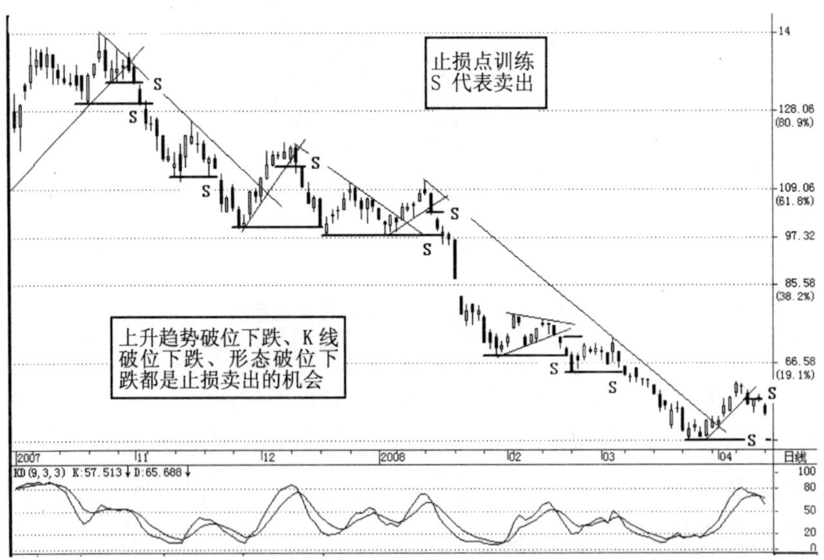

图 3-4 止损点训练示意图

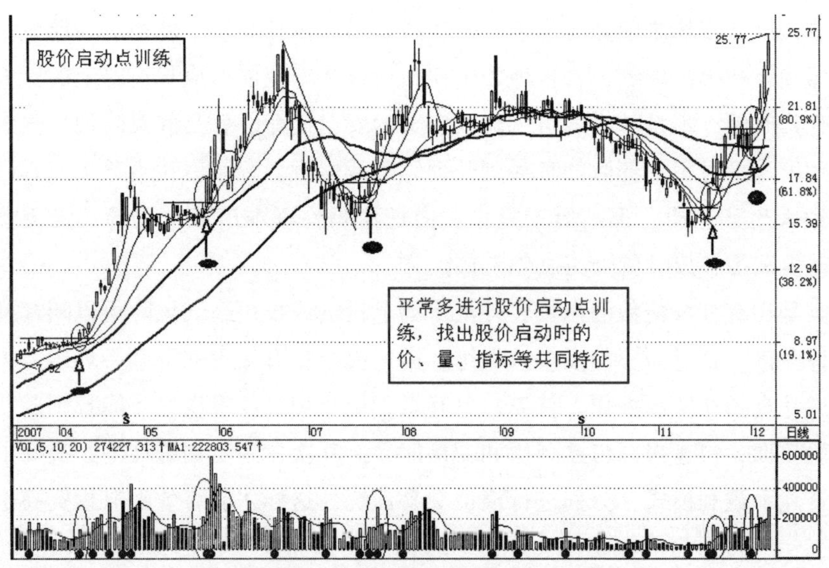

图 3-5　股价启动点识别训练

二、必须重视模拟训练

投资成功必须历经学好(学过、学会、学好、学精)→练好(练过、练会、练好、练精)→做好(做过、做会、做好、做精)三个进步阶段，以及多个具体层次或台阶。其中，投资者要注重练好某一阶段的模拟训练。通过模拟训练，主要使投资者树立正确的投资理念和风险意识，训练制定恰当的操作策略，增强投资分析能力、实战操作能力。

模拟训练除了少投资的心理训练这一环之外，在资金管理能力、积累分析功力、及操作交易系统的完善上有着巨大的作用。模拟训练是提高技术能力、熟练掌握买卖点相关知识的有效办法，同时还能够在不具备起码的专业水平的时候最大限度地减小无谓的资金损失！市场中永远不缺少机会，缺少的是操作本领！反复演练在有利、平和、不利、恶劣等各种情况下的各种买卖战术方法。当模拟训练的成功率达到 70%-80%以上后，就可以同时以最小单位的实盘资金配合进行模拟、实战双向训练。直到彻底掌握追涨、低吸、杀跌、高抛、空仓、补仓、观望、止损这八大经典买卖战术方法。通过对成功与失败的反复总结、以此形成并彻底完善自己的分析预测系统和实战操作系统。

记住，进入市场之前必先模拟、后实战。不是模拟高手，就绝对不能成为实战高手！那些轻视模拟训练，盲目地否定模拟训练在专业能力成长道路上的巨大作用的人，究其原因，不是从未肩负过较大资金的安全使命，就是故意瞎说！试想，如果军队的长官平时不让部队的官兵刻苦训练杀敌本领，轻率就让士兵真刀真枪地上战场和敌人生死相搏，那不等于是去白白送命吗？资本市场是战场、资金就是士兵。平时多训练、战时就少流血(割肉)！

尤其是在有杠杆倍数的期货、外汇市场上投资或投机，其风险可以随杠杆倍数而放大许多倍，这更需要加强模拟训练。虽然模拟没有实盘的资金心理压力大，但也要当成是真的在实盘操作。首先，只有真正用心和高度重视，才能找到成功与失败的经验教训，快速提高自己分析和交易能力。其次，制定训练计划，最好根据不同的投资高手盈利模式，分别进行模拟交易训练，这样才能有效吸取投资高手的精髓。第三，通过自己的深切体会总结。领悟，将适合于自己的盈利模式逐步完善，形成自己的风格。最后，当寻找到的盈利模式能够稳定盈利后，再分批加大资金进入实盘操作。

在期货、外汇的模拟交易时，根据个人的素质、基础和进入程度，一般模拟训练的时间至少进行半年以上，最好达到一年，同时，经历过多次模拟“赚钱-暴仓”的循环训练，才能让自己交易心态不急不躁、对资金管理和风险控制有一个深刻理解。在进入实盘交易才不致于遭受重创，不被市场彻底淘汰出局。

还有，当投资者在进行“准、快、狠”短线操作时，如果没有经过长时间刻苦的模拟和小单训练，没有对各种经典价格走势娴熟于胸，尤其是没有对各种经典做多做空攻击走势和调整走势把握十分透彻，就不可能在实盘中及时捕捉稍纵即逝的短线进出场机会，自然也无法达到把握机会点准，出手快且果断、下手狠的出手就赢的高手境界。平时多做模拟训练与小单实盘训练，时间一长期自然就能形成良好的盘面感觉。当绝佳的短线机会来临时，短线操作大多数时候只需要如足球运动员“临门一脚”那般，快速、果断的本能反应出手(图 3-6)。如果犹豫不决或迟疑，反而可能因踏错短线操作的节奏，选准了股票却出现操作亏损。这些往往都跟平常的训练不够有直接的关联，投资者必须清楚，模拟训练与小单实盘训练是投资知行合一的必要路径。

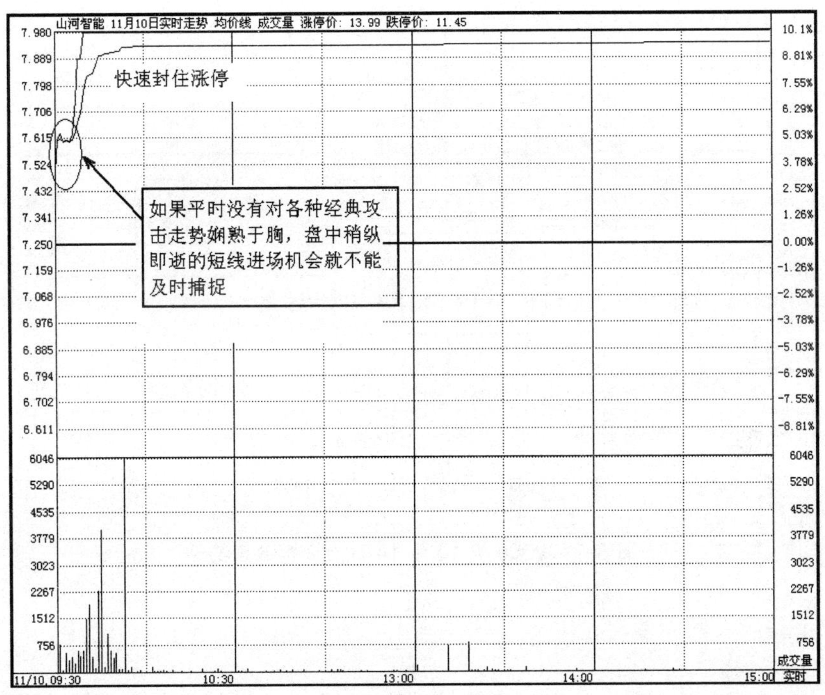

图 3-6　短线很多时候需要临门一脚的反应

三、即时图看盘要点

2008 年 10 月 14 日，笔者在网站交流社区特地布置了一个作业来进行交流：即时图能告诉我们什么？引发读者热烈讨论，现在摘录读者的交流如下。

1. 即时图能告诉我们什么

大盘最终实际怎么走都是对的！有些朋友感到茫然，错失盘中买卖点时机，估计是没有看懂 K 线、即时图不断波动的态势、高低点进退的技术含义(图 3–7)。大家可以就图中我标识的数字位置说出你理解的买卖技术理由，通过交流让大家掌握一些看盘技巧。尽量规避事后诸葛亮式说法，那一点买进卖出都是对的。

晚 11 点，我会把我整理的看盘思路告诉大家。

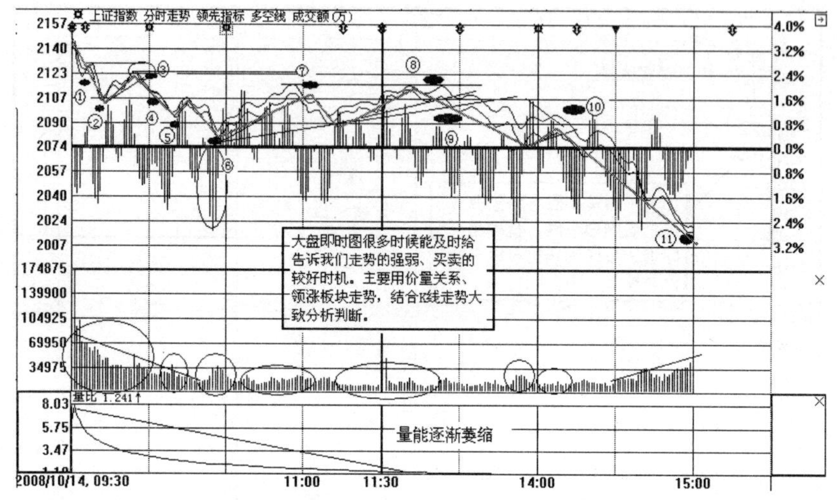

图 3-7 2008 年 10 月 14 日上证指数走势图

以下是读者的回复讨论。

三人行回复：

1、2 快速放量杀跌，表明市场对外围市场的利好不认可，3 位置反抽后，4、5 下跌回补早盘缺口，然后走了 6、7 的 M 型头部，圆弧形，杀伤力大，10 位置在创新低后的反抽早盘低点，迅速调头，表示信心极弱，下午 2 点准时变盘，11 位置单边下跌，没有抢反弹的人了，呵呵。

初学，望老师指教。

元正：

大盘开盘过高，高开低走，1~3 标点高开好出货，3~7 标点缩量三角形整理，8 标点跌破三角形整理，9 标点加速下跌.本想等 7 标点位置放量向上突破时入些票，但一直没量出来。明天应该会弱势整理。胡乱说两句，请老师指正。

魏小强：

1~5 早盘高开放量获利回吐，5~7 反弹缩量且不创新高，9~10 创盘中新低表明后市将走弱，需止损，10~11 放量下跌。呵呵不会看，先学习。兄弟们快顶啊！

开心一笑：

我试着说说：1 点-开盘带量高开低走，昨日获利盘考虑了结；2 点——今日轻仓买入点；3 点——量背离，不过前高卖出；4 点——破了前底卖出；5 点——昨收盘线支撑买点；6 点——不过前高卖点；7 点——双顶卖点；8 点——破头肩顶颈线卖点；9 点——反弹不过前低卖出；10 点——破昨收盘线卖点；11 点——低吸点。

漫步者：

1、2 应该是相对昨天放量下跌卖出。3 是缩量反弹不过前期高点应该卖出。4、5 是跌时放量涨是缩量，分时处在 A−3、A−5 浪末端应该观望。6、7 缩量反弹二次不过前期高点，M 头图形，处于分时 B 浪卖出。8 跌破分时的上升趋势线卖出。9 是缩量反弹不破下降趋势线，分时处在 C−2 浪卖出。10 是跌破前期低点反弹在前期低点受阻掉头向下卖出，11 是放量下跌持币观望。

个人观点请老师同学指教。

冯生：

一舟老师的好贴，我先谈我的愚见。

受外围股市走好刺激，承接昨天的反弹高开是可预见的，高开幅度有点大，个股如果有可观涨幅，可以先出.开盘后 1、2 点构成三小浪下跌，量能相比昨天放大很多，下跌放量，之后进入反弹子浪，反弹浪也是 3 浪完成。到 3 之前，观察量不能有效较 1、2 点的量放大，说明反弹无力，还要下跌，此时，若高开未出个股，可趁此机会出局观望。4、5 点下跌后，下跌 5 浪完成，且接近回补跳空缺口，反弹可期，此时，若没有出局的，可待反弹之后再出，5、6、7 构成了反弹 3 浪，从量能看，远不及早盘下跌的放量，属于缩量反弹，后市看跌.7 点在 6 点前高度位置附近犹豫不前时，此时是最后的逃命机会，再有仓位者，应出局。8 点破了 5，6，7 反弹浪形成的支撑线，应止损出局.8 点出局的信号是比较明显的了，此时，应看到整天的走势应是 ABC 三浪下跌的方式了。1~5 为 A 浪，5~7 为反弹 B 浪，7~11 为下跌 C 浪.这个分时 C 浪要回避的。7~11 的 C 浪又分三浪下跌，9−10 的 C−2 反弹无力，预示 10−11 的 C−3 下跌会比较凶猛，结果出现了下跌放量的走势。

阳光股禅：

①压力位开盘于多方不利，短期获利盘涌出回补今日缺口(1−5)。

②多方主力借昨日收盘位抵抗可惜买盘跟风不足受制与 2116 位(5−7)。

③上不去就只能下了，多方主力放弃，抛盘涌出(7−11)。

有 335 整理的味道，看明日能否守住关键位了，但前期热点股有双头迹象，不妙。

割肉的宁王：

1~5 A 5~7 B 7~11 C 我今天的操作是开盘就全部抛出昨天早上买的，还没有到 1 位置，盘中只是简单的用趋势线判断浪，大盘在 2038 跟尾盘最后一分钟分两批低吸了 1 成仓。

罗国栋：

本次反弹主要是受港股推动，而不是国内主力主动做多。所以一浪高开，但随昨天的获利盘出货 1、2 放量下跌，3 上攻量没有明显放大。4、5、6、7、8、9、10、11 都是黄线压白线而且量缩的太利害，坚决出货。

李昌余：

1、2 点为冲高获利盘涌出，3 点为反抽，4、5 点获利盘继续下杀形成分时低点后 6、7 点成为当日弱势反弹高点，8–11 点为反弹无望的继续下杀。

果断：

1、2 快速放量杀跌，5–7 反弹缩量，高点一波比一波低，后市看跌。

尼森：

早盘高开，但没有预想的上升走势，中盘展开盘整，反弹没有突破盘中高点，随后展开杀跌，尾盘似乎有收集筹码的动作。明日盘整或小幅盘升的可能性大一些。请老师指正！

云烟：

对于大盘我是这样看的(图 3–8)，关键点位没有 11 个这么多。不过具体到板块和个股上会有不同，而且和仓位策略有关。还请老师解盘，谢谢!!

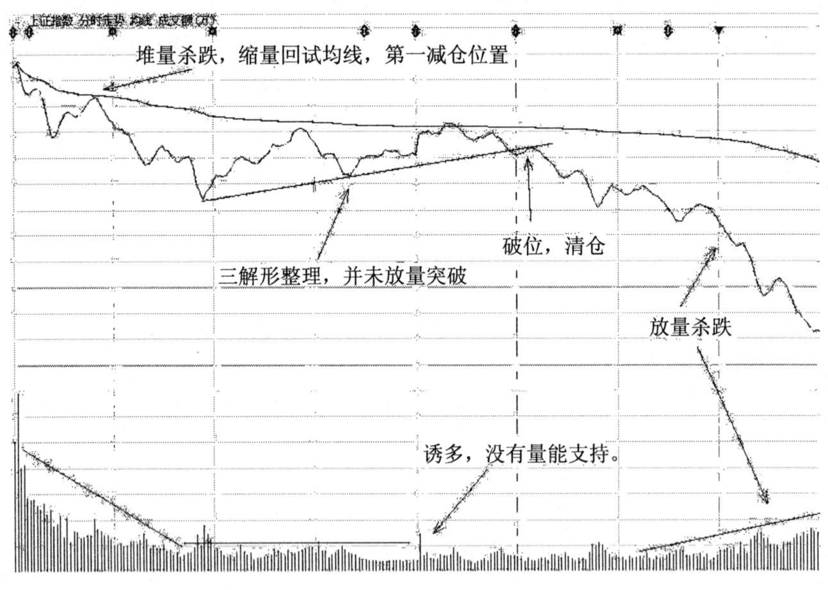

图 3–8　云烟的图解说明

庸医：

反应慢了点，有点奢望，所以，当 7 显无强力突破 3 时，出货了，稍显晚，少赚了点点。同时，由于当时还判断了美欧日港的走势，没有想到今天居然独立了。

加上一句，11 买了 1/3 回来，明天应该有出去的机会，就算没有，也不用怕怕，当做往下做了。

泰山：

3、6、7、9、10为卖点，缩量上涨没过前一个反弹高点应该卖出。尾盘处放量下跌从分时看调整结束11处可以小仓低吸。

司马盾赤：

1-5，高开后快速向下急探，昨天的强势消失的无影无踪，看来有锁昨天追高者的意图。5-7，机构利用对回补缺口后的缓慢走高做骗级，长达2个小时的缓慢走高减仓，8-11，货已出的不少，不用在顾忌什么了，干脆就直接下跌出货。

总结经验：短线攻击力已经消失，坚决走人完事

科斯托拉尼：

我的短线水平低看不出这么多东西，我觉得昨天的行情可能就是受港股的影响，昨天港股早盘开始慢慢走强，A股下午开盘就狂拉金融股，然后在下午港股开盘后越走越强，于是给人以可能有重大利好消息公布的可能性，于是有人博消息开始被动性拉升，结果昨晚什么事情都没有发生，只有欧美股市大涨(其实在短期内如此恐慌性下跌后有较大力度的反弹本就很正常)，今天早盘看了看，感觉市场并没有什么做多热情，大家都在借欧美股市大涨出货，终于尾盘支撑不住了。

耐心等待一舟老师的讲解，这样可以好好学习，努力提高自己的短线水平！

冯生：

哈哈，还是云烟兄的图直观明了，利害关系，一目了然。看图说话比较好，只是说话，一堆还觉得没说清楚。

再补充一点，推进浪为5浪，反弹浪为3浪，早盘的下跌为5浪，而后的反弹为3浪，配合当时的量能，基本上确定重回下跌趋势。

短线投机：

谈一下个人的理解：

①上午1，2，4，5低点不断下移，量能逐渐萎缩，1~5形成盘中一波明显的下跌趋势，对当天趋势有指导意义。

②5~7的上涨是对1~5下跌趋势的修复反弹(说反弹主要是5~7的上涨是缩量上涨，没有量能的支持)，反弹中的高点6，7位置，受到1~5下跌趋势中3高点的压制。6，7点是非常好的高抛位置。

③7~11，延续下跌趋势，高点不断下移，10点为盘中破位点，最后止损点，10~11点下杀一定要回避。

总结：1~5盘中第一波下跌趋势，5~7下跌趋势的反弹，7~11延续当天的下跌趋势。

云烟：

我个人感觉在即时图上数浪在开盘初段比较难准确划分，开盘后的操作最好还

是根据前期走势和目前的量能来判断。

能受天磨：

《战无不胜》开盘半小时断定大盘真的不错。我博客写的比我今天写的还要好，呵呵。今天并没看盘，所以没有感受到盘中的真正意思。看见老师留的作业所以就事后写了，要做到即时分析要考虑总体的背景！集合竞价以后61、63涨幅排行榜的强弱。开盘半个小时以后61、63涨幅排行榜的强弱，老师书中都有的，即时图与总体K线的关系和涨跌幅排名的关系，才能分析好即时图，当然会数浪的更好了，我的浪数的不好。

冯生：

感觉难就难在个股与大盘的配合度上，个股当天的高低点与大盘往往不一致.这样买卖个股时，依据大盘操作往往达不到最佳的效果。不过长久来看还是不错的，风险也容易控制些。

能受天磨：

感觉难就难在个股与大盘的配合度上，个股当天的高低点与大盘往往不一致。这样买卖个股时，依据大盘操作往往达不到最佳的效果。不过长久来看还需个股即时图和大盘的基本一致的分析。可以用叠加的方式观察大盘和个股的即时走势分析强于大盘可以观望，等同或者弱于大盘就不用考虑了。

陈军：

老师的作业布置得很好，可以督促我们用所学的知识分析大盘，通过和论坛师兄的交流，能不断提高看盘能力和技术水平。感谢老师给我们提供的这片沃土！

访遍高手：

熊市标准走态，高开低走。具体:1–5放量下杀，6–9横盘修正，10–11继续下行。

滚动操作：

开盘抛，视当天的振幅看是否回补，今日我没回补，明天低开概率大。

冯生：

早盘结合盘面来看，比较容易判断大盘的走势，规避风险金融保险股高开太多，这类股要想早盘就封涨停，很难，所以冲高后必有回落，这是比较简单的判断方法。

陈瑞鑫：

1~2点为获利盘回吐，带量高开下跌，考虑昨晚美股暴涨，有可能再走高，故不作为卖点。

3点为反弹缩量，不过次高点，安全起见，减1/3仓位。

4~5 点破前低逐波下探又见缩量，考虑 10-11 时为人气较高买卖时段，故观望。

6~7 点为反弹不过前高，又见无量构筑双头，皆为减仓卖点。

8~9 点反弹乏力，绿柱加长，为清仓卖点。

10 点创新低反弹无力不过早盘 5 低点，错过卖点应在此卖出。

11 点放量暴跌尾盘，未见反弹，如无利好政策，明天低开可能性较大，故：有票必出而不能低吸。

个人看法，请指正。

阿朗：

师兄们都分析得太好了，真是无从插口！我只能偷偷说两句，大盘大量高开在众多重要均线压制下，然后堆量下杀到 1、2 点，然后一整天反弹无量无力冲过出货点 1 点，这种情况只能在 1 点高度附近逃跑了。单边放量下跌后，理论上也不适合买入，所以个人感觉整天都没有适合自己的买入点。

火水：

1、2：开盘成交放大，迅速打出两个低点，日线上为高开，遇 10 日均线回落，今日不乐观

3：上扬试探前低点 1 的点位，量稍有放大即跌破放量点位，遇阻回落。

4、5：试探前期高点后失败，空头顺势向下打。

6、7：仍然是多方对 1 点的冲击，未能成功，今日需要保守看待了。

8：走出一浪更比一浪低的走势，感觉不好。

9：对 8 点的小反弹遇阻继续向下寻求支撑。

10：选择方向，准备彻底翻绿。

11：尾盘放量是每天必须的，仍没有向上挑头迹象，如果今晚没有利好，明日可能低开顺势低走。

浅薄分析，望大家指正

针对即时图能告诉我们什么？笔者详细解读如下：

首先，开盘短线即卖出了结的是今天操作成功的聪明人，落袋为安，不贪心，一木老师的反恐反贪原则贯彻得好，这主要是个人的操作策略决定。

1 点，大幅高开后回落属正常，可以认为期待利好的人失望卖出，外围股市大涨，此处观望，多观察一下也没有错。但放量下跌，价量配合异常，有一个破绽。

2 点，早盘放量回落两波，短线算正常的盘中小调整，可视为正常的获利回吐所致，密切观察后续的反弹力度，能否继续强势放量上涨还需观察。如果说早盘想进，结合个股走势，2 点是一次低吸的机会(虽然结果很可能是被套)。

3 点，反弹还算有量，量缩也不很明显，但问题在于反弹没有上破次高点，走势的第二个破绽。技术上已开始显露走弱的迹象，盘中第一个高抛减仓时机出现。如果放量突破次高点大盘还可以期待强势上攻或横向振荡。

4 点，回落之后，原本绿柱收敛该出红柱，却随即出现绿柱拉长杀跌，说明买盘明显小于抛盘，破 2 低点，杀跌盘涌出。即时图走出 5 小浪，再次预示大盘将走弱。此时结合分时 K 线走势，分时级别的反弹补缺口目标已完成。

5 点，即时图没有反弹接着杀跌，即时图上可看成是两个小的 2 小波调整、如果说还存有一丝希望的话，那就是后面能放量强劲反弹才能扭转弱势。如果说早盘想进，结合个股走势，5 点是一次低吸的机会(虽然结果很可能是被套)。

6 点，可惜的是，等来的是缩量反弹后，再度杀跌，反弹力量明显大为减弱，即时图上更大的 5 小浪杀跌已经出现，此时基本可明确补缺口的分时反弹差不多结束，要做好反弹高抛的准备。但此时不是好的卖点机会，前面没有高抛的可等反弹。反过来说，6 点就不是买进的机会了。

7 点，没有回补完早盘的跳空便展开反弹，可惜量能继续萎缩，也未能突破 3 处高点，反弹上攻力度明显不如前面了。此时是高抛减仓的时机。

8 点，经过两小波回落后，大盘再度展开反弹，然而量能却越来越小，上攻力度更不如前面，上攻无法持久，此时不能报过多的幻想了。上午 10:00 点半后的反弹第二波(小 B 浪)是减仓高抛的好机会，前面如果一直犹豫没有抛的，可以说这是今日盘中提供的最后良机。下午开盘 10 分钟突破 11:00 高点容易让人错误以为是新的上涨继续，只要注意价量配合的明显背离，分时 K 线也是收敛走势，走势明显有大破绽，再结合看领涨个股、权重股的走势便可印证真假突破。

9 点，盘中弱势反弹后破位，再度展开放量杀跌，基本上可确认前面的盘中反弹差不多结束，可跟着杀跌而出。

10 点，盘中连续下挫回补缺口，但反弹力度也弱，临近的第二波红柱小于前一波，同时，下午即时图上的反弹高点不断下移，表明走势越来越弱。跌破昨日收盘价可视为最后的盘中防线。

11 点，14:00 后失望的人越来越多，抛盘不断涌出，尾盘放量跳水，而个股从高开上涨到跳水下跌的振幅大，尾盘的时候倒没有必要继续杀跌了，次日视情况而定，上面成功高抛的，如果跌幅差价大还可适当的买回一点。

其实，大盘的看点没有这么多，为了讨论、讲解更详细才罗列了 11 点。讲解说明主要从纯技术上展开。总之，大盘即时图很多时候能及时给告诉我们走势的强弱、低吸高抛的较好买卖时机。主要运用，价量关系、高低点进退关系、领涨领跌板块走势，结合 K 线走势便可大致分析判断。

需要提醒的是，由于即时图周期最小，时常受更大级别走势的制约，看盘有时候稳定性也差，容易出错，但至少一半的时候都能及时告诉我们市场短期走势的强弱及破绽，找到大盘的短线滚动操作的买卖点。至于个股的买卖点，很多时候与大盘不同步，则需要结合分析判断。另外，具体个股卖出还跟个人预先设定的策略、止盈、止损有关。

2. 即时图走势看盘精要

即时图做为最小波动级别，大盘或个股的短期走势、主力机构意图均可从中第一时间显露出来，成为捕捉大盘、个股强弱。以及盘中买卖点的重要参考依据，简单归纳如下：

①集合竞价开盘的气势。是否带量开盘？是否直接突破或受制某技术压力位。

②早盘攻击态势。开盘后短期内向上或向下攻击的态势。熟悉如强势上涨模式，具体分为高开高走、平开高走、低开高走等常见走势，以及一波、两波或多波封涨停的经典走势。

③观察均价线波动方向，对股价的支撑和压力，盘中上涨、下跌时均价线跟随状况，以及即时走势形成的各种持续或整理形态。

④观察今天开盘价和昨天收盘价(包括昨日最低价)的支撑和压力，多观察前面高点及支撑阻力位的参考压力支撑与技术含义。可判断个股当时的强弱。

⑤盘中回档的幅度，参看开盘价、均价线、昨日收盘价、深入昨日 K 线实体的深浅，及短期日线、分时 K 线均线的支撑与阻力，

⑥观察图中形成高、低点连线的支撑和压力，以及即时形态完成后的向上突破和向下跌破。

⑦即时成交价的走势角度与量能配合。观察即时图浪形走势的价量配合和价量背离的关系，可结合量比曲线指标使用。对于大盘还需观察每一小波上涨下跌由何板块领涨或领跌。

⑧可用连续多日的即时图连贯看波动态势，再结合分时或更大级别研判短期走势更为准确。

⑨可采用大盘走势叠加个股的方式，通过个股盘中波动逆势、抗跌、随大盘，及领跌大盘等对比关系，来判断个股即时图走势强弱。

⑩尾盘时价格波动态势，均价线支撑、阻力状况，结合分时走势研判尾盘是否上涨或跳水，以及收盘时的表现对今天和明天有什么技术含义。

以下列举几例即时图走势，读者可体会即时图看盘的要点(图 3–9、图 3–10、图 3–11、图 3–12、图 3–13)。

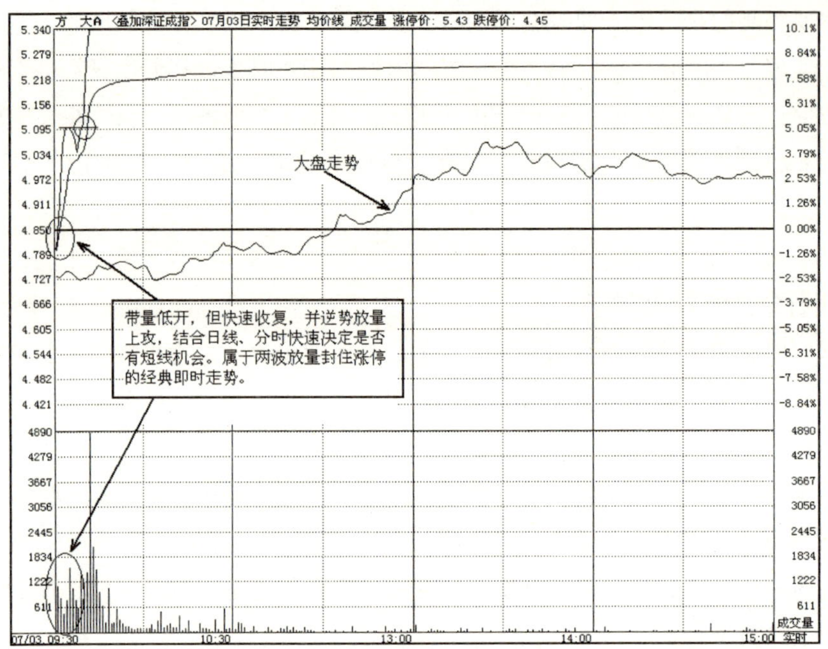

图 3-9 经典的两波封住涨停走势

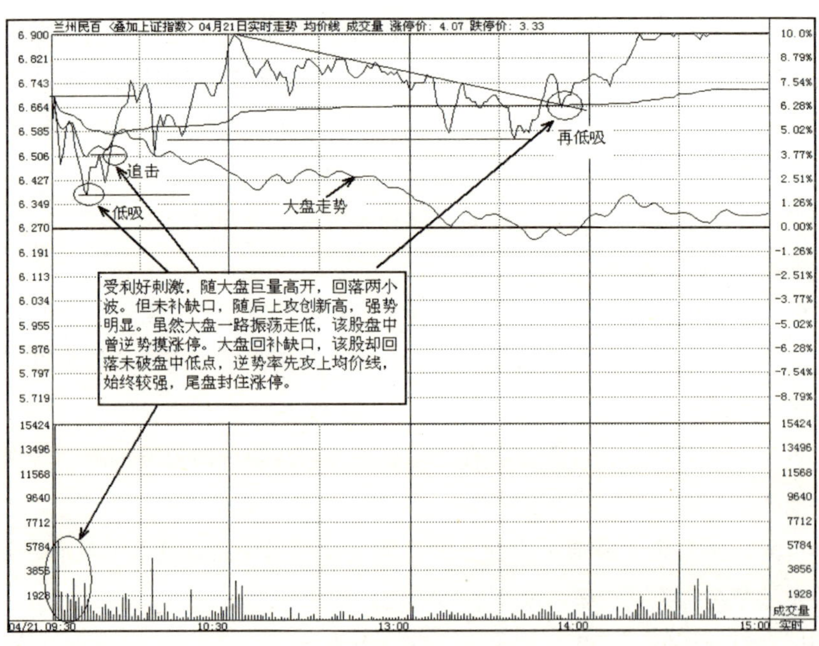

图 3-10 叠加大盘走势判断强弱

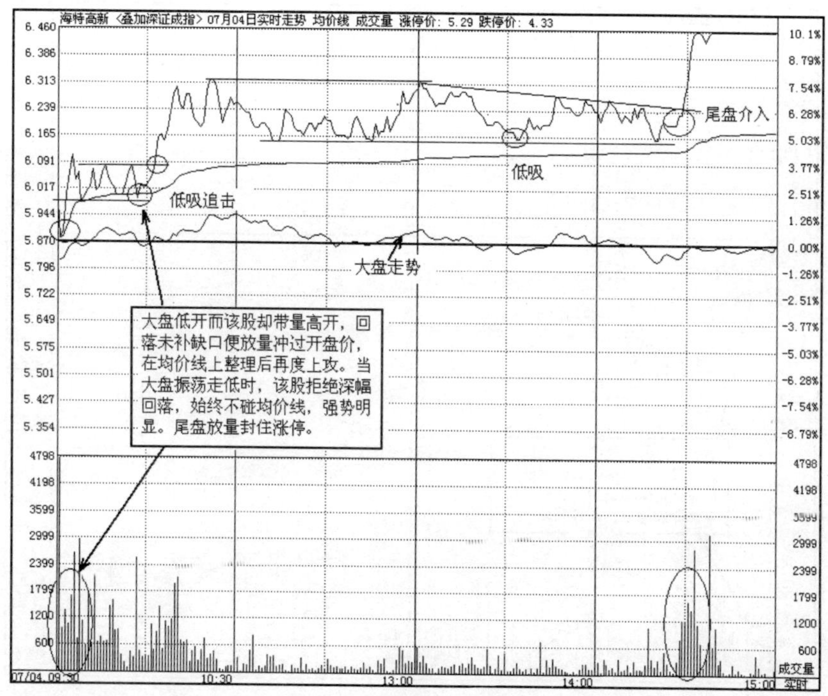

图 3-11　叠加大盘走势判断强弱

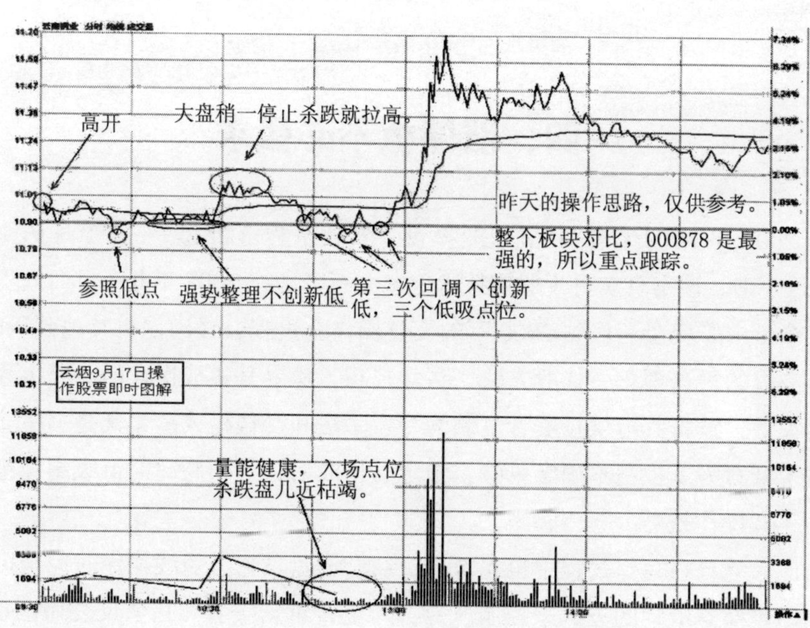

图 3-12　读者云烟操作股票即时图解

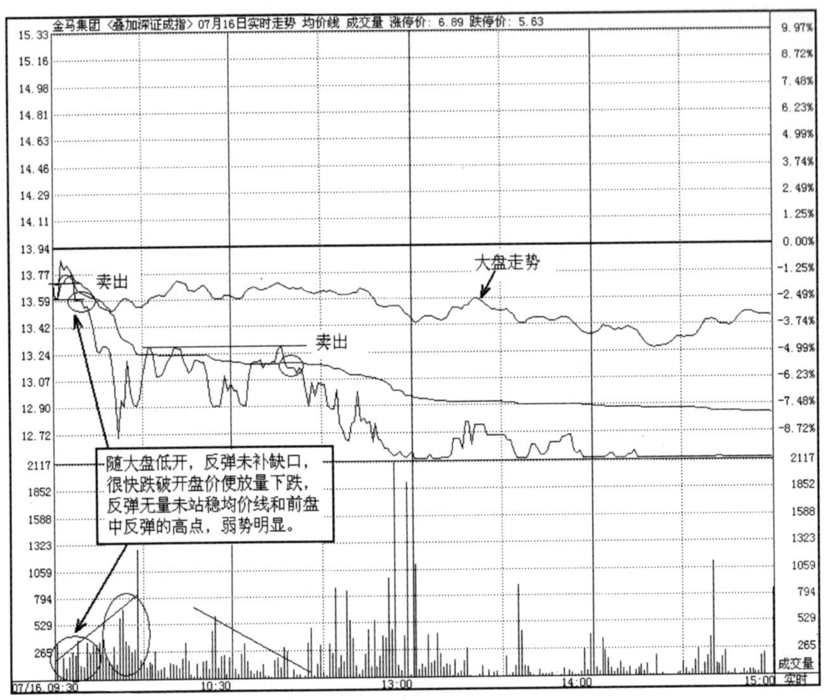

图 3-13 叠加大盘走势判断强弱

四、涨停板不必强求

自 2007 年 10 月笔者写完《职业操盘手实战全程解析②——9 个月从 400 万到 2000 万》一书。该书真实再现股市技术专家金石老师在 2007 年九个月时间里，如何将 400 余万中等资金运作到 2000 万的实盘操作全过程，详细剖析其独到风险控制、短线、波段的操盘理念、选股方法、买卖技巧，探寻其实战操盘的心路历程，总结其制胜关键，披露其可供投资者复制的专业手法和赚钱模式。尤其是书中非常详细地披露了金石为了控制不确定风险，锁定目标股后，运用高超的低吸高抛滚动操作及盘中 T+0 操作技巧。

为此，笔者在写作过程中也思考过，结合大盘位置，短线操作时完全可以采取资金和不停换票滚动的方式来控制风险，与金石重点守着几只票反复做滚动或 T+0 有所不同。例如当天精选个股部分仓位进场，次日或两三天里一旦有 5%–8%以上盈利便高抛了结出局。再用部分还可在次日目标个股短线机会出现时新开仓买进，然后次日或两天里有盈利便了结。短时间也许可能会重仓，但随着仓位滚动和换票操作滚动，同样也可以起到控制风险，获取盈利的目的。当然，如果是中小资金也可采取半仓滚动结合换票滚动这种激进的操作方式来展开短线操作。

在 2007 年 10 月底至 12 月期间，笔者就重点采取这种快进快出的滚动操作策略做短线，效果还不错。为此，笔者在 2007 年 11 月 22 日，发一篇题为“近期操作小结：感觉做反弹比九十月上涨行情更顺手”，2007 年 12 月 6 日发一篇题为“近期涨停板喜欢跟我做对”的交流体会文章。现在重点谈谈当时操作的技术理由。

1. 当时大盘背景技术状态

自 2007 年 10 月 17 日上证指数见 6124 高点至 10 月底，日 K 线上 8 个交易日里走出了一波分时小 5 浪下跌，根据波浪结构分析，后市很可能会有一个小级别的 B 浪反弹出现。同时，市场盘面看，有部分个股仍继续上涨，也有部分提前率先快速暴跌。虽然，从大级别看，上证指数的大 3 浪涨幅已经超过前面大 1 浪的 2.618 倍(可参考中篇的 6000 点顶部判断中图解)，基本上可判断大盘上涨完结，三五个月内应该以防御性操作为主。因此，在操作上只能采取轻仓短线的策略，选股放在提前持续下跌的超跌股上，分析主力机构总不会一下子出货彻底，后市还会有拉高出逃的动作。利用主力做反弹继续减仓的机会来展开短线操作。但当时仍继续强势上攻的股票就不去碰，以谨防补跌。

随后大盘果然按预期的走出 5 天反弹，然后继续下跌调整。11 月 12 日最低价回到 9 月 12 日回调低点 5025 点附近，但没有创新低。此时，大盘已经展开了两波下跌的清晰 ABC 调整(图 3–14、图 3–15)。从浪形演变上存在两种可能性较大的走势：一种上升图中的次级调整结束，其后继续延续强势上涨的走势；另一种其后展开小反弹完成调整的 A4 反弹，随后还会继续下跌。不管怎样，只要及时躲过调整的 3 小子浪的风险释放，就可以轻仓精选个股进行短线操作。面对大势可能朝恶化方向演变，进场时要注意选择低吸为主，即使发现低吸错了，随后退出来的时候可能没有多少损失，甚至可能还是赢利的。反之，如果吸对了，不但短线收益比较可观，而且也能掌握仓位在手的主动权。

投资者要注意，在不同的大盘背景下，应该采用不同的操作方法，这是专业操盘高手必须掌握的方法。比如在熊市更多的时候应该采用低吸追涨结合，选时更关键；牛市的时候则多用右侧交易法，选股更关键。

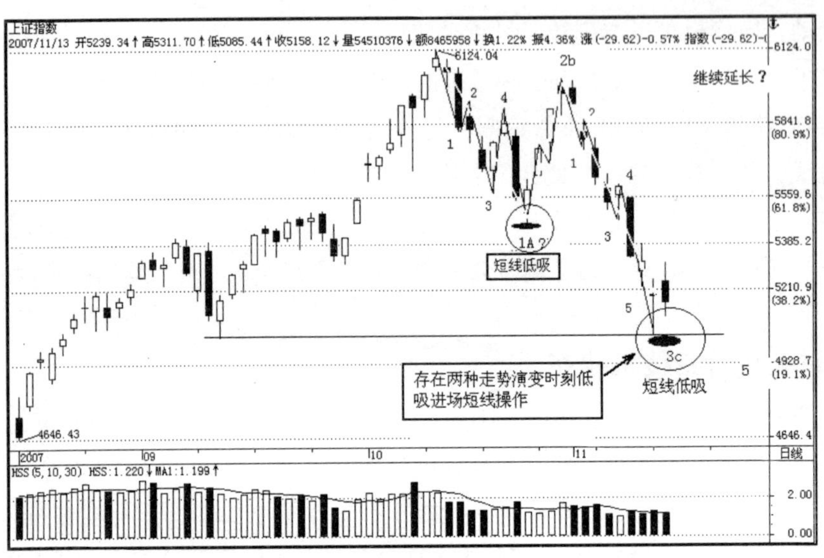

图 3-14　2007 年 11 月上旬上证指数低吸图解

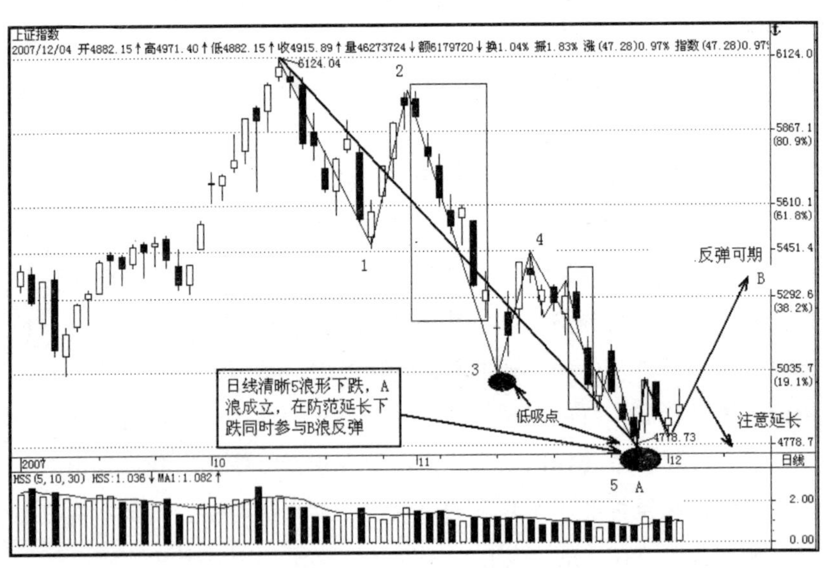

图 3-15　2007 年 11 月下旬上证指数低吸图解

2. 实盘操作过程图解

近期操作小结：感觉做反弹比九十月上涨行情更顺手！

今晚与朋友喝茶交流，一起把所有股票都翻了一遍，发现能够找到符合我们买点的股票已经极少极少了，后市操作难度很大，说明也该休息观望了。有一半的股

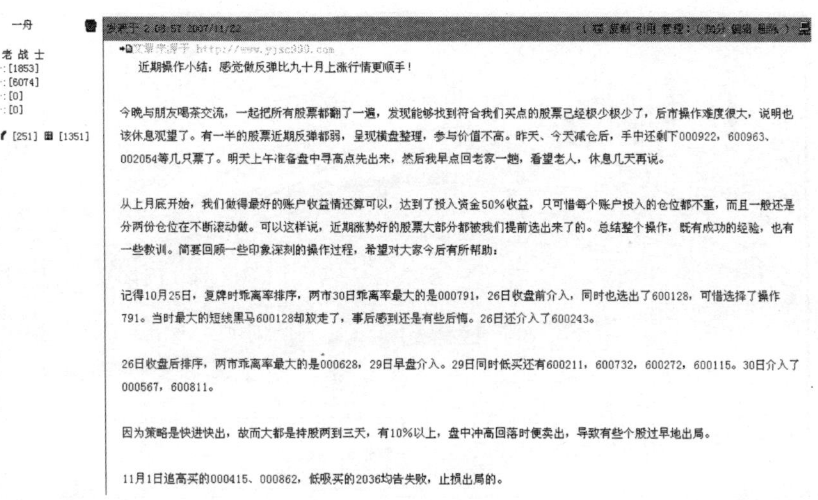

一舟

老战士
·:[1853]
·:[6074]
·:[0]
·:[0]
[251] [1351]

近期操作小结：感觉做反弹比九十月上涨行情更顺手！

今晚与朋友喝茶交流，一起把所有股票都翻了一遍，发现能够找到符合我们买点的股票已经极少极少了，后市操作难度很大，说明也该休息观望了。有一半的股票近期反弹都弱，呈现横盘整理，参与价值不高。昨天、今天减仓后，手中还剩下000922，600963、002054等几只票了。明天上午准备盘中寻高点先出来，然后我早点回老家一趟，看望老人，休息几天再说。

从上月底开始，我们做得最好的账户收益情还算可以，达到了投入资金50%收益，只可惜每个账户投入的仓位都不重，而且一般还是分两份仓位在不断滚动做。可以这样说，近期涨势好的股票大部分都被我们提前选出来了的。总结整个操作，既有成功的经验，也有一些教训。简要回顾一些印象深刻的操作过程，希望对大家今后有所帮助：

记得10月25日，复牌时乖离率排序，两市30日乖离率最大的是000791，26日收盘前介入，同时也选出了600128，可惜选择了操作791。当时最大的短线黑马600128却放走了，事后感到还是有些后悔。26日还介入了600243。

26日收盘后排序，两市乖离率最大的是000628，29日早盘介入。29日同时低买还有600211，600732，600272，600115。30日介入了000567，600811。

因为策略是快进快出，故而大都是持股两到三天，有10%以上，盘中冲高回落时便卖出，导致有些个股过早地出局。

11月1日追高买的000415、000862，低吸买的2036均告失败，止损出局的。

图 3-16　近期操作小结

票近期反弹都弱，呈现横盘整理，参与价值不高。昨天、今天减仓后，手中还剩下600963、002054 等几只票了。明天上午准备盘中寻高点先出来，然后我早点回老家一趟，看望老人，休息几天再说。

从上月底开始，我们做得最好的账户收益情况还算可以，达到了投入资金 50%收益，只可惜每个账户投入的仓位都不重，而且一般还是分两份仓位在不断滚动做。可以这样说，近期涨势好的股票大部分都被我们提前选出来了。总结整个操作，既有成功的经验，也有一些教训。简要回顾一些印象深刻的操作过程，希望对大家今后有所帮助：

记得 2007 年 10 月 25 日，复盘时乖离率排序，两市 30 日乖离率最大的是000791(图 3–17)，26 日收盘前介入，同时也选出了 600128，可惜操作时选择了000791。当时最大的短线黑马 600128 却放走了，事后感到还是有些后悔。26 日还介入了 600243。

26 日收盘后排序，两市乖离率最大的是 000628，29 日早盘介入。29 日同时低买还有 600211、600732、600272、600115。30 日介入了 000567、600811。

因为策略是快进快出，故而大都是持股两到三天，有 10%以上，盘中冲高回落时便卖出，导致有些个股过早地出局。

11 月 1 日追高买的 000415、000862，低吸买的 002036 均告失败，止损出局的。

比较可惜的是，11 月 5 日低点介入 600589，次日冲高便跑了，其后连续拉升20%。11 月 8 日，同时选出 600981、000553，9 日介入 600981，12 日补仓，14 日开盘上冲回落便出局。目的是为了补 12 日收盘前买的 000657，虽然 14 日买到了

图 3-17 西北化工操作图解

000657 的低点，但 600981 后面上冲的三个涨停却错过。而且 14 日过早做滚动把 000657 卖了一半，15 日涨停卖出。

操作较好的要数：12 日低吸买进了 002144，两进两出(盈利近 40%)。16 日均价线附近买进 600749，19 日涨 8%卖出(当日涨停)，当日在 3%买进 600526，尾盘涨停，20 日冲高卖出，在低点又买进 002155，21 日冲高卖出。以及在 19 日跌停买进 600963(当时是乖离率最大之一)。

总结：由于每天功课做得扎实，因此操作起来感觉比较顺手，同时，绝大部分都是低吸进场，很多时候买到了优势价格。但其中好几只股票买点很好，但在反弹初期便过早出局，甚至好几只股票居然在涨停前 6%–8%便出局，使得有时候自己都有点困惑：过于短线的策略是否得当？及时了结的“度”该如何把握？

至于抢反弹的方法，在《反弹操作技术精要》书中都有详细介绍：那就是利用乖离率指标，结合 K 线、盘口。需要注意的是，要耐心等好的低吸机会，尽量少追涨。同时个股节奏的把握非常重要！

一舟 2007–11–21 夜深 2 点

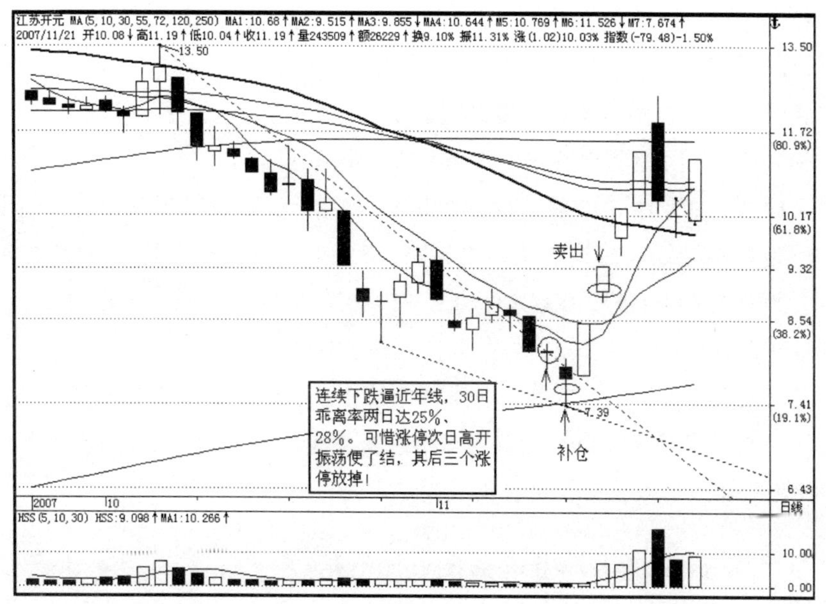

图 3–18 江苏开元操作图解

3. 涨停板喜欢跟我做对

选自 2007 年 12 月 6 日网站的交流文章。

从上周 11 月 27 日低点买 600115，28 日逢高跑了，为了想低吸买铜 000758、000060，结果后面的两个涨停价放掉，最后铜票也没有赚什么钱就出来了。昨天、今天更戏剧了：前几天买的 600307，002156、002157 昨天都是在 6%–8%就跑了，反手去低买 000958、600771。今天也在上午涨 7–8%把 000958、600405(前天买的)又卖了，又换成低买 000726，600379、000657。

操作过于频繁感觉是有点累(天天都要精选个股)，还不如金石老师集中做 600498、600061、002053 轻松。今天一助手操作更精彩，3 天前重仓买 002148，昨天吃一个涨停，今天涨 7.5%卖出，马上在 600405 没有翻红前全部买入 600405。朋友们都取笑我，近期涨停板喜欢与我擦肩而过，故意逗我耍。有时自己也感到有点困惑，晕哦!! 有点感觉做不成股票了？

自己安慰，既然操作策略计划是采取轻仓快进快出，但也不后悔放走涨停板。虽然也知道操作持股时间太过短了，三天不涨寻机便尽量平推出来。每天只要还有预选股进入低吸买点区域，而手中的个股一旦赚 5–8%以上，盘中冲高便及时了结，再介入下一只。想通过不断滚动操作起来，一方面控制轻仓持股，另一方面做反弹不想贪心，想换一种跟以前不同的操作方法。等一段时间几个朋友一起来探讨、总结不同的操作方法。

初衷想的很美，做反弹一个胜利接着下一个胜利，但最终收益却不一定理想，有时个股两三天还可能要被陷在小赚小亏的地步。

明天计划，如果手中的票一旦有冲高 5~6%以上，而预选股又给出回落低吸好机会，还是照样继续坚持快进快出的策略。目前我比较看好有补涨反弹的股票如 000711、000502、600842、000025、000685、600403、000762、600720 等。

准备什么时候预选票都没有好的买点便休息！

今晚感觉有点郁闷，现在我都不奢望吃涨停了，呵呵！今天曝光自己的操作过程，目的是请大家帮我提点好建议，也活跃一下论坛气氛！！朋友们千万不要不好意思，我是有弱点的人，时常也会出现操作不完善的地方。

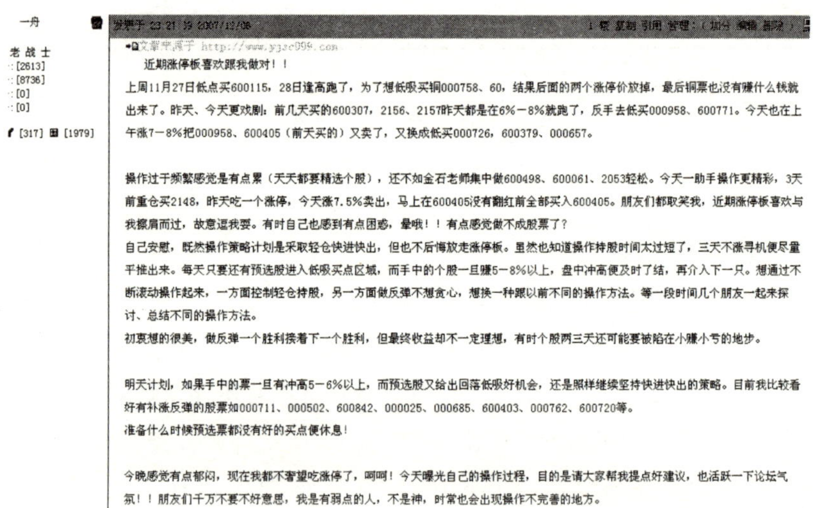
一舟

老战士
[2613]
[8736]
[0]
[0]
[317] [1979]

近期涨停板喜欢跟我做对！！

上周11月27日低点买600115，28日逢高跑了，为了想低吸买铜000758、60，结果后面的两个涨停价放掉，最后铜票也没有赚什么钱就出来了。昨天、今天更戏剧：前几天买的600307，2156、2157昨天都是在6%－8%就跑了，反手去低买000958、600771。今天也在上午涨7－8%把000958、600405（前天买的）又卖了，又换成低买000726，600379、000657。

操作过于频繁感觉是有点累（天天都要精选个股），还不如金石老师集中做600498、600061、2053轻松。今天一助手操作更精彩，3天前重仓买2148，昨天吃一个涨停，今天涨7.5%卖出，马上在600405没有翻红前全部买入600405。朋友们都取笑我，近期涨停板喜欢与我擦肩而过，故意逗我耍。有时自己也感到有点困惑，晕哦！！有点感觉做不成股票了？

自己安慰，既然操作策略计划是采取轻仓快进快出，但也不后悔放走涨停板。虽然也知道操作持股时间太过短了，三天不涨寻机便尽量平推出来。每天只要还有预选股进入低吸买点区域，而手中的个股一旦赚5－8%以上，盘中冲高便及时了结，再介入下一只。想通过不断滚动操作起来，一方面控制轻仓持股，另一方面做反弹不想贪心，想换一种跟以前不同的操作方法。等一段时间几个朋友一起来探讨、总结不同的操作方法。

初衷想的很美，做反弹一个胜利接着下一个胜利，但最终收益却不一定理想，有时个股两三天还可能要被陷在小赚小亏的地步。

明天计划，如果手中的票一旦有冲高5－6%以上，而预选股又给出回落低吸好机会，还是照样继续坚持快进快出的策略。目前我比较看好有补涨反弹的股票如000711、000502、600842、000025、000685、600403、000762、600720等。

准备什么时候预选票都没有好的买点便休息！

今晚感觉有点郁闷，现在我都不奢望吃涨停了，呵呵！今天曝光自己的操作过程，目的是请大家帮我提点好建议，也活跃一下论坛气氛！！朋友们千万不要不好意思，我是有弱点的人，不是神，时常也会出现操作不完善的地方。

图 3-19 近期涨停板喜欢跟我做对

以下是笔者交流时回复读者的提问：

我不会推荐股票，尤其是在反弹的时候容易害别人的。选一只好股票不难，难的是操作好一只票。我说的是真话！

其实，从 10 月底开始的反弹操作，总体感觉还是挺顺利的，几次想加重仓位，但都忍住了。还是坚持防御操作的原则，做反弹找一找感觉！像金石手上的大资金账号近期大部分资金都只打新股，用少量资金做点短线。

我近期的操作方式有点守株待兔的味道，只是一般守不过三天，另外，凡是精选的个股盘中涨幅超过 5%我基本上不会追了，尽量低接买进，保证分析判断有误时能平推或略亏出来。

昨晚金石说在 000922(图 3-23)上一个账户里 5 进 4 出了（我知道他是 11 月 12 日首单进场的)，来回滚动操作，现在成本不到 4 元，周五上午快速下探，在 8.60 下又买进，周一再来做滚动。(000922 这种票涨幅其实并不大，赚钱靠的是技术功底)。我当时说，如果遇到 144 这种票，你不是要绞杀主力 100%以上的利润，呵呵。新书出来大家可以领略到金石做盘的风采和细节。

周四晚公开自己操作过程，是因为喝茶朋友笑我老师人家居然连续放掉涨停……，回来心情有点郁闷，但睡觉前也把心态调整过来了。另一方面也是想告诉朋友，不同的操作选股思路同样都能赚钱，但也有缺陷，希望大家探讨，对朋友们有一些启发。

周五，600771 开盘不到 5 分钟涨停，终于守住了这两周的第一个涨停，总算有点安慰(其实这种都守不住的话，真是不用做了)。

上午买了点 00685，000025。早盘买了点 000685 的账户仓位达到计划的上限，在下午 600379 冲高回落时卖了，下午又逢低买了点 000502。周四买的 000726、000657 如果周一二不拉中阳准备退出。

下午要出去，晚上回来，有时间就写周评！

至于选股思路，其实在《反弹操作技术精要》书中都有，如精选超跌个股、底部有量能堆积的(如中小板 002144、002148、002156、002157 等(图 3-20、3-21、3-22))，阻击 3 浪启动(也即是反弹 ABC 的 C 浪)。当然也参考了自己编写的指标公式系统。

下面略列举部分股票的操作图解，便于读者理解。

笔者一贯的观点，赚钱靠方法，并不刻意提前追求抓涨停。认为买到的股票如果当日或其后出现涨停仅仅是对辛苦做足功课的一种奖励而已。

世上没有一种提前 100%抓涨停的方法，因此，对于买进的股票是否会出现涨停板保持一颗平常心，不必强求。

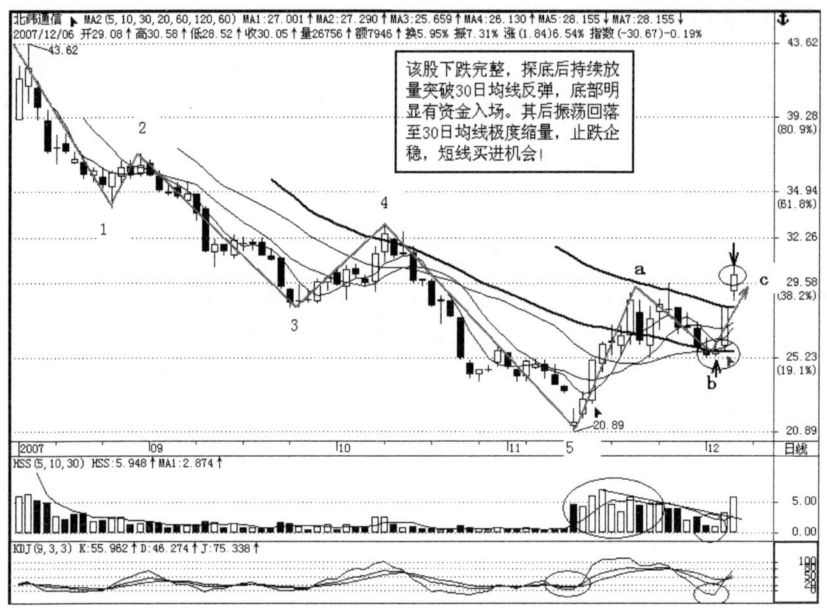

图 3-20 北纬通信 2007 年 12 月操作图解

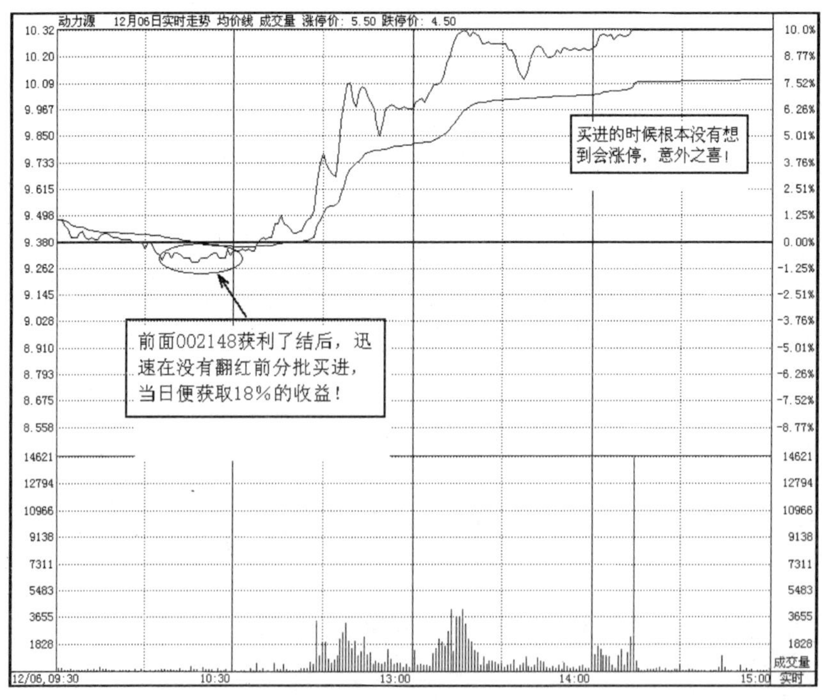

图 3-21 动力源 2007 年 12 月 6 日即时图

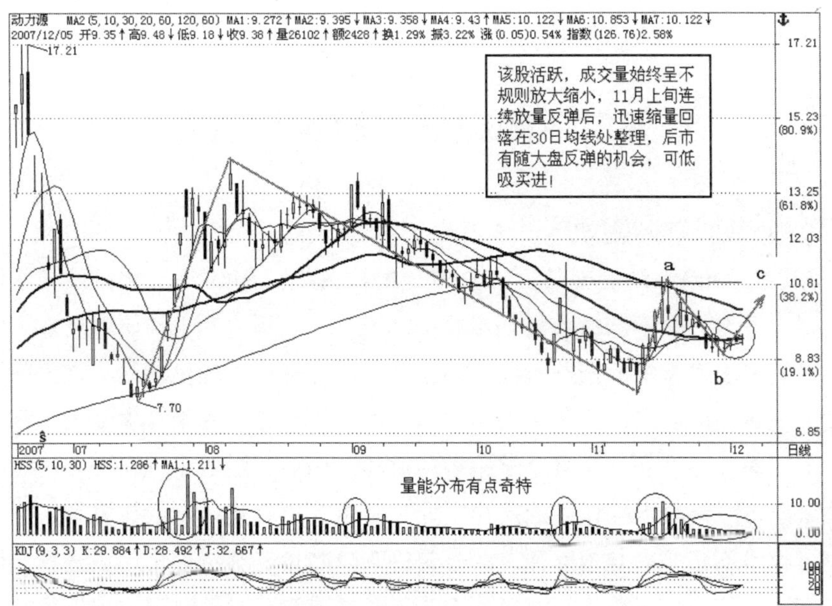

图 3-22 动力源 2007 年 12 月 5 日 K 线图

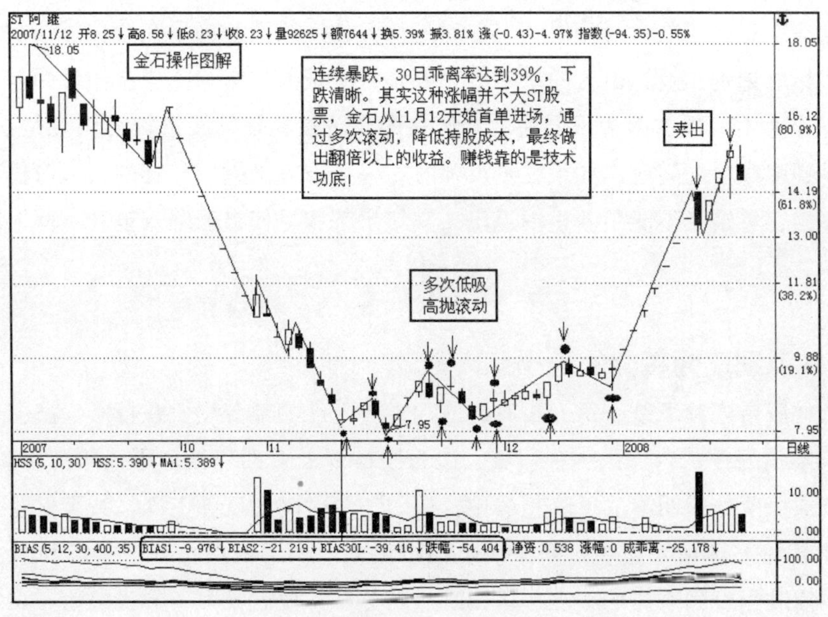

图 3-23 ST 阿继 2007 年 11 月至 1 月精彩操作图解

五、下降趋势中抢反弹技巧

1. 下降趋势建议少抢反弹

股市(或股价)涨跌的交替循环是市场中恒久不变的规律，没有只涨不跌的市场，同样也没有只跌不涨的市场。当股市或股价在经历大幅上涨阶段之后，随之而来的就是需要步入下跌的调整阶段。调整走势对应在道氏理论的趋势划分就是次级逆向波。次级逆向波是对价格波动主要趋势的修正走势，时间长度较上一级主要趋势短，但形态往往多变，是最具欺骗性的波动。因此，当股市(股价)处于中长期下降趋势状况下，参与下降途中的反弹须尤为慎重。笔者建议一般投资者，尤其稳健型投资者根本不必要参与抢反弹，耐心等待下降趋势调整结束之后再进场。因为当中长期下降趋势一旦形成后，市场的空头下跌将成为相当长时间的主旋律，下跌阶段基本上不提供赢利的市场大机会，而在这个阶段所进行的大部份操作都是错误的。只有下降途中少数的几次股价反弹机会，这仅仅对于一些经验丰富且激进的短线操盘高手有一定的参与价值。但也对抢反弹的短线操盘高手在仓位控制、时机选择、目标股识别，及退出时的果断心态都是一个很大的考验。毕竟做反弹与上涨趋势中操作大不一样，因为只要在上涨的初中期阶段，任何买进都可以说是正确的，无非是赚多赚少的问题。如果在抢反弹时，一旦没有把握好较佳的买入时机和仓位控制不当，看错又不能果断止损退出，其结果都容易使自己陷入被动和落入巨大风险之中。

2. 准确识别反弹机会的大小

即使股市连续下跌，每天也有抗跌和逆势上涨的部分个股在精彩表演，这给一些经验不足的投资者造成一种假象，以为股市里天天都有很多赚钱的机会。其实，在股市或股价处于明显的下降趋势中，偶尔、短时间的反弹上涨，甚至仅仅是当日盘中短暂的上扬等等这些日间杂波也最诱惑人。主力机构往往为了顺利减仓或出货，只需利用日间杂波的上涨，丢出一点点芝麻，便能吸引一群为争抢一点蝇头小利的散户们上当。这就要求准备抢反弹的投资者需要识别反弹机会的大小，对于经常诱惑人的许多小机会必须放弃，只捕捉具备可操作性的较大反弹机会。尤其是要注重先识别大盘的反弹较大机会，因为在大盘处于下降趋势中，几乎所有个股都会受到大盘向下的制约，正所谓“倾巢之下焉有完卵”！再结合目标个股的走势来综合分析后市的反弹机会大小。

一般而言，大盘或个股日线级别以上的反弹才有一定的实战操作价值，但风险度也较大。尽量捕捉周线、月线级别的反弹，反弹时间较长，空间也较大，满足中大资金顺利进出场。而日线以下，60 分钟、30 分钟或更小级别无需参与。对应大小不同级别的反弹，注意匹配恰当的中、小资金管理和策略制定。说得更简单明确一点，也就是说只能选择大盘和个股的某个下跌趋势的阶段底部或中期底部基本探明才能参与抢反弹。如自上证指数 2007 年 10 月见 6124 高点以来，持续下跌调整了整整超过一年，2008 年 10 月最低探至 1664 点，最大跌幅超过 72%。其调整跌幅之巨大、时间之短，杀伤力之大，是十几年来国内股市的历史中都十分罕见。其实，在长达一年的持续下跌之中，真正具有可操作性较强的反弹机会也就只有 4–5 次而已，绝非天天都有操作赚钱的好机会。大多数时候所谓的“赚钱机会”也不过都是机构给散户投资者下套的陷阱罢了。

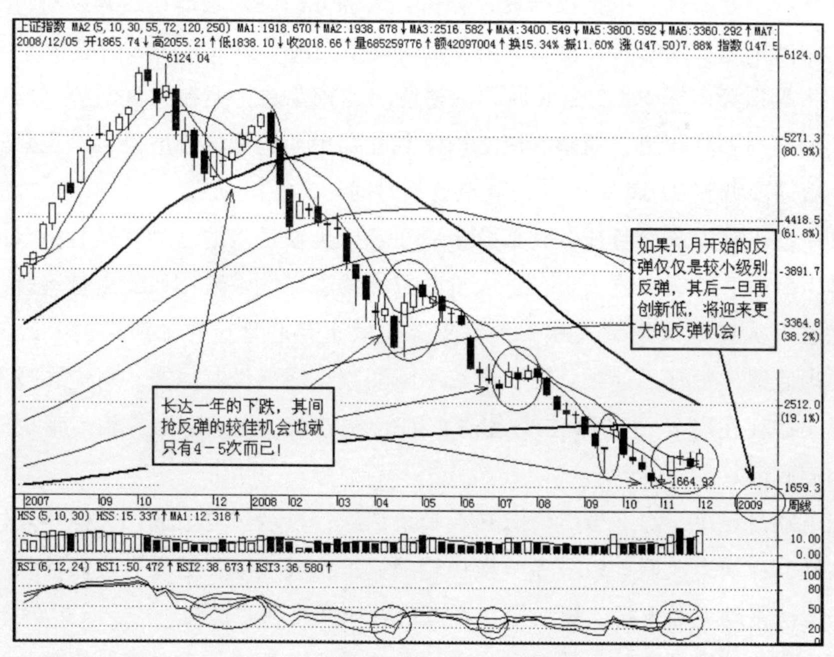

图 3–24　一年之中较佳的反弹机会并不多

3. 中期(阶段)底部的特征

底部是通过股价走势所构成的技术图形来体现的。所谓底部的概念，通常是指某一区域而不是具体的点位，因此，底部自身的构造便主要由价格、范围(高度)和时间跨度(宽度)三方面的因素构成。一般是指股价由下跌转为上升的转折点(区域)，它可以是上升途中的回档，也可以是下跌途中的反弹折返。这种转折可以是一个缓慢的过程，也可以是一个急速的过程。在底部股价可能是急剧振荡的，也可能是平缓波动的，由此形成了V型底、圆弧底、双重底等各种不同的底部形态。根据行情的规模大小我们可以将底部划分短期底部、中期底部和长期底部。短期底部是指股价经过一段不长时间的连续下跌之后因导致短期技术指标超卖，从而出现股价反弹的转折点（区域)；中期底部是由于股价经过较长时间下跌之后，技术上严重超跌，或者借助于某些利好、或题材所产生的历时较长、升幅可观的弹升行情的转折点(区域)；而长期底部则是指股价经过长期下跌之后，空头行情完全结束，多头行情重新到来的转折点(区域)。股市中期(阶段底部)底部的特征表现如下(这里，阶段的词意没有中期概念严格，相对中期概念可长可短灵活些)。

①中期底部调整时间较长：调整时间较长意味着多空转换充分，这是大盘形成中期底部的首要条件。根据数据统计分析，大部分的中期底部在达到以前，周线级别上的平均单边下跌时间要达到7周以上，调整的两个极限时间段一般是5周至55周。在大盘强势市场中，5至8周的调整情况比较普遍，但在大盘弱势市场中，指数长期调整的下降通道，期望5周之内见到扎实中期底部的难度极大，也是不现实的，一般需要调整21周—55周，甚至更长时间。

②中期下跌的盘面特征：大部分个股在经历价跌量减的缩量下跌后横盘或稍有小反弹，然后又继续破位下行，进入价跌量增的恐慌性杀跌，如此交替运行。而大盘指数往往大跌后又继续大跌，关键支撑位及重要心理位置如所谓的“政策底”、大众心理底线位置轻易地被跌破，绵绵不断阴跌，似乎没有尽头。对应在波浪结构划分上，往往在周K线或月K线完成了ABC调整后，以及下跌5浪后形成阶段底部或中期底部。

在下跌过程中，盘面虽然时有热点板块活跃，显示有资金运作，但热点往往没有持续性，板块个股联动效应差，板块轮动显得比较凌乱，更没有阶段性领涨品种出现，无法带动大盘上扬，短线操作者也难以把握获利的机会。

③出现中期底部前的板块轮动特征：几乎是所有板块与个股都要轮跌一遍，大部分个股要经历两到三波的大跌，各个板块的轮跌循环基本完成，才说明市场中的做空动力充分释放。在下跌的尾段，往往是前期抗跌或逆市做多的强势板块和个股、包括许多绩优股出现补跌，进一步打击市场的持股信心。

此时，前期逆市做多的机构开始悲观，并大肆做空，一直看多的市场分析师或在媒体上主流投资咨询机构也悲观看空，对前景开始谨慎对待。新股开始跌破发行价格，新股上市首日收盘涨幅极低，甚至有的新股在上市不久后就跌破发行价格，或者不断有股价跌破净资产值的个股出现。

④大盘中期底部必须经过大幅下跌或长时间下跌，指数股价必须有从高位跌幅超过15%以上，周K线、月K线处于低位区域或者中期下降通道的下轨。上证综指来看，指数偏离5周均线乖离率达到-5以上，这是大盘接近中级底部较为可靠的标志性参考值，也是价格特征的明显体现。

⑤大盘中期底部的市场环境特征主要表现在：市场上利空消息满天飞，不管是上市公司的各种利空，还是政策、消息面的利空传闻广为流传，大盘经常由阴跌变为急跌，或者有成批的个股或板块集体大幅下挫、集体跌停；管理层的态度开始逐步转暖，不断有领导人讲话打气，利好政策讨论增多，但是，即便是出现某些利好消息或政策，大多数投资人对于宏观面和政策利好变得麻木不仁，熊市思维极其严重，难以刺激交投活跃；同时，各类基金折价现象普遍，新基金发行受挫，发售开始出现困难、不顺畅，尤其是市场主流基金的投资理念受到普遍质疑，主流基金似乎也失去方向感；因股市长期持续低迷，此时券商也往往经营十分困难，有关券商困难危局的报道时常见报，媒体刊登的关于拯救股市的话题日渐增多，或者网上指责管理层的言论常有出现。总之，市场相关各方面临极大的压力。

⑥中期底部的成交量特征：常常表现为极度萎缩，大盘屡创地量，具体表现为上海的单日成交金额连续多日低于百亿，甚至四五十亿，股价跌无可跌，做空力量近于衰竭；因为投资人极度恐慌而呈现出放量杀跌，短期跌幅巨大，场外投资人观望气氛甚浓，非常谨慎，绝大部分人不敢参与。因此，大盘中期底部构筑过程中，连续地量经常出现，K线呈现小阴小阳盘整，股指波幅很小，K线图上振幅越来越小，短线投机者已无差价可做，大多数人已选择退出观望。此时卖出的往往是高位被套而失去耐心的最后一批多头，等到这批人都卖光了，底部也就悄悄的来临了。

⑦中期底部的技术背离特征：当大盘经过长时间下跌后的底部区域，日K线图形上K线与短期均线系统交织在一起。常用技术指标如周KDJ、RSI、MACD等经常在低位呈现底背离状态，也就是说，指数创出新低，而指标周KDJ、RSI、MACD指标拒绝创出新低，表明杀跌做空动能衰竭，反弹要求强烈。一旦政府出台实质性利好政策，成交量持续放大，领涨热点板块出现，市场人气被激发，K线图形将脱离盘整区，转为上升趋势，大盘进入中级反弹(或上升)阶段。此时，选择一些诸如提前见底主力正准备拉升的强势股，选择远离成交密集区和近期的套牢盘的超跌股，选择业绩优良、成长性佳的增长潜力股，选择题材丰富的活跃股，以及选择底部温和放量的热点股等等。及时抓住大机会，重仓跟进，获取投资收益。

需要提醒的是，底部的确认，往往需要从供求状态、基本面、政策面和技术面结合分析才能对股价的运行形态作出一种准确判断。真正底部往往只有在走出底部后才能确认，任何人的提前分析仅仅只是预测，因为，底部是一个区域，而不是具体的点位，更不是许多散户认为的最低点。由以上分析可以总结看出，作为股市上的投资者应当十分重视中期底部与长期底部的形成。一旦看准中长期底部出现，可以重仓参与，而对于短期底部，可以短线参与或放弃观望。

4. 阶段“底”抢反弹的技巧

在某下跌阶段底进行抢反弹，除了平常多密切跟踪、分析大盘和个股前后下跌段的空间比率、形态破位的跌幅，空间预测、时间、价量关系，以及指标超跌状态外，还需注意市场中超跌群体股票的状况。其实，在抢阶段底反弹的时候，最有效的技巧就是准确识别大盘的阶段反弹机会和乖离率指标的运用。重点捕捉的目标一般为率先反弹的领涨热点板块及超跌中小盘个股。

在笔者所著的《反弹操作技术精要》书中第六章专门有一节讲解抢反弹时乖离率指标运用，并指出在中国股市实战中抢反弹最为有效。如果读者很好使用该指标，一年中只需要抓住几次阶段性中期底部，运用几次，就能够获取巨大的投资收益，而且轻松赚钱。我们先回顾 2008 年大盘下跌途中几次阶段下跌小底时的大盘乖离率指标及当时市场中超跌个股状况：

2008 年 2 月 1 日，上证大盘的 5 日、10 日、30 日乖离率(BIAS)指标分别为-1.8、-5.36、-14.56。而当天 5 日乖离率(BIAS)指标最大超过-10 的股票达到 459 只股票，占 28.5%，同时 30 日乖离率（BIAS)指标最大超过-20 的股票达 338 只，21%。随即大盘从 4195 点反弹至 4695 点，反弹幅度近 20%。

2008 年 4 月 3 日，上证大盘前一日的 5 日、10 日、30 日乖离率(BIAS)指标分别为-2.3、-5.9、-15.7。而 3 日当天 5 日乖离率(BIAS)指标最大超过-10 的股票达到 1042 只，占 64.5%，同时 30 日乖离率（BIAS)指标最大超过-20 的股票达 1223 只，75.5%。随后大盘反弹幅度为 12%。

2008 年 4 月 21 日，5 日乖离率（BIAS）指标最大超过-10 的股票达到 387 只，占 24%，同时 30 日乖离率（BIAS）指标最大超过-20 的股票达 890 只，55%。4 月 22 日，上证大盘的 5 日、10 日、30 日乖离率（BIAS）指标分别为-0.85、-4.3、-11.4。而当天 5 日乖离率（BIAS）指标最大超过-10 的股票达到 787 只，占 48.6%，接近一半的股票，同时 30 日乖离率（BIAS）指标最大超过-20 的股票达 1074 只，66.3%，差不多占三分之二。随即大盘从 2990 点反弹至 3786 点，反弹幅度为 26.6%。

2008 年 7 月 3 日，5 日乖离率(BIAS)指标最大超过-10 的股票达到 42 只，占 2.6%，同时 30 日乖离率(BIAS)指标最大超过-20 的股票达 628 只，38.8%。随后的大盘反弹幅度为 15%。

2008 年 9 月 18 日，上证大盘的 5 日、10 日、30 日乖离率(BIAS)指标分别为-4.9、-9.2、-17.8。而当天 5 日乖离率(BIAS)指标最大超过-10 的股票达到 818 只，占 50.5%，同时 30 日乖离率(BIAS)指标最大超过-20 的股票达 996 只，61.5%。随后的大盘反弹幅度近 30%。

2008 年 10 月 28 日，上证大盘的 5 日、10 日、30 日乖离率(BIAS)指标分别为-2.7、-6.1、-13。而当天 5 日乖离率 (BIAS)指标最大超过-10 的股票达到 714 只，占 44.2%，同时 30 日乖离率(BIAS)指标最大超过-20 的股票达 822 只，50.8%。随后的大盘反弹(到笔者写稿时)幅度为 26%。

为此，笔者简单总结下跌途中阶段性小底抢反弹的技巧如下：

①大盘背景：大盘处于连续暴跌段末端、或某子浪 C 下跌末端、或短期下降趋势有放量扭转迹象，以及处于平稳阶段、上升初期阶段。从乖离率指标 BIAS 看，大盘短期 5 日 BIAS<-3 或 10 日 BIAS<-5，将面临反弹要求，尤其是 5 日 BIAS 达到-4 以上，或 10 日 BIAS 达到-7 时。往往意味着短期或中期底部来临，技术反弹要求更为强烈，此时，只要有领涨热点板块率先启动，大盘很容易被激活，由此展开一波反弹行情。

②板块连动：市场处于有明显的板块连动下挫迹象，而且股价同时偏离短期均线 5 日、30 日的负乖离率值均较大，市场酝酿整体反弹的可能就很大，此时应高度关注。如果整个市场有数百上千只以上个股，短中期负乖离率值均较大，如 5 日 BIAS<-10 及 30 日 BIAS<-20 以上有很多，形成整体超跌，那么大盘的强劲反弹即将来临，同时，也容易在此时形成中期底部。

③目标个股本身的位置很低，日线、周线或月线技术处于低位，5 日 BIAS<-12 以上，同时 30 日 BIAS<-25 以上。浪形结构处于 2 浪、或某 C 子浪末端最佳，有强烈的反弹要求。如果大级别处于下跌初中期，则需要谨慎参与，调低介入的仓位比例，而且操作策略上以短线、超短线为主。

④操作策略的展开主要以低吸、补仓战术为主，追涨战术为辅。低吸战术的展开需结合股价量度跌幅空间、浪形等，按照负乖离率值达到要求时分批进行，补仓一般也可以分为一次或两次展开，按跌幅超过 10%补仓一次(跌停板不能补仓)。短期下降趋势放量扭转时、放量上涨之时建立追击性仓位。具体买点的选择，可参考盘面、分时来寻找，结合投资者的实际运用经验，灵活把握。

⑤资金管理上，抢反弹的前提条件必须是在暴跌时保持空仓，等待绝佳机会的来临，不能重仓被套，否则，即便是机会来临，也只有干瞪眼。乖离率指标实战中最好采取分批介入或按照金字塔式分配，分两次将低吸仓位建完，占总资金的 1/4 左右。救援补仓也分批展开，占总资金的 1/4 左右。一旦确立大盘或目标个股趋势

扭转，开始建立追击性仓位，占总资金的 1/3 左右。以尽量确保资金介入的安全性，不把资金过早暴露于风险之下。

⑥出局选择：根据大盘或个股能够提供多大的操作机会，在谨慎保守前提之下，根据短线操作、波段操作出局原则，一般可选择日线、周线技术高位死叉出局，或者按照高抛、杀跌战术展开的技术依据及时获利了结。另外，因抢反弹风险大，一旦按计划买进后亏损 8-10%必须无条件止损出局。

六、犹豫不决吃大亏

1. 抢反弹时大盘技术状态

为迎接期待已久的百年奥运盛典，大盘自 7 月开始展开了五周时间的小反弹行情，可是无情的现实是，奥运开幕当日 A 股却出现 120 点长阴的破位暴跌，以绿色股市来迎接绿色奥运。随后一路下探至 2284 点，随即强劲反弹，低点距 2001 年 2245 高点不到 40 点。当时，从大盘的周 K 线技术上分析，上证指数下探至周 K 线的年线处便随即展开强劲反弹，周 K 线常规指标底背离明显，杀跌动能衰竭。而且从浪形结构分析，大盘运行在 C5 子浪的 5 小浪末(乐观的演变走势图 3-25)或者 C5 子浪的 3 小浪末(谨慎悲观的演变走势图 3-26)这两种可能性大，估计短期下跌空间

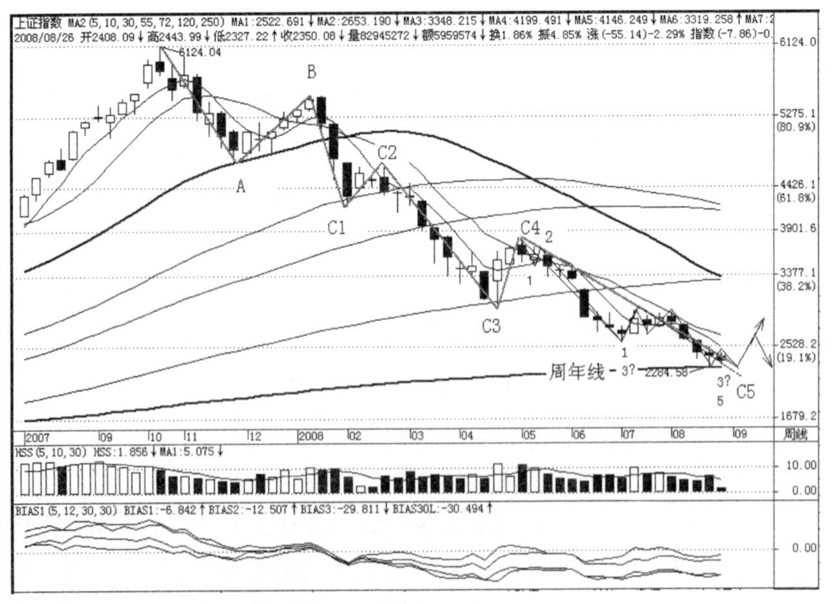

图 3-25 大盘调整的子浪划分

也不大。于是，计划先按乐观的一种大盘走势进行短线操作，跟踪并防范大盘按悲观的一种运行。

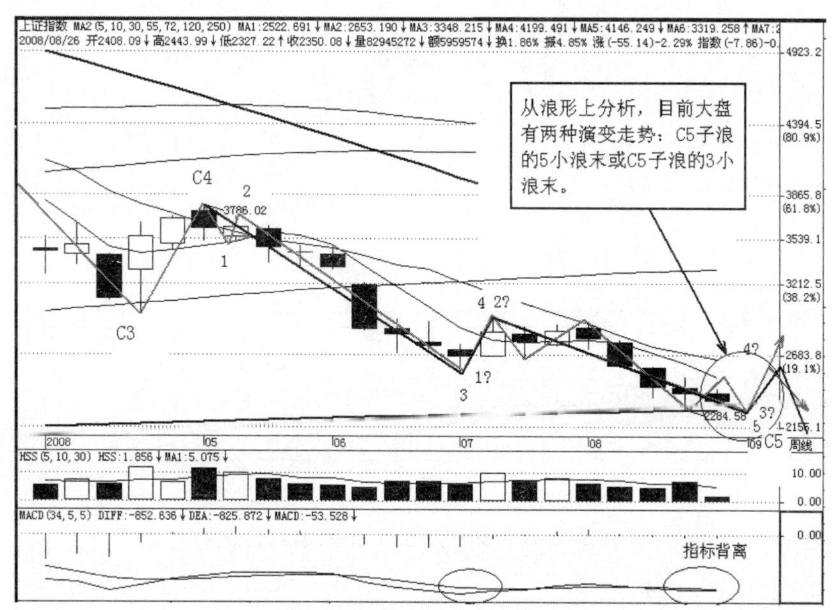

图 3–26　C5 子浪的小浪两种运行模式

2. 乖离率最大股抢反弹滑铁卢之战

2008 年 8 月 26 日，笔者选择了一只两市最超跌，负乖离率连续最大的中体产业(600158)，进行短线抢反弹操作(图 3–27、3–28、3–29、3–30、3–31、3–32、3–33、3–34、3–35)。中体产业是中国体育产业规模最大的股份制企业，同时也是国家体育总局控股的惟一一家上市公司，具有丰富的业内运做经验和雄厚的资金支持，近年来在体育赛事的运作上有了较大的发展。健身俱乐部建设上，中体倍力已在全国 15 座城市正式运营和签约了 33 家俱乐部。公司为奥运会票务代理独家供应商，并正式成为北京奥运会特许零售商；被授权在京外城市建设“奥林匹克文化广场”，正在从事各项前期准备工作；还为多家奥运赞助商、合作伙伴、独家供应商提供奥运体育营销咨询服务。此外，公司还开始介入体育场馆运营，佛山岭南明珠体育馆已由公司运营。公司近年制作了大量的电视剧和体育节目，成为各电视台抢手货，在此领域内可谓占尽了先机。公司还共同组建中体影视公司，占 80%股权。该公司专门从事电视剧等业务的策划和制作，有助于提高公司在传媒业内的地位。公司在大股东国家体育总局体育彩票管理中心的指导下，利用公司的资金优势，建

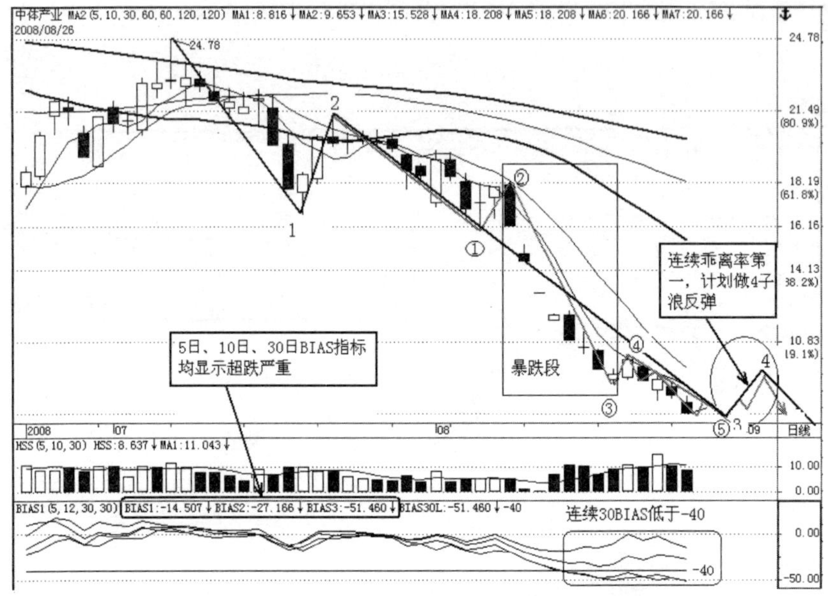

图 3–27　中体产业 8 月 26 日超跌状态

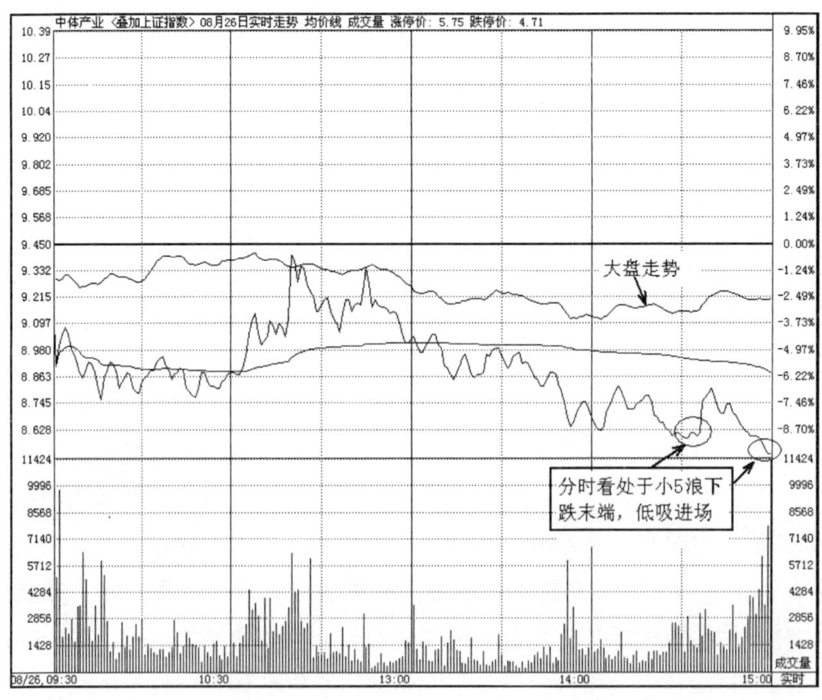

图 3–28　中体产业 8 月 26 日即时图

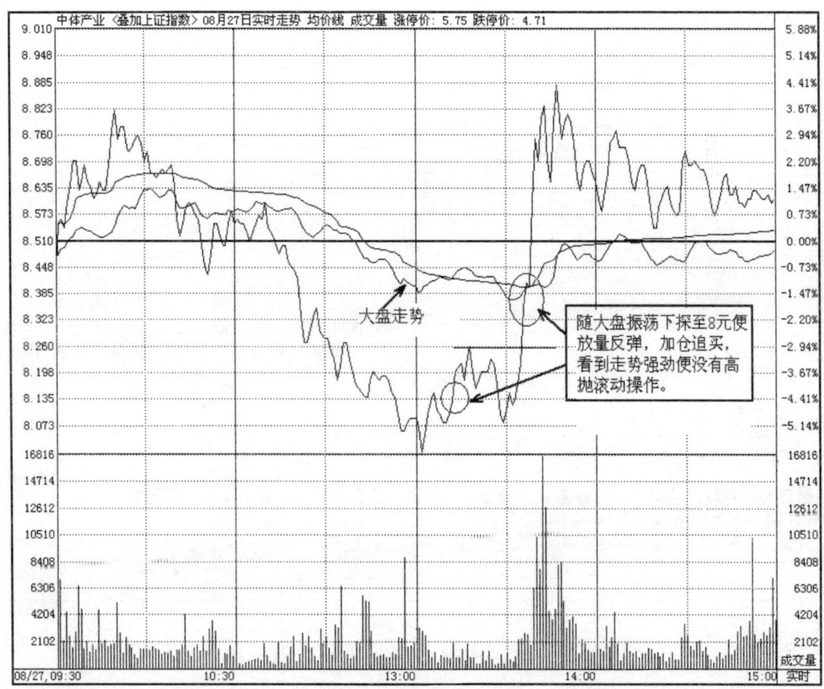

图 3–29　中体产业 8 月 27 日即时图

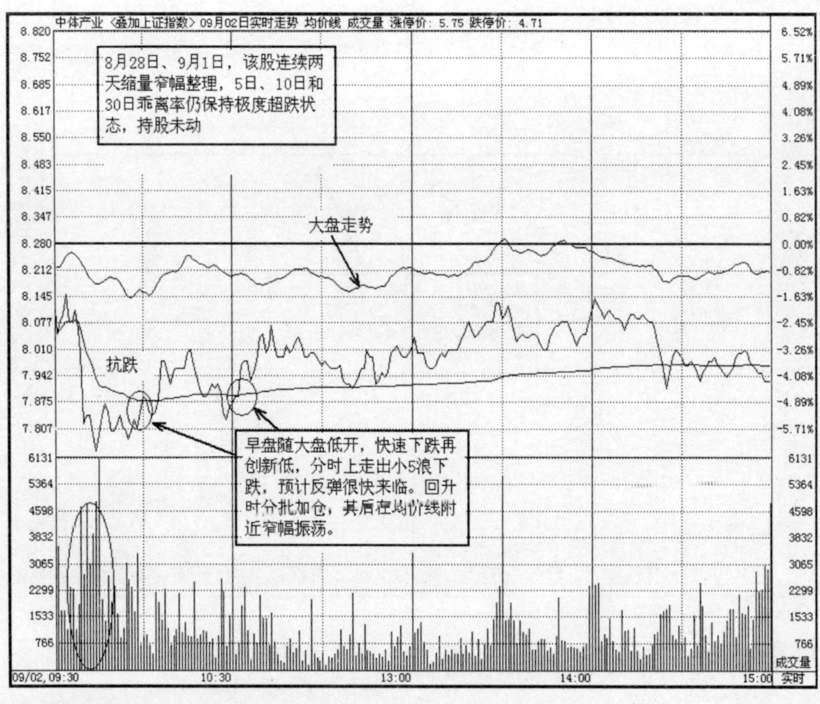

图 3–30　中体产业 9 月 2 日即时图

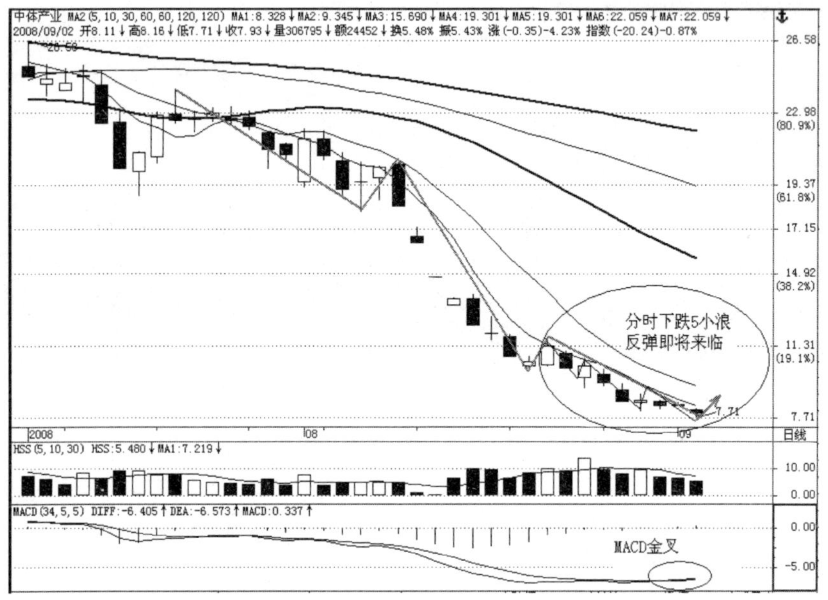

图 3-31 中体产业 9 月 2 日 K 线走势

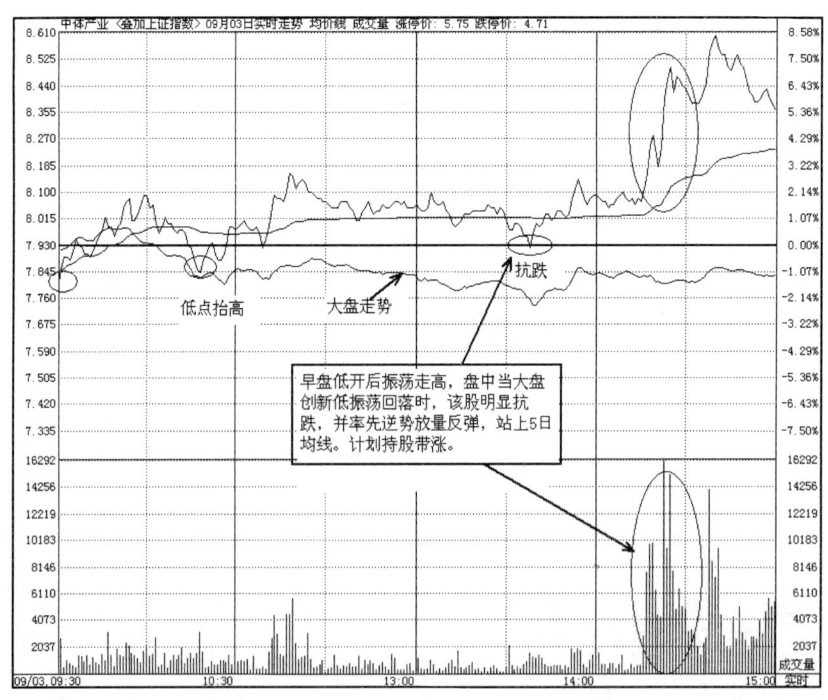

图 3-32 中体产业 9 月 3 日即时图

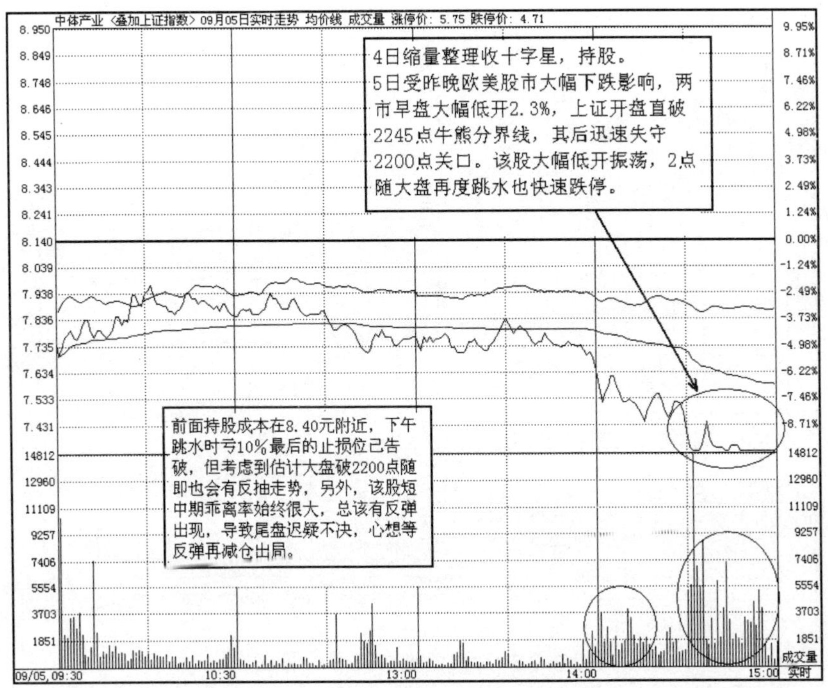

图 3-33　中体产业 9 月 5 日即时图

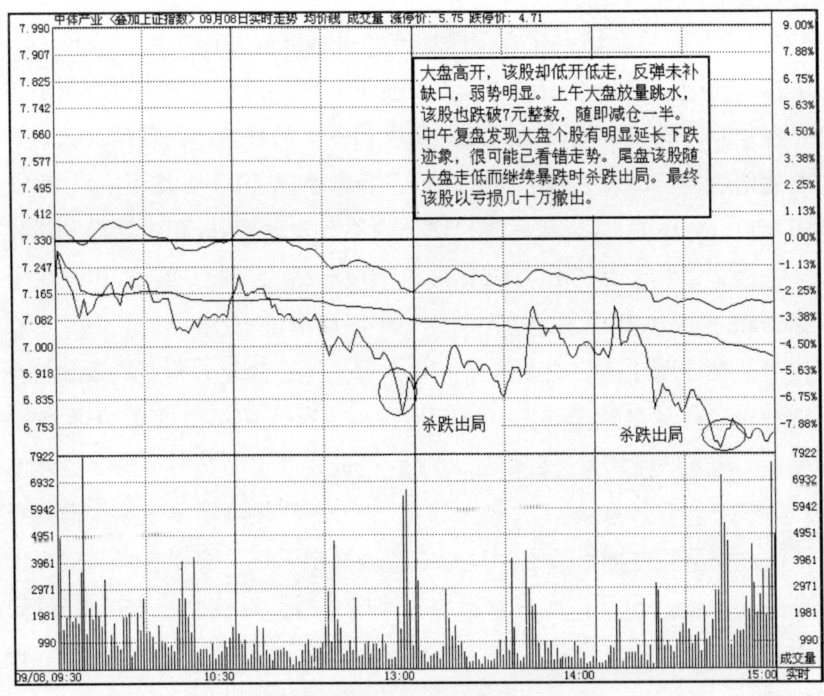

图 3-34　中体产业 9 月 8 日即时图

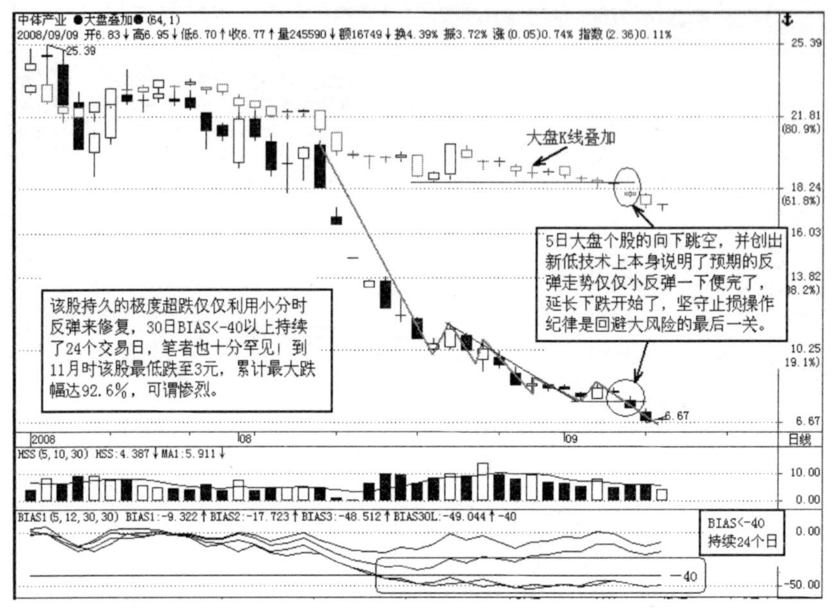

图 3-35 中体产业 9 月 8 日 K 线图

立体育彩票电脑销售系统，共同经营电脑彩票销售工作，介入体育彩票事业，该项目有着良好发展前景项目。

“体育产业”业绩大增在体育主题地产“奥林匹克花园”项目建设上，现有的上海、天津、沈阳、惠州等项目延续了以前年度良好的发展势头，继续取得了较好的收益。在控制公司投资规模的同时，积极加强了品牌输出与管理，公司通过多种措施，有效地进行了品牌宣传和推广工作。目前全国 40 多个城市中已有 53 个奥林匹克花园项目。7 月 21 日公司发布预增公告称，预计到 08 年中期净利润比上年同期增长 1500%以上。8 月 5 日公司公布半年报业绩为每股 0.22 元，并在中报中披露，预计 2008 年 1–9 月份累计净利润比上年同期增长 400%以上。

从该股 K 线走势上看，自从 8 月 8 日北京奥运会隆重开幕，奥运题材兑现，该股便呈现连续跌停的暴跌走势，一路不回头地下行。从年初最高 41 元跌至目前周线年线处、9 元以下，其累计跌幅近 80%，在近期两市中是罕见的。连续 9 个交易日 30 日乖离率均超过–40 以上，最大超过–50，短线持续严重超跌。而最近几个交易日该股的成交量再度明显放大，显示有资金逢低入场，短线有可能展开 15%左右的强劲反弹。前面几次炒作奥运题材均有短线参与，对该股一直存有好感，加之，多年以来利用乖离率抢反弹几乎很少失手，可以说十拿九稳。于是，26 日便开始在尾盘低吸进场，计划做 4 子浪的反弹。

3. 操作失败的教训与总结

8 月底到 9 月初在中体产业上的抢反弹操作是 2008 年中操作少有的最失败的一次。事后深刻自我检讨，总结失败的原因有如下几个方面：

①逆势操作是失败的首要原因。当大盘或个股下降趋势明显的下跌阶段，还未出现明显的止跌企稳或转势的信号之前，顺势而为是应该坚守的最重要操作原则。顺势操作，很可能做对无数次而做错一次，也就错在转折点上；反之，如果逆市操作，那么很可能错无数次后才正确一次。也就是说，如果一心想到去抄底或者逆势获取一点蝇头小利，往往都是火中取栗，抄底抄到的是天上掉下的飞刀和风险。

②犯了过于主观，自以为是的错误。由于大半年来大盘从 6124 点跌至 2500 点的整个分析研判几乎都没有出什么错，所以导致研判行情时自我感觉良好，信心开始盲目膨胀，分析研判大盘走势就渐渐变得过于主观，自认为可以预测底在何处。体现在大盘调整 C5 子浪再度延长下跌有些不相信，同时，对于平常都能引起高度警觉的走势却因主观想法视而不见，对市场反应出现迟缓。还有，自认为分时、即时图中买点选择还算不错，过多关注日线乖离率的变化，陷入了“只见树木不见森林”的分析误区，对目标个股调整的级别大小出现判断错误。自然在操作策略上也随之出现问题，短线操作也变得有些拖泥带水了。

③原来的操作方法成功不代表未来一定会成功。虽然自 2001 年以来，笔者屡次运用乖离率指标这个抢反弹的利器，几乎很少失手，可以说是十拿九稳，因此，当面对股价乖离率指标负值持续很大，即持续偏离 5 日、10 日和 30 日均线很大时，原来的多次成功促使自己主观认为此次目标股也会按照预期的走势来运行，总会有反弹出现，可少亏退出。导致盲目地加仓买进，原本轻仓参与抢反弹，结果仓位被动加大。原本有两次盘中 T+0 滚动操作可降低成本或降低仓位都没有采取行动，结果越来越被动。所以说，股市里没有百分之百的成功操作方法。

④对公司基本面要辩证看待。如中体产业半年报业绩为每股 0.218 元，笔者首次介入时股价 9.60 元左右，对应市盈率则为 22 倍。连续预增公告称半年、三季度业绩增加 1500%或 400%以上等等，这些对介入抢反弹都有促进影响。但实战中不能只看利润或每股收益变化，应该更要仔细分析是主营增长导致业绩上升还是其他原因。另外，要注意所谓公司的成长性是不是已经在前期股价大涨过程中提前反映或消化了一切基本面消息。基本面的许多数据不能静止地去看，更多的要研究公司未来成长性能否保持?

⑤抢反弹必须果断执行操作纪律。不管是在事前分析，还是在操作过程中的反复研判，都必须为出现预料之外的恶化走势作出充分的应对措施。其中，抢反弹操

作中止损位设立必不可少，并果断执行止损措施应该作为铁的纪律来严格贯彻。不能到了止损位还犹豫不决，还在想是该等等看还是该认赔平仓？最终造成亏损的无谓扩大；更不能去想“是不是我出来之后股价又反弹上来了，让我止损错了”等等的问题。总之，反弹操作中必须按照预先设置的止损位，一旦触及就必须无条件先退出来，然后再来检讨买卖失误的原因。

⑥对惯压式下跌出货模式没有高度重视，这是出货最凶狠的一种。该股持久的极度超跌仅仅利用小分时反弹来修复，30 日 BIAS<-40 以上持续了 24 个交易日，笔者也十分罕见！到 11 月时该股最低跌至 3 元，累计最大跌幅达 92.6%，可谓惨烈。其实，持续处于极度弱势的股票往往总有自身的原因，不能抱有侥幸和过多的幻想。

另外，9 月 5 日大盘个股的向下跳空，并创出新低技术上本身说明了预期的反弹走势仅仅小反弹一下便完了，延长下跌开始了，在操作技术上，坚守操作纪律是回避风险的最后一关，实战中没有果断执行。最后一句话，股市里没有神，还是只有人。

七、阻击热点板块的技巧及教训

及时捕捉热点板块，参与热点板块中的领涨龙头及个股，是短线盈利最快的一种有效手段。

热点板块的概念：在每一波上升行情中，都会因政策利好或某个题材引发市场炒作一个或几个热点板块，而与炒作热点密切相关的一些股票会产生联动效应，成为领涨股而带动大盘的上扬，且涨幅一般会大于大盘和其他个股的涨幅。依据这些股票在某一方面的共同特性(如行业、地域、题材、概念)，将这些股票统称为“某板块”。

当市场某阶段的主导力量(如基金、券商、QFII 或游资)激活市场某板块，进行连续推动该板快股票价格上扬后，在“赚钱效应”的示范下，就会吸引更多投资者注入新资金，短线热钱进出也最多，引起市场的广泛关注时，就形成了所谓的热点和热点板块。对于投资者而言，只要把握住了市场热点板块就等于把握住了市场的先机。

1. 及时捕捉热点的方法

及时捕捉热点的技巧主要从盘口、盘面、领涨龙头、资金流向、个股技术状态等方面去把握。

①集合竞价盘口：受政策利好或重大题材消息刺激时，受此影响往往在集合竞价过程中受到投资者追捧，开盘时常会显示出热点板块形成的端倪。具体表现为消息刺激相关个股纷纷带量跳空高开，甚至某些个股直接涨停，成为领涨龙头。这种板块个股的一致“行动”，同时纷纷高开就是热点具备初步形成的特征。

②盘面涨幅特征：在每轮较大上涨行情中，领涨龙头股一飞冲天，天马行空的走势总是令许多投资者热血沸腾。龙头股强烈的示范效应将有效刺激市场流动资金向龙头所在的板块或龙头股引发的概念群体倾斜，进而形成一个领涨板块，成为上涨行情发展的主要推动力。是否有龙头股涌现是热点的标志，同时在这个阶段，热点板块中的个股都会持续出现在两市 61、63 涨幅榜前列。往往在领涨板块中总有一、两个领涨龙头股出现，而且龙头品种的涨幅会远远大于其他同一板块个股的涨幅。一般来说，每一轮中、大行情中总有一个或一个以上持续性的领涨板块。

③联动效应：当某一热点板块形成和走强过程中，当其中的龙头股率先上涨后，市场上是否出现相关个股同时遥相呼应，一致联动上涨的盘面特征至关重要，这是判断热点形成的主要依据。这可以通过 61、63、81、83 窗口观察 5 分钟涨速榜就能轻松发现。如果某只个股在进行拉抬时没有同类个股跟涨，说明板块效应没形成，仅仅只是个别股票主力机构的单独行为。一般来说，热点板块通常有实质性政策利好或题材支持、有持续的大资金介入背景，时髦概念或业绩提升为依托。

④资金流入：由于市场热点板块是市场当前万众注目的中心，就不可避免的吸引大量场内外的跟风资金进场炒作，这样就使我们很容易从资金流向、股票的量比指标，及成交量总量的角度发现和追踪该板块的动向。资金的持续流入必然在热点板块形成和走强过程中，其热点个股的量比指标一般会急剧放大到 3 以上，而且整体起动后会保持相对稳定的状况，而且从 81、83 窗口的当日成交额(成交量)排名上会经常看到它们活跃的身影。只要某板块中的个股资金流向排名不从交易额排行榜前列消失，无论该板块是处于上涨或下跌期间，市场中的热钱就没有完全从该板块中撤出，直至有新的热点板块产生为止。进而综合涨跌幅榜窗口研判就能即时捕捉当前主流资金现阶段的动向。

⑤整体技术状态：大盘和板块个股的本身技术状态决定了热点板块的持续性、涨升力度及可操作性，是决定及时参与操作与否的技术依据。最佳的情况是大盘、板块个股均周或月线级别处于下跌末期或上升初中期，最差也要求周线级别处于低

位。如果月、周K线技术状态处于高位，其形成的热点板块就容易很快消失。

2. 阻击热点个股的实战案例

2008年11月5日，继10月底国务院批准铁道部的2万亿元铁路投资计划后，今日有消息称，交通运输部门正在酝酿一个未来3~5年内投资5万亿元的计划。知情人士透露，这5万亿规模的投资，包括在建项目、已经规划的项目和追加投资，将涉及公路、水路、港口和码头建设等。受此传闻消息刺激，基建建设概念如水泥、建筑、建材等板块活跃。11月6日、7日大盘回落振荡过程中，太行水泥连收三个涨停，龙头股迹象显现。11月9日(周日)国务院提出中国4万亿刺激经济扩大内需十措施出台。晚上仔细分析政府连续出台扩大内需的利好对股市及板块个股的影响。鉴于外围股市动荡，国内股市也低迷，虽然也担心像前几次救市那样反弹很快夭折，但分析大盘已经处于调整A浪或A3的末端了，至少是某段下跌子浪的尾端，决定周一根据盘口情况分批建仓可能形成的热点板块。

2008年11月10日，集合竞价过程中，通过软件发现个股纷纷有高开迹象。9点25分上证指数直接高开2%，而且集合竞价金额明显放大到4.44亿，深圳放大到1.13亿，比前几天平均集合竞价金额急剧放大，由此看市场对此政策利好比较看好。集合竞价成交量是分析大盘当日是否交投活跃，量能放大的第一信号，结合大盘跳空高开，基本可判断当日高开高走上涨的可能性极大。下面整理了11月10日前几天的集合竞价金额情况：

11月3日9：25分集合竞价金额：

上海8260万，深圳5928万；

当日走势，低开整理。

11月4日9：25分集合竞价金额：

上海11984万，深圳3489万；

当日走势，低开探底回升振荡。

11月5日9：25分集合竞价金额：

上海12618万，深圳6303万；

当日走势，放量高开走高。

11月6日9：25分集合竞价金额:

上海25033万，深圳9013万；

当日走势，放量大幅低开整理。

11月7日9：25分集合竞价金额:

上海13292万，深圳5723万；

当日走势，大幅低开走高。

11 月 10 日 9：25 分集合竞价金额：

上海 44398 万，深圳 11312 万；

集合竞价开盘即现板块效应。

10 日 9 点 25 分，集合竞价出来，受政策利好直接受益的板块如水泥、钢铁、建筑、铁路、工程机械等个股纷纷直接联动高开 3%–4%以上，板块的个股联动效应明显，市场热点已经显现。加之板块和个股在技术上均处于严重超跌，早盘应积极寻机进场，及早建立部分仓位（因开盘即开始忙于选股操作，没有及时保留开盘联动高开）。

	代码	名称	↓涨幅	量比	最新	今开	前收
1	600553	太行水泥	10.16%	0.33	3.47	3.45	3.15
2	600539	狮头股份	10.11%	1.28	4.03	3.82	3.66
3	600678	四川金顶	10.11%	0.96	4.14	4.14	3.76
4	600326	西藏天路	10.08%	1.47	3.93	3.78	3.57
5	000544	中原环保	10.08%	1.75	5.57	5.31	5.06
6	600263	路桥建设	10.08%	1.51	6.99	6.61	6.35
7	600039	四川路桥	10.04%	1.46	5.04	4.90	4.58
8	601003	柳钢股份	10.04%			2.49	2.39
9	600585	海螺水泥	10.03%			20.20	18.85
10	000157	中联重科	10.01%			9.56	9.19
11	601186	中国铁建	10.00%			8.70	8.20
12	600449	赛马实业	10.00%			11.50	11.00
13	600170	上海建工	10.00%			7.25	6.90
14	600318	巢东股份	10.00%	1.17	3.30	3.13	3.00
15	600815	厦工股份	10.00%	1.02	3.85	3.66	3.50
16	600801	华新水泥	9.99%	1.34	12.22	11.90	11.11
17	000401	冀东水泥	9.98%	2.14	6.72	6.50	6.11
18	601390	中国中铁	9.98%	3.41	5.18	5.10	4.71
19	600284	浦东建设	9.97%	2.17	6.62	6.28	6.02
20	600031	三一重工	9.97%	1.15	13.13	12.56	11.94
21	600720	祁连山	9.96%	1.63	5.30	5.06	4.82
22	600106	重庆路桥	9.94%	1.10	5.86	5.67	5.33
23	000789	江西水泥	9.92%	1.28	4.21	4.00	3.83
24	000961	大连金牛	9.88%	3.71	3.56	3.44	3.24
25	600668	尖峰集团	9.85%	0.99	3.01	2.85	2.74
26	002129	中环股份	9.82%	2.89	4.81	4.61	4.38

图 3–36　11 月 10 日开盘即现板块效应

于是快速抓紧时间选股，计划在水泥、工程建设、钢铁板块中选择介入。开盘 15 分钟内在涨幅 5%–7%介入了塔牌集团、祈连山、重庆路桥、酒钢宏兴四只股票，仓位接近 40%(因篇幅限制，每一只股票介入的文字说明图解略去）。上午上证指数上涨 6%后回落，因对大盘能否就此逆转中期趋势心存疑惑而过于谨慎，还把上周末短线介入股票了结，减轻仓位。10 点半连续三个涨停的太行水泥直接涨停开盘，上千万股巨量买单封住涨停，估计打开可能性较小，成为水泥板块、低价股的龙头基本上无可争议。

盘中大盘冲高回落振荡后尾盘再度振荡走高(图 3–37)，尾盘只好追买其他超跌股。随着领涨龙头太行水泥涨停板不再打开，水泥板块表现最为强劲，也纷纷封住涨停。收盘后经过分析，计划基建建设直接受益个股的此部分仓位持有到太行水泥哪一天不能封住涨停则出局，正所谓龙头不到，热点不退！

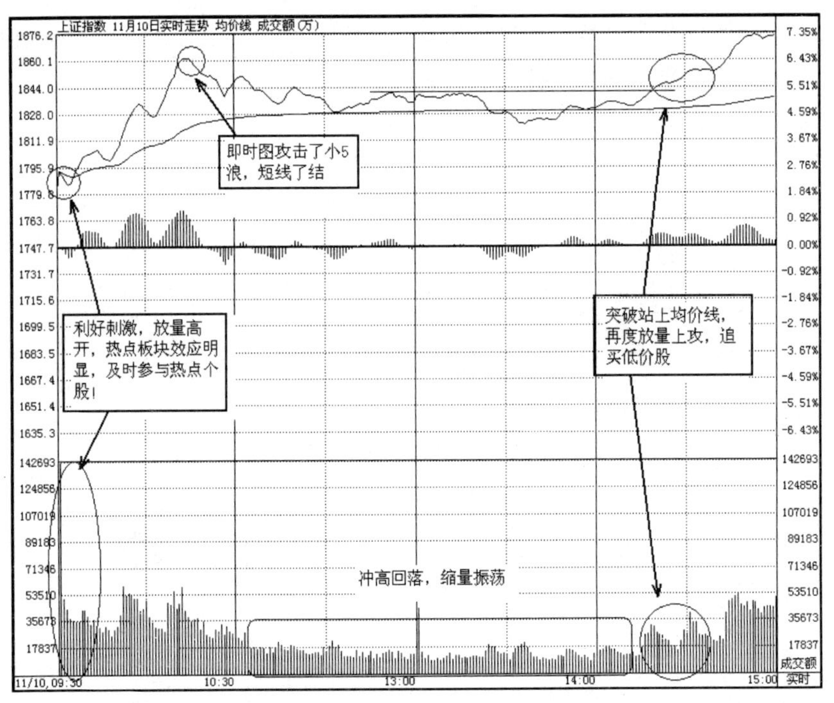

图 3–37 11 月 10 日上证即时图

11 月 11 日，太行水泥直接高开 9.3%，略有回落便被快速拉至封住涨停板，打开一次涨停板后再没有被打开，连收第五个涨停板，强势非常明显。手中建设受益股持股不动。

11 月 12 日，太行水泥在大盘低开时仍高开 3.56%，浅幅回落，未补缺口便快速上攻，其后在开盘价上横向振荡，强势特征明显，尾盘再度放量封住涨停，连收第六个涨停板。手中建设受益股持股不动。

11 月 14 日，太行水泥在停牌一天后复牌，在大盘振荡回落收跌时仍低开高走，放量拉至涨停，主力操盘手法凶狠。下午该股牢牢封住涨停板，走势仍非常强劲，连收第七个涨停板，当日换手率为 14%。手中建设受益股持股不动。

11 月 17 日，太行水泥在大盘低开时仍强势高开 1.8%，快速放量拉至涨停，浅幅回落振荡后再度牢牢封住涨停板，当日换手率萎缩为 7.99%，连收第八个涨停板。手中建设受益股持股不动。

11 月 18 日，太行水泥在大盘低开时仍接近 9%高开，并随即封住涨停板。

17 日曾预测蓝筹一动低价股就要退潮，早盘石化双雄启动上涨，大盘冲高回落，便先减仓其他股票及酒钢宏兴。其后大盘回落，该股打开涨停，大幅振荡，抱有还可能继续涨停的侥幸心理，加之对大盘回调幅度估计不足，仓位也不重了，迟疑了手中其他三只建设受益股的卖出时机，主要下午个股分别跌 3%–5%卖出。收益低的仅为 20%，收益高才 35%，操作不理想。太行水泥尾盘再封涨停板，连收第九个涨停板。

事后总结：其一，及时捕捉热点板块，首先要尽量做龙头股，其收益最大。尤其是当热点形成之初，有重大政策利好支持的背景下，个股有成为龙头股迹象时，只要龙头股位置低，超跌严重，就要克服追高恐惧心理，有在第一二个涨停追涨介入的胆量。其二，对大盘走势要力求判断精准，熊市思路会导致过于谨慎，制约对行情的判断。其三，要精选政策利好受益明显的个股，寻找涨升潜力大的跟风热点个股。其四，在仓位布局上，对于可能具备持续性的热点板块要敢于重仓出击。最后，不能完全按龙头股的卖出技术信号作为跟风股的依据，结合个股的具体走势，涨升一定幅度后采取高抛、杀跌战术及止盈方法，确保更大收益。

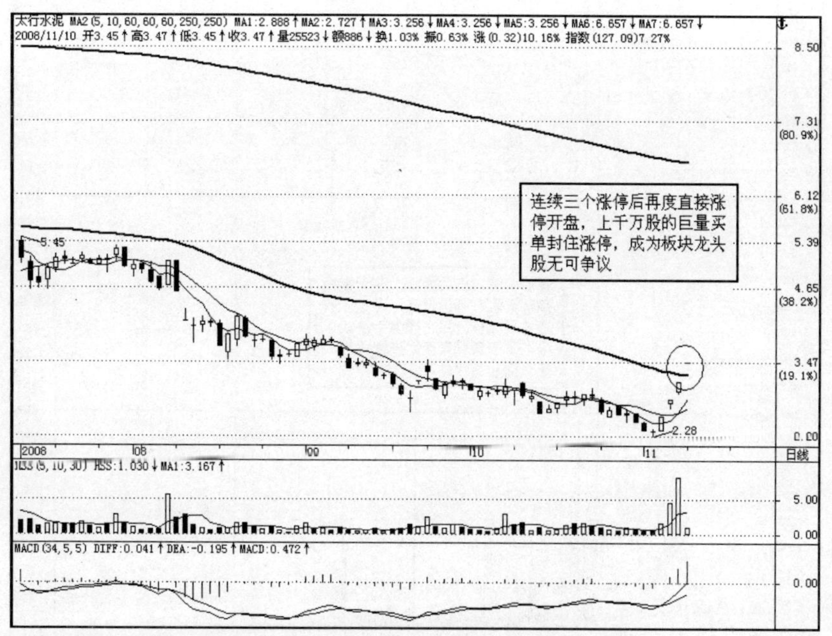

图 3–38　太行水泥 11 月 10 日 K 线图

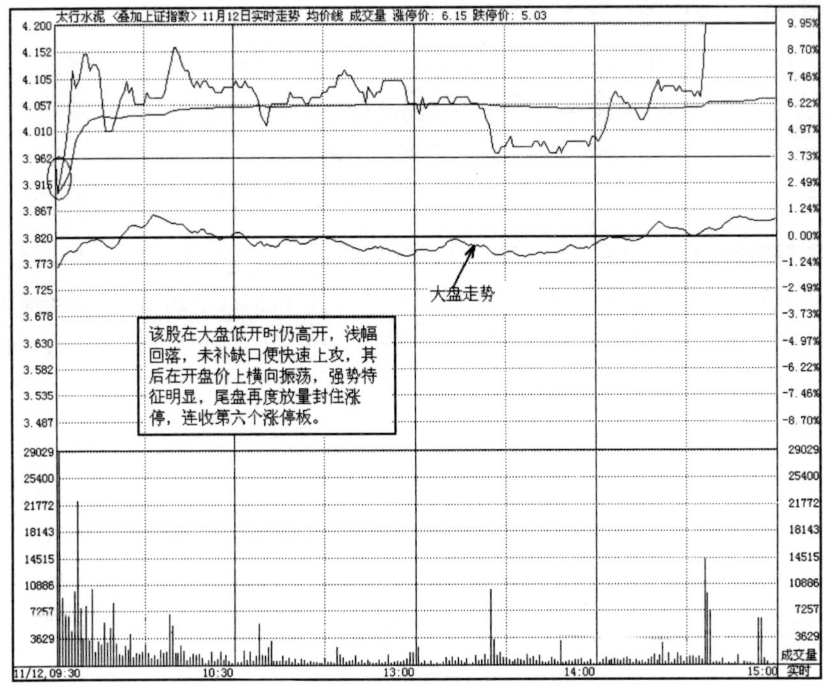

图 3-39 太行水泥 11 月 12 日即时图

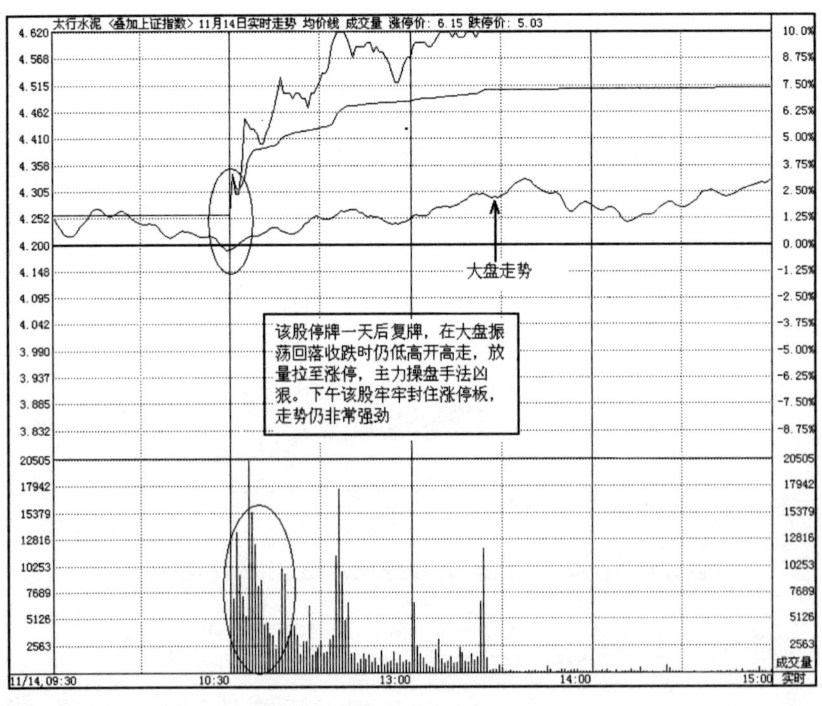

图 3-40 太行水泥 11 月 14 日即时图

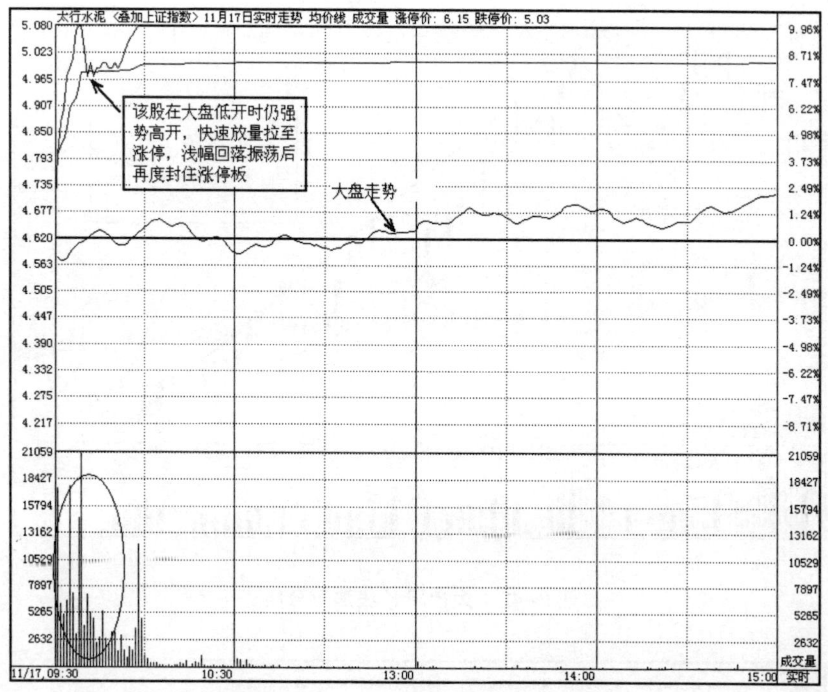

图 3-41 太行水泥 11 月 17 日即时图

八、补涨个股的操作技巧

1. 实战操作的大盘背景

注：本小节是笔者 11 月 14 日在网站里发表的交流文章。

自 2007 年 10 月上证见 6124 顶点及深成指见 19600 顶点以来，大盘持续大跌均超过 71%的跌幅，可谓惨烈；调整时间上，历经调整的第 13 个月和第 55 周时间之窗；从浪形上分析，目前大盘处于调整的大 A 浪(也可划分为调整 ABC 的 C 浪末)或 A3 浪末端(如图 3-42、3-43)。从尾端的更小子浪看，经过 10 月外围股市金融危机暴跌段冲击，A3 的小 5 子浪末仅差一个分时创新低的小跌就完整、完美了(尾端有时会衰竭走势)。技术上讲，具有较强的反弹要求，至于后市是 A4 反弹还是直接进入大 B 浪反弹还有待于观察和确认。但至少进入了短线的可操作区域，以及反弹行情具有一定的持续性。

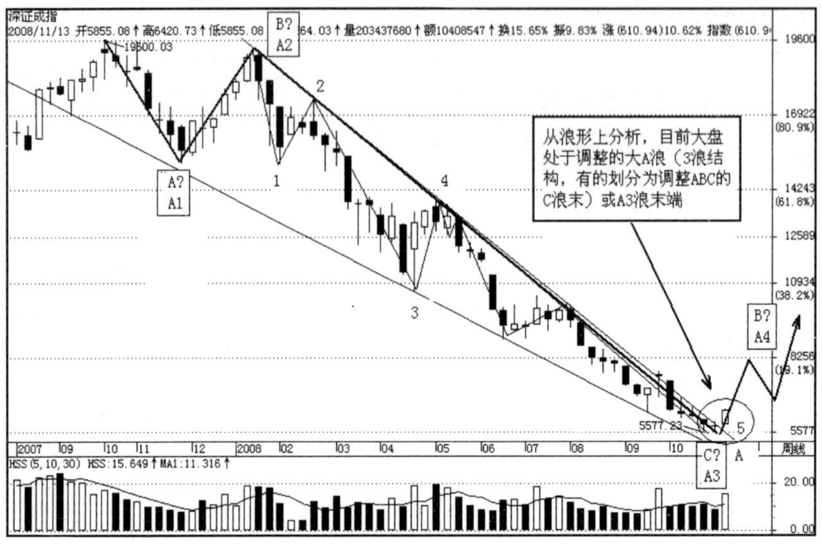

图 3-42 大盘周 K 线浪形分析

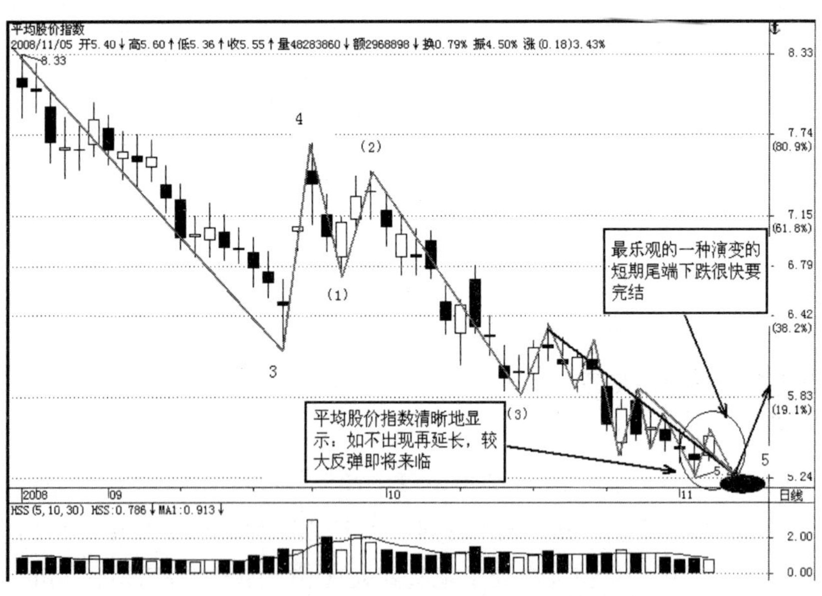

图 3-43 平均股价指数 11 月 5 日 K 线小浪形

2. 龙头、热点的示范效应

为了应对全球金融危机和经济衰退对我国经济的严重冲击，国务院持续果断采取了扩大内需、刺激经济、促进经济增长的一系列强有力措施。2008 年 10 月 25

日，国务院批复铁路投资额已经达到 2 万亿元，其中在建项目的投资规模超过了 1.2 万亿。受此消息刺激，铁路建设相关板块、个股纷纷活跃。11 月 5 日，媒体披露“交通运输部门酝酿 5 万亿元投资计划”，这 5 万亿规模的投资，包括在建项目、已经规划的项目和追加投资，将涉及公路、水路、港口和码头建设等。11 月 09 日，温家宝总理主持国务院常务会，提出 4 万亿刺激经济、扩大内需十项措施。11 月 12 日，温家宝总理主持国务院常务会议，为落实中央关于扩大内需，促进经济平稳较快增长的决策部署，会议研究决定四项实施措施。短短七天内政府第二次出重拳落实扩大内需，由此可见政府提振经济的决心和力度。

随着扩大内需政策利好的不断出台，其利好的累积效应逐渐显现。政策利好激发了市场的做多热情，投资者信心得以逐渐恢复。扩大内需的系列政策利好出台时机与技术面可谓完美结合，政策面与技术面能起到共振的作用。

进入 11 月的第二周，A 股告别前期低迷状况，开始摆脱跟随外盘涨跌的特性，即使在外围股市动荡的背景下仍展开强劲反弹。铁路、水泥、钢铁、建筑、电力设备、工程机械、低价超跌股等板块轮番上扬，推动股指向上拓展反弹空间。其中，表现最抢眼的如中铁二局(600528)，提前大盘见底(图 3–44)。在 1 个多月里，从最低 3.6 元反弹到 11 月 11 日的 7.68 元涨停报收，涨幅超 100%。国恒铁路(000594)在不到一月时间里，涨幅也超过 60%。水泥板块领涨龙头股–太行水泥大涨，连收 5–6 个涨停板，短期 6 天里涨幅达 67%(图 3–45)，由此激发了市场中 2–5 元超跌低价股的炒作热潮。

因受政策利好刺激，技术上配合，相关受益板块的领涨龙头股及低价股在不长时间或短期内纷纷连续大涨 40%–50%以上，甚至翻倍上涨，引领热点板块也持续上扬，推升反弹行情纵深发展。龙头股、热点板块大涨的赚钱示范效应将有效刺激市场流动资金向龙头所在的板块或龙头股引发的概念群体倾斜，成为行情发展的主要推动力。同时，龙头股的大涨也为市场上的个股打开向上反弹空间。

在行情逐渐火爆时，许多个股上演连续大涨的逼空式走势，而许多投资者因受恐慌气氛影响或缺少必要的准备，反弹开始时大都迟疑不决或不敢追领涨股或强势股，股票越是上涨就更不敢追了，不是踏空，就是坐看心仪的股票扬尘而去。一旦等到实在忍不住了追高，反而被套，结果心态也搞坏。

因此，对于行情开始反应迟缓，或不喜欢追高已上涨 30%–40%以上股票的投资者，当判断反弹行情还没有完结的前提下，就可以利用比价效应，把操作目标锁定在一些具有补涨潜力的板块与个股上。为此，笔者把本周操作补涨股的技法与过程体会与大家分享、探讨。

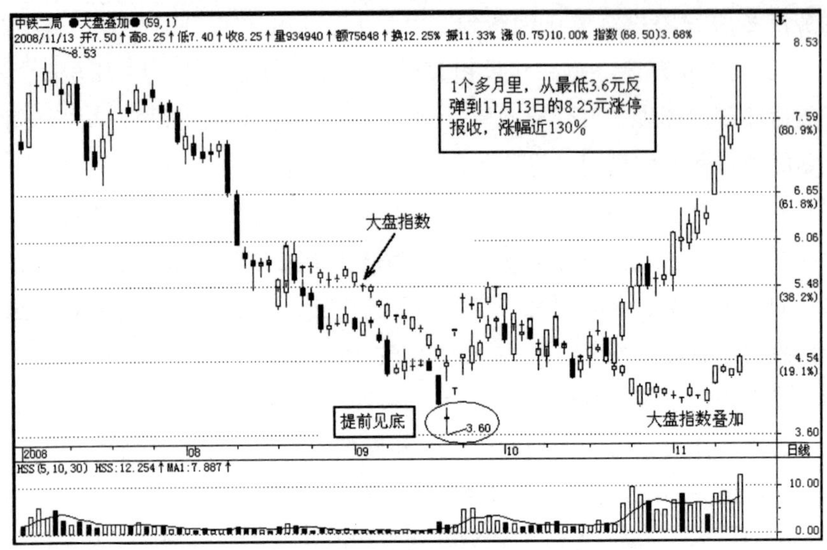

图 3-44 600528 提前见底大涨

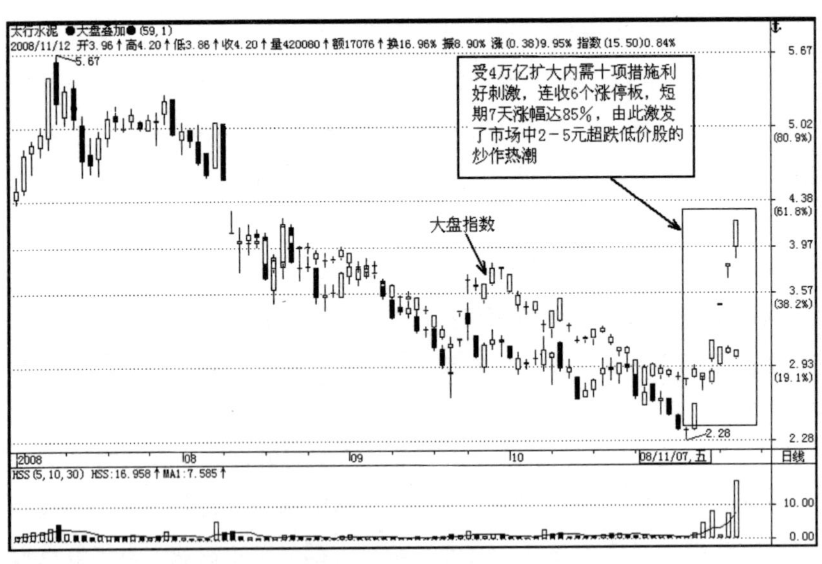

图 3-45 水泥板块、低价超跌股领涨龙头

3. 策略及选股思路

由于全球金融危机并未结束，外围股市仍不稳，大盘量能放大能否持续需要观察，加之下跌尾端的分时级别还差创新低一跌就完美了，因此，行情启动时追逐涨热点板块显得有些谨慎，介入仓位并不重。操作策略上，计划留部分 40%仓位介入

热点板块，持股不动，另外用40%仓位进行股票、资金滚动操作，力求控制风险基础上扩大收益，同时也可做到进可攻，退可守，不至于因反弹过于乐观出现判断失误而陷入被动。

自11月开始，4万亿投资扩大内需政策利好刺激，长久低迷的市场也需要高吸引力的炒作题材。从每日盘面中活跃的个股看，主要集中在基建投资直接受益的热点板块及极度超跌的低价股上，因此，上涨应定性属于超跌反弹性质。从场外新增资金或踏空者的安全选股思路出发，他们轻易不会给人抬轿，很可能会选择严重超跌、有业绩支撑、政策利好也受益，而且涨幅小的板块或股票进行操作。选择具有补涨潜力的目标个股，一般最好满足以下条件：

极度超跌，累计跌幅巨大，从高点下跌超过80%，至少75%以上；

绝对价位尽量低，最好在2–5元之间，流通盘适中；

有业绩支撑，三季报尽量不亏，ST、巨亏排除；

低市盈率，受危机冲击较小的行业股票；

市净率低或低于净资产；

紧靠热点，万亿投资受益个股多，热点会有扩散过程；

近期缩量下跌30%以上，近三个月下降趋势已盘出或突破；

距离上面成交密集、平台较远，即使反弹50%、100%解套盘也较少；

近期有资金流入，成交量成梯量，或缩量回调不再创新低；

累计涨幅小于20%–30%，刚首次放量上涨或第一两个涨停；

分时或日线反弹走势的C子浪没有走完，前期强势股更好；

30日均线有转平迹象，或提前站上30日均线，或离30均线较远；

MACD指标在0轴下背离金叉朝上。

以上补涨选股的条件，个股满足条件越多越好，精选20只左右作为目标潜力股放入到自选股板块里，跟踪关注。以上条件也可以通过自编选股条件公式，在1400多只股票中快速筛选。另外，也要注意及时清理和更换。然后，根据大盘和目标股的盘中走势，选择较好的追涨或低吸进场时机。

4. 买卖时机选择及操作过程

2008年11月11日周二，大盘在周一利好刺激放量大涨后，将上周末和周一介入的个股，在大盘价量背离上冲过程中进行了减仓处理。预计会有分时小级别的回档振荡，但对回落深浅难以准确判断。早盘会有小B浪反弹可以预期，于是尾盘买入600290、600883、000755(该股次日平推出局)，短线策略进出。

600290(图3–46、3–47)，属于扩大内需建设受益概念股，从最高44.88元跌至

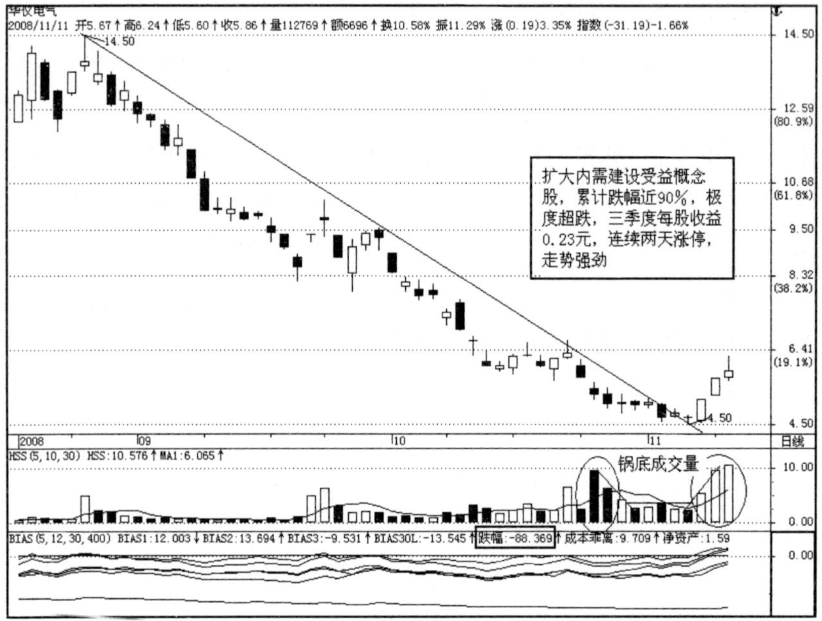

图 3-46 60029011 月 11 日 K 线图

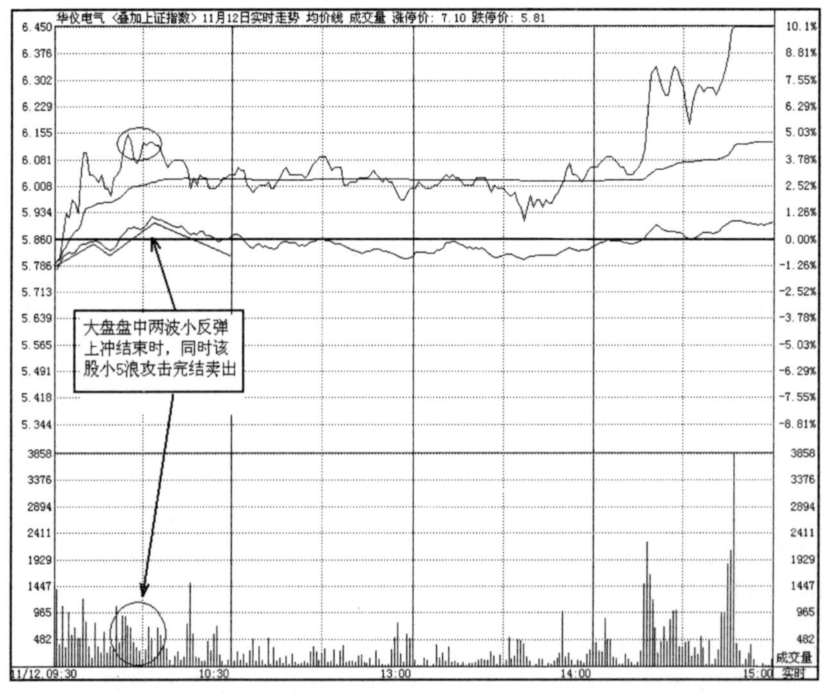

图 3-47 60029011 月 12 日即时图

最低 4.50 元，累计跌幅近 90%，极度超跌，三季度每股收益 0.23 元，连续两天涨停，走势强劲。11 日大盘回落收阴而该股放量收阳十字星，强势特征明显，尾盘低吸在 5.85 元买入。12 日，该股随大盘低开，但快速收复，振荡上扬，当大盘盘中两波小反弹上冲结束时挂 6.11 卖出，下午大盘回升，该股快速封住涨停(注：两个涨停后介入，虽是低吸介入，但仍属于追涨操作，还是按超跌反弹来做，计划的策略偏短，加之当时对基本面研究不够，导致其后 4 个涨停都没有逮住，事后后悔不已)。

600883(图 3–48、3–49)，超跌低价股，从最高 29.60 元跌至最近 2.94 元，累计跌幅达 90%，三季度每股收益 0.05 元。近期持续温和放量上涨，11 日随大盘回落而放量下跌，洗盘特征明显，尾盘在 3.60 元买入。12 日该股随大盘略低开，随即上涨。在均价线上整理后盘中快速上扬，冲高回落时在挂 3.82 元卖出。下午大盘回升，该股也快速封住涨停。

2008 年 11 月 12 日下午，大盘经过振荡下探后，再度逐步温和放量回升，又重新开仓买进政策支持的中原环保(000544)和低价地产股阳光股份(000608)两只，但滚动仓位较前一日有所减少。当天放掉涨停个股，操作心态上有点郁闷。晚上复盘时，冷静反思总结，从盘面走势看，感觉反弹的强势超过原先的谨慎预期，因此，准备对下一步极度超跌补涨的股票适当放宽持股时间，不一次减完，采取分批减或不换股滚动操作。而且晚上在分析有色金属期货、国际原油走势时便选出有色、煤

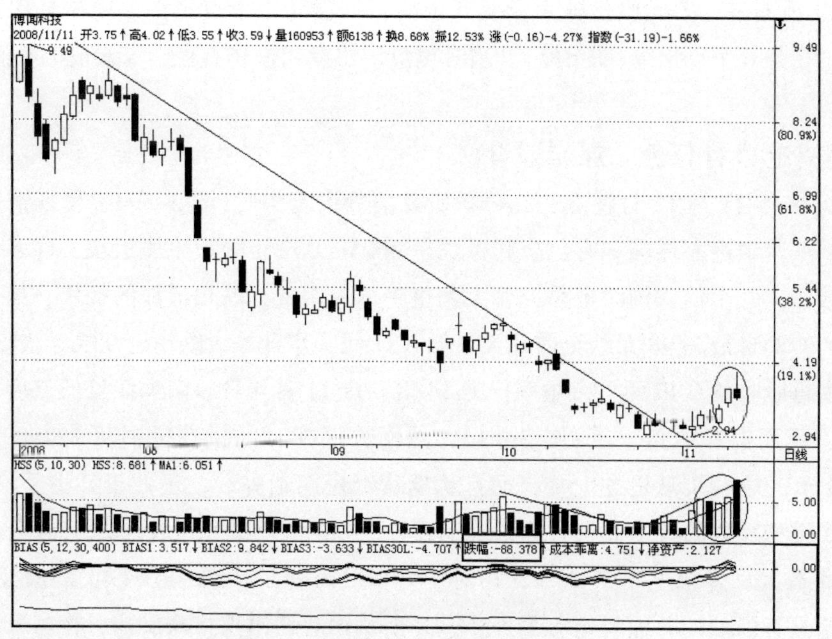

图 3–48 60088311 月 11 日 K 线图

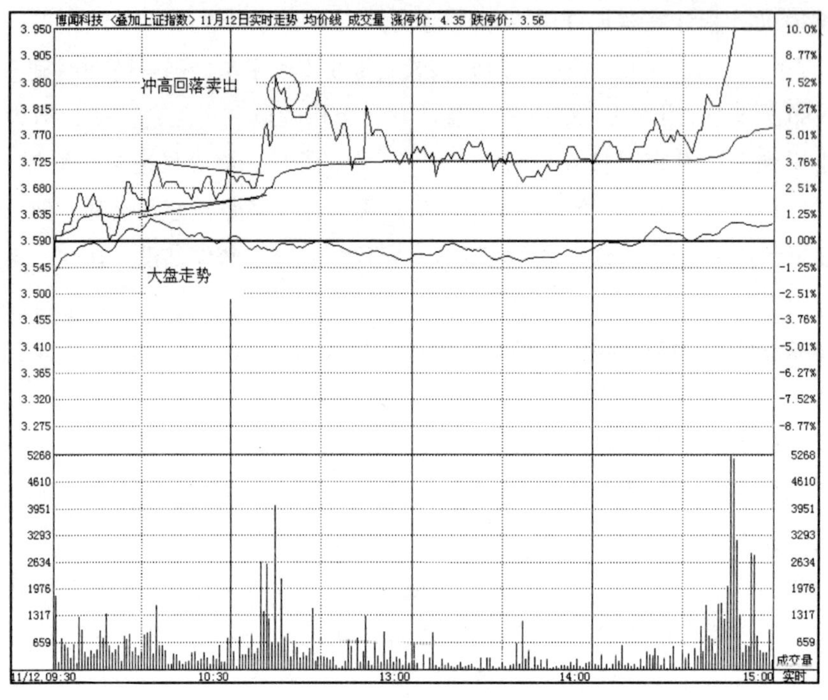

图 3-49 60088311 月 12 日即时图

炭补涨潜力大。

13 日上午，阳光股份随大盘低开走高，早盘赚 2 个点出局。中原环保高开高走，早盘赚 6 个点出局(图解略)。当时也急于想换成操作有色、煤炭股的补涨。

5. 期货走势看有色、煤炭股补涨

2008 年 11 月 12 日晚上，在分析研究期货铜走势时(图 3-50)，发现铜短期某子浪下跌基本进入尾端。有色金属板块是 2005-2007 年的大牛股板块，许多个股上涨十数倍、几十倍，同时也是此轮大调整中率先调整，跌幅最深的板块。如云南铜业(000878)自最高 98 元跌至前几天最低 6.81 元，累计最大跌幅近 93%，极度超跌，三季度每股收益 0.46 元，市盈率仅为 14 倍。自 11 月 4 日云南铜业见低点后不再创新低，反而温和放量上涨(图 3-51)，然而，同期时间里期货铜从 32790 元跌至 27700 元，最大跌幅超过 15%，而且从期货铜短期走势看，正处于某小子浪尾端，有短线企稳反弹的技术要求。铜股票走势看，短期似已跌无可跌。12 日收盘时，云南铜业最大反弹幅度不到 20%，相对于许多已反弹了 30%-40%以上的股票而言，铜股票具有强烈的补涨要求，另外，一旦期货铜短期出现止跌反弹，将刺激铜股票及有色板块上涨。

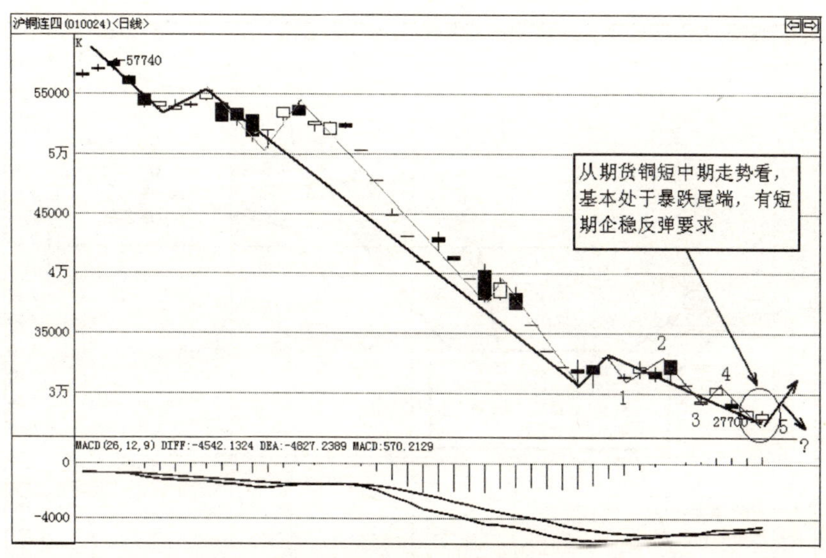

图 3–50　期货铜 12 日 K 线走势

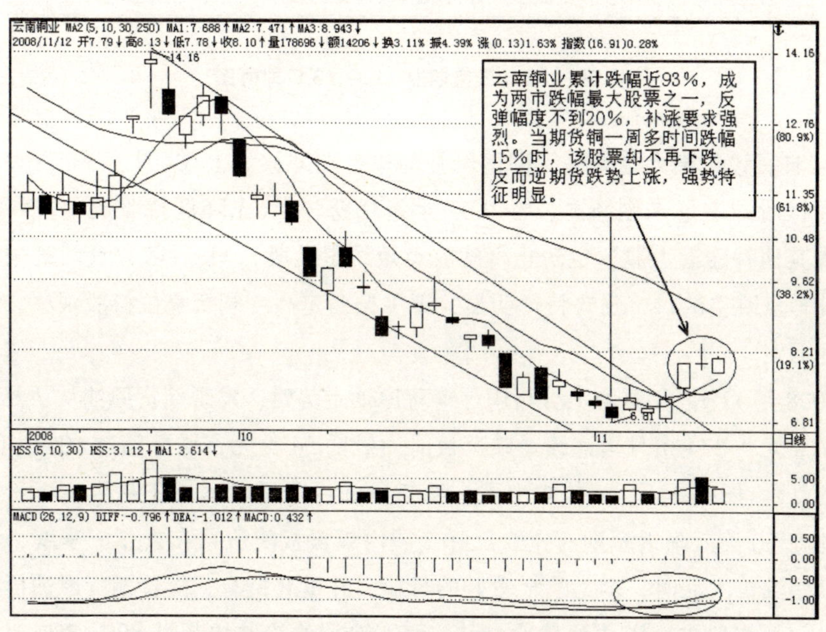

图 3–51　云南铜业 12 日 K 线图

2000 年 11 月 13 日，受外围股市暴跌，云南铜业随大盘低开(图 3–52)，但回落并未破昨日低点，下档有支撑，随即突破站上均价线，挂 7.91 元先买部分。随着大盘振荡放量走高，盘中再度挂 8.21 元和 8.37 两次加仓买进，收盘报收 8.8 元。

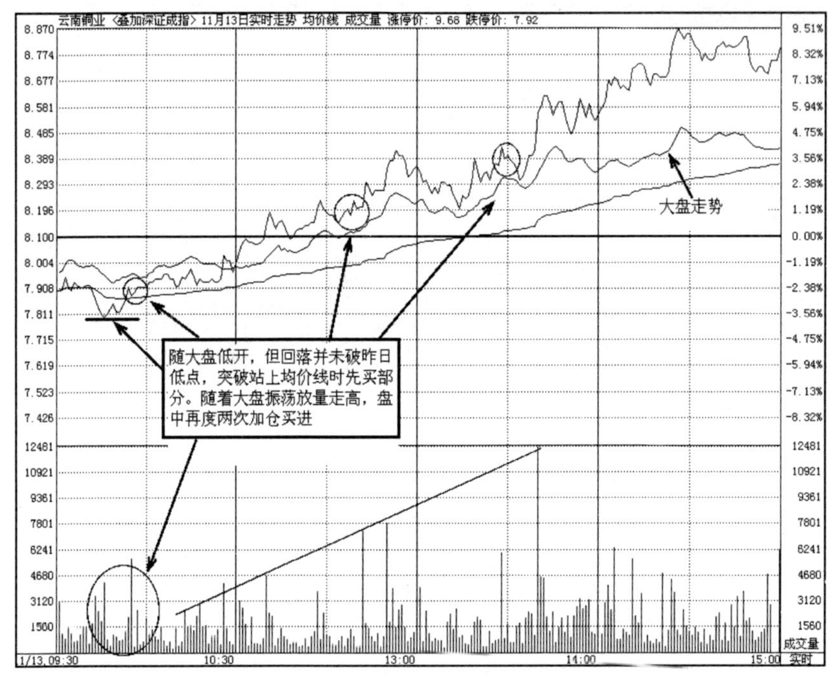

图 3-52 云南铜业 11 月 13 日即时图

14 日，该股随大盘高开，回落未补却口，随即放量上攻(图 3-53)。大盘创新高时而该股却缩量未创新高，在 9.07 元先减仓一半(先降低持股成本，同时准备再介入其他补涨潜力股，也防止再度放走短线黑马股)。其后随大盘回落振荡，但仍未补早盘跳空缺口，强势特征明显，下午振荡走高，剩余仓位持股观望，下周一视盘面而定。

2008 年 11 月 12 日晚上分析国际期货原油走势时，发现期货原油从 7 月中旬最高 147 美元，在 4 个月里连续暴跌至目前的最低 54 美元，跌幅超过 60%，创出 21 个月的新低(图 3-54)。从技术上看，期货原油目前可能运行在调整 C-5 子浪，估计可能在 50 美元附近短期有止跌反弹。国内煤炭板块股票在去年三季度、今年一二季度因油价大涨时，均为基金看好的行业，并重仓持有。随着期货原油价格的持续暴跌，煤炭股也跟随原油持续暴跌，煤炭个股纷纷跌幅超过 80%-85%，成为目前市盈率低的板块。近期原油从 71 美元跌至 54 美元过程中，而国内煤炭股并未跟随下跌，反而逆势放量上扬。尤其是国阳新能，自 9 月见底后横盘整理，未创新低，走势转强。一旦原油短期企稳有反弹出现，势必会刺激煤炭股上扬。于是，13 日选择了市盈率最低的神火股份进行操作。

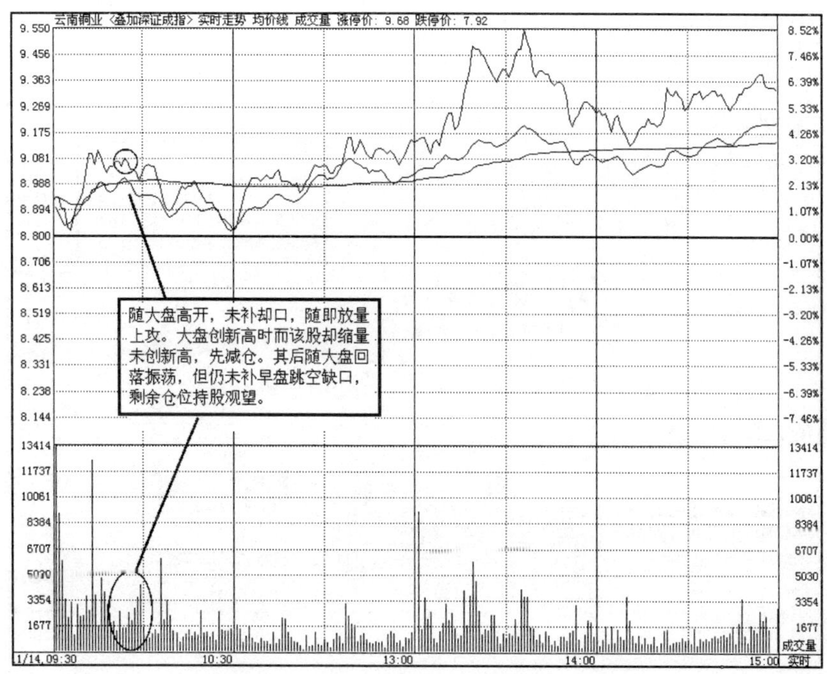

图 3–53　云南铜业 11 月 14 日即时图

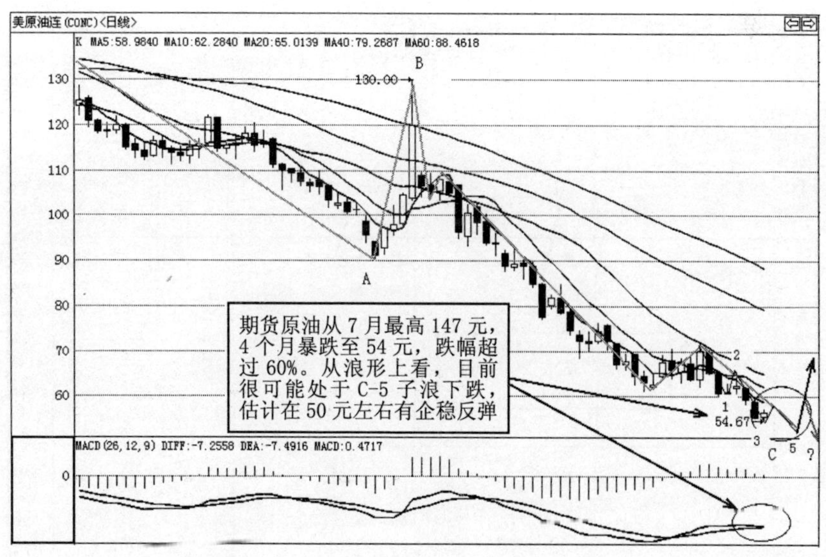

图 3–54　11 月 13 日期货原油日 K 线走势图

神火股份(000933)，煤炭行业龙头之一(图 3–55)，自最高价 71 元跌至 10.90 元最低，累计最大跌幅达 84%，三季度每股收益仍大增，为 2.25 元，市盈率 5 倍不

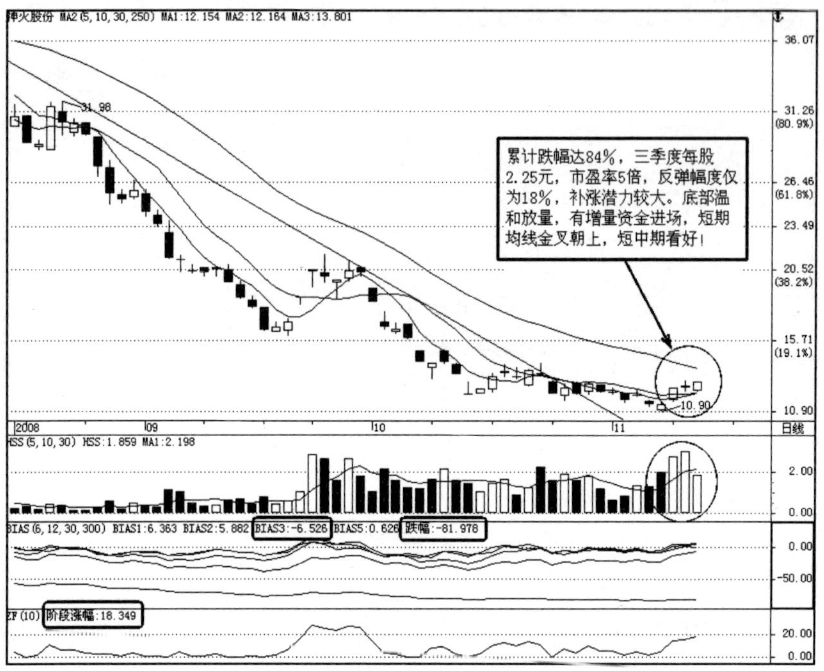

图 3-55 神火股份 11 月 12 日 K 线图

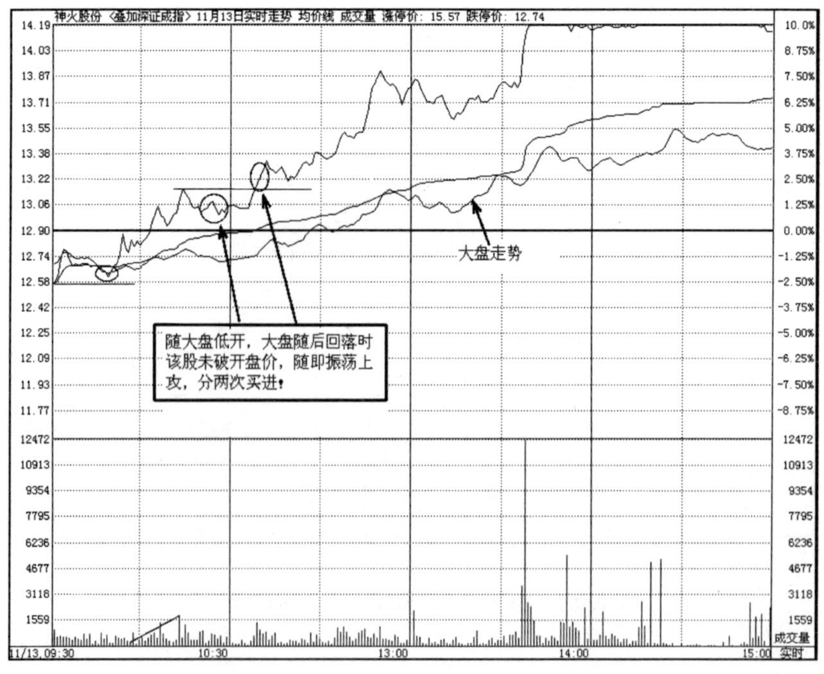

图 3-56 神火股份 11 月 13 日即时图

到，市净率2倍。相对许多超跌股纷纷反弹了30–40%以上，而神火股份近期最大反弹幅度仅为18%，后市补涨潜力较大。另外，底部温和放量，有增量资金进场，短期均线金叉朝上，短中期看好。

11月13日，神火股份随大盘低开也跳空低开，大盘随后回落时该股未破开盘价，随即上攻，收复失地。上午分别在13.06元买进，13.26加仓买进，下午该股随大盘强劲上扬一度长时间封住涨停。

14日，神火股份随大盘高开，回补缺口后放量，冲高回落时在14.51元减仓一半。下午随大盘振荡走高，剩余仓位持股观望，下周一视盘面而定(图3–57)。

需要说明的是，本小节补涨股操作技法主要是指及时捕捉短期有反弹补涨潜力个股而展开的思路与技巧，与牛市尾端做补涨的板块个股还有所不同。介入低吸追涨结合使用，卖出高抛为主，止损价位一般设置在买价下5%即合适。如果反弹持续时间较短，则此方法的有效性则大为降低。另外，本技法侧重在于日线、分时、即时图中从技术分析上寻找买卖点，注意准、快及果断出击和及时了结；同时，需要平时多做选股功课，备选目标股要较多，换股操作才不慌乱。其缺点是，因操作过于频繁，时常可能把短线黑马放走，有时还不如守住一两只股票做轻松，对此心态上要保持平和。

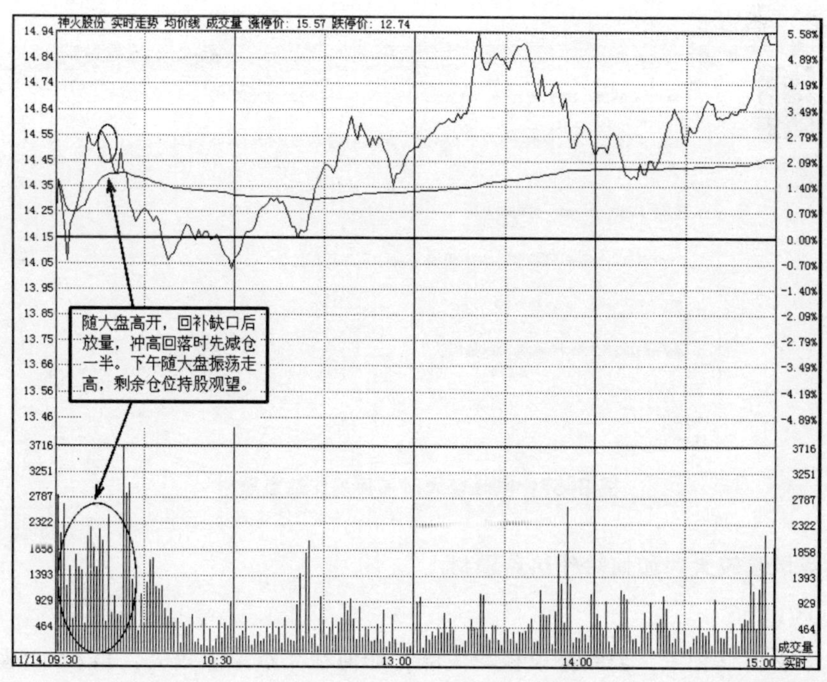

图3–57　神火股份11月14日即时图

九、风险较大时如何炒作跟风热点股

1. 短线操作题材股过程

股市中每隔一段时间因某种题材、消息刺激而总会引发一些炒作热点，但往往会受到大盘背景的制约，以及市场对题材或消息的反应不同而影响热点的持续性，尤其是当大盘仍处于下降趋势之中，或阶段底部未确立之前，参与热点持续性不明朗炒作就会面临有较大的风险和两难选择。例如当热点板块形成之初，领涨龙头股往往都是启动很快，很短时间内快速拉升，封住涨停板。想涨停价追买龙头股，时常可能会担心热点持续性差，遇到涨停打开后回落走低，或者涨停封住后而买不到，此时，及时寻找有利价位，捕捉跟风热点股也不失为一种有效的办法。

在大盘风险相对较大时，如何及时捕捉热点？这是实战操作中的一个难题。这里面涉及到许多操作经验与技巧的综合使用，下面笔者借用永久生存网站交流社区里一位名叫云烟的机构操盘手在 11 月 6 日的交流文章来说明大盘风险较大时如何炒作热点题材？

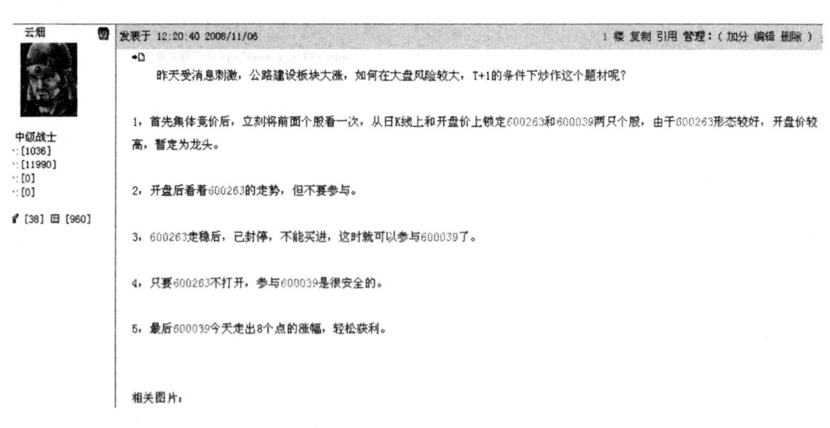
云烟
中级战士
·:[1036]
·:[11990]
·:[0]
·:[0]
[38] [960]
发表于 12:20:40 2008/11/06
1 楼 复制 引用 管理：(加分 编辑 删除)
昨天受消息刺激，公路建设板块大涨，如何在大盘风险较大，T+1的条件下炒作这个题材呢？
1，首先集体竞价后，立刻将前面个股看一次，从日K线上和开盘价上锁定600263和600039两只个股，由于600263形态较好，开盘价较高，暂定为龙头。
2，开盘后看看600263的走势，但不要参与。
3，600263走稳后，已封停，不能买进，这时就可以参与600039了。
4，只要600263不打开，参与600039是很安全的。
5，最后600039今天走出8个点的涨幅，轻松获利。
相关图片：

图 3–57 风险较大时如何炒作热点题材

大盘风险较大时如何炒作热点题材

2008/11/06

昨天受消息刺激，公路建设板块大涨，如何在大盘风险较大，T+1 的条件下炒作这个题材呢？

①首先集体竞价后，立刻将前面个股看一次，从日 K 线上和开盘价上锁定

600263 和 600039 两只个股，由于 600263 形态较好，开盘价较高，暂定为龙头。

②开盘后看着 600263 的走势，但不要参与(图 3–58、3–59)。

③600263 走稳后，已封停，不能买进，这时就可以参与 600039 了。

④只要 600263 不打开，参与 600039 是很安全的(图 3–60、3–61)。

⑤最后 600039 今天走出 8 个点的涨幅，轻松获利(图 3–62)。

读者访遍高手评论：

这个图解精辟，给我们在分时图中的低吸和大势配合判断做了很好的注解。

云烟兄真是技术到家了，我们方法很相像，但心态和瞬间的判断力和你就差远了。最近跟云烟兄学了不少真枪实弹，在此多谢了！

也希望更多的朋友，把自己的见解和图发出来，不管成败，都是大家有用的教材。

云烟回复说明：

客气了。这些技术都是些公开化的东西，我只不过将它精细化罢了。这轮熊市不一般啊，如果天天就这么等着也不是办法，时间宝贵，利用一点小仓位练练技术，也可以为各位带来一点帮助，我是这样考虑的。

特别声明一下：我所公布的这些技术，都要有心理和仓位策略做支撑，还必须设立好止损位。如果觉得没把握，资金和心理承受力较差，建议还是耐心等待大盘走好。

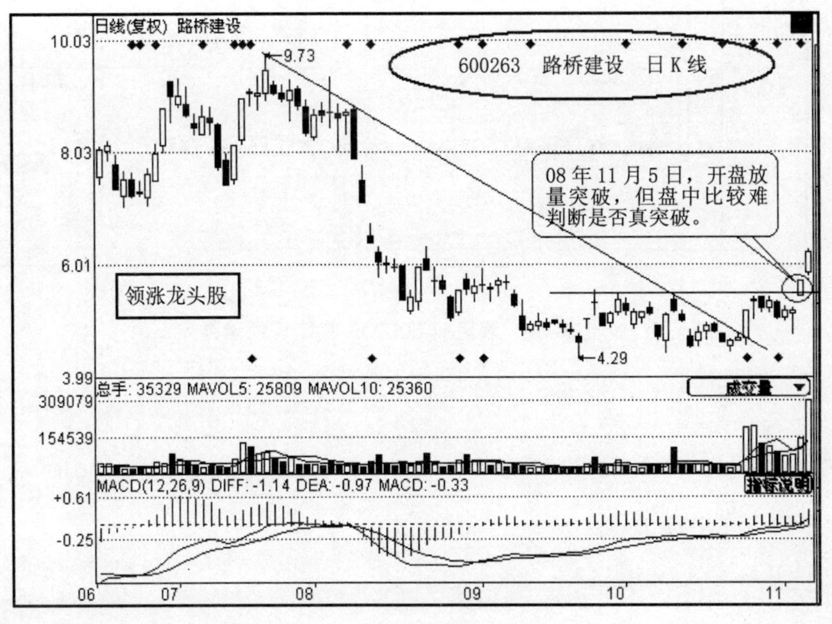

图 3–58 公路建设板块领涨龙头

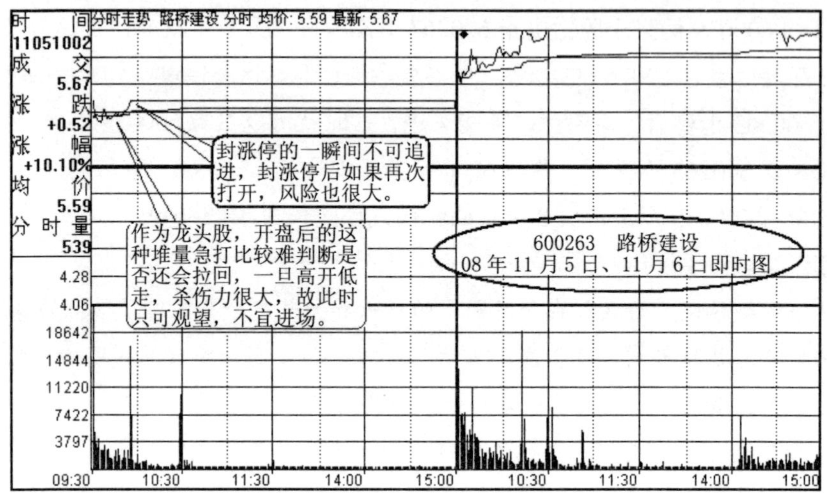

图 3-59 公路建设板块领涨龙头即时图走势

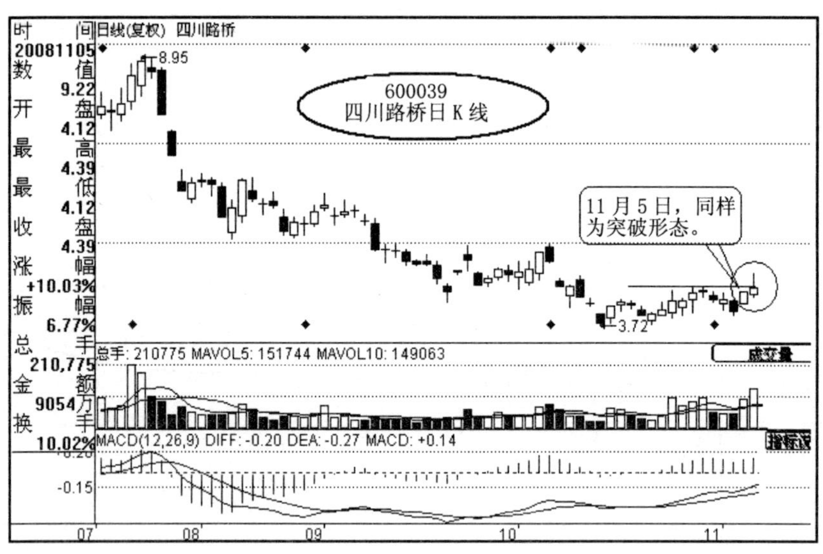

图 3-60 跟风股 600039 的日 K 线走势

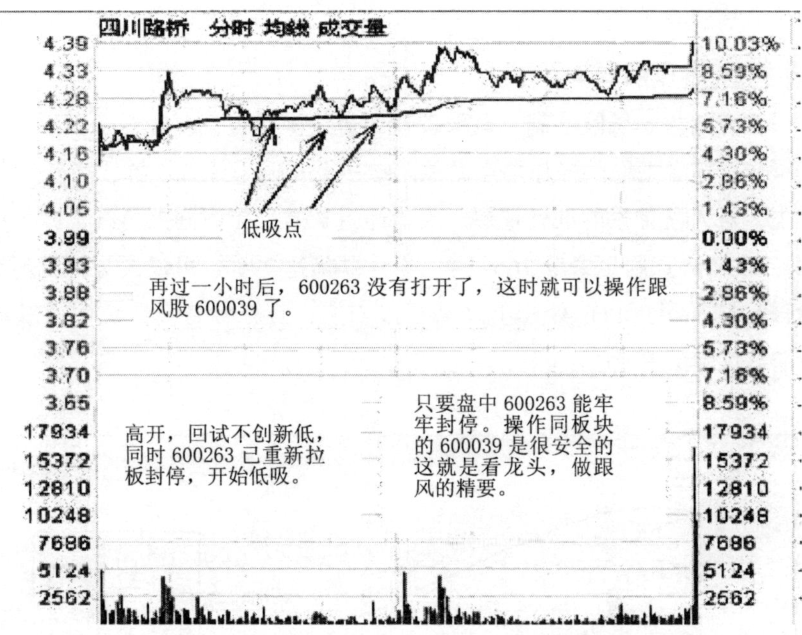

图 3-61 跟风股 60003911 月 5 日操作买进图示

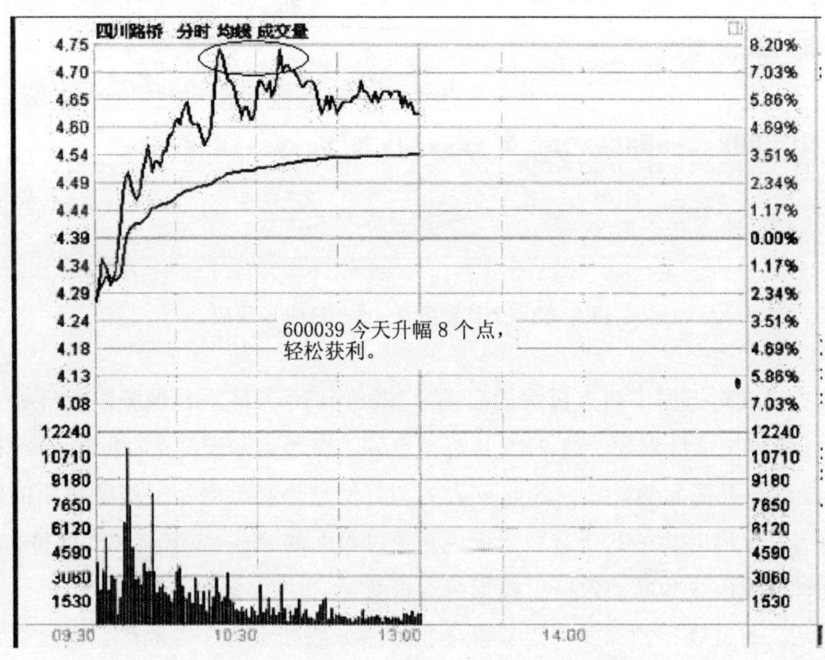

图 3-62 跟风股 60003911 月 6 日操作卖出图示

2. 操作跟风热点股技巧

如何在有效控制风险基础上获取较佳的短线操作收益？针对云烟先生此次成功的短线操作，笔者把他的操作要点简单总结一下，便于读者理解、掌握。

首先，对大盘背景的准确把握。大盘经过长达一年时间的持续下跌大调整，上证指数自 6124 高点跌至最低 1664 点，累计跌幅达 72%，可以说是极度超跌。虽未确立阶段底部，至少目前处于下跌某子浪末期，且指标背离，说明杀跌动能在衰竭，短期有反弹的要求。

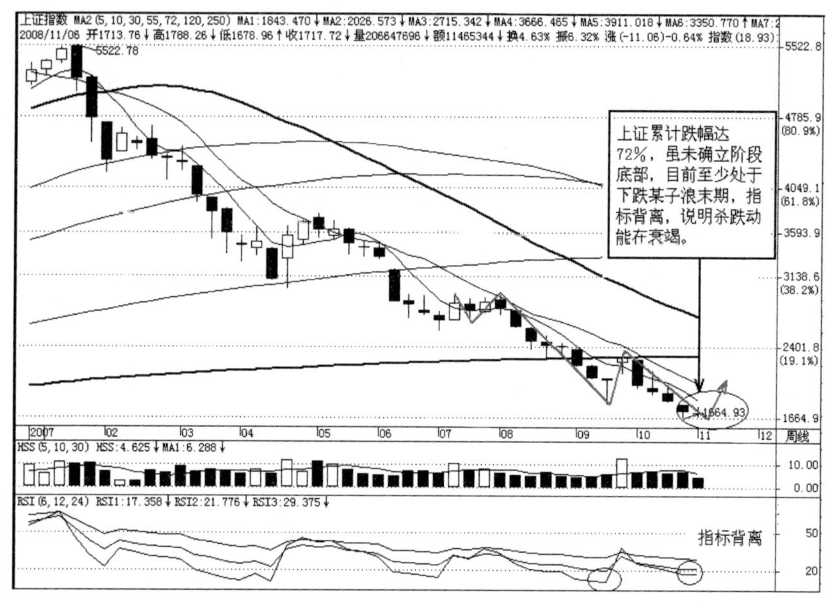

图 3–63 上证指数 11 月 6 日周 K 线图

其次，准确把握了热点板块的启动。2008 年 10 月底，自国务院批准铁道部的 2 万亿元铁路投资计划后，11 月 5 日有消息称，交通运输部门正在酝酿一个未来 3~5 年内投资 5 万亿元的计划。如此重大的利好消息势必刺激相关受益股票的题材炒作，吸引资金流向相关的受益股票板块。通过盘面的 81、83 窗口和涨幅排行榜 61、63，及时发现板块的联动效应，捕捉热点板块的启动、形成。

其三，通过观察领涨龙头走势准确把握跟风股的走势。一般热点板块启动形成后首先应该重点及时介入龙头股，这是风险较小而收益高的有效短线操作思路。但有时往往因考虑到当时大盘未走稳或热点持续性的担忧，未能在有利价位及时参与领涨龙头股，只好退而求其次，通过观察龙头股的走势寻找跟风热点题材股来操作。正所谓：龙头不倒，热点不退！只要热点板块的领涨龙头股保持强势，那么跟风热点题材股也会有较好的表现。

其四，准确把握了板块个股的技术走势。领涨龙头股或跟风题材股本身的技术状态决定了热点板块的持续性、涨升力度及可操作性，是决定是否及时参与操作的技术依据。只要题材热点板块中的龙头股、跟风个股技术上处于低位，探底企稳后形成向上放量突破的走势便可及时跟进，展开短线操作。

其五，把握好买卖点精细化选择。在大盘阶段底未确认之前，为了有效控制风险，除了制定好恰当的操作策略外，买卖点的选择十分重要。选择较好的分时和即时走势买点能让自己掌握操作的主动权，次日冲高卖出，这是操作策略所定，主要为了短线兑现盈利。至于其后如四川路桥(600039)随大盘强劲反弹至 7.35 元高点，那是再次进场操作的事了(图 3-64)。11 月 10 日云烟曾谈及当时新开仓买进了 12 只股票，其中 9 只收盘均涨停(云烟杀回马枪再度买进该股)，由此可见其操盘技术高超。

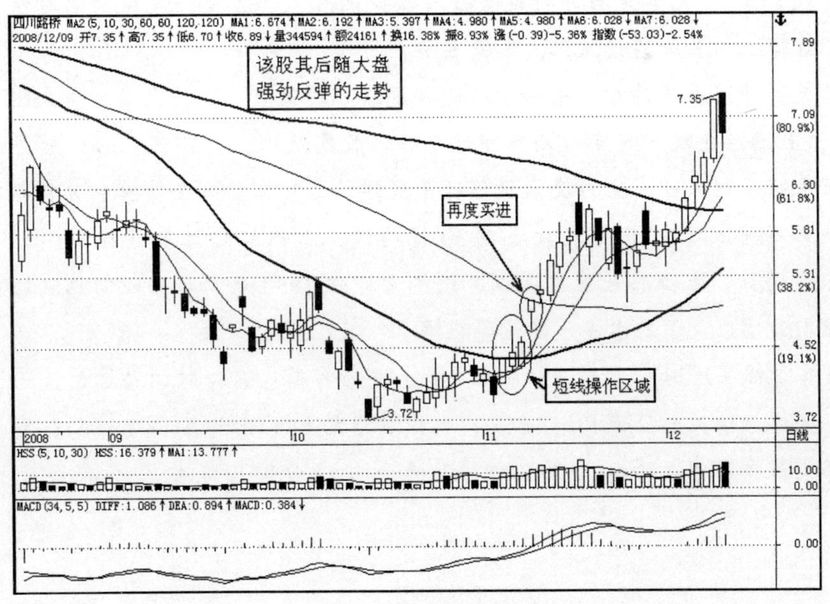

图 3-64　四川路桥(600039)随大盘反弹日 K 线走势

十、分时低吸操作技巧

1. 短线低吸需要果断

本小节选自2008年11月19日中午在网站的交流文章。

早盘通信板块全线启动，但没有追到，只好选择低吸进场。我没有大家这么恐慌。如果不是近期论坛看空声音多，新学生也就此与我讨论，感觉有点犹豫，难以果断处理。我才不会匆忙利用中午时间整理，借此想详细阐明分析与实盘操作的关系如何处理。此技巧原本是整理后给学生的，现在奉献给大家！下午也不想加仓了！

实盘操作不能只凭主观分析，一味地盲目看多或者看空，要根据大盘、个股的机会与风险之间的关系判断后做出谨慎决策，有时候需要果敢的行动，正所谓“该出手时就出手”。尤其是当分析走势存在模棱两可，而且有一定风险的时候，需要在买点选择上尽量做到精细化，掌握主动。

昨天受外围股市持续下跌和短线获利盘回吐的双重压力，大盘放量大幅下挫超过6%，上证指数跌128点，两市超过700只股票跌停，有些投资者开始恐慌。昨天是正常的获利回吐、主力洗盘动作还是反弹结束？需要一个慎重的分析判断。为此，我昨晚分析了，只要大盘还在30日均线上，短线仍可展开操作(图3-65)。如果乐观的话，上证指数短期回调应该尽量守住1880点，而且还需热点切换，来取代短期升幅已大了的水泥、建设等板块。

具体低吸买进时机需要在分时上寻找，先看目前大盘分时调整结构：30分钟K线看，既像3浪结构下跌(小ABC)，也像5浪结构下跌小A(图3-66)，有点不清楚。那就需要用更大的60分钟K线看及更小的15分钟K线看。

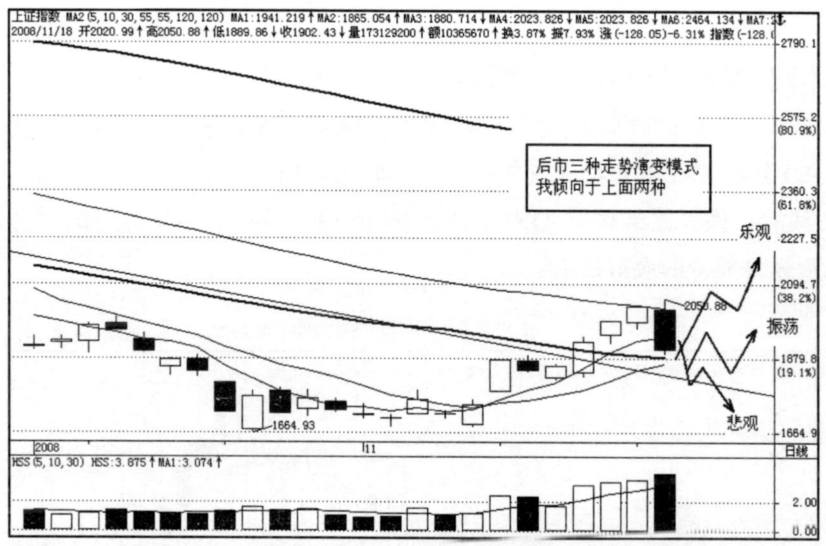

图 3-65　上证指数 11 月 18 日分析浪形可能的演变走势

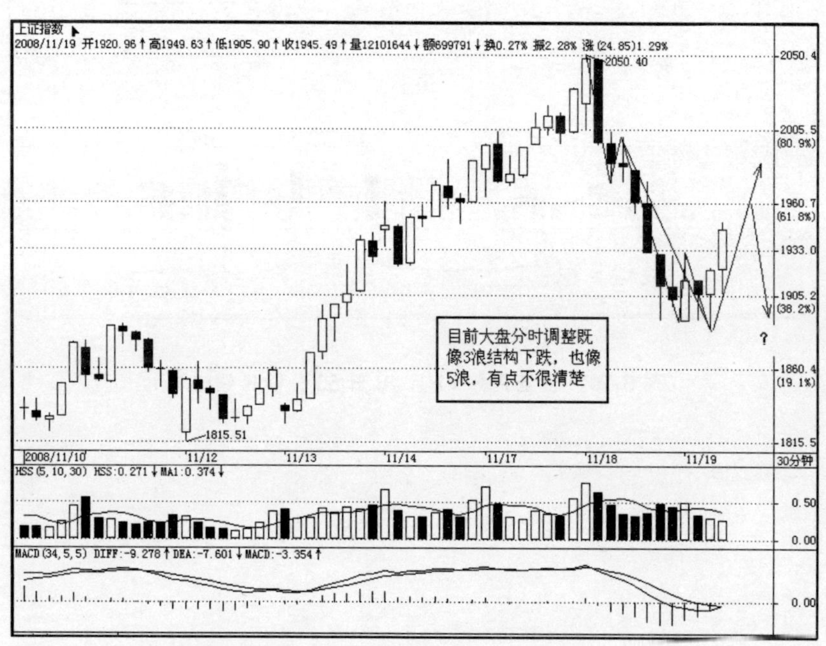

图 3-66　上证指数 11 月 18 日 30 分钟 K 线走势演变

2. 从不同指数、周期寻找低吸点

除了重点分析研判周 K 线、日 K 线的走势外，还需分时上寻找好的低吸介入点。从 60 分钟 K 线走势看（图 3–67），大盘呈现 3 浪结构可能性大些，然而从 15 分钟 K 线看，像 3 浪结构小 ABC 更清晰些（如图 3–68）。不同分时周期的走势不同，需要做好充分的应对措施。

图 3–67 上证指数 11 月 18 日 60 分钟 K 线走势

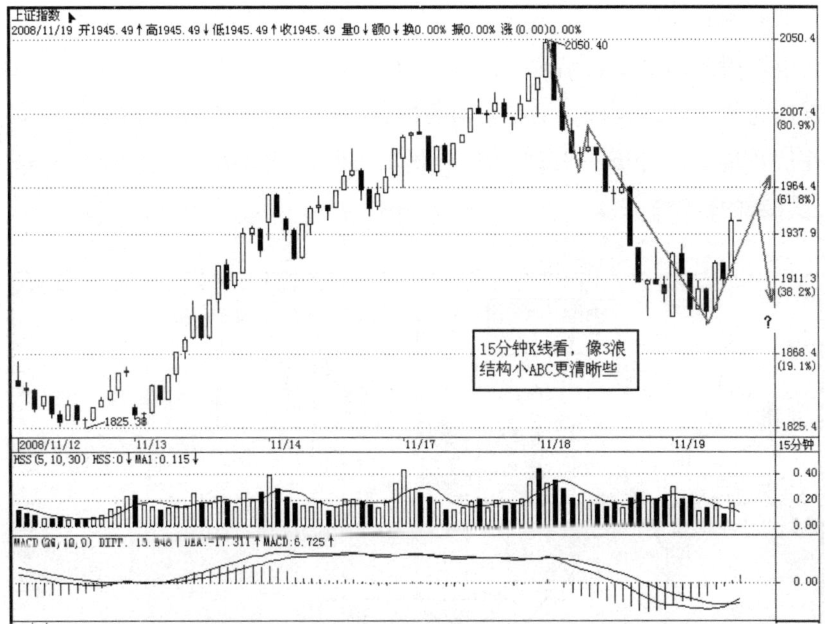

图 3-68　上证指数 11 月 18 日 15 分钟 K 线走势

再看平均股价指数，30 分钟 K 线显示是比较清晰 3 浪结构(图 3-69)。

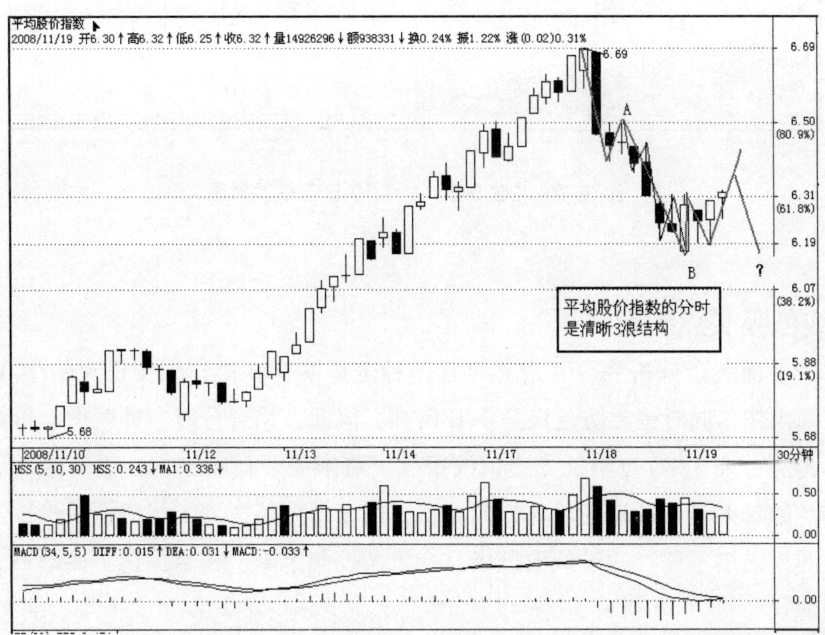

图 3-69　平均股价指数 30 分钟 K 线

上午即时图看(图 3-70)，还差一点(即最后小 5 子浪)就干净了，操作上，当最后小 3 子浪跌得差不多了就结合个股展开分批低吸部分仓位，因为经常在小级别尾端不一定按完美的模式运行。要看后面的即时图是否按预期的小 5 子浪上涨。

但个股可能也有差异，有的是下跌小 A 浪(5 子浪下跌)，有的是小 ABC 已经完结，展开新的升浪。

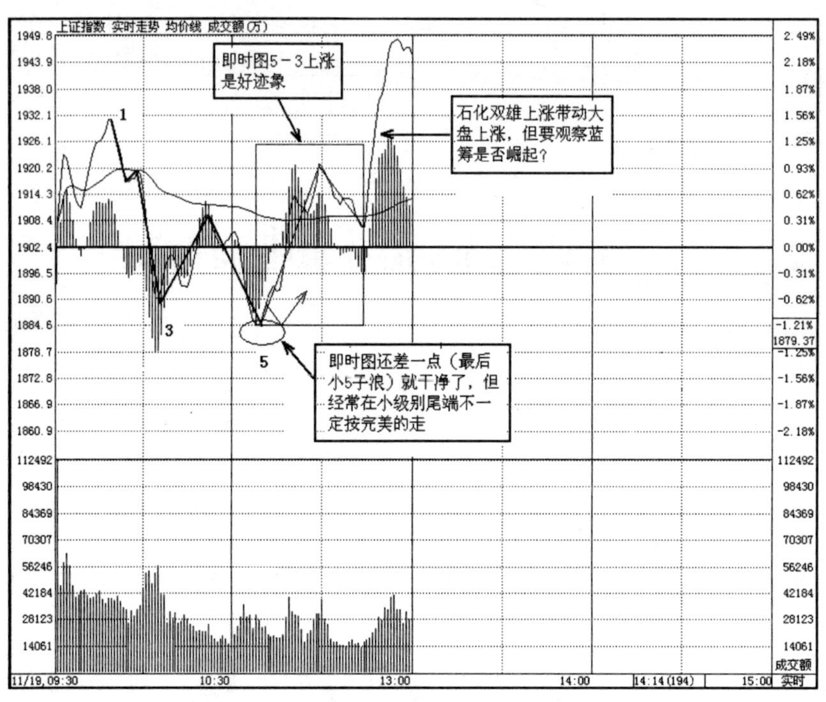

图 3-70　2008 年 11 月 19 日上午即时图

3. 短线低吸买点图解

鉴于上面大盘分析的分时走势存在两种走势演变，操作先按乐观的小 ABC 已经结束来操作，同时也要防范只是小 B 反弹，因此，结合分时、即时图、价量、个股具体走势，在 1880 点附近先谨慎按短线思路来展开低吸操作，策略采取滚动操作为宜。如果大盘朝预期的乐观方向演变，则今日可能买到了优势低吸价位。如果下午或明天继续下跌，通过低吸进场及仓位来控制风险。实盘操作不能既不想冒风险又想赚钱！

补充说明：如果昨日放量暴跌是洗盘，清洗获利盘，随后在两三天内必须收复长阴，并创出新高，则 3 子浪延长就确立了，这是值得预期的一种走势。一旦回调

“4 浪”与“1 浪”重叠，则是不好迹象，更恶化的是回调破 1815 点则确立浪形演变模式变了。在分时可能出现两种走势的情况下，宁愿冒一点风险，低吸进场，即使小 B 反弹，明天也可平推小亏退出。

个股选分时调整 ABC 完结后，早盘放量上攻，或即时图强势的，在 10 点半时不跟随大盘创新低。当然，目标股与大盘同步调整 3%左右的也可以(图 3–71、3–72、3–73、3–74)。

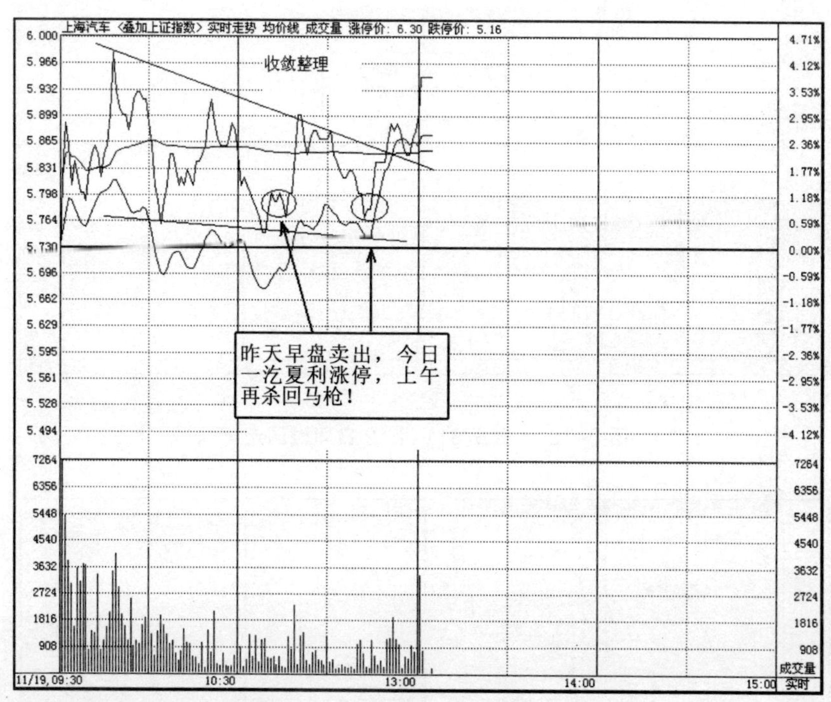

图 3–71 60010411 月 19 日即时图走势

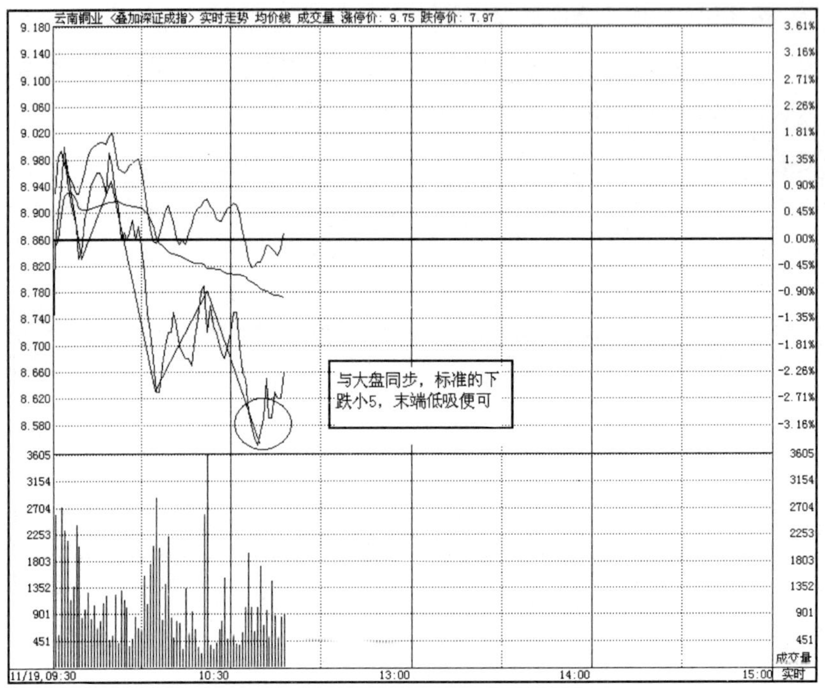

图 3-72 00087811 月 19 日即时图走势

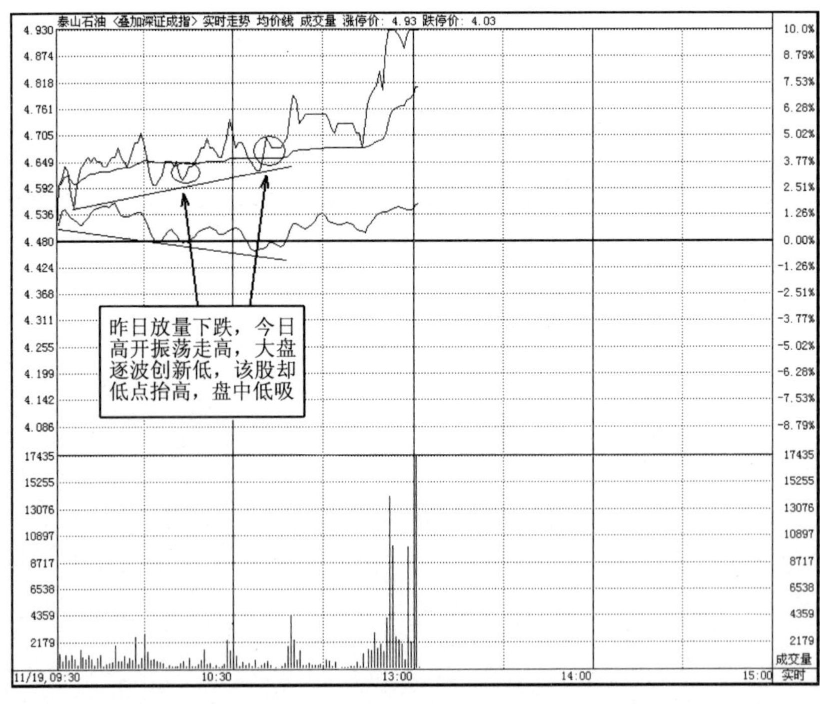

图 3-73 00055411 月 19 日即时图走势

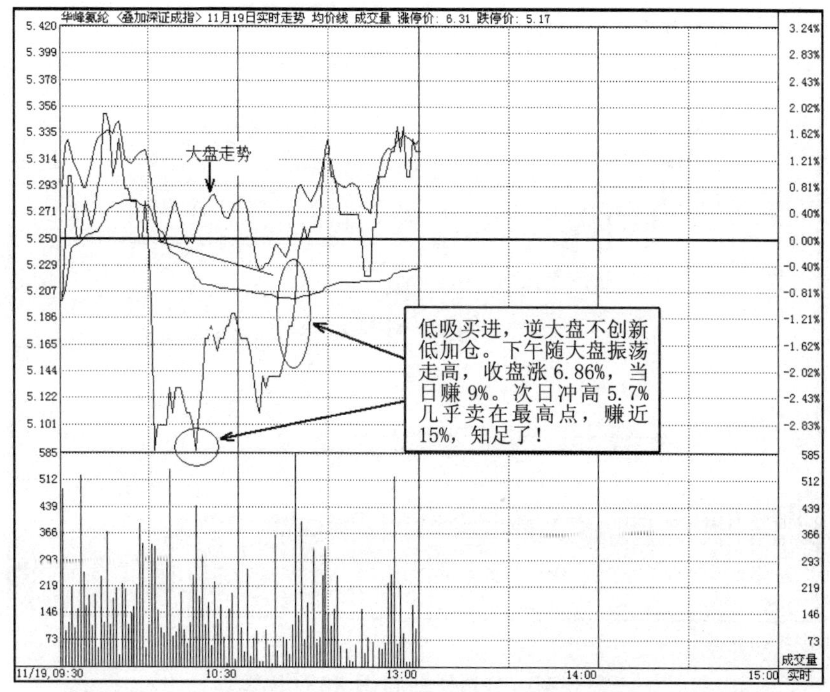

图 3-74　00206411 月 19 日即时图走势

十一、当日极限盈利 20%操作技巧

本小节原本是 11 月 19 日，笔者在网站的交流社区给读者交流布置的作业，题目为“当日极限盈利 20%买进理由探讨”，目的是想通过讨论，提高大家的操作水平。

原文：今晚与金石老师一块吃饭，金石谈到今天参与的个股，其中最成功的一只是在跌停板及附近买到部分仓位，吃了近 5 万股升达林业，不料尾盘拉至接近涨停，当日获利近 20%，可谓 A 股极限操作的典范。可惜昨晚我忙于新书的写作，根本没有做复盘、选股的功课，这种极限机会错过也很正常了。金石老师的选股思路与理由值得大家探讨！说不定下次这种极限盈利 20%就被你抓住了。

大家可以从自己的角度理解金石为何会选中此股及买进理由(图 3-75、3-76、3-77)！

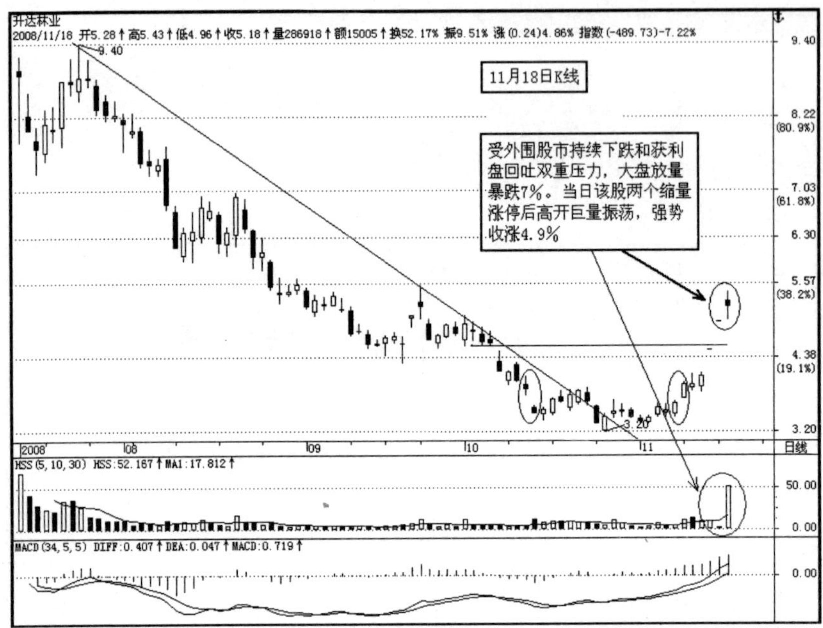

图 3-75 升达林业 11 月 18 日 K 线图

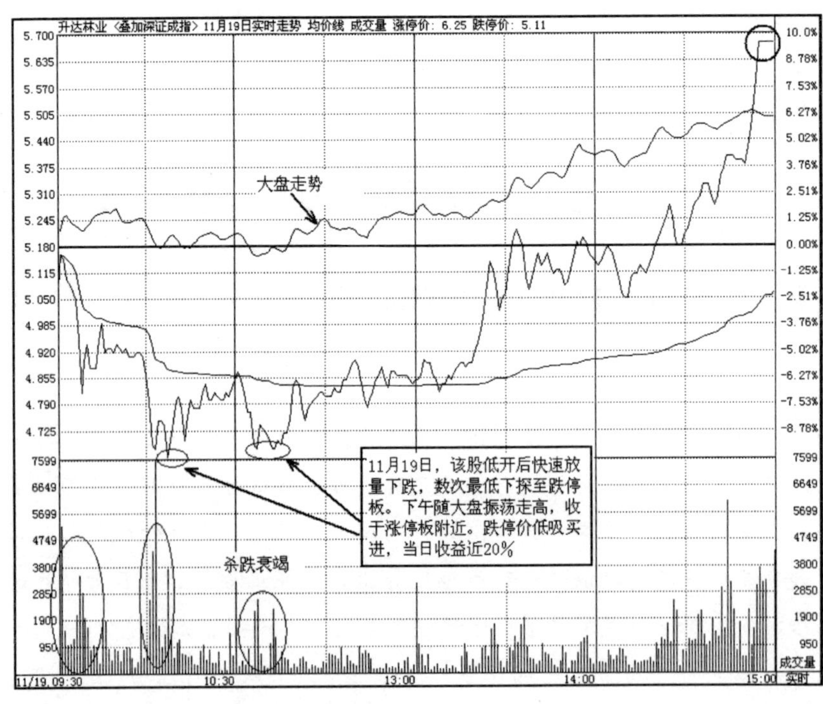

图 3-76 升达林业 11 月 19 日即时图走势

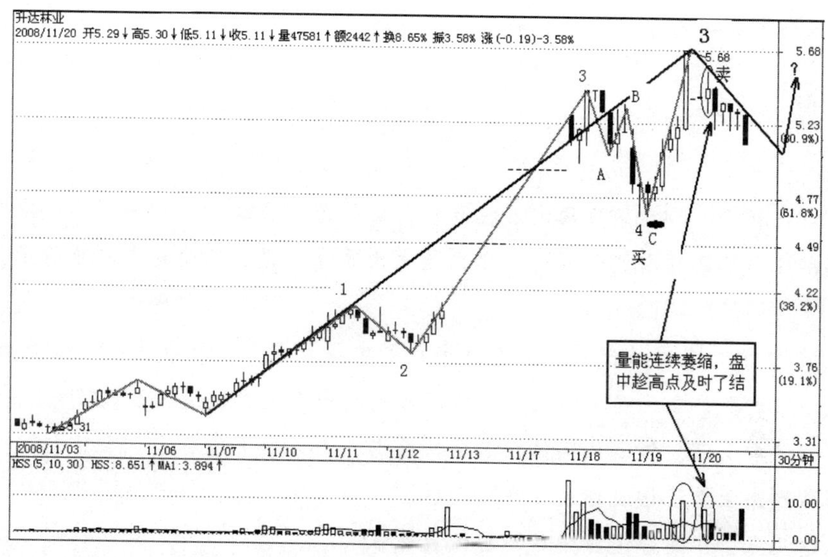

图 3-77　升达林业 11 月 20 日 30 分钟 K 线图

以下是各位读者交流讨论摘要。

冯生：

今天也一直在关注林业板块。个股刚放量，但是昨天高位收了根放量的阴线，很难看。再加上今早的跌停，确实令人恐慌。我想一个介入的理由就是，个股刚放量，主力还没有在高位出货，就这样下来的话，主力不白忙了？主要是心态不好控制，如果大盘环境不好，再来一个板也是可能的。但是，这种股，大盘环境较好时，只要是在低位接，套可能也是短套，很快主力就会重新拉上来的。大盘环境很重要，现在是暖冬，还是可以大胆一点的。

佩服金石老师，说到，更重要的是做到了。

天睿乾：

我谈谈自己的看法：一是此类股有板块效应；二是需要前面无量一字型涨停二到三天；三需要在相对底部，最好是 V 型反弹；四是要大盘给这种突然暴跌的行情来配合；五是打开涨停当天放巨量。以上是我的心得，请各位老师和师兄指教。

漫步者：

从昨天及今天的分时图上看，已经是一个完整的 ABC 浪，而且当大盘分时上午创新低时，该股却没有创新低拒绝回调，再结合大盘分时也是走完了下跌的 5 浪结构，该股还是近段时间的强势股，应该是机会最大的。

虎贲：

首先应该是对昨天大跌的判断的定位为洗盘的分析正确。这个股票连续缩量涨停昨天放量突破平台，应该是判断到昨天接盘的不是散户吧，所以今天才敢在跌停价买进。

陈军：

买入理由：

①该股在16日和17日两天无量涨停，说明是有原因的，原因有二：要么有重大利好，主力不愿别人低位进货；要么是主力高度控盘；不论是哪种可能性，后市都应看涨。

②该股18日放量收阴线。那么这个巨量中是谁在买？是谁在卖？由于18日大盘暴跌，估计散户当天是不敢进的。所以可判断应该是主力借利空吸货并洗盘。

③从浪形上看，该股从高位5浪下跌清晰，并突破下降通道，理应看涨。

④从形态上看，该股形成了岛形反转。

从这几点，应该知道该股后市应该大涨吧。

不过，这些都是后来猜的，而金石老师能在今天盈利近20%，非常佩服！

科斯托拉尼：

000663也是的，可惜我只吃到了三个板就走了，结果昨天上涨8%，今天早盘跌停时看到很多人在吃货，但是偶没有进。我觉得游资主力也是在看大盘的走势，下午大盘走势这么好，当然可以顺势拉高，毕竟还没怎么出货，既然大盘走好，不如继续拉高出货。

不过还是很佩服金石老师，想到了也做到了！

张冰：

我差了一点，今天另外一个账户吃进16个点，也是升达林业。

凌波踏浪：

知道与做到确实有差距，实战心理素质很重要，临盘心态与冯生一样，今后要克服。

张智良：

在老师的书中，描述过金石老师这样的成功案例，可惜由于自身水平的问题不敢这么操作，我要操作的话，考虑的是当时的该股急跌破5线，进入低吸区域，但当时的大盘也位于5线破与不破的回调过程中，这么做的风险可想而知，在这个位置低吸的话，仓位控制和对操作者的心态要求很严格，即便是激进的我来说，这么操作也感觉很大胆，毕竟该股已有不小的涨幅，真佩服金石老师的策略应对，不知一舟老师可以谈谈金石老师当时的策略应对是如何展开的么？在只铁体系中，当日获利20%的极限操作是顶级高手的重要判断标准之一，再次佩服金石老师的心态控制和技术，感谢一舟老师的技术分析和无私的分享，祝愿两位老师及各位股友们永远快乐！

李建立：

我想首先对大盘背景准确判定，其次该股是热点板块里的，三是个股的行进结构。好久没有金石老师的声音，估计正忙着用麻袋装钱呢！

艾兴付：

很显然，杀跌时没有人接盘，出不了货，只能又拉上去。

冯生：

从今天大盘及个股来看，这种极限机会出现在连涨数天后的首次回调，有未放量或刚放量的个股出现恐慌跌停时可能有这种机会。大盘环境是关键，大盘必须是走出探底后单边上扬的强劲走势。二是有板块效应的比较好。像大盘今天这样的环境，这样的股就不好做了。

金石：

这种股票不是随时都有，只有在大盘很热时才会出现，可遇不可求；因为没有底仓，买入它做短线也是不得已而为之。

11 月 20 日，笔者归纳总结一下金石老师买进的理由。文字如下：

其实，有不少朋友都说到了不少金石老师跌停买进升达林业的理由。今天金石老师在均价 5.40 卖出，及时了结，盈利 15%。简单归纳总结一下金石老师为何会选中此股及买进理由：

首先，要说明金石老师买进也没有预料到该股尾盘会拉至涨停附近，要不然真成神仙了。金石当时只是判断该股放巨量后，很可能有大幅振荡而出现的低吸机会。

其二，对大盘短期走势的分析，他判断 18 日个股获利回吐而共振，出现放量杀跌，是洗盘居多，谁在卖出谁在买进？自然获利丰厚的散户在恐慌杀跌居多。根据他的经验判断 19 日收中小阳可期待，概率大。

其三，林业板块属于政策利好支持的环保节能概念，走势强劲，也属于热门题材股。涨升幅度也不是很大，位置不算过高，两个涨停后首次振荡回调，在浪形上是 3 子浪 4。

其四，18 日升达林业能在两个无量涨停板后，突遇大盘暴跌而被动高开振荡，暴出巨量，50%的换手。虽然也有短线资金进去，但谁能顺利卖出，自然是散户比主力跑得快。高开后振荡，在大盘暴跌 7%，居然还没有回补缺口，逆势收涨 4.86%，算是抗跌、强势股。次日早盘补跌带有洗盘性质，分时上是小 ABC 调整。在跌停板敢低吸买进，主要基于当天即使封住跌停，当天也没有多大的风险，次日再寻机退出。

其五，简单讲，金石老师参与主要是通过技术、大盘当时环境、巨量多空角色综合分析来判断的，更主要是敢于冒当日假如封住跌停，次日顺势低开的风险。炒股不能一点不想冒风险又想赚大钱！

金石说，如果次日(20日)开盘跌停而不打开，那就证明他的判断错误了。今日该股低开5%，也证明了18日、19日主力机构手中的筹码还不少。于是，利用盘中反弹高点及时先了结。一天时间短线赚15%也不错了，该知足了。

金石成功操作把握住了升达林业的巨幅振荡机会，在大盘与个股的短期走势判断、策略、战术上都处理很好，真正做到了“反恐反贪”的理念。虽然也有运气成分，更主要还是金石老师的临盘实战功夫到家！这种一天多时间赚百分之十几的运气在我昨天低吸的个股中，只有两只(一只低价股和一只中小板)，今天是冲高了结，赚了12%和15%，其他的效果就差许多了，看来还需努力。

十二、盘后选强势股技巧

本小节选自2008年11月21日在网站的交流文章。

本周操作较为频繁，所用的技巧也多，发此帖希望对大家在后市操作有所帮助！

1. 强势股概念

现在股市里已经有近1600只股票，全部股票齐涨齐跌的现象几乎很少见了，更多的是各个股票之间的走势分化情况日趋严重。不论每天大盘指数上涨或下跌，每天都有许多股票在下跌或上涨，因此，投资者选股的能力显得越来越重要。

何谓强势股？一般指当大盘指数回调时，总有那么一些个股横盘不跌，甚至反而逆势上涨，或者大盘指数平稳、上涨时，一些个股表现比大盘更为强劲，涨幅超过大盘指数，这些个股一般称之为强势股。阶段强势股一般因政策利好支持，或者有重大题材消息如重组或业绩增长等刺激炒作，或者上市公司本身是行业领导者而业绩稳定增长，导致受到市场追捧。平常所指的龙头股不仅属于强势股的范畴，而且它还是热点板块中强势股的领头羊。在同样的时间段，同样的大势环境，不同股票的表现经常有天壤之别，只有及时捕捉到强势股并果断择机介入，才能使投资账户里的资本金快速增长。所以，必须尽量选择强势股操作，尤其是短线操作更要以强势股为主要目标。

笔者对强势股的理解还偏重于盘中或K线走势是否敢于创阶段新高（哪怕是最高价与前面一样或高一分钱，技术上含义也有所不同）。一般股票如果敢于创阶段新高，说明市场看好该股票，或者场内主力机构不会好心地只想充当解套的解放军，解放某阶段的所有投资者而把自己套住，很大程度上只要大势配合，该股还会继续不断创出新高。

短线操作的目标股一般主要选择两个极端，强势股或乖离率大的极弱股，而强势股主要是指热点板块个股和能够放量创新高的个股。笔者以实例来说明，便于读者理解。2008年11月20日，大盘在突破站上30日均线后，两次向60日均线发起冲击，但对短期能否突破站上60日均线，分析人士分歧较大。对于上证指数，如果要冲过60日均线，必须先强势创新高，而20日深成指已率先创新高后回落振荡。假如乐观判断大盘反弹行情没有完结，后市还能不断创新高，那么，可以先统计一下近两天内提前创出新高的强势股数量有多少，以此也可判断大盘的强弱状态，并按乐观预测走势来精选目标个股。

2. 选强势股方法

首先，对近期上涨行情的性质要有一个基本判断，因此，选股仍围绕本轮上涨行情的超跌反弹性质来展开。选股思路仍可按照极度超跌，累计跌幅巨大；绝对价位尽量低，最好是中低价股，流通盘适中；有业绩支撑，低市盈率，市净率低，受危机冲击较小的行业股票；紧靠热点，如属于万亿投资受益概念股；距离上面成交密集、平台较远；近期有资金流入，底部持续放量上涨；累计反弹涨幅不大等综合条件，此外，再加上放量突破自10月28日大盘见1664点低点以来的新高。

11月20日晚，用先编写好的“两天内提前强势创出新高”选股公式进行选股统计，19、20日两天率先创前面1664低点以来新高的个股有730只，占45.7%，说明还不算强，没有超过50%比例。再附加条件：如累计涨幅不大(25%–45%，或自定)、价格限定在中低价(3–10元，或自定)、有业绩支撑、受利好支持的未来热点板块等限定条件，这样就可以先把有攻击欲望的强势股精选出30~40只。其实具体选股公式编写很简单：

两天内提前强势创出新高编写语言如下：

HHV(HIGH，2)>=HHV(HIGH，N1)；(N1取20，指两天内创近期20天新高)

累计涨幅编写语言如下：

ZF:= (CLOSE–LLV (LOW，N1)) /LLV (LOW，N1) *100;（涨幅，N1取20）

ZF>20ANDZF<45；

再附加价格编写语言CLOSE>3ANDCLOSE<10；（中低价3~10元）

上面三个限定条件组合起来如下：

ZF:=(CLOSE–LLV(LOW，N1)) /LLV (LOW，N1) *100;

HHV(HIGH，2)>=HHV(HIGH，N1)ANDZF>20ANDZF<40ANDCLOSE>3AND-CLOSE<6；

就此便可快速粗选出创新高的强势股票，然后再进行综合精选目标个股。

3. 大盘背景分析及强势股操作图解

2008 年 11 月中下旬，因为市场普遍担心美国金融和汽车业财务状况疲弱，以及整体经济低迷与衰退，油价一度跌穿 50 美元，美股剧烈振荡，三天持续下跌 8%，周四道指收盘至五年半低位。亚洲股市交易时间比美国要早，故而往往受昨夜美股走势影响。但近期亚洲股市如香港恒指、日经指数表现出相对于美道指走势要强一些，属于抵抗性小幅下跌(如图 3–78 对比走势)。

对于国内 A 股市场，一般用低开振荡来消化外围股市动荡不止的负面影响，有时还逆势上涨，走势明显强于外盘。11 月 20 日中午，笔者为此点评：受外围股市大跌影响，大盘均大幅低开振荡，金融银行走势弱，前期涨幅大的水泥、工程机械等热门个股回落振荡剧烈，通信板块继续强势上涨，纺织、上海本地股、地产股、有色金属表现活跃，带动大盘强势翻红。现在深成指已提前创出新高，而且大盘量能有所放大，这是比较好的迹象，表明市场在外围股市动荡下仍可保持强势震荡，甚至上扬，对后市我谨慎乐观。

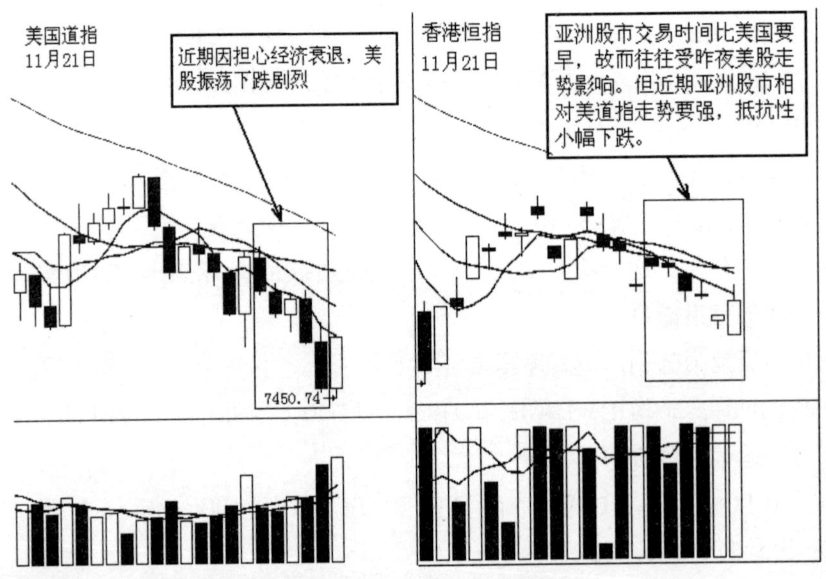

图 3–78　11 月 21 日道指、恒指短期走势对比图

11 月 21 日，受昨晚美股暴跌 6.89%创新低影响，今日大盘均大幅低开低走回落振荡，个股普跌，量能萎缩。昨日才放量强势创新高的个股，遇到今日上证大盘早盘暴跌 89 点，跌幅超过 4.5%，选出个股也纷纷大幅回调，这就给逢低买进提供了较佳的低吸机会。参与昨日先创新高的个股未来走强的概率相比还未创新高的个股要大一点，这是短线操作的基本判断。至于按照上面选股方法选出的所谓“强势股”的回调是不是提供了较佳的低吸机会？这还需从大盘未来走势上及短期风险大小去综合判断。

从上证指数的日 K 线短期走势看，大盘运行 18 日图解点评走势中的平台式整理的可能性大(见“分时低吸操作技巧”章节相关图解分析)，正展开第二次回抽 30 日均线的可能性大。30 日均线处，几次下探到 1880 点处便被拉回，说明 30 日均线及 1880 点短期支撑力度较强。再从上证指数 30 分钟 K 线走势看(图 3–79)，分时也走出较为清晰的小 ABC 平台式调整走势，而且平台调整的小 C 也呈现小 5 子浪下跌，因此，大盘、目标股盘中急跌，及分时小 C 的第 5 子浪末都是短线操作分批低吸的时机。再看上证指数的即时图走势，早盘大幅低开 50 点，略有反弹后快速放量下挫，最低探至 1894 点，下跌 89 点(回升时可先低吸部分回落的目标股)。反弹两波完成小 B 反弹后，继续振荡下探，即时图完成了一个小 5 浪杀跌。

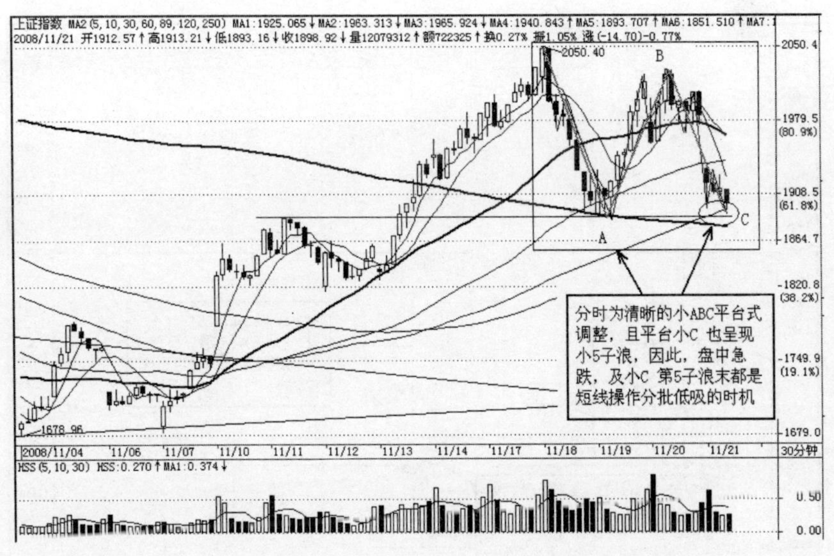

图 3–79　上证 11 月 21 日上午 30 分钟 K 线图

当国内股市中午 11 点半至下午 13 点休市时，中午香港恒指突然绝地反击(图3–80)，直线拉升，从跌 4%快速翻红到上涨近 5%，加之周末是否有利好消息传闻也未可知。为此，21日中午我专门发帖提示，下午开盘A股大盘跟随恒指绝地反击在技术上是可成立的(图3-81)。

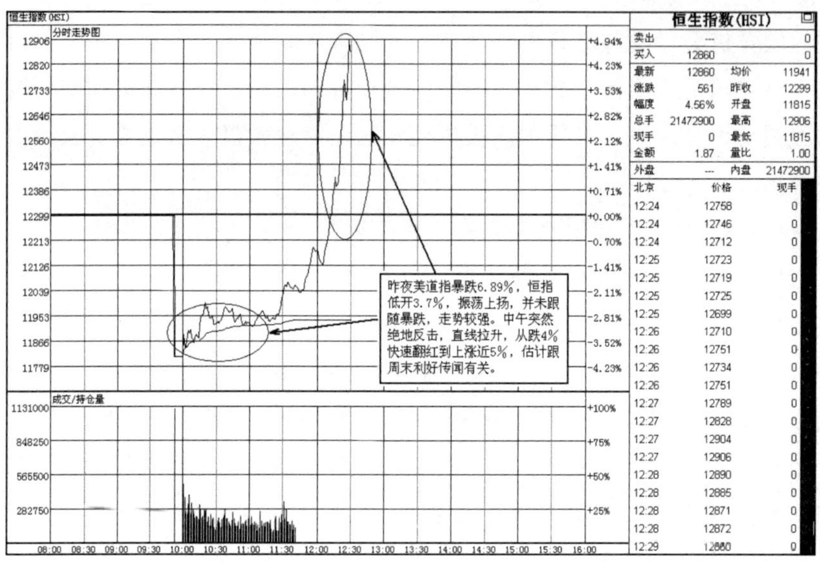

图3-80 恒指11月21日中午绝地反击走势

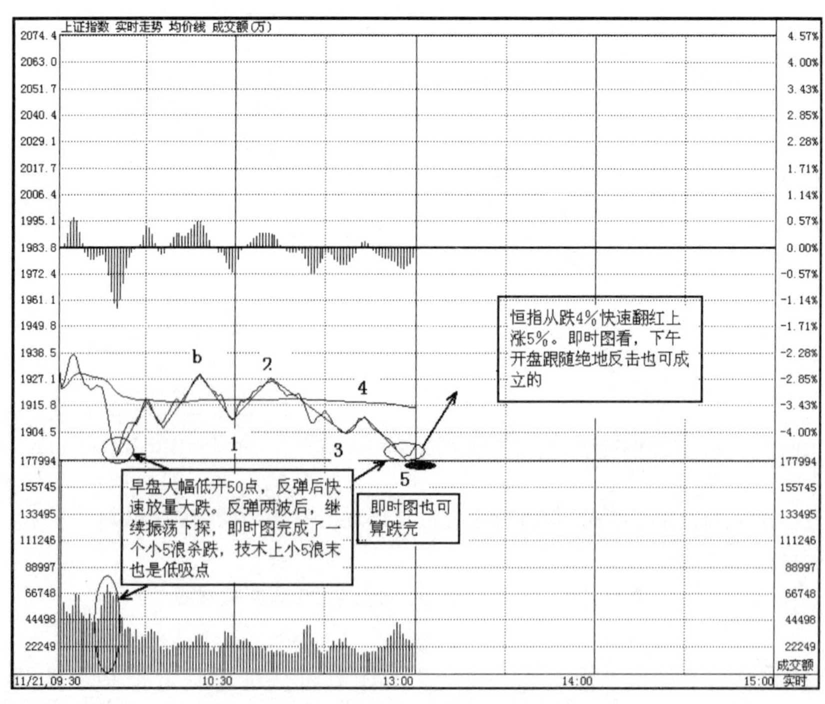

图3-81 上证指数11月21日上午即时图

21 日上午低吸，下午开盘高挂追买的部分实例股票图解说明技术理由(3–82、3–83、3–84、3–85、3–86)。

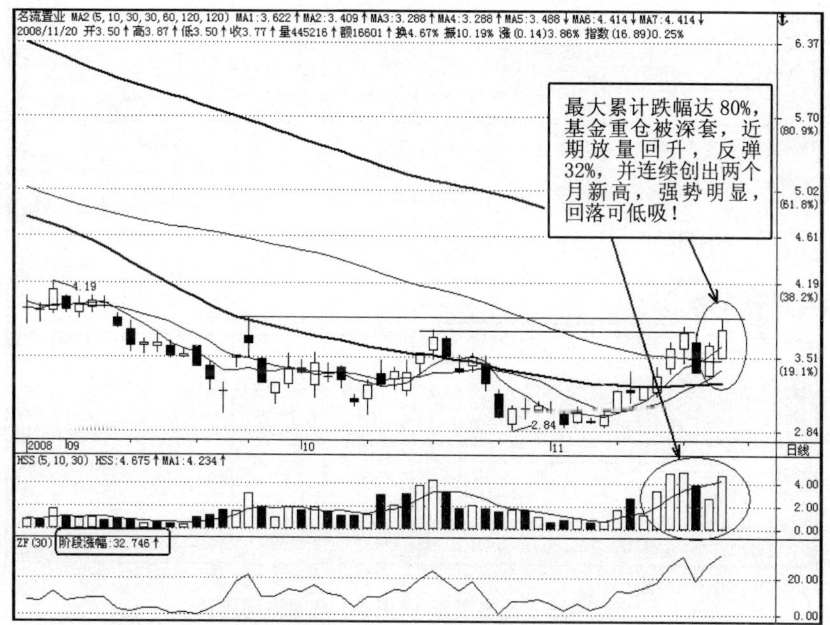

图 3–82 名流置业 11 月 20 日 K 线走势

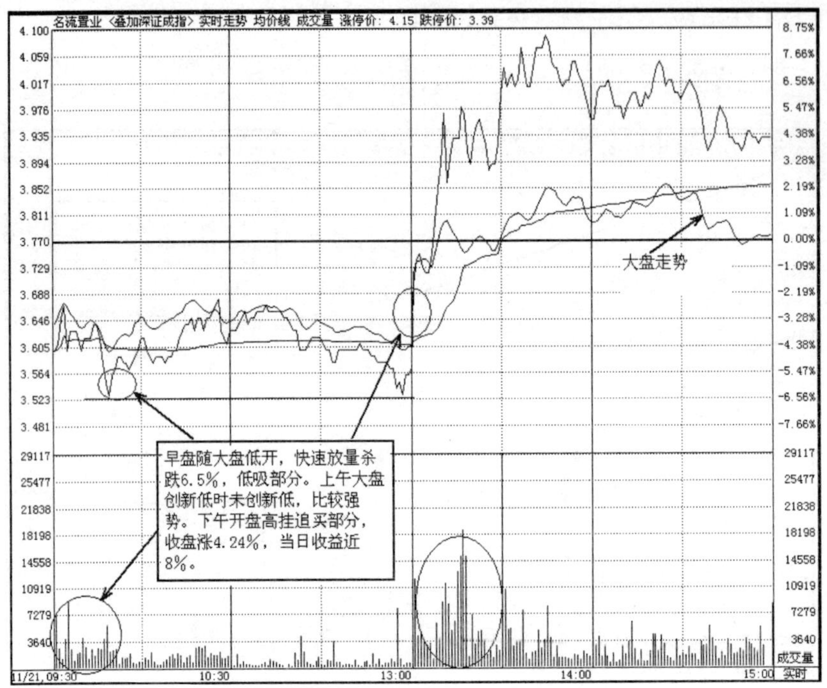

图 3-83　名流置业 11 月 21 日即时图走势

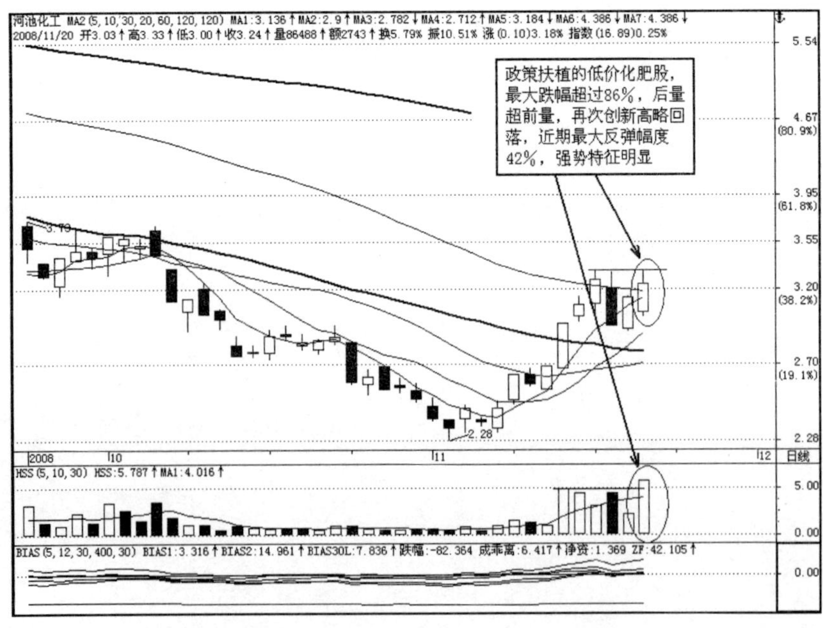

图 3-84　河池化工 11 月 20 日 K 线走势

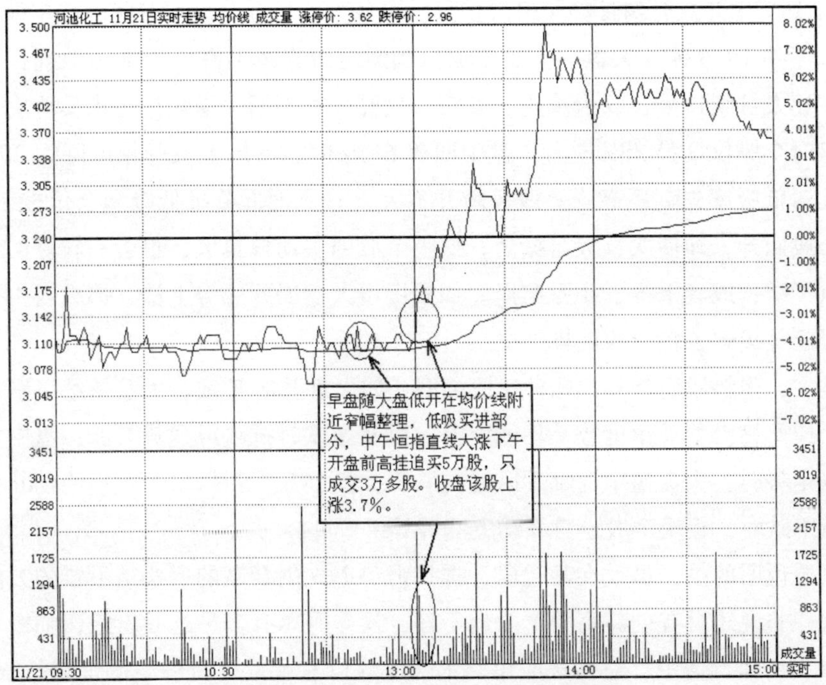

图 3-85　河池化工 11 月 21 日即时图走势

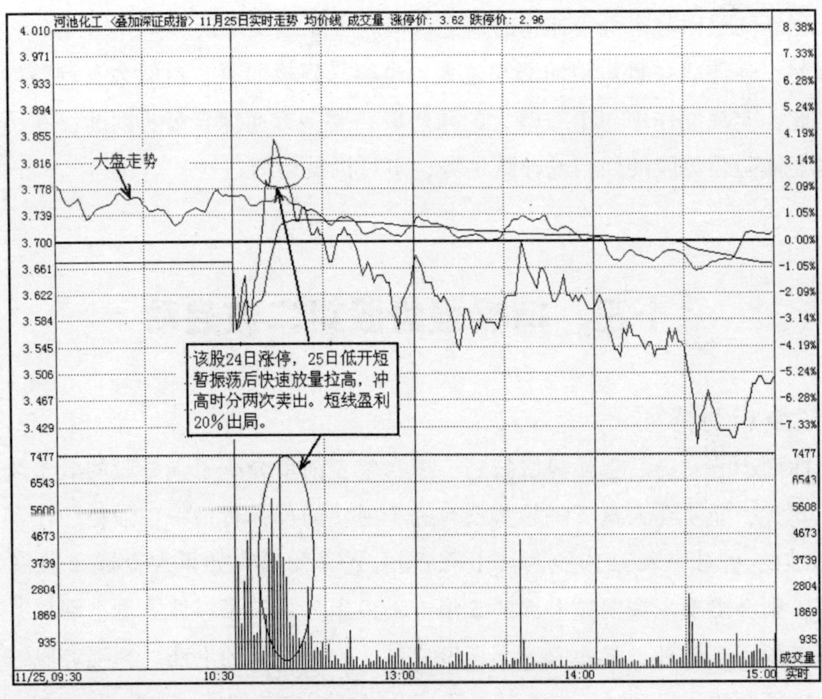

图 3-86　河池化工 11 月 25 日即时图走势

21日下午开盘时匆忙挂买追击多只跌幅较大的目标个股，有些因挂单偏低未能成交。不到15分钟，大盘、个股受恒指刺激纷纷直线上涨，上证指数回拉100点翻红，让人目瞪口呆，叹为观止。其实，只要分析判断大盘短期还未反弹完结，20日复盘时个股仅反弹30%左右，盘中回落6-8%时，实际上反弹幅度降为20%附近了，此时低吸率先创新高强势股风险并不大，只要把握分批低吸和仓位控制即可。一旦个股回升，即使次日大盘振荡，低吸个股的主动权也大，也会有较好的盘中振荡高点了结，或者平推、小亏出局。如果后市大盘展开强势上涨，那么盘中振荡低吸很可能是买到了较佳的优势价位。

其实，强势股还有其他几种选股类型：如大盘叠加K线，大盘持续下跌时个股横盘，或始终沿着某角度或某均线上升，以及暴跌时抗跌或逆势上涨；盘中叠加即时大盘走势时，大盘盘中深幅下跌时抗跌，大盘创盘中新低时个股拒绝创新低，以及大盘下跌时，板块个股逆势联动上涨等等。

需要说明的是，虽说在某时段，选择强势率先创新高的股票是不错的方法，但是，这并非说还没有创新高的个股就不好，操作时总有多种选股思路面临概率最大的选择。反弹行情中，总体选股思路上仍应该以有政策支持的中低价超跌股为主，实盘操作中根据当前的大盘可能振荡的背景下，仍主要选择了低吸进场，尽量掌握主动，不把仓位暴露在风险之下。如果喜欢突破买入的投资者，只要追涨仓位控制较好，创新高后回落有低吸补仓的资金，最终也能短线赚钱。

当然，强势股一旦短中期涨幅过大，也容易盛极而衰，自然会有调整或下跌出现，因此，实战操作中对于涨幅大的强势股，要多方面综合分析判断，在不断创新高后也要谨防强势股的回调或补跌走势，不可机械运用。

十三、捕捉强势股第二波启动

1. 第二波启动特征

在前面小节“盘后选强势股技巧”里，笔者简单介绍了强势股的概念及选股的技巧。其实，即使在大盘下降趋势没有完全逆转的反弹行情中，强势往往容易走出较为标准的ABC三浪结构的两波上涨行情(图3-87)，如果大盘或个股展开的推动行情，则会出现三波明显上涨的5浪推动浪走势。在第一波放量上涨后，一般经过3-7天的回调整理，强势股还会再度启动，展开强劲的上涨。当强势股缩量回调或整理后再度放量启动时，往往就是我们及时捕捉强势股第二次启动点的时机。

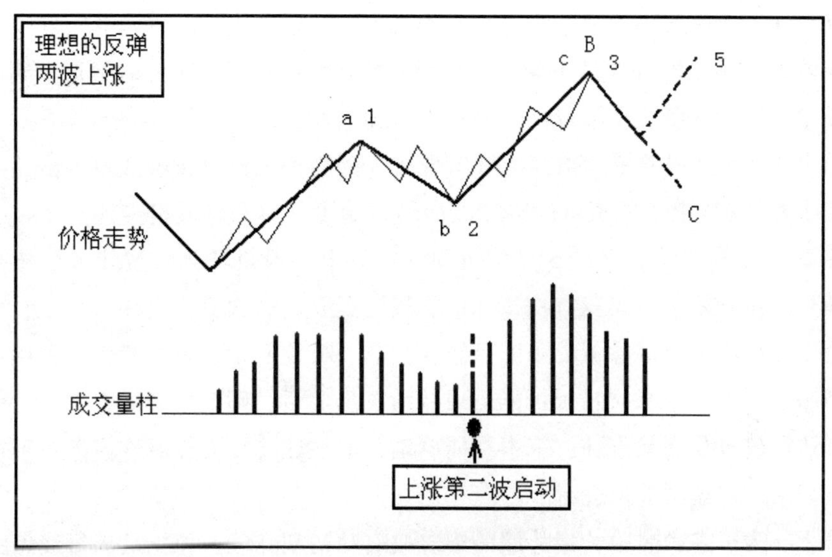

图 3-87　第二波启动点示意图

第二波启动点有什么特征以及如何捕捉成功概率才高，这是实战操作中分析、选股的重点。

首先，第一波反弹幅度要在 30%-50%之间较好，上涨幅度过低了说明反弹力度偏弱。如果第一波上涨幅度过大，则随后的调整时间、幅度有可能复杂，难以准确判断。

第二，第一波反弹上涨中要满足持续放量的条件，成交量柱呈现至少有 3 根连续红柱，价量配合理想。量比价先行，底部有较多的量能堆积，说明在底部有增量资金或新资金持续介入。

第三，个股最好属于近期的热点题材板块。2008 年 11 月初开始的反弹，热点主要集中在受国家扩大内需，万亿建设刺激的基建、铁路概念股和超跌低价股群体上。

第四，第一波放量上涨后，要有 3-7 天的缩量回调或平台整理的过程，主力机构往往会借大盘振荡而清洗获利筹码。

第五，回调的空间可用江恩价格带、黄金分割比例，如回调到 0.618、0.5、0.382 等重要比例价格水平线。

第六，综合指标分析，如缩量回调到重要的均线，股价回到 20 日、或 30 日，以及 60 日均线处止跌企稳，以及 KDJ、RSI 短期基本到位。

第七，成交量的形态也很重要。缩量呈现梯量递减较佳，其中如果出现缩量至前面放量的 1/4 或 1/5 以上的地量或连续成交量小颗颗，结合前面的综合分析，往往意味着短期调整的结束。

第八，如果是做日K线的第二波反弹上涨行情，还可以从分时浪形上判断是否调整结束？以及3浪1子浪或反弹的C-1子浪启动。

第九，3-7天的缩量调整，地量出现后，密切关注何时再度放量上涨，一旦明显放量上涨3%以上，便有可能第二波启动开始了。启动点放量需注意：一，此再度放量最好是前面的3日或5日均量的一倍以上，或量与第一波较大量持平为较佳，甚至后量超前量。尾盘首次试探性进场可展开，或次日寻机介入。二，次日要判断是否可能出现持续放量攻击？可结合大盘、板块联动，及个股次日盘中走势的强弱来综合判断。如果次日很可能形成持续攻击放量，则盘中可加仓买进。一般至少需要两根放量成交量红柱，三根更能确定，但往往连续大涨后许多散户不敢介入了，这需结合大盘背景来决断。

第十，为了控制风险，强势股的第二波启动初期介入，先立足于短线思路，重势不重价，买卖可选择低吸追涨结合使用，同时设立好止损价位。

2. 强势股第二点图解说明

为了方便读者容易明白其中选股、选时的要领，结合2008年4月农业股上涨图解启动，及11月下旬分析和实战案例来图解说明。

2008年4月底，受利好政策倾斜农业，在大盘见顶调整过程中，农业股4-5月份的领涨热点板块，走势强势。先看其中龙头之一的登海种业的月K线与大盘叠加图(图3-88)。

再看登海种业的日K线走势(图3-89)，4月底，大盘在基本运行完调整的C浪的3子浪，大盘创新低时该股拒绝跟随创新低，政策利好刺激引发大盘强劲反弹。而该股连续三天持续放量上涨，走出经典的再度启动攻击放量走势。而下图中的前面两处不是攻击持续放量，因为一个仅为小B反弹的两根成交量红柱，另一个是量能没有出现明显的放大。

2008年11月下旬，上证在60日均线与30日均线间已回落振荡了7日，个股也纷纷缩量回调(图3-90)。只要大盘再度持续放量，还有望继续反弹的可能。如果大盘仍持续缩量，则可能还会深幅探底。11月25日，在大盘高开低走，一路回落振荡过程中，中路股份连收五个涨停，表现最为强劲。四川湖山、五洲交通、中国铅笔、海虹控股、菲达环保等多只股票在回调后再度放量大涨。

11月26日，大盘缩量振荡时，中路股份继续连收第六个涨停，五洲交通早盘快速拉至涨停(图3-91)，盘中一犹豫，加之不想过于追高而放弃了。于是，当日选择了部分仓位买进中国铅笔、海虹控股股票。

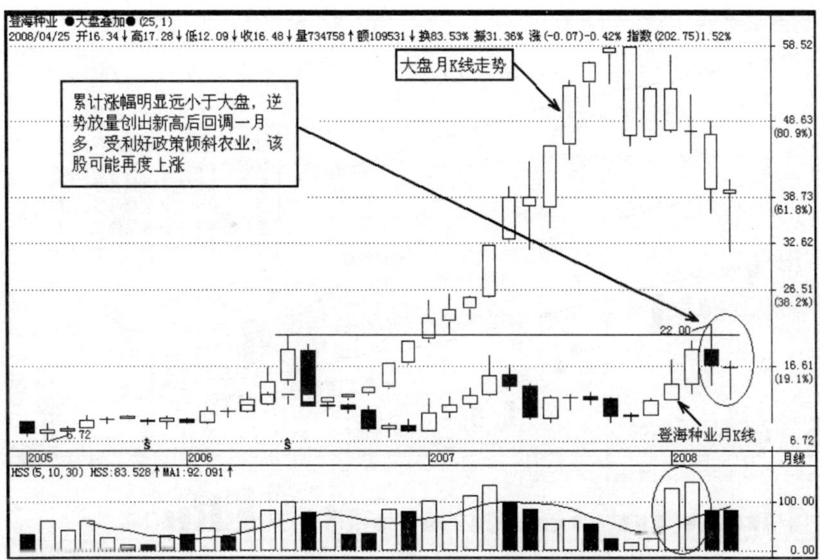

图 3-88　登海种业与大盘叠加 2008 年 4 月 K 线图

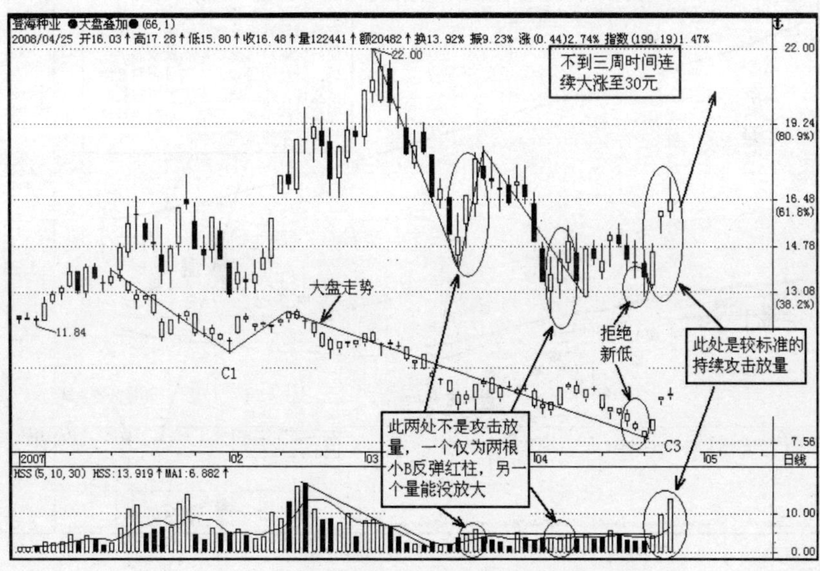

图 3-89　登海种业 2008 年 4 月 25 日 K 线图

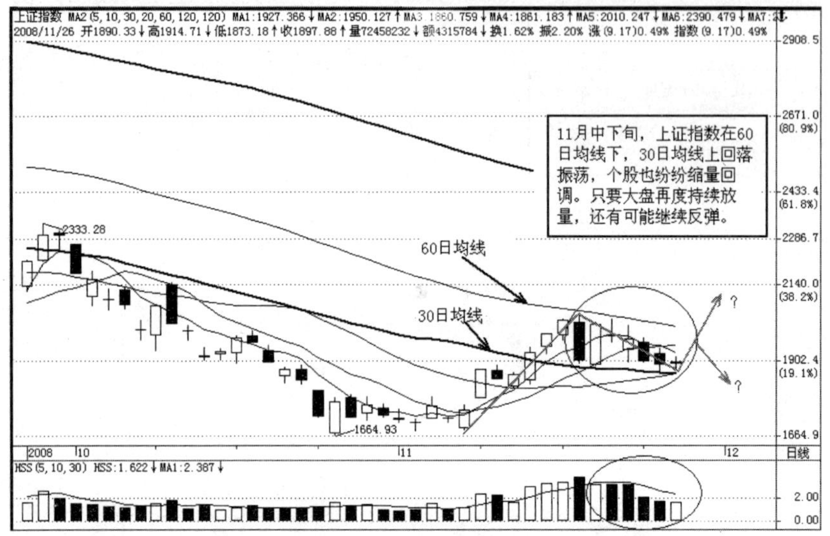

图 3-90 11 月 26 日上证指数日 K 线走势图

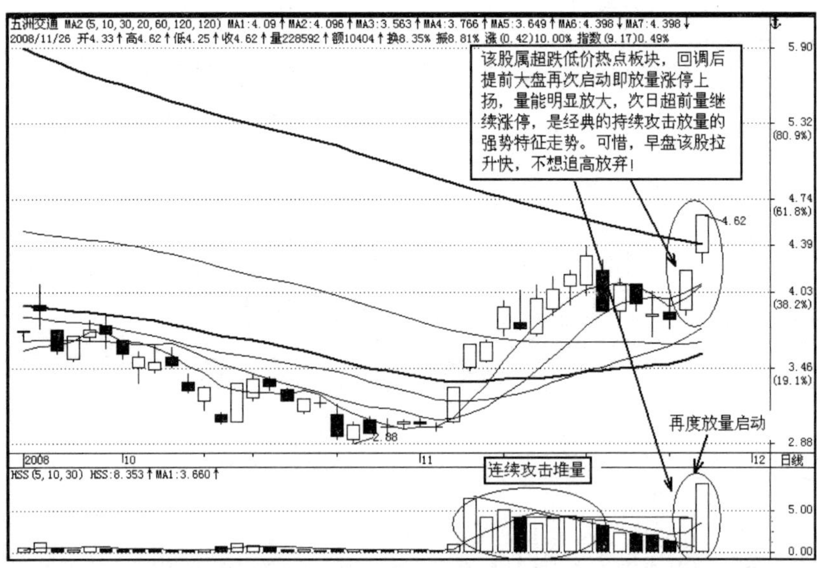

图 3-91 五洲交通 2008 年 11 月 26 日 K 线图

中国铅笔(600612)、海虹控股(000503)，11 月 25 日放量涨停，后量超前量，收盘价创新高。短期均线呈多头排列，两只股票再次启动的可能性大。26 日，中国铅笔高开随大盘回落振荡(图 3–92)，回落是试探性买了部分，下午放量拉升时追加了部分仓位，最终该股收盘涨 4%。而海虹控股 26 日低开振荡(图 3–93)，早盘在回落振荡时试探性买进部分，尾盘该股跳水下跌而被浅套，没有加仓。

收盘后，从价量走势形态看，中国铅笔及中路股份、五洲交通、四川湖山等属于比较经典的持续攻击放量，而海虹控股，及菲达环保等虽然仍放量，但成交量显示是股价下跌的绿柱，未能显示出持续攻击放量的强势走势(没有持续放大的成交量红柱出现)。因此，不能算是持续攻击放量，相对于前面的个股走势偏弱。需要提示一下，有些券商分析软件，只要当日收盘价低于开盘价，收盘即使上涨，成交量柱也显示绿色，这样会给看盘分析持续攻击红柱量带来一些困惑。

11 月 26 日晚上，央行突然大降息，而且是以罕见的力度降息，一年存贷款利率降 1.08%，存款准备金率降 1%。当时分析认为，刺激经济的政策利好时机出台恰当。在大盘冲击 60 日线后振荡回调 7 个交易日后，蓄势较为充分，利好将大大有助于大盘冲过 60 日均线的压制，向上拓展空间。同时，也侧面反映了政府对金融危机冲击国内经济的紧迫感，以及国内经济面临的严峻挑战。操作上，需密切注意后市上证大盘量能能否持续回到 800 亿以上，同时关注蓝筹板块的轮动。一旦量能跟不上则需高抛减仓。

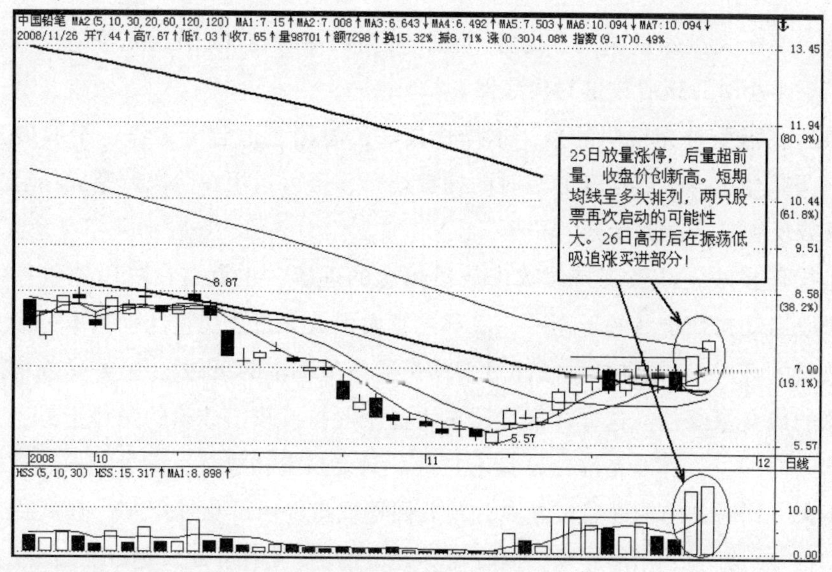

图 3–92　中国铅笔 11 月 26 日 K 线走势图

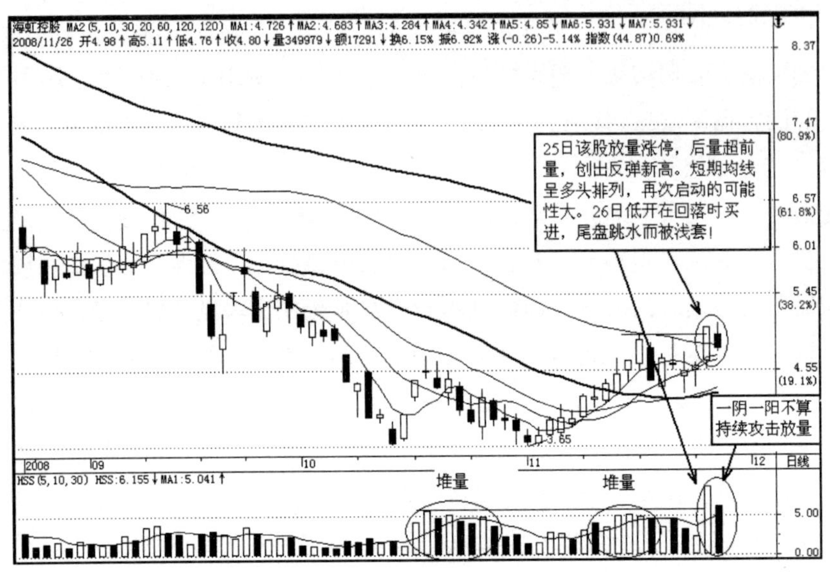

图 3-93 海虹控股 11 月 26 日 K 线走势图

11 月 27 日，沪深大盘双双集合竞价放巨量，以接近 6%大幅放量高开，开盘后冲高回落时先减仓一半。在大盘分时回落两波时又买回减仓的中国铅笔及新开仓买进 600191。上午收市前，大盘分时呈 5–3 小 AB 走势，于是在小 B 高点回落时，把手中剩余的中国铅笔(图 3–94)、海虹控股等卖出，尾盘个股纷纷随大盘大幅回落。

11 月 28 日，中国铅笔随大盘低开，在 60 日均线整理，上午逆大盘走出一波快速上扬。鉴于大盘缩量振荡，走势不稳，冲高回落时在 3%附近先了结，以规避风险。结果半小时后该股放量封住涨停。

最后，需要补充说明的是，本操作技法、思路也适合于大盘、个股展开推动浪，回调充分后再次启动新升浪时的捕捉技巧，还可运用在阶段调整完结后判断新的上涨或反弹是否就此展开。

本操作技法还涉及到持续攻击放量概念的理解，也就是在阶段调整基本结束后，个股启动初期价量的形态——底部连续两根放大量成交量红柱基本可成为持续攻击放量的标志(每根量柱均须超过 5 均量线是最基本的条件)，最好是三根持续放量上涨的成交量红柱。这样才能显示出大盘个股持续攻击放量的强势走势。如果第二波启动时缩量，除非是涨停开盘不打开。只要是温和放量，满足三根红量柱，涨幅也不大，同时创出前面阶段新高，其后回档或盘中便可及时介入。但如果类似 11 月 27 日，个股是放量阴 K 线，但收盘却是上涨的(没有补缺口更好)，即成交量柱是放量红柱，28 日放量吞并昨日阴线也是买点。可是，如果 27 日收阴是跌的，成交量柱是绿色的，28 日再下探破昨日低点，则需暂时观望，持续攻击放量不成立。

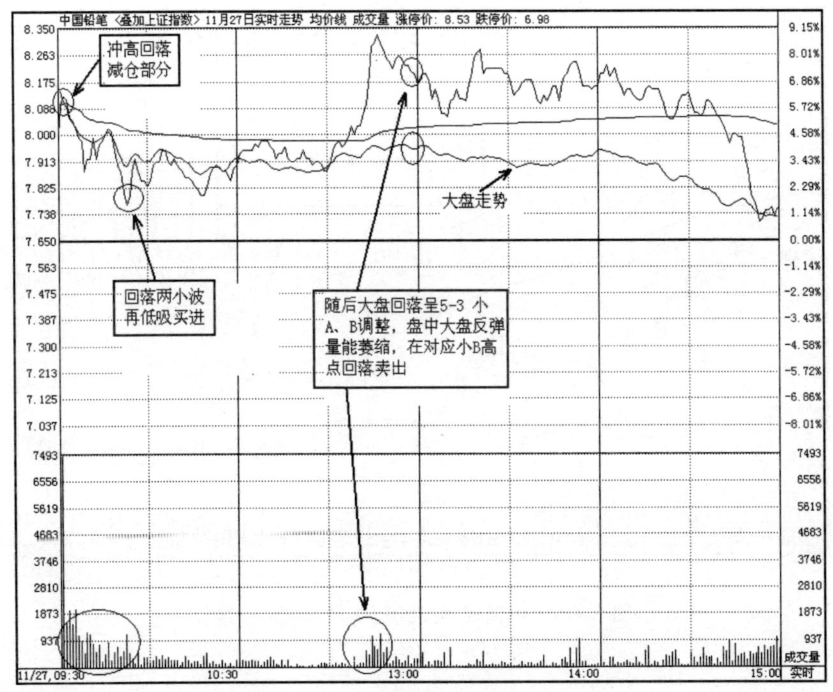

图 3–94　中国铅笔 11 月 27 日即时走势图

反弹行情操作时，如果大盘较为弱势，等次日基本确立了持续攻击放量才可试探性进场，或者出现明确的三根持续攻击放量阳线后寻机介入。如果大盘处于强势上涨阶段，则可在调整后第二波刚启动放量的当日进场，或次日低吸、追涨结合运用建仓。如果领涨龙头股第一波涨幅巨大，超过 60%以上，甚至翻倍大涨，则需防止因大势背景不好，调整时间延长，所谓的启动点也许是复杂调整的 B 浪。

还有一种，如果个股连续放量大涨，或沿着 5 日均线放量攀升，其间没有像样的回调，这种参与难度较大(图 3–95)，只有在初期追涨介入或盘中振荡低点进场。

至于风险控制，本技法仅仅是为读者提供了强势股第二波启动确认及启动点捕捉的成功概率较高的思路。实盘操作时，也需要结合大盘、个股的波动态势，以及基本面分析，准确分析判断大盘、个股上涨或反弹的大小，计划好参与的仓位轻重。如果大盘不能持续放量配合，则本技法捕捉的成功率会有影响。如果仅仅是较小的反弹，照此技法，即使持续第三根阳线进场也许可能买到了反弹的高点区域。不管怎样，反弹初期的持续攻击放量后大都会提供再次高抛的机会。当然，任何时候，预先设立止损并严格执行是必不可少的。

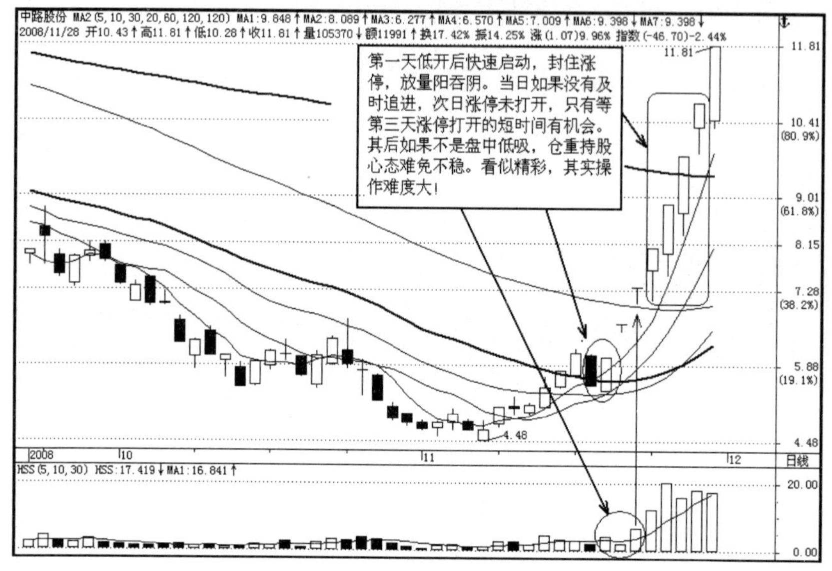

图 3-95 中路股份 200811 月 28 日 K 线

十四、期货技术与实战运用

1. 期货的基本功能

在近 20 年的培育和发展过程中，我国期货市场在探索中不断发展，在实践中不断完善，其市场广度和深度日益拓展。随着期货市场各参与主体的不懈努力以及期货市场品种体系的逐步完善，期货市场价格发现和套期保值功能日益明显，为国民经济服务的能力逐步增强，在健全相关行业的价格形成机制、整合产业资源、理顺上下游产业链关系等方面起到了积极作用；在企业利用期货市场完善其风险管理体系，提高风险管理水平和市场竞争力方面起到了重要促进作用；在完善我国市场经济体系，形成商业信用机制，促进商品流通方面发挥着特殊的作用。因此，期货市场在一个国家的宏观经济中具有分散、转移价格风险，有助于稳定国民经济的作用。而对于生产企业，具有锁定成本、套期保值、拓展现货销售和采购渠道的作用。对于投机参与者，由于是以低保证金运作(一般期货保证金在 5%~15%)，增加了资金的灵活度，具有用极少的资金，获取高回报的功能。概括而言，期货市场的基本功能有：规避风险和价格发现。

(1) 规避风险

在市场经济中，经常面临风险是价格波动的风险。对于该风险，商品生产经营者(风险厌恶者)与投机者(风险偏好者)的态度截然不同。正是因为价格波动才吸引投机者进入市场。而生产者却希望尽可能避免价格波动来获得预期稳定的利润。期货市场规避风险的功能正是为生产经营者回避、转移或者分散价格风险提供了良好途径，这是期货市场得以发展的主要原因。

远期交易在规避价格风险上的局限：交易双方通过签订远期合约确定了未来某一期间交易的商品的价格，也就是到了时间双方以约定价格实物交割。这时，在实物交割期间，如果商品价格发生大幅变动，卖方会失去以更高价格卖出的机会，买方失去以更低价格买入的机会。而且，一方如果一旦判断错价格走势，仍将承担较大的价格风险。

期货市场上，规避风险采用了套期保值的方式，将原来的价格风险转变为基差风险，从而使风险大大减少。

投机者的参与提高了期货市场的流动性，是套期保值实现的条件。

期权交易在规避风险方面比期货交易更有优越性，它是对期货价格的保险。

(2) 价格发现

诺贝尔经济学奖获得者默顿·米勒说：“期货市场的魅力在于让你真正了解价格。”

期货市场之所以具有价格发现这个功能，主要因为：

①价格信号是企业经营决策的依据。在市场经济中，价格机制是调节资源配置的重要手段。而价格是在市场中通过买卖双发的交易形成，价格反应了产品的供求关系，同时，又影响供求变动。例如，当某种产品供大于求时，它的价格就会下跌，说明产品生产过剩，而价格下跌就会使生产企业的利润减少，企业生产总是朝着利润最大的方向发展，所以他们就会选择减少该产品的生产，并调节(增加)对该产品的营销力度，于是，该产品的供求就渐渐趋于平衡。价格信息是生产经营者进行正确决策的主要依据。所以，信息要力求全面、不失真，以便做出正确的决策，取得更大的利润。

②现货市场中的价格信号分散、短暂、不利企业做正确决策。企业必须收集价格信号。而现货市场价格多是由双方私下达成，比较分散，而且搜集来的信息准确度难保，更关键是现货价格只反应某个时间点的供求关系。

③预期价格在有组织的规范市场中形成。价格发现功能是指在期货市场通过公开、公正、高效、竞争的期货交易运行机制，其交易透明度高、竞争公开化、公平化，形成具有真实性、预期性、连续性和权威性价格的过程。之所以期货市场的价

格被承认，主要因为其市场规范，其交易聚集了众多的买方和卖方，他们把自己掌握的对某种商品的供求关系及其变动趋势的信息集中到市场内。同时，其买卖是公开竞价，不允许场外交易，使其更公正、自由。这样，众多的影响某种商品价格的供求因素集中反映到市场内，形成的期货价格就能比较准确、真实，能如实的反应供求关系和价格趋势。

另外，期货市场除了会员以外，聚集了众多商品生产者、销售者、加工者、进出口商以及投机者等。这些买家和卖家在一起竞争，可以代表供求双方的力量，有助于价格的形成。这些人多数都熟悉行情，有丰富的经营知识和广泛的信息渠道及科学的分析预测方法。他们把这些信息带到市场，从而使市场的价格具有了预测的作用。

期货交易形成的价格特点：预期性、连续性、公开性、权威性。

2. 期货市场分析方法

同任何投机市场(如股票市场)一样，基本分析和技术分析是期货市场最为主要的分析工具。

基本分析法是通过对期货商品的供求状况及影响供求的各种因素和其他市场因素进行分析，来解释和预测期货价格变化趋势的方法。基本分析法包括供求分析法、基本因素分析法等。基本因素分析法是商品期货中非常实用的一种分析方法，它是通过对影响市场价格的各种正在发生和将可能发生的基本因素的分析，来预期市场未来走势的一种方法。其分析对象是影响商品价格的基本因素，以定性分析为主。影响价格变化的基本因素具体概括起来主要有以下八个方面：

①供求关系：期货交易是市场经济的产物，因此，它的价格变化受市场供求关系的影响。当供大于求时，期货价格下跌；反之，期货价格就上升。

②经济周期：在期货市场上，价格变动还受经济周期的影响，在经济周期的各个阶段，都会出现随之波动的价格上涨和下降现象。

③政府政策：各国政府制定某些政策和措施会对期货市场价格带来不同程度的影响。

④政治因素：期货市场对政治气候的变化非常敏感，各种政治性事件的发生常常对价格造成不同程度的影响。

⑤社会因素：社会因素指公众的观念、社会心理趋势、传播媒介的信息影响。

⑥季节性因素：许多期货商品，尤其是农产品有明显的季节性，价格亦随季节变化而波动。

⑦心理因素：所谓心理因素，就是交易者对市场的信心程度，人称“人气”。

⑧金融货币变动因素：在世界经济发展过程，各国的通货膨胀、货币汇价以及利率的上下波动，已成为经济生活中的普遍现象，这给期货市场带来了日益明显的影响。

从商品的实际供求和需求对商品价格的影响这一角度来进行分析的基本分析方法，除注重国家的有关政治、经济、金融政策、法律、法规的实施外，还关注商品的生产量、消费量、进口量和出口量等因素对商品供求状况直接或间接的影响程度。期货价格走势基本因素分析还包括以下具体方法：

①结转库存量；

②产量；

③产情报告；

④气候；

⑤经济状况；

⑥其他，如替代品的供求状况、全球性竞争因素等。

3. 期货市场技术分析

期货市场技术分析方法与股票市场技术分析方法一样，其理论基础仍基于三项市场假设：市场行为涵盖一切信息，价格沿趋势稳动，历史会重演；是通过对期货价格、交易量、持仓量所处状态的分析来预测价格变化趋势的一种分析方法。股市里的道氏理论、波浪理论、江恩理论等传统经典理论在期货市场上完全适用。期货技术分析的基本原理可归纳为以下几点：

①价格是由供求关系决定的；

②商品的供求关系又是由各种合理与非合理的因素决定的；

③忽略价格微小波动，则价格的变化就会在一段时间内显示出一定的变化趋势；

④价格的变化趋势会随市场供求关系的变化而变化。技术分析的基本方法就是以过去投资行为的轨迹为依据，分析未来或潜在的投资机会。

它通常包括图形分析、成交量或持仓量的分析、切线分析、移动平均线等技术指标分析、波浪分析等等。

图形分析是根据历史经验将价格变化的轨迹总结为各种典型形态，然后通过这些价格形态来预期价格的变动方向。移动平均线是一种追踪趋势的工具，其目的在于确认原有的趋势是否终结或新趋势是否开始。技术指标分析是利用数理统计指标对价格变动趋势进行分析。波浪理论通过价格变动的质(浪形)、量(比率)和时(时间）三个方面来把握市场。在技术分析中，被投资者广泛使用的判别趋势的方法就是切线分析：沿着依次上升或下降的价格低点或高点画出一条连线，就是上升或下降趋势的趋势线。

实战中，基本分析和技术分析要综合使用，取长补短，才能使预测更为准确。初学者可以尽可能多地掌握各种基础的和经典的分析理论，并把它们熟记于心。通过不断的模拟和实盘经验积累，就会把各种经典理论和分析方法融会贯通起来，找到自己使用起来最顺手的方法和交易系统，持久盈利。

其实，有经验的期货投资者与股票投资者就会发现，[美]约翰·墨菲所著的期货分析经典名著——《期货市场技术分析》一书，与[美]约翰·迈吉、罗伯特·爱德华合著的股票技术分析名著——《股市趋势技术分析》一书中的绝大部分内容几乎相同，这两本书都是数十年来公认的经典技术分析书籍，完全可以在股票市场、期货市场，乃至外汇交易中通用，值得投资者任选其一认真阅读。

4. 期货技术分析步骤

如果想在期货市场中做中长线，把握中长期趋势做多或做空的大机会，则可以重点以基本分析为主，结合技术分析辅助，从战略上分析判断商品的大趋势。如果是以做波段或短线为主，则可以重点运用技术分析，结合基本分析辅助。技术分析所涉及的基本要素仍离不开价、量、时、空，以此综合分析判断趋势。其中，价格是期货市场最重要的要素。

期货市场中最为客观的反映就是价格，因为价格能包容一切，任何内外因素的变化都会反映在价格上。价格变化是供求关系的最基本反映，它消化了基本面和技术面的变化，消化了大户的心理和散户的心理。抓住价格这条主线，摈弃主观性的判断，才能把握价格变化的客观性的规律。而价格变化的反映就是趋势！价格的变化具有一定的趋势性，这已经在市场中得到了验证，无论是上涨趋势还是下跌趋势形成都不容易，一旦形成很难在短时间内转变。因此，除非市场趋势已出现了明显的改变，否则一定要尊重趋势！趋势是无敌的，是任何力量都无法阻挡的！对于趋势的判定有多种方法和技巧，见仁见智、各有妙法，但都离不开传统的经典理论如道氏理论、或波浪理论以及江恩理论的运用。其中，最重要的是找到趋势中折返确认调整结束的方法，以及找到判断下降趋势结束的方法。

顺应大中趋势交易是期货操作中最重要的原则。期货价格趋势分析的具体步骤很简单，要从大到小，即先从季线——月线——周线——日线——分时各个级别周期的顺序依次展开，一步一步地分析，通过分析得到结论——大趋势(长期趋势)、中期趋势、短期趋势的方向，判断现在是哪个级别的折返(反弹)或是主升浪，以及空间比例大小。由此，判断收益与风险比的概率大小，并密切跟踪、关注可操作级别趋势的终结，拐点确认。判断趋势最简单的可以用移动平均股价指标系统中的30、60周期均线的方向即可，另外，画趋势线或通道线也可很快大致清楚趋势的方向。操作时则刚好反过来，从小趋势入手，从小级别寻找买卖点。

价格变动的中期趋势比短期趋势更容易辨别和把握。因为中期趋势变动主要取决于相对稳定的供求关系和市场的中期交易成本(平均线)决定的多空优势与劣势之间博弈，以及市场上占上风的交易习惯，这些因素要相对稳定一些。而短期趋势主要取决于因获利产生的平仓冲动、突发消息产生的情绪冲动等，就非常不稳定，分析判断小趋势走势出错的概率也高，因此，做中线或波段比做短线要容易一些，操作时就只看看周线和日线即可，日线以下的分时杂波走势完全可以过滤，不用理睬其频繁振荡。

5. 如何在期货市场中获利

期货市场与股票市场不同，期货市场是双向交易机制，这是与股市交易最大的一个区别，也是期货的魅力所在。做多者总是需要对等的做空者配合才能完成交易，反之亦然，因此，期货市场一方盈利总是以另一方亏损为前提，并且在不考虑交易手续费的情况下，盈利和亏损大小相等，这就是零和游戏原理。

期货交易作为贸易的顶级交易模式，具有做多、做空都能赚钱的双向交易，而且实行“T+0”结算交易，理论上讲，每天可以交易N次，可以让资金使用发挥到极致，同时遇到风险可及时止损平仓。加之，期货投资的主要魅力即杠杆作用，即无需支付全部资金参与交易(目前国内期货交易只需要支付10%左右比例的保证金即可获得控制合约总价值的权利)，这样就可以节约很大的投资成本，达到以小博大的杠杆效果。期货市场具有以上的优势和魅力，吸引众多投资者参与其中。

期货是一个表面看似赚钱容易、实际赚钱艰难的高风险市场。为什么在期货市场的所有参与者中，很多投资者虽然花费了大量的时间、精力与财力，但最终残酷的现实结果仍然是大部分人在亏钱呢。

投资者如何在期货市场中获利？我们通过对大量期货交易成功的投资者的分析中可以看出，要想做好期货投资，至少应具备以下几方面的素质：

首先是行情分析与研判能力。这种能力表现为，对经济学理论基础及国家宏观经济形势的把握，对期货市场及相关市场的各交易品种长期、中期及短期走势的分析判断。认清趋势，顺势而为，是期货交易的制胜法宝，可以说趋势交易是期货交易成功的必要条件。

其次是理性的操作策略。这包括正确的交易原则，保证金的合理分配、使用方法以及严格的风险控制措施。如果说技术所要解决的是“朝什么方向去做”的问题，而操作策略所要解决的是“如何做才恰当和有利”的问题。

第三是规律性较强的交易手法，如对各种不同行情的出市、入市选择，对交易中可能出现的问题的处理能力以及各种操作技巧的灵活运用。重点要解决“怎么做的细节”，以及万一做错了“怎么办”的问题。高风险市场生存永远是第一位的。

第四是心理素质以及把握个人性格特点的能力，要求时刻以冷静的头脑和理性的思维方法去面对市场，有较强的“定力”。

第五，深刻理解短线交易与中线波段的优势与缺点。期货交易看似每天都有无数的做多或做空的赚钱机会，使得无数散户热衷于频繁的短线操作。其实，短线交易不是天天交易，每天真正能把握的机会只是少数，其他大部分所谓的“机会”往往都是陷阱。因此，短线操作成功的前提必须是坚持一定的理念、原则、方法、仓位控制、纪律等，也就是严格按照自己成熟的短线交易系统来展开操作，快进快出，风险可控。不盲目进场，耐心等待短线技术性机会出现，只赚自己能把握的那部分机会；采取积小胜为大胜的策略，不侥幸、不贪心，循序渐进，日积月累，短线同样可以实现资产的快速增长。

第六是对市场规律及经验的及时总结与反思的能力，并完善适合自己的、高成功概率的交易系统。

在这几种能力中，第一种能力直接决定交易者对行情预测的准确程度，而后几种能力则保证交易者在预测正确时能取得更满意的交易成果，在预测失误时则能有效减少损失。其实，在期货市场中，没有一个人可以做到对行情的预测百分之百正确，但合理的操作确实是每一位参与者通过努力都可以做到的。

附：期货交易的十大基本规则

美国《期货》月刊曾经刊载署名文章。介绍了期货界公认的期货交易的十大基本规则。作者是在归纳了美国期货界的交易老手和专家的言论的基础上，提出这十大规则的。这是一些浓缩了的经验之论谈，是一名期货投资者在期货市场得以生存下去的关键。

有经验的期货交易员认为，这些准则是一名期货新手走向成功之道，在期货市场得以生存下去的关键。违反这些准则，将导致破产。在激烈的竞争中，遵循这些准则可以避免成为“祭坛上的羔羊”。一些业余交易者永远也成不了专业交易员的原因，就是未能遵守这些交易准则。

(1) 先学习、后行动

一些新手常犯的错误，就是在进入市场时不知道他们要干什么、他们对市场不甚了了。他们从不肯花点时间观察一下市场是如何动作的，然后再拿他们的钱去冒险。通常人们做一件事情，总要先观察，后行动。如果你要学跳舞，你就得先看看人家是怎样跳的，然后你再去试一下。但是进入市场的人，有 80%在 12 个月以后都会停止交易。根本的原因是，他们不是从第一步开始的。交易员应该认真地审视他们的交易系统的每一个细节，要明白这个系统可能出现的错误，或可能成功的各种方式。这一受教育的过程应该包括确定的交易动机、策略、如何执行交易、交易频率和交易成本。因为要付佣金，交易频率越高，你盈利的消耗越快。在交易的内容和交易的方法上，也要考虑你自己的个性特点。动机是十分重要的。一些成功的交易员所以能在期货行业中长期坚持下来，是因为他们喜欢交易。他们不让赚大钱的欲望搅乱他们的交易决断。一些成功的期货交易员认为，一心想赚大钱不是期货交易的好动机。

如果使用交易系统进行交易，就应该对交易系统进行反复的测试，以便确定有多大的赔钱的概率。他们必须知道他们在方法论上的优势、工作习惯上的优势以及专业化方面的优势。假如他们无法知道这些优势，他们将冒极大的风险。

(2) 要及时减少损失

遭到亏损时要当机立断，中止交易，减少损失；当你的交易头寸得到盈利时，就让它进一步增长，这是一个古老的信条。很多交易员重复这个信条。很多新手常犯的毛病是赔钱的头寸抓住不放，他们想市场会逆转。当他们的头寸一得到盈利就早出市。他们过于急切地得到初步的盈利，而失去了使盈利进一步增长的机会。他们生怕已经到手的利润跑掉。成功的交易员总是利用少量赚钱的交易来补偿一些小额的亏损。新手的通常心理趋势是一有盈利就赶快出市，见好就收，而不是让利润继续增长。后者是很难做到的。为了扩大盈利，期货界的新手要学会克制满足于小额利润的欲望。

(3) 循规守纪至关紧要

一些使用反复测试过的交易系统的、循规守纪的交易员总是赚钱的。那些缺乏行为准则的人往往不能坚持一贯的交易行为。在交易过程中三心二意、朝令夕改，缺乏一贯性，会把所有的盈利机会毁掉。一些好的交易系统的优势需要恒心来体现。如果对一种交易系统或交易计划随意改动或放弃，那么你就根本没有交易系统或交易计划。一些资深的交易员认为，当你刚赔了钱就更换或放弃某个交易系统时，也许正是这个交易系统要赚钱的转折点。因此保持一种一贯的交易行为是十分重要的。

(4) 对交易过程全神贯注

有经验的交易员都强调，应该关注交易的全过程，而不是是否赚钱，这听起来有点矛盾。一些著名的交易员认为，在期货交易中赔钱是不可避免的，亏损是交易过程不可避免的组成部分。那些注意力集中在赚钱上的交易员很可能是要赔钱的。

他们无法对付那种投资过程中难以避免的下滑现象。他们赚钱时就情绪昂扬，赔钱时就垂头丧气，甚至惊惶失措。在交易过程中情绪忽高忽低不是好现象。必须心平气和地把注意力集中在交易的全过程。期货交易员无法预测市场的走向，无法预知市场会发生什么变化，但是他们可以控制交易过程。实际上他们能控制的也就是交易过程。期货市场新手的最大问题是关注赚钱和赔钱，而不是交易过程，一些老交易员说，如果你怕赔钱，你还搞什么交易？你做 10 次、15 次或 20 次，肯定其中有一次是赔钱的交易。

(5) 知道什么时候出市

交易员应该知道什么时候应该把头寸抽出市场。不管他们使用什么系统，他们都知道什么时刻必须出市。这有助于交易员摆脱三心二意的做法，坚持某个系统，这样也可以减少亏损。可以设置一个止损指令，以便减少亏损。市场不一定同意你入市的时机，市场对你什么时候出市也不感兴趣。市场总是按自身的规律在运转。你必须按照市场的运动规律来设置止损指令。考虑到有时候当你的交易头寸出现亏损时，正是发生转机的时刻，因此不能把止损指令规定得太死。当他要下达止损指令时，要考虑到市场的动荡性。指令应以市场的某个指标为依据。比如，市场价的某个平均数，通常是某个阶段的最低价位，有些交易员设立止损指令十分随意，根本不考虑市场的运转方式。这样他们很可能要赔钱。规定出市指令的依据如果是某个金额的话，往往是减少了赔钱的金额，但是增加了赔钱的交易次数。如果你把止损指令规定得太死，你可能会有一系列的赔钱交易。什么时候退出一项交易，中止某笔交易头寸，有一条根据是“避免希望交易”。希望交易就是当出现亏损时，希望市场逆转。

(6) 管理好你的资金

资深的交易员建议规定一个准备冒风险的资金百分比。这种可以承受风险的资金百分比可以是 2%或 3%，永远也不要改变这个百分比。保持持之以恒的投资组合的风险百分比是十分重要的一条准则，有些新手认为一两笔交易就可以赚一大笔钱，是骗他们自己，这正是专业交易员和业余交易员的一大区别。对自己的资金规定一个可冒风险的百分比，可以在连续亏损的情况下缩小交易规模，保持资本，限制其亏损的程度，由于交易的合约数量减少，资金的抽出也可以有个限度。这样就可以做到交易规模同资本规模相一致。有些新手遇到头寸亏损时，常常会经不起一种诱惑：用更大的资本来冒险，盼望扭转亏损局面。越是冒更大的险，亏损也越大，为了使你的头寸成为有盈利的头寸，你就应该使这笔头寸持续下去，合理的资金管理是分散风险，用 2%的资金去做 5 种货币的期货所冒的风险比用 10%的资金去做所有的货币的期货所冒的风险更大。

(7) 与趋势为伍

"趋势是你的朋友"，这是一些老的期货交易员不断重复的一句话。这是期货交易的一条必由之路。成功的交易员认为，重要的不是去预测市场的走向和起伏，而是跟着趋势走。很多交易员都建议跟着市场发展的趋势走，换句话说，也就是随市场的大流走，跟着这个趋势行动，直到这一趋势结束。一些有经验的期货交易员的忠告是：永远不要对市场说三道四，发表某种意见。市场发展的大势就是你的朋友。你随着趋势去交易就是了。让市场告诉你应该朝哪个方向走。一位著名的期货交易员曾经说过，当市场形成大的趋势时，正是赚钱的时候，当市场往岔道发展时，你是赚不了大钱的。

(8) 在交易上不要感情用事

有经验的交易员告诫，不要用感情来交易。保持心态的平稳是十分关键的。在做多种期货交易时这一点尤其重要。职业交易员强调：要记住，市场不是个人的行为。他们认为，赔钱的交易往往是由于感情用事造成的。一些新手常常忘掉了一切，用感情去交易，他们必然因此而反反复复，缺乏一贯性。而且无法清醒地考虑问题。开发一种交易方法并加以坚持十分重要。如果方法行之有效，纪律和耐心就是赚钱的关键。交易新手容易感情冲动，好的交易员不是这样的。不要坚持认为某个头寸是正确的，并认为市场错了。市场总是正确的。市场同你的意见和头寸无关。

(9) 想一想谁在赔钱

一些有知名度的交易员安排他们的交易的一个很有意思的方法是：想一想，你打算从谁那里赚钱，每一个进入市场的人显然都是想赚钱的，但是不可能大家都赚钱，总有人在赔钱。你赚钱，就有人赔钱。有赚的就有赔的，有赔的就有赚的。期货交易老手认为，应该知道你要从谁那里得到盈利。如果你买入，并认为他是对的，那么卖出的那一头也认为他是对的。人们要从判断错误的人那里赚钱。那当然是对的。一些趋势交易者，或大势交易者通常是通过套期保值者来赚钱的。因为套期保值者通常是在市场上升时卖出，市场下跌时买入。

(10) 永远保持谦卑姿态

那些自以为比市场上所有其他人都聪明的人，认为自己总是幸运者。他们这种看法不会长期保持下去的。在市场面前应该谦卑。否则市场会让你知道这种态度会出问题的。市场会让你变得谦卑的。这是一位很有名的交易员说过的话。一些传统的观点通常是错误的。当你认为你掌握的信息十分了不起，十分有价值时，说不定人家也早已掌握了这些信息。

6. 期货操作的风险控制

参与期货，首要树立起风险意识。对每一个期货交易仓位(头寸)都要建立止损和盈利目标。要尽量的扩大盈利，及时缩小损失，这就要求在正确分析的基础上，如果价格对自己有利要尽量扩大，在价格对自己不利，要及时对冲平仓。即盈利目标要大于可能的损失(止损)，只有这样的交易才是有利可图的。风险控制的手段有减少控制入市资金，寻找较佳的进出场时机，锁定风险(止损)，其中仓位控制和止损是资金管理的灵魂。控制风险指的是把我们每次交易的损失限定在一定的范围内，这样就会避免因为判断失误，或突发事件的发生，不致于使我们出现严重亏损或者爆仓的风险。

由于期货具有高杠杆效果，收益与风险也随着杠杆的倍数而放大，因此，期货操作与股票操作有很大的不同，仓位控制尤为重要，比是否准确分析判断行情还重要。例如，股票操作 10 次，如果 9 次都成功，那可以算得上是股市里的顶尖高手了。但在期货里，前面不论你成功操作了 9 次，甚至 99 次，如果仓位控制不当，最后一次因小概率的出错，就能让你十年辛苦赚的钱一夜回到“解放前”——本金连同盈利全部打倒。

还有，期货走势里，有时会突然反向来一两个停板，然后又恢复原有的趋势。碰到这种走势，即使你走势的方向都分析判断对了，建仓点位也选择比较好，但如果仓位控制不好，短暂急促的这种折返完全可能让你暴仓出局。因此，期货操作中，控制仓位是控制风险最重要、最有效的手段。

通常，有经验的期货投资者的仓位控制不会超过 50%的总仓位；在不同的单一品种上不超过 30%，同时，从稳健出发，多采取分批建仓的方式；而且重要的是看对和做对的时候要敢于大赚；在操作顺势的折返时仓位一般都要减少；另外，轻易不会在套牢仓位上采取加仓摊低成本的方式。还有一个关键，就是永远设置止损，并果断执行。

价格波动性和不可预测性是期货市场最根本的特征，也是市场存在的基础，也是交易中风险产生的原因，这是一个不可改变的特征。交易中没有绝对的确定性，所有的分析预测仅仅是一种概率大小的可能性，根据概率可能性而进行的交易自然带有不确定性，不确定的行为必须得有措施来控制其风险的扩大，于是止损就这样产生了。止损位的设置，即是对可能出现的不利走势作出的最坏应对策略，或者对有利走势作出的争取收益最大化的应对策略。

首先，喜欢重仓参与期货，而又舍不得止损的投资者是最快、而且最容易被淘汰的人。

其次，即使知道止损的人如果操作成功率低或仓位控制不当，交易时间一久也容易被淘汰。操作成功率至少超过50%，一般要求达到70%，而且避免大亏局面出现。

第三，如何使用止损绝不是如教科书或某些专家所写的那样简单，止损更大程度上是一种艺术，因人而异。因投资者的交易风格各异，并且，同样的交易方式，也可因投资者承受风险的能力不同、策略不同、操作成功率高低不同、仓位大小不同以及建仓时机选择不同等会有不同的止损设置。

第四，止损设置一般分为技术止损(K线、趋势线、支撑位、形态破位)、单一期货品种亏损比例以及总资金亏损比例等几种。

第五，每次计划操作，总资金亏损比例不超过5%作为最后的止损平仓防火墙。这就需要在分析判断建仓时机、技术破位止损的远近，与仓位大小精确计算和衡量。人们通常说，成功的商人都精于算计，其实，风险投资都需要商人般精于算计风险大小而谋定而动。要保证止损时的仓位小于成功时的仓位，也就是说，要确保赚大亏小。

最后，止损永随左右。绝对不允许不设立止损就盲目展开建仓操作，最好把止损作为铁的操作纪律来贯彻执行。至于止损位最终设置是否恰当、合理，可以先通过大量的模拟和小单操作总结后改进，至少在当前本次操作止损完结后再进行总结。

总之，仓位控制和设立止损、止盈的目的：让利润充分增长，把亏损限于小额锁定。

7. 期货技术运用案例

由于期货是双向交易和T+0交易，随时都可以做多或做空赚钱，因此，一般期货投资者容易存在一个误区，总想每个做多、做空的机会都抓住，造成频繁地做多、做空来回操作，其结果不是为期货公司打工，就是常常被套或亏损。其实，期货操作更多地需要休息和耐心等待，耐心等待中期或长期趋势的拐点形成和趋势确认所带来的大机会。当市场没有大行情、或自己无法判断行情，以及行情的演变存在模棱两可或已进入危险地带时，只有学会休息与等待，耐心等待绝佳的转折大机会出现（另外两种较佳的机会是中期趋势中的回撤，以及乖离率大后的折返。这些可结合均线指标、浪形结构以及末端指标背离来综合判断)，这也是决定期货投资成功能否很重要的一环。在中期趋势明显的时候，稳健出发，尽量按趋势方向上升或下降，选择只做顺势单向的做多或者做空为主，不可频繁地捕捉中期趋势中的小折返(反弹)走势的机会。

2008 年 8 月 4 日，伦敦金属交易所的 3 伦外铜(LMCD)期货连续两日放量暴跌，4 日暴跌 3.23%，报收 7635 美元/每吨，创近半年的新低，图表 K 线呈现破位下行的走势。外盘伦敦三个月期铜的破位下跌走势势必会影响到次日国内期货铜的走势(图 3–96)。

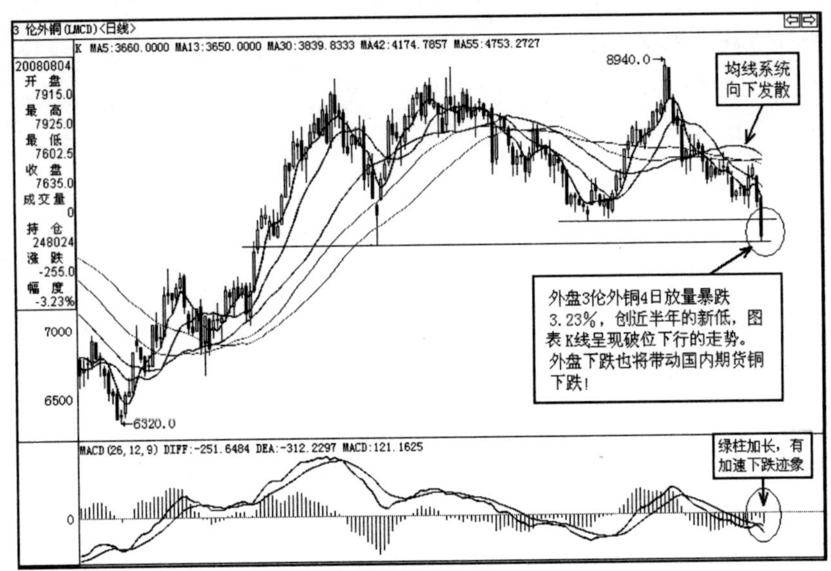

图 3–96 3 伦外铜（LMCD）8 月 4 日破位走势

国内期货铜(沪铜)连续走出四年大牛市行情，于 2006 年 5 月 17 日见顶点最高 83770 元，沪铜 0901 也同期在 5 月 15 日见顶最高 81600 元，随后在 74000~48800 元之间进行了长达两年零三个月的宽幅振荡。从月 K 线、周 K 线走势图看，期货铜各个合约都呈现大三角形收敛形态走势，并运行到收敛下轨支撑线处，面临方向选择，从 MACD 指标看，向下突破的概率大。

2008 年 8 月 5 日，国内期货铜纷纷均大幅跳空低开低走，沪铜 0901 直接低开破 6 月中旬低点，分时、日 K 线短中均线发散向下，突破方向较明确，结合外盘的走势，国内期货铜选择向下突破的可能性很大(图 3–97、3–98)。早盘在 59000 上果断尝试建了空单，投入资金比例近 20%，在月周大收敛三角形后选择方向的重要时刻，计划止损设置在站上 61500，等周线确认破位后回抽时再加部分仓位。计划后续一半作为短线仓位，一半作为中线仓位。根据江恩价格带及形态突破理论跌幅分析看，铜有可能会跌至 30000 附近。同时，要密切注意外盘走势变化及技术信号。

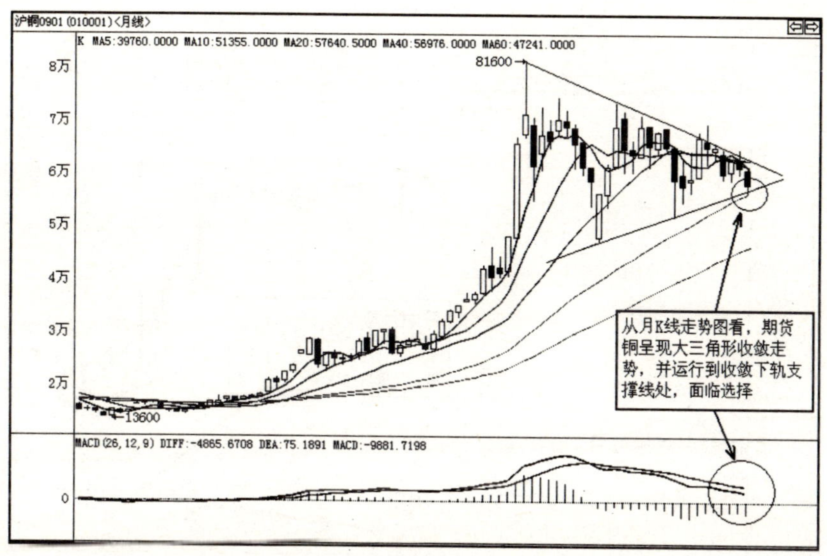

图 3-97　2008 年 8 月初沪铜 0901 月 K 线图

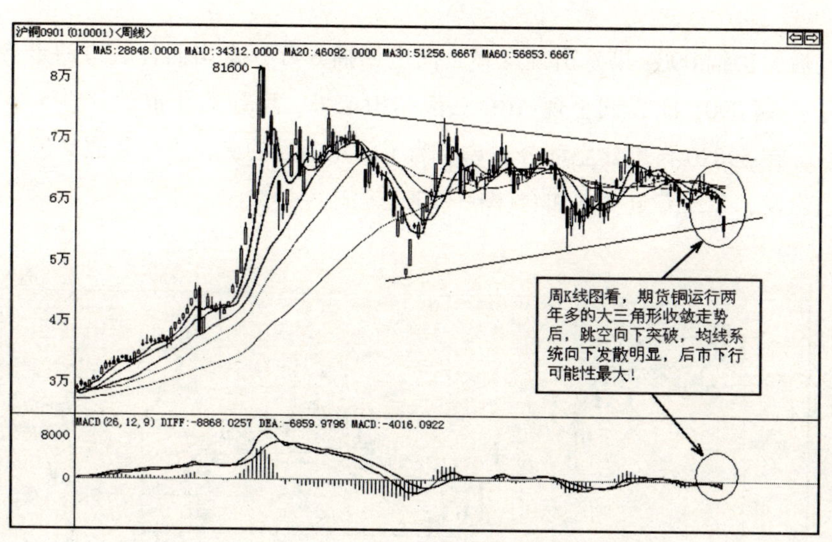

图 3-98　2008 年 8 月初沪铜 0901 周 K 线图

随后几个交易日里，沪铜 0901 连续跌破 58000、56000 关口，周 K 线三角形收敛下轨被跌破，基本可判断铜选择向下可能性极大。在跌破 55000 元时，30 分钟走势看，短期急跌段的小 5 浪基本完结(图 3-99)，于是，8 月 13 日在 55500 附近先平仓了结一半空单，降低持仓成本。如果出现预期的破位后的回抽走势，则再度建立空单。

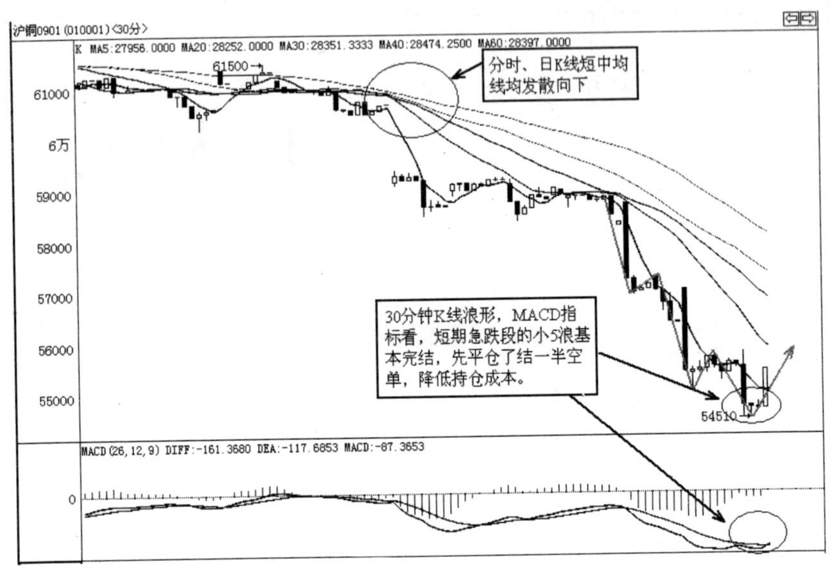

图 3-99 沪铜 09012008 年 8 月 13 日 30 分钟图

其后，沪铜 0901 果然出现反弹，向上回抽 6 万，走出回补缺口的走势。8 月 22 日，沪铜 0901 日 K 线呈现 ABC 三浪结构走势，反弹 C 子浪的分时 5 小浪基本完结时，在 59820 再度建立部分空单。为了防止前面的破位下行是假突破走势，故而谨慎出发，并没有过多的加仓(图 3–100)。

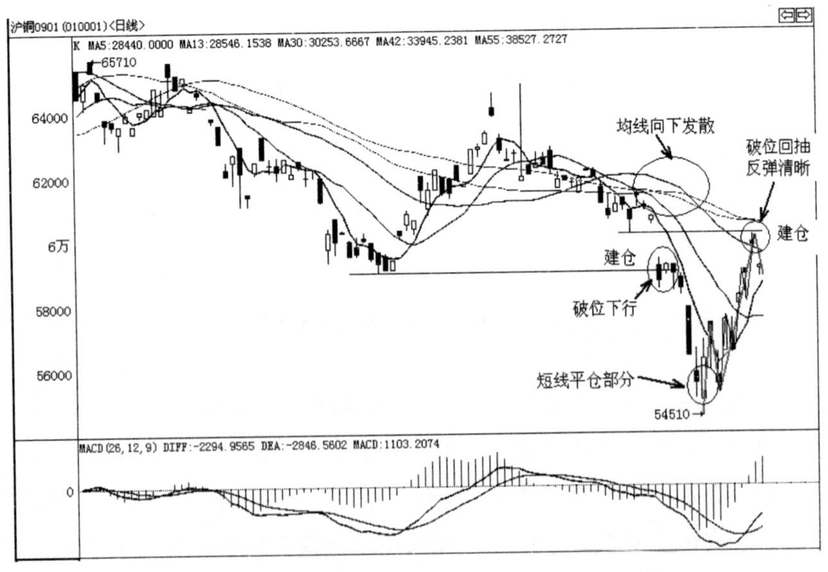

图 3–100 沪铜 09012008 年 8 月 22 日 K 线图

自沪铜 0901 回抽 6 万后，一路振荡下行。因考虑国庆长假外盘的不确定性及其他因素，9 月 10 日分时下跌 5 浪完结时，在 54000 平仓一半空单，9 月 19 日在 52000 清仓(图 3–101)。

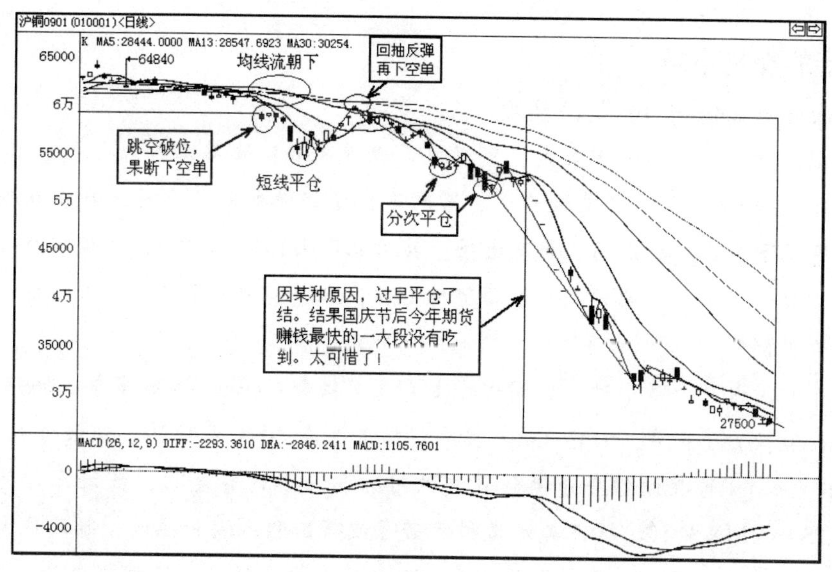

图 3–101 沪铜 09012008 年 11 月日 K 线走势图

国庆节后期货连续跌停，直奔 30000 的目标而去。前期的分析判断、计划都正确，但临门一脚打偏了，百年难遇的赚钱机会没把握好，实为可惜。所以，正确分析并非能 100%带来正确的操作。据统计，节前国内各个期货品种的多单持仓在节后几天里亏损总计在 50 亿，真是惨烈，许多做多的人暴仓是无疑的了。

最后，对期货投资有兴趣的读者，不妨多读以下期货投资经典书籍：如《期货市场技术分析》([美] 约翰·墨菲著)、《期货交易技术分析》([美]Jack.D.Schowage 著)、《艾略特波浪理论》([美]小罗伯特.R.普来切特著)、《短线交易秘诀》(拉瑞·威廉姆斯著)、《如何从商品期货交易中获利》([美]威廉 D.江恩著)、《克罗谈投资策略》([美]克罗著)、《市场大师——期货交易成功之道》([美]杰克·伯恩斯坦著)等等。

十五、外汇交易技术与实战运用

1. 顶端的交易市场

选自金石 2008 年 10 月 12 日的一篇文章：

外汇波动在近期是异常之大，可以说是惊涛骇浪！股票比起来真是小儿科了。图 3–102 是澳/美在周 5 的某段走势。其间走出了经典的双杀走势，在展开跌势之前，先破位下杀让多头出局，短空进场；其后立即大幅回抽过头，形成过头攻击态势，把空头一网打尽！此时在短多顺势进场后，立即大幅下杀破位展开跌势，多头也将片甲不留！

整个时段仅 2 个多小时，其间理论上有 4 次机会：6540~6695 多单，6695~6588 空单，6588~6745 多单，6745~6468 空单，按 1 个点 10 美元计算，假设你投入 1.1 万(30 口仓位)，再假设你全仓操作且全做对方向。不计算复利，理论上你将获得 4.65+3.15+4.71+8.31=20.82 万美元赢利。若每波将赢利再满仓操做，赚的钱大家有兴趣自己去算下。反之，你若做反方向，2 小时里你在任何一波都将爆仓！若前 3 波做对，不控制仓位和设止损，最后一波你也将一文不留。

小资金做了一段时间的外汇，真长了不少见识。其波动之大之快，是股票不能比拟的。遇到过几次在几分钟涨/跌 100 多个基点的过程，有瞬间赚钱的过程，也经历了止损单被打掉再按你预计的方向走的过程，有时搞得你欲哭无泪。不过，那里也许是所有投机者的天堂和归宿。

实战中小单参与了本次波动的第 3 波多单及第 4 波空单，而且没把点吃够。很幸运，没被消灭，活着就是最好的！

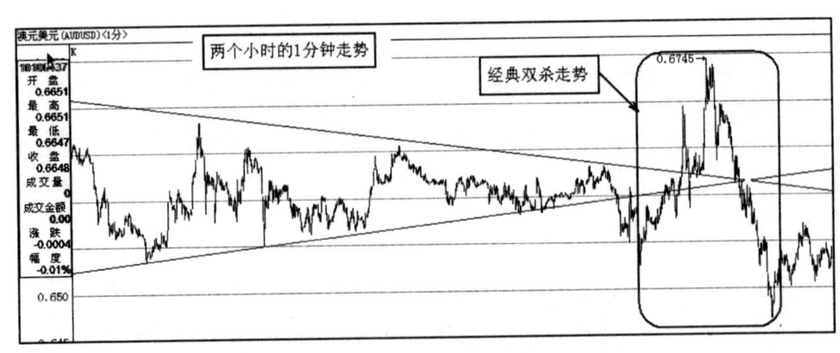

图 3–102 外汇中的经典双杀走势

2. 外汇交易基础

（1）外汇概念：外汇是国际汇兑的简称。外汇的概念有静态和动态之分。动态外汇，是指把一国货币兑换成为另一国货币以清偿国际间债务的金融活动。从这个意义上来说，动态外汇同于国际结算。静态的外汇分为广义和狭义。广义的外汇是外国外汇管理法令所称的外汇。它泛指一切对外金融资产。我国现行的《中华人民共和国外汇管理条例》第三条规定，外汇是指以外币表示的可以用作国际清偿的支付手段和资产。狭义的外汇是指以外币表示的用于国际结算的支付手段。

（2）外汇市场：也称为“FOREX”或“FX”市场，是全球最大的金融市场，外汇市场且交易量庞大，估计其日交易量可达 2~3 万亿美元，这样的规模较全球所有股票市场的交易总额还大。外汇交易不是集中在一个特定的交易所内进行交易的，而属于场外交易。今日外汇市场大部分的成交都是在集团和交易商对客户之间的结算系统内进行交收的。买卖双方靠网络交易平台、电话、传真机和其他实时通讯工具连结，进行买卖。

外汇市场的参与者主要包括各国的中央银行、商业集团、非集团金融机构、经纪人公司、自营商及大型跨国企业等。它们交易频繁，交易金额巨大，每笔交易均在几百万美元，甚至千万美元以上。外汇交易的参与者，按其交易的目的，可以划分为投资者和投机者两类。

外汇市场巨大的交易量，使得任何一个机构都没有能力操纵这一市场，价格的走动有规律可循，对普通的投资者比较公平。与巨大的交易量相比，外汇市场的另一个显著特点是，这是一个几乎全天候 24 小时都有交易的全球市场。从美东时间星期日下午 5 点，到美东时间星期五下午 5 点，外汇市场交易每天从悉尼开始，随着地球的转动，全球每个金融中心的营业日将依次开始。

24 小时的市场使得外汇交易者可以根据自己的生活习惯安排交易时间，以及对每一时段发生的经济、社会和政治事件所导致的外汇波动做出反应，获得交易机会。这也是为什么众多上班族选择炒汇的原因之一。

（3）外汇交易：外汇交易是指投资者利用货币之间兑换率的变动而进行的投机性买卖。每一种货币，都有国际统一的符号。投资者可以通过银行或交易商提供的网上外汇交易平台直接进行外汇交易。对于汇市投资者来说，最好的机会总是交易那些交易量最大的货币，即“主要货币”。

今天，85%的外汇交易都是主要货币，包括美元(USD)、欧元(EUR)、日元(JPY)、英镑(GBP)、瑞士法郎(CHF)、加拿大元(CAD)及澳大利亚元(AUD)。其中，欧元/美元(EUR/USD)占 41%，美元/日元(USD/JPY)占 33%，英镑/美元(GBP/USD)占

16%，美元/瑞郎(USD/CHF)占 10%。

外汇交易是买入一种货币，同时卖出另外一种货币。例如，你预期欧元/美元(EUR/USD)将升值，那么，你就买入 EUR/USD，意味着你买入了欧元，同时卖出了美元。

最初外汇交易的存在主要是用于维持国际间贸易的进行，但是现在这种交易行为就像冰山的一角，仅仅只是占到当今整个外汇市场交易的 5%。如今，大多数的交易行为是由各个金融机构根据对未来汇率波动的预测，为谋取利润、规避风险所进行的套汇交易。

(4) 外汇交易中的基本点： 汇率是指两种不同货币之间的兑换价格。如果把外汇也看作是一种商品，那么，汇率即是在外汇市场上用一种货币购买另一种货币的价格。例如，l 美元=100 日元，表示 1 美元可换 100 日元。按市场惯例，通常由五位有效数字组成，最后一位数字被称为基本点，它是构成汇率变动的最小单位。

如：1 欧元=1.3010 美元，1 美元=102.55 日元。欧元对美元从 1.3010 变为 1.3015，称欧元对美元上升了 5 点；美元对日元从 102.50 变为 102.00，则称美元对日元下跌了 50 点。通常外汇活跃品种平均每天波动在 100 个点左右，剧烈时可达 200~300 点以上。

通常所说的点差，指买卖价格之间的差值，其实就是投资者支付给经纪商的(类似)手续费。点差用于衡量市场流动性，在正常情况下，点差越小，流动性越高。目前国内银行的外汇交易一般需要 20~30 点点差，而国外交易平台上外汇交易一般在 2 到 8 个点就可以了，只有个别交叉汇率的点差较大。

(5) 外汇保证金交易： 现在网上交易平台上的交易，大部分都是利用保证金的制度进行投资的。

外汇保证金交易就是投资者以银行或经纪商提供的信托，通过杠杆作用将实际交易金额扩大几十倍、上百倍的形式进行外汇交易。它充分利用了杠杆投资的原理，在金融机构之间及金融机构与投资者之间进行的一种远期外汇买卖方式。在交易中投资者只需支付一定的保证金就可以进行 100%额度的交易，使得拥有少额资金的投资者也能参与到金融市场上进行外汇交易。目前国外一些经纪商提供的融资比例可高达在 100 倍、200 倍，甚至 400 倍。换言之，如果融资比例是 100 倍，那么投资者只要需要支付 1%的保证金就能够进行 100%的外汇交易了，即投资者只需要支付 1000 美元就能进行 100，000 美元的外汇交易。

举个例子，某投资者进行外汇保证金交易，保证金比例为 1%，如果投资者预期日元将上涨，那么其实际投入 1 万美元(1000×1%)的保证金，就可以买入合同价值为 100 万美元的日元。当日元兑美元的汇率上涨 1%，那么投资者就能够获利 1

万美元，实际的收益率达到了100%。但是，如果日元下跌了1%，那么投资者将血本无归，其投入的本金将全部亏光。一般当投资者的损失超过了一定额度后，交易商就有权实施停止损失的强行平仓机制。

(6) 外汇保证金交易的优点：外汇保证金充分利用杠杆放大的原理交易，可做到以小博大、四两拨千斤，具有收益与风险均同时放大到杠杆倍数的效果，吸引大量的投资者、投机者参与其中。其主要优点如下：

投资成本低，只需实际投资10%，甚至1%；

双向交易，做多、做空都有很多获利机会；

杠杆放大获利机会，理论上一天有一倍以上获利的可能；

杠杆也放大高风险，但可控制，可预设限价和止损点；

全球24小时交易，加之T+0交割，获利机会多，进出方便；

外汇交易手续费低廉，低于千分之一；

全球每日交易量超过万亿美元，不易受人为操纵；

透明度高，所有行情、数据和新闻都是公开的；

交易快，在絶大多数情况下外汇是利用网络交易平台实时成交；

但是，目前外汇杠杆式交易还未正式向国内普及，只有少数几家银行开设了个别国内家庭理财的外汇品种，杠杆倍数为10~50倍。在此，特别提醒欲进行高杠杆倍数交易的投资者，对于一些国外的外汇交易经纪商在国内设立的代理或代办处，因目前还不受国内法律保护，要充分考虑保证金的安全性，切不可把身家全投入！建议少量投资，权当外汇交易训练和学习，为将来国内开放保证金交易做准备。

3. 外汇交易基本面分析

在当今外汇投资领域中，分析价格的方法主要分为基本因素分析法和技术图表分析法两大流派，两者之间相互独立。

基本面分析是基于对货币国家宏观基本因素的状况、发生的变化及其对汇率走势造成的影响加以研究，得出货币间供求关系的结论，以判断汇率走势的分析方法。研究对象包括经济、政治、军事、人文、地理、突发事件等各个方面。一般用以判断长期汇率变化的趋势。在某些书籍中，将基本面分析只定义为对经济因素的分析是片面的。

由基本面分析得来的汇率长期发展的趋势较为可靠，并具有提前性。但其缺点是无法提供汇率涨跌的起、止点和发生变化时间。并且在一些时候，汇率的变化并不是严格遵从于基本面的变化。因此，对于基本面的分析一定要结合技术面以及市场心理等因素进行研究。

影响汇率的主要因素有：

(1) 政治局势

国际、国内政治局势变化对汇率有很大影响，局势稳定，则汇率稳定；局势动荡则汇率下跌。所需要关注的方面包括国际关系、党派斗争、重要政府官员情况、动乱、暴乱等。

(2) 经济形势

一国经济各方面综合效应的好坏，是影响本国货币汇率最直接和最主要的因素。其中主要考虑经济增长水平、国际收支状况、通货膨胀水平、利率水平等几个方面。

(3) 军事动态

战争、局部冲突、暴乱等将造成某一地区的不安全，对相关地区以及弱势货币的汇率将造成负面影响，而对于远离事件发生地国家的货币和传统避险货币的汇率则有利。

(4) 政府、央行政策

政府的财政政策、外汇政策和央行的货币政策对汇率起着非常重要的作用，有时是决定作用。如政府宣布将本国货币贬值或升值；央行的利率升降、市场干预等。

(5) 市场心理

外汇市场参与者的心理预期，严重影响着汇率的走向。对于某一货币的升值或贬值，市场往往会形成自己的看法，在达成一定共识的情况下，将在一定时间内左右汇率的变化，这时可能会发生汇率的升降与基本面完全脱离或央行干预无效的情况。

(6) 投机交易

随着金融全球化进程的加快，充斥在外汇市场中的国际游资越来越庞大，这些资金有时为某些投机机构所掌控，由于其交易额非常巨大，并多采用对冲方式，有时会对汇率走势产生深远影响。如量子基金阻击英镑、泰珠，使其汇率在短时间内大幅贬值等。

(7) 突发事件

一些重大的突发事件，会对市场心理形成影响，从而使汇率发生变化，其造成结果的程度，也将对汇率的长期变化产生影响。如 9·11 事件使美元在短期内大幅贬值等。

另外，还需关注主要经济指标解读与公布时间。由于美元在外汇市场中的地位以及绝大多数的外汇交易都是以美元为中心交易等原因，美国的经济数据在汇市中最为引人注目。美国定期公布的经济数据有：国内生产总值(GDP)、工业生产、失业率、贸易赤字、经常项目收支、资本账收支、利率、生产物价指数(PPI)、消费物价指数(CPI)、批发物价指数(WPI)、个人收入情况、商业库存、采购经理人指数、耐久财订单、设备使用率等等。以上经济数据的变化都可能会对汇市价格波动产生影响。

一般而言，由于外汇市场主要以流动性资产构成，与股市、债市相比其对于政治等因素的反应程度要大很多。面临风险时，国际投机客为达到规避风险的目的，迅速地由一种货币转换为另一种货币，这样就进一步加大了汇市的波动程度。当然，影响决定汇率变动的因素是多方面的，基本来说，直接决定并反映一国经济实力的基本经济因素的变化，最终决定着一国汇率的变化。

从上面基本分析简介可看出，外汇市场的基本分析较为复杂、难度大，对分析者的专业性要求也很高，适合于汇价的长期趋势分析。

4. 外汇交易技术分析

外汇技术分析方法与股票、期货技术分析方法一样，其理论基础仍基于三项市场假设：市场行为涵盖一切信息；价格沿趋势稳动；历史会重演。是通过对以往汇市价格的走势来分析预测未来汇价变化趋势的分析方法。主要目的是以捕捉主要和次要的波动趋势为主，并通过预测市场周期的长短，识别买入或卖出的机会。股市里常用的道氏理论、波浪理论、江恩理论等传统经典理论在外汇市场上完全可适用。外汇交易常用的技术分析方法有：K线及K线组合分析、趋势线(包括通道、颈线)分析、支撑与阻力分析、图形的各种反转形态和持续整理形态、黄金分割比例及江恩价格带、技术指标(包括移动平均线、布林带、MACD、KD、RSI、DMI等)以及波浪分析等等。

由于外汇交易中不显示成交量的大小，缺少了市场基本要素(价、量、时、空)中一个主要的市场要素，因此，外汇市场中最主要、最为客观的反映就是外汇价格(简称汇价)，因为价格能包容一切，任何内外因素的变化都会反映在价格上。抓住价格这条主线，摈弃主观性的判断，才能把握价格变化的客观性规律，而价格变化的反映就是趋势！

在技术分析趋势时，通常外汇交易中汇价的波动仍分为三种基本趋势：

上升趋势或上升通道，下跌趋势或下降通道，水平趋势或水平通道。

上升趋势或上升通道：是指由一浪比一浪高的波峰与波谷组成的形态，说明汇价呈总体向上走势。在上升趋势中，每一次汇价的下跌回调都是购买的机会，是我们外汇买卖交易最有利的时期。

下降通道：是指由一浪比一浪低的波峰与波谷组成的形态，说明汇价呈总体向下走势。在下降趋势中，每一次汇价的下跌反弹都是卖出的机会，对于外汇买卖交易者来说，这是最危险的时期，发生亏损的可能非常大。

水平通道：处于水平趋势中的汇价表现为横盘整理，每次波动的波峰、波谷价格差别不大，波幅较小。水平趋势多发生在市场缺乏消息引导时期或有重大消息即将公布之前的时期。

外汇价格的高低固然重要，但外汇价格的趋势更重要！

总的来讲，外汇市场基本分析较注重中长线分析，较适合于消息灵通，对外汇市场有充分认识的投资者使用。而技术图表分析是以价格的动态和规律性为主要对象，结合对价、时间之间的关系的分析，以帮助投资者判断行情并选择投资机会，对于中线、短线分析，尤其是掌握入市时机更为有效，对于小投资者更为适合。不过，两种分析方法可以相互借鉴，可以将技术分析与基本分析相互印证其走势，增加分析判断的成功概率，关键是投资者选择合适自己特点的方法。

5. 外汇交易的风险控制

期货市场是最典型的零和市场。所谓零和市场，就是“有赚必有赔，赢亏必相等”。实际上，外汇市场是一个“准零和”的市场。这是由于外汇市场上不少机构和企业在进行外汇交易的时候并不是以赢利为目的，比如企业购买一些外币用于支付、政府中央银行干预汇率的买卖等等，这些时候机构交易的动机并不是赚取汇率的差价。因此，外汇市场总体上看是一个“准零和”的市场。理论上讲，“准零和”市场比零和市场存在更多的机会。

但是，因为许多外汇投资者从事保证金交易，由于杠杆倍数可以放大到100倍、200倍，甚至更高，无疑高收益与高风险也随杠杆的倍数而放大，所以，外汇交易与股票操作有很大的不同，风险控制和仓位管理最为重要，它比是否准确分析判断趋势更重要。例如，投入1万美元，按200倍杠杆交易，如果满仓交易欧元/美元，按目前的价格可下单10口以上，一个波动点便盈亏10美元，则只需100个点波动便可翻倍或全部亏完。

而今国际外汇市场上外汇价格的每天波动幅度从百分比上看并不大，大致在0.5%至1.0%之间，即1至2分钱，用外汇市场的术语来说就是100点至200点，波动幅度大时可达到5%以上(即700点到1000点)。据有关统计资料显示，主要货币汇率近几年来的每天平均波幅为100点以上，而且短期波动日趋频繁。由此，可看出外汇市场上投机获得巨额利润的可能性存在，但同时风险也很巨大。外汇交易已经成为当今世界上最大和最变幻莫测的金融市场。在风险控制上，如果采取高杠杆，同时仓位控制不当，外汇市场经常出现的短期剧烈波动，便可在短短几分钟、或几十分钟里使资金全部赔光。外汇交易中，风险控制的重要性无论怎样强调都不会过分，投资者务必要保持清醒的认识，切不可只看到最迷人的高杠杆暴利机会而忽略了外汇频繁的波动性所带来的巨大风险(图 3–103)。

外汇价格的波动性和不可预测性是外汇市场最根本的特征，这是市场存在的基础，也是交易中风险产生的原因，这是一个不可改变的特征。交易中永远没有确定性，所有的分析预测仅仅是一种概率大小的可能性，根据这种可能性而进行的交易自然是不确定的。不确定的行为必须得有严格的措施来控制其风险的扩大，于是仓位管理和止损就这样产生了。而止损位的设置，即是对可能出现的不利走势作出的最坏应对策略，或者对有利走势作出的争取利益最大化的应对策略。

风险控制的手段主要有减少控制入市资金、寻找较佳的进出场时机、锁定风险(止损)，其中止损是资金管理的灵魂。

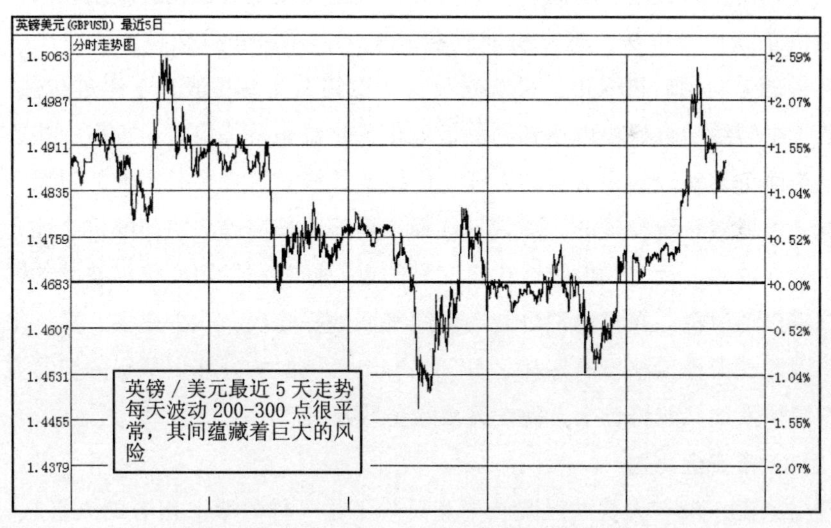

图 3–103 现在外汇每天波动 200 点很平常

6. 外汇交易止损如何设置

设置止损是一种常用且必须的风险控制措施，也是在判断错误时控制亏损程度的一种有效办法。

有人说，每次短线交易我只盈亏 10 个点就出来，不断累计盈利，这看起来是一件降低、控制风险的理想方式，然而，实际上外汇品种往往每日日间在 70~120

点之间波动，很短时间内波动10个点非常普遍，而且短期波动走势容易看错，尤其是逆市开仓，瞬间波动10个点是常有的事，加上经纪商的点差，如果按照亏损10点就止损，那经常止损的次数又太频繁太多，累计亏损也非常巨大，显然在实际操作中根本不太现实。

笔者认为止损位的设置与个人操作风格、风险喜好、入市资金比重、经纪商的点差、技术功底(操作次数成功率)、止损与收益比例、大笔盈利数量与小笔盈利数量多少均有关系。

如何使用止损绝不是如教科书或某些专家所写的那样简单，止损更大程度上是一种艺术，完全因人而异，因投资者的交易风格而异，并且，同样的交易方式，也可因投资者承受风险的能力不同，操作成功率高低不同，交易的数量不同而有不同的止损点设置。

(1) 个人操作风格、风险喜好

操作风格分为激进、稳健、保守三类，激进类交易者往往喜欢重仓入市，以及采取追涨杀跌操作方法，追求短期收益最大化，而保守类交易者往往严格控制仓位，等待趋势明朗后再入市，喜欢吃鱼身。稳健类交易一般介于激进与保守之间，往往善于中短线结合操作以达到利润最大化，收益率持续稳定。也有一些投资者将操作风格简单理解分类为交易的短线、中线或长线，这主要是个人的习惯和操作风格问题。习惯做长线投资的，那就只选择市场出现长期趋势明朗的机会才介入，其他的机会就放弃。反之，做短线投机交易的也一样。利用短期价格波动的频繁，不断寻找进出场时机，在日内汇价波动区间来回做好几次，积少成多，算下来也收获不少。因此，操作风格没有好坏之分，只有个人把握的好坏。最好的交易方式是既能符合市场发展又能符合个人操作风格的交易方法。

(2) 入市资金比重

严格地说，没有人喜欢风险，毕竟风险不是一件好事。但有的人喜欢冒风险，追求更大的盈利，也有人保守，尽量回避风险，减少风险，总想承担较小的风险获取合适的盈利。实际上，风险喜好与保证金交易的杠杆放大比例有关联。交易经纪商一般都能够提供100倍、200倍、甚至400倍的融资比例，但选择风险的大小不取决于融资的杠杆放大比例，因为，选择开仓数量的多少却取决于交易者自身，即控制入市资金比例大小，这与融资的杠杆放大比例没有直接关联。例如，某外汇交易商向投资者提供200倍的资金杠杆，不等于投资者在交易中承担了200倍的投资风险。杠杆比例和交易风险没有直接的关系，和交易风险直接挂钩的是投资者交易账户内的保证金数额和开仓的数量！开仓数量越大，账户承担的风险也就越大。有效的风险控制方法就是学会自我控制。

资金杠杆比例是一项十分重要的经济指标。许多国外专业外汇交易经理的资金杠杆比例一般不会超过 5 倍，采用逐步递增的交易策略，并且时不时地出于自我保护性的需要而中止交易，这样的操作可以让一名交易人员真正有机会在外汇交易市场中获得成功。

如何让你的保证金和仓位匹配，笔者建议尽量维持动用保证金在 10%~20%之间：一般而言，保证金和仓位匹配：

保证金在 500 美元以下，开仓金额不超过 10000 美元，即 0.1 口；

保证金在 5000 美元以下，开仓金额不得超过 50000 美元，即 0.5 口；

保证金在 10000 美元以下，开仓金额不得超过 100000 美元，即 1 口。

例如，保证金 5000 美元，100 倍杠杆，开仓 0.5 口，相当于动用 10%资金。如果看对做对，赚 100 点，即 0.5 口的下单赚取 500 美元，相当于动用资金赚 100%，总资金赚 10%。如果这样不断累计盈利，则最终收益也丨分惊人。当然，如果投资者能捕捉较佳的进出场时机，操作成功率高，交易系统稳定，才可适当提高开仓数量。

具体要根据每笔交易最大允许资金亏损额度，结合短线、中线、长线操作的不同而具体设置。

(3) 经纪商的点差

止损的设置必须考虑经纪商的点差。一般来说，点差对于我们实际操作很重要的，其幅度越小，就越容易实现盈利。现在通过银行买卖，全额外汇交易银行的价差是 10~30 点(即银行给投资者的价格比市价高出 10~30 点)，有的银行还双边收取价差。这种高额点差不适合做短线，交易成本太高了，正常的止损设置还要加上银行的点差，才是真正的实际止损点位，无形之中，加大了止损的幅度。如果频繁进行短线操作，往往成为了银行的打工仔，而且银行还不支付工资！全额外汇交易如果是银行交易一般只适合中长线投资。

而现在凡是开展大比例融资的交易经纪商，对于全球主要货币交易收取的点差仅为 2~8 点。这种点差较小，适合于短中线操作，可以让设置止损更加精细化。

(4) 技术功底(操作次数成功率)

止损的设置是否恰当？与个人的技术功底、实盘经验有极大的关系。因为，技术功底深厚、实盘经验丰富的人，往往判断准确率高，同时操作成功率也高，能及时捕捉到较佳的进出场时机，而且清楚何时、出现什么样的走势就说明自己判断错误，从而止损出局，再重新寻找机会入市，所以，操作成功率越高，尤其是短线操作，其止损的设置可以放宽些，而操作成功率越低，入市资金要严格控制，降低持仓比重，而且止损的设置适当严格一些。一般而言，止损的设置越大，其准确率就必须提高，或入市资金比例减小，操作频率降低。

从笔者操作外汇实际情况来看，止损是把双刃剑，实战中一定要用，但用不好也会伤了自己。

(5) 风险与收益比例

在投资操作策略中，保障资本是最核心的原则，也是我们所有市场决策的最高指导原则。也就是说，在任何潜在的市场活动中，风险是我们最重要的考虑因素。在我们提出能赚多少利润之前，应先考虑“我所能遭受的潜在亏损有多少？”就风险-报酬的角度思考，最大的可接受比率为1∶3。如果市场的风险-报酬情况很差，应持有现金。我们追求的是绝对的报酬，而不是相对的报酬。从风险与收益比例角度来考虑设置止损是一个比较专业的方法，如果通过分析判断预期收益较大，按照此比例就可以测算出止损应该设置在何处比较恰当，如果预期收益本身较小，自然止损设置就要更严格。如果先设置止损，而反推收益却不成比例，此时不应该忙于入市，应该以等待观望为宜。具体可根据形态比例、形成的时间、振荡的幅度、前一波趋势运行的空间等等，判断下一波涨跌的大小空间，测算风险与收益比例是否合适？当然判断涨跌的大小只能是大致的估量，绝不是精确的预期，否则因为过分主观导致重大失误的产生。

(6) 止损的设置要多种方法并用考虑

虽然止损的方法因人而异，可以是资金量比例、趋势线、形态、浪形、支撑、阻力、均线、及其他工具，但最好以上几种结合使用，尤其应该参考允许的资金亏损额度基础上，更多结合技术分析来设置止损位。重点应该以趋势线、形态、支撑、阻力位的破位或突破作为设置止损的技术依据。为了寻找到适合自己交易模式的止损，建议先用模拟交易来寻找自己的止损点。

(7) 不同市道需要有不同的止损策略

判断市场状态是形成有效交易策略的必要前提和基础。对于真正的交易来讲，其实并不需要特别复杂的分析，而只需要根据市场状态和信号做出买卖决定就可以了。真正的交易，并不知道未来市场到底会如何运行，它只是紧紧跟随市场变化的步伐前进而已。

震荡状态分为：大幅震荡和小幅盘整。判断震荡状态，首先要看前面是否有趋势存在，这是前提。在此基础上，判断震荡状态主要可以从以下几方面来观察：价格运行的速度、价格波动的幅度、价格运行的方向以及价格运行方向的转变速度。在震荡状态下，价格运行的速度一般都非常的快，同时幅度非常大，大到让人无法忍受(做反者)或像天上突然掉馅饼(做对者)，给人一种山呼海啸的感觉，如同过山车一样。最麻烦的是，与此同时，价格的运行方向也是急剧变化，今天大跌，多头几乎绝望，而第二天却大涨，让空头又处于绝望状态。即，在震荡状态中，价格运行的速度很快、幅度很大、方向不持续、价格掉头速度很快。市场一旦出现这样的特征，我们就可以判断它进入到震荡状态。

应对震荡状态的策略是：套利、观望、缩短交易周期。市场在任何情况下，各合约一般都有强弱之分，特别是进入到震荡状态之后更是如此。因为在趋势之中，各合约基本上处于同涨同跌之中，而进入到震荡状态，合约的强弱会开始出现分化，这为我们应对复杂的震荡提供了条件或机会。一旦我们判断市场进入到震荡状态之后，买就选强势合约，卖就选弱势合约，而不要太在意它们的价格高低。买的被套就卖出弱势合约，卖的被套就买强势合约。就笔者自己的经验来讲，这种操作不仅风险相对小、心态好，而且有时候回报还不错。这是应对震荡的最佳选择。若市场并没有明显的强弱合约，套利没有机会，那么你可以选择最轻松的方式：保持观望，等待震荡区间的突破。这也是不错的选择，但相对有点消极，有时候会因为没有持仓而放松对市场的注意而错过突破机会。第三就是缩短交易周期，平时看天图的，可以改为看小时图或 30 分钟图。因为分时图可以尽快的反应市场的变化。也可以分时图和套利结合起来操作，能否结合、是否需要结合要看当时的市场情况。

需要强调的是，由于外汇市场的不确定性和价格的频繁波动性也决定了止损常常会是错误的，这是实际交易中经常碰到的问题。事实上，在交易中，有时的确感到困惑，也搞不清该不该止损，如果止损对了也许会窃喜，止损错了，则不仅会有资金减少的痛苦，更会有一种被愚弄的痛苦，心灵上的打击才是投资者最难以承受的痛苦。

理解止损本质上就是如何正确理解错误的止损。止损是一种成本，是寻找获利机会的成本，是交易获利所必须付出的代价，这种代价只有大小之分，难有对错之分，你要获利，就必须付出代价，包括错误止损所造成的代价。这里仍涉及到一个止损成功的概率大小，也就是说，最终要看止损的错误概率。如果错误止损的概率仅仅占到 30%以下，那么错误的止损也应坦然接受，不必为错误的止损耿耿于怀。

7. 参与外汇交易的路径

投资者如想外汇参与保证金买卖，一般要通过以下几个环节来逐步展开交易，才会比较安全。

(1) 学习和了解外汇保证金交易

只有初步学习和了解外汇保证金的交易基础知识，才能明白自己所进行的外汇保证金交易是何种交易方式，它与实业、股票和期货投资有什么不同。

(2) 利用模拟交易平台进行模拟交易

现在很多国内外的交易商都提供模拟外汇交易平台，那些模拟交易平台的数据和操作基本上和真实交易平台是一样的，只有通过模拟平台的交易才能充分的认识这个市场的交易程序、如何获利和存在何种风险。而且通过模拟交易，更重要的是完善自己的分析预测系统和高成功率交易系统。一般交易系统主要包括以下各个方面的操作依据和技术理由：

①明确选择标准，即选择什么品种交易？

②规范最佳、次佳的买卖下单时机的依据、标准，即何时下单？

③入市开仓数量，严格规定不同情况下的仓位控制；

④交易策略，选择恰当的操作策略，是长线、中线、短线还是超短线策略；

⑤入场失误应对，明确入场的风险控制原则及止损设置；

⑥明确持仓止盈的技术依据和条件，即何时止盈？

⑦明确全部平仓退出的依据和条件，即何时全部平仓？

(3) 保持良好的心态

无论做任何投资都不要想着一下挖个金娃娃，短期赚取暴利。只有保持稳定的心态，亏少赚多，才是长久、稳定地盈利之道。吸取前人宝贵的经验与教训，完善自己的分析预测和操作系统，指导交易，也是比较好的方式。只有不断提高保证金投资者的分析判断能力和实战操作技能，才能够使自己获得很好的控制风险和取得很好的盈利的能力。

8. 外汇保证金交易技巧

(1) 识别机会多的美丽陷阱

由于外汇交易是双向交易和 T+0 交易，随时都可以做多或做空赚钱，而且一天 24 小时可交易很多次，加之外汇短期波动频繁，一口合约波动一个点便是盈亏 10 美元，因此，有些外汇投资者总想一天暴富，希望抓住每一个不管大小的做多、做空机会，造成频繁地做多、做空来回操作，往往最终适得其反，其结果亏损累累。其实，外汇交易更多地需要耐心等待，耐心等待中期或长期趋势的拐点形成和趋势确认所带来的大机会——顺势而为，即顺当前大势方向交易，不猜顶和猜底。这也是决定外汇交易能否成功很重要的一环。当汇市没有大行情、或自己无法判断趋势，以及走势演变存在模棱两可或已进入危险地带时，只有学会休息与等待，耐心等待绝佳的转折建仓大机会出现。在中期趋势明显的时候，稳健出发，尽量按趋势方向上升或下降，选择只做顺势方向的做多或做空为主，不可频繁地捕捉中期趋势中的逆势小折返(调整)的机会。尤其是喜欢日内短线交易的投资者，对于 30 分钟或 15 分钟以下级别的逆势折返少参与，即使参与则需降低开仓数量。应该主要集中做日线、2 小时或 60 分钟趋势方向的顺势下单交易。因此，实际交易中，真正可交易的次数并不多，大部分的无数小波动和逆势折返看似机会多多，其实往往就是美丽的陷阱，都需要放弃。交易者除非技术高超则另当别论。

(2) 注重开仓下单、平仓、等待等操作技能的训练

股市里有句名言：会买的是徒弟、会卖的是师傅。外汇市场也同样适用，也就是说，会开仓的是徒弟、会平仓的是师傅。意思是指师傅能够比徒弟更了解人性弱点，而且能够控制人性中一些难以根除的弱点。笔者要说的是，在外汇短线交易中，下单开仓的技能是交易成功的前提条件，好的开仓下单时机选择很好，可以让你占据一个好位置，进可攻退可守，对其后平仓技能的发挥提供强大的心理支持与回旋余地。平仓技能是对开仓下单获利的了结或下单后亏损的锁定、截短，平仓技能在特定情况下比开仓技能更重要，娴熟的平仓技能可以有效克服人性中固有的弱点，它能让交易者在有利情况时大胆扩大利润，而在不利情况下全身而退保存实力。正如前面提及的，交易者还有一项非常重要的技能，就是善于等待！等待可以说是交易者最重要的技能。等待不是无事可做，不是犹豫不决，也不是前怕狼后怕虎而裹足不前。从某种意义上讲，等待技能是一种综合素质，在一定程度上体现了交易者的开仓下单技能和平仓技能的熟练程度，更重要的是它体现了交易者心理素质的高低。

开仓下单、平仓、等待等操作技能可以通过交易者深入地学习和总结，通过大量的模拟训练和小仓实盘训练后完善提高，最终体现在整个分析系统和交易系统中。

(3) 根据不同市场状态调整交易策略

随着时间的推移，市场往往会进入不同的状态，如多头(空头)状态下的趋势行情、多头(空头)状态下的调整行情，还有横向宽幅震荡行情(即市场的状态转化很快、价格上下波动剧烈)、还有休整行情(即价格几乎没有什么波动、市场交易非常冷清)等。对于交易者来讲，市场在不同状态下需要适时调整交易策略，调整交易策略的目的就是为了更好的适应市场的变化。

交易策略的调整包括：交易思路的调整、交易数量的调整。这两者是相互配合的，不能割裂开来。交易获利有两种方式：短线大单量交易、长线小单量交易。交易思路的调整主要是确立目前应该是长线思路还是短线思路，在趋势行情中可以是中长线思路，那么交易量应该相对放小，因为未来获取的利润空间较大，相对应的在趋势的运行过程中也要承受较大的上下震荡，相对较小的单量可以使你能够守住持仓，不至于轻易被震荡出局，所以也就不重视短期利润；若是短线思路，则刚好相反，交易量应该相对放大，并重视短期利润。也就是说交易思路决定交易数量。而交易思路的确定又要根据市场的状态来把握。市场并不是一直处于明显单一趋势之中，也不会一直处于震荡之中，所以，不能紧抱自己原有的思路不放。有些交易者在任何时候要么死守中长线思路不放，要么就是只按短线思路来交易，正确的做法是根据市场的状态来做适当的调整，这种调整的重要性很大，也并不妨碍主要的追求，如重视趋势利润或短线利润。总之，交易思路必须适应市场的变化，而不是要市场来适应个人的交易思路。

调整交易思路，首先就要判断市场状态，笔者认为判断市场状态比预测市场走势要容易得多，这就使得交易策略的调整具有可操作性。相反的，若不能适当调整交易策略，则当行情与你的交易思路发生冲突之时，你将一直处于来回亏损之中，来回亏损对你的交易信心和交易理念会带来很大的打击，甚至使你被迫放弃你的交易系统。

(4) 怎样选择外汇交易时机

所谓时机选择，就是判断具体的入市建仓和出市位置。外汇市场并非天天都有好机会赚钱，行情有明朗和不明朗之分，操作就有可做和不可做之别。只有当走势有明确的趋势时方可交易，不要在不明朗的时候强行入市，需要耐心等待入场时机。

在外汇交易中，时机选择极为关键。因为外汇交易高杠杆率的特点，风险放大很多倍，所以，下单建仓时机选择是第一关键的环节，一般没有多大的回旋余地来挽回错误。尽管有时已正确地判断出了汇价的方向，但如果把入市时机选择错了，那么依然可能蒙受损失。就其本质来看，时机抉择问题几乎完全是技术性的。因此，即使交易者是基本分析类型的，在确定具体的入市和出市点这一时刻，他仍然必须借助于技术分析方法。

首先，明确入市交易的方向，然后选择建仓下单交易的入市时机，其三，观察汇价走势是否按预期的运行，同时设定止盈、止损的应对措施。具体入市建仓时机的选择主要有以下几种：

①顺势建仓：在趋势看涨的时候，向上突破买进做多，而趋势看跌的时候向下突破建仓做空。在分析汇价的趋势方向上，可借助均线系统(如 10 日、30 日、60 日均线方向)及趋势线方向明确便可判断。

②趋势转折及确认后的较佳大机会时机：汇价波动总是上涨、下跌循环往复地运行。当 30、60 日或周以上均线、趋势线(通道)以及反转形态的颈线均突破，辅助阶段性波浪结构运行的完结，基本可肯定原有的趋势逆转了，应该改变方向顺势交易。

③趋势中折返的建仓时机：汇价趋势虽然明确，但汇价在一段上涨或下跌后会出现折返(回撤)的调整走势，也就是说汇价在偏离均线或趋势线后，向上述两线靠近或者急速穿越后又回到均线或趋势线方向的顺势一侧，继续原有趋势运行。那么，可以借助均线、趋势线，以及江恩回调价格带、黄金分割位的支撑与阻力，在调整结束的时候逆势建仓，但仍是顺势交易。

④乖离大的逆势建仓机会：当汇价沿趋势方向急速波动，容易出现极度远离平均价格即均线系统，自然会出现折返的调整走势，以修复乖离过大。当远离均线而乖离很大时，可借助乖离率、强弱指标、小波浪结构等分析，选择逆势反向交易的建仓时机。但操作这种折返的逆势交易需注意控制、减少建仓数量，以及及时止损平仓(如图 3–104、3–105)。

⑤形态完成后的突破建仓时机：汇价波动总是在趋势明显与不明显之间交替波动，趋势不明显时往往形成各种形态。借助 K 线组合及形态分析，当形态完成后突破并选择方向时便是建仓的时机。此时，也许防范假突破所带来的风险。

总之，在投资活动中，提高交易中建仓、平仓时机的高成功率是成为成功投资者的最短途径。

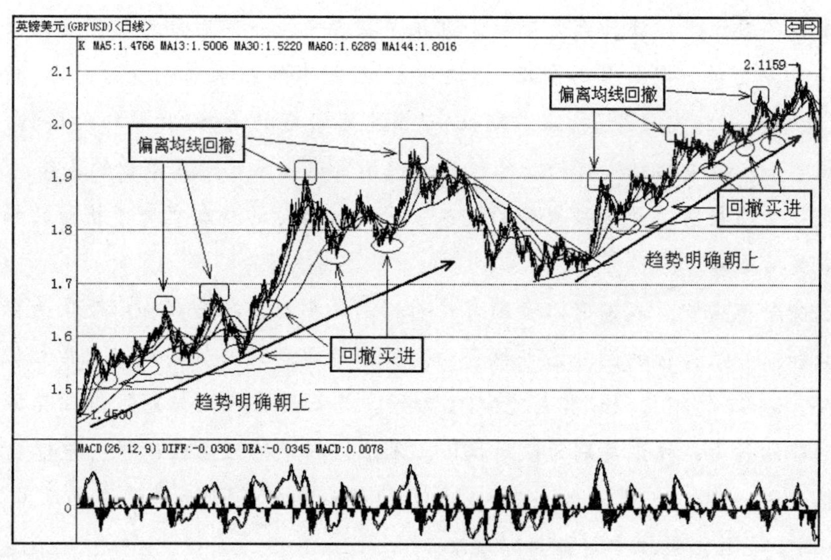

图 3–104　趋势、折返走势图

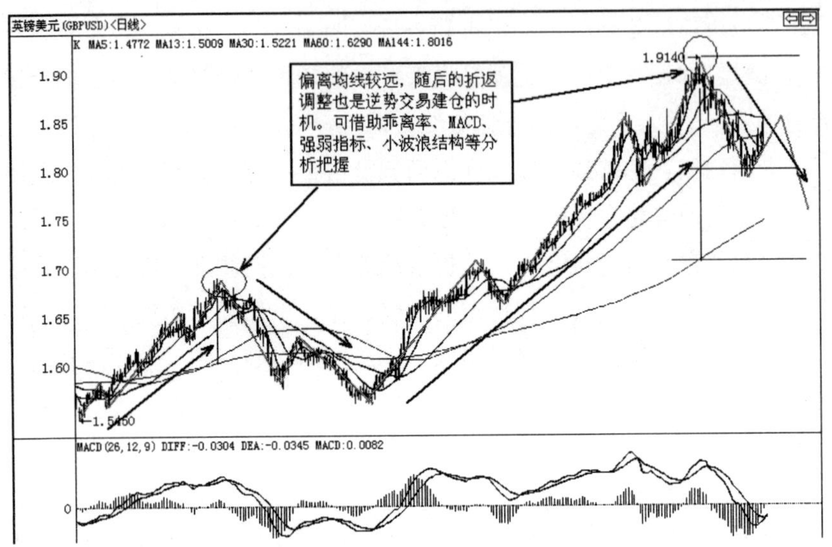

图 3-105 乖离大的逆势建仓机会

9. 案例：三周外汇期权 10 倍盈利

本案例选自 2008 年 5.1 培训班一位姓黄的学员在 10 月交易外汇期权的精彩实盘过程。以下是学员的自述：

首先，我们先谈谈什么是期权。期权是指在未来一定时期可以买卖的权利，是买方向卖方支付一定数量的金额(指权利金)后拥有的在未来一段时间内(指美式期权)或未来某一特定日期(指欧式期权)以事先规定好的价格(指履约价格)向卖方购买或出售一定数量的特定标的物的权利，但不负有必须买进或卖出的义务。

期权交易事实上是这种权利的交易。买方有执行的权利也有不执行的权利，完全可以灵活选择。

在金融市场中，我们有以金融资产为标的的期权产品，比如以股票为标的的股票权证和以外汇为标的的外汇期权合约。外汇期权合约与股票权证非常相似，以证券代码 580997 的招行权证招行 CMP1 为例，其标的资产为招商银行，类似外汇期权中的标的货币；权证类别为认沽权证，外汇期权中称为看跌期权；招行 CMP1 行权价格为 5.65 元，在外汇期权中称为执行价格；招行 CMP1 存续终止日为 2007 年 9 月 1 日，在外汇期权中则称为到期日。

招商银行的个人外汇期权合约是投资者在根据招商银行的报价支付了期权费后，拥有了在未来按照约定的价格买入或卖出标的货币的权利。

在期权合约到期之前，投资者可根据市场行情变动情况，按照招商银行的报价，卖出持有的期权合约；在期权合约到期时，系统进行轧差清算，投资者无需提供合约所需的大额本金。

看涨期权和看跌期权。看涨期权，是指在期权合约有效期内按执行价格买进一定数量标的物的权利；看跌期权，是指卖出标的物的权利。当期权买方预期标的物价格会超出执行价格时，他就会买进看涨期权，相反就会买进看跌期权。

一是作为期权的买方(无论是看涨期权还是看跌期权)只有权利而无义务。他的风险是有限的(亏损最大值为权利金)，但在理论上获利是无限的。二是作为期权的卖方(无论是看涨期权还是看跌期权)只有义务而无权利，在理论上他的风险是无限的，但收益是有限的(收益最大值为权利金)。三是期权的买方无需付出保证金，卖方则必须支付保证金以作为必须履行义务的财务担保。

下面是一个期权交易的例子(图 3–106)：

假设：预期欧元汇价会跌，购入欧元看跌期权

协定汇价(到期执行价)：1.3800(欧元/美元)

现在汇价：1.3900(欧元/美元)

期权交易日：2008 年 1 月 1 日

期权到期日：2008 年 2 月 5 日

期权金：100 美金

潜在回报分析：

合约回报=合约面值/协定汇价–合约面值/到期汇价

净回报=合约回报–期权金

做期权就是个以小博大的性质，杠杆特征明显，所以风险控制一定要放在首位，每次操作时动用资金不能超过 20%。下面谈谈我操作欧元期权的体会。

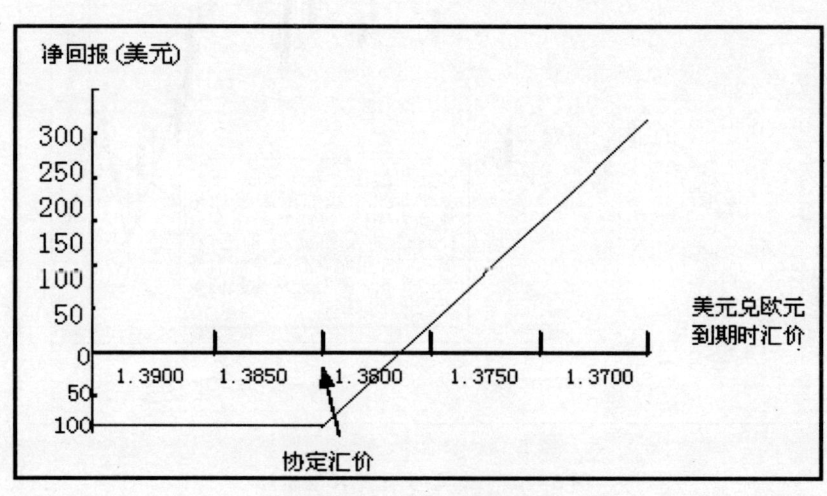

图 3–106　期权解释图表

首先，对欧元月线图进行了细致的研判，欧元自 2000 年 10 月见底 0.8225 后一路攀升至 1.6036，中途只调整过一次，而且调整很浅，不够充分。2008 年 7 月见顶 1.6036 后，出现了大幅度的调整，笔者在 8 月底分析欧元时认为这次调整是对 0.8225 涨升以来的调整，那在调整级别和力度上就非同小可了，很有可能会回撤自 0.8225 涨升至 1.6036 升幅的 0.382 或 0.5 的位置，也就是 1.3052 到 1.2131 区域。这就给做空欧元创造了大的外部环境，随着时间的推移，到了 9 月份以后，欧元第一波跌势(13.4%)见底 1.3882 产生了一波反弹，从周线上(如图 3–107)定义为 A 或 (1)浪下跌、B 或(2)浪反弹，那后面会不会有 C 或(3)浪下跌呢？学过波浪理论的都知道：三浪的特性跟 C 浪特性基本相同，就是强劲和伴随着最大的价格运动，而且大部分时候是延长浪。据此制定了依托月线和周线的操盘方案，就是择机进场买入欧元看跌期权(做空欧元)。日线级别(如图 3–108)上开始寻找介入点，看到日线上欧元反弹进入了 1.6036 下跌反弹的 0.382(1.4712)至 0.5(1.4965)的位置，欧元见高 1.4864 后无力创出新高了，就于 2008 年 9 月 25 日按每份 0.78 美金买入了 1282 份 2008 年 12 月 3 日到期的看跌期权合约，共投入 1000 美金，动用资金比例为 20%。

2008 年 10 月 15 日当欧元日线走完小 5 浪(如图 3–109)，也到了下跌 0.618 位置后，获利平仓出局，收回了 9807.3 美金，完成了一次三周时间交易外汇期权 10 倍的操作。其实大家看到后面欧元仍继续下跌，从技术分析理论上讲，如果不平仓，会等得到 20.6 倍的最大收益(如图 3–110)。由于参与外汇交易时间短，加之是杠杆交易，笔者还没做到按照技术分析敢于大赚，错失后续的一段盈利机会。

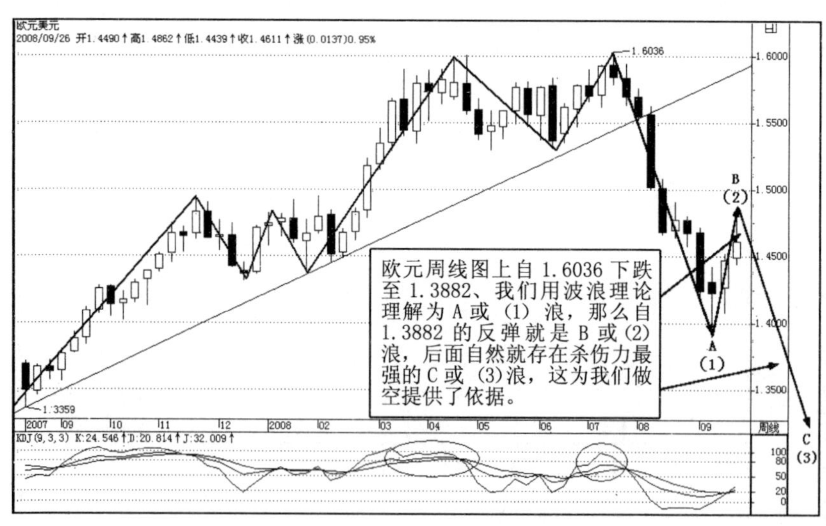

图 3–107 欧元/美元周 K 线走势

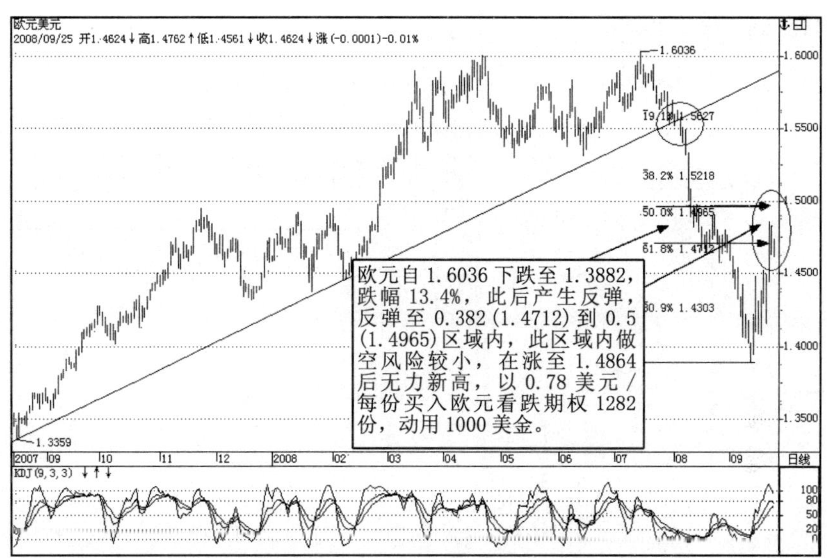

图 3-108　欧元/美元日 K 线走势

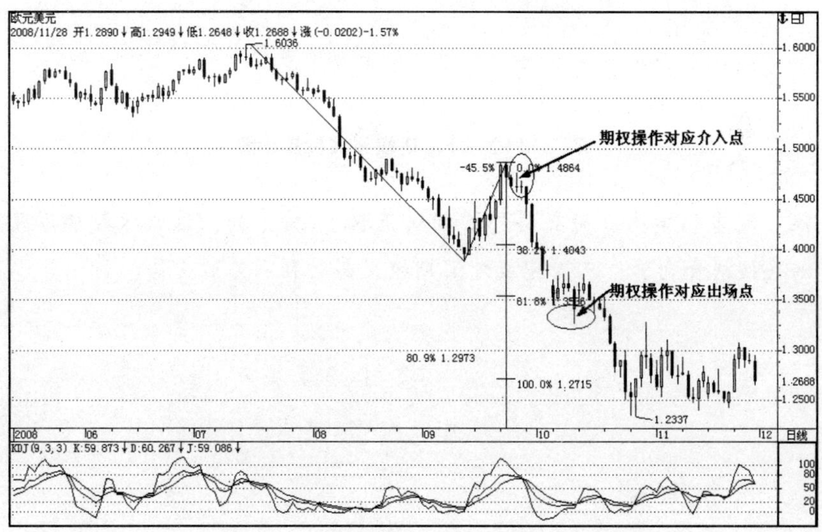

图 3-109　对应欧元/美元走势进出场图示

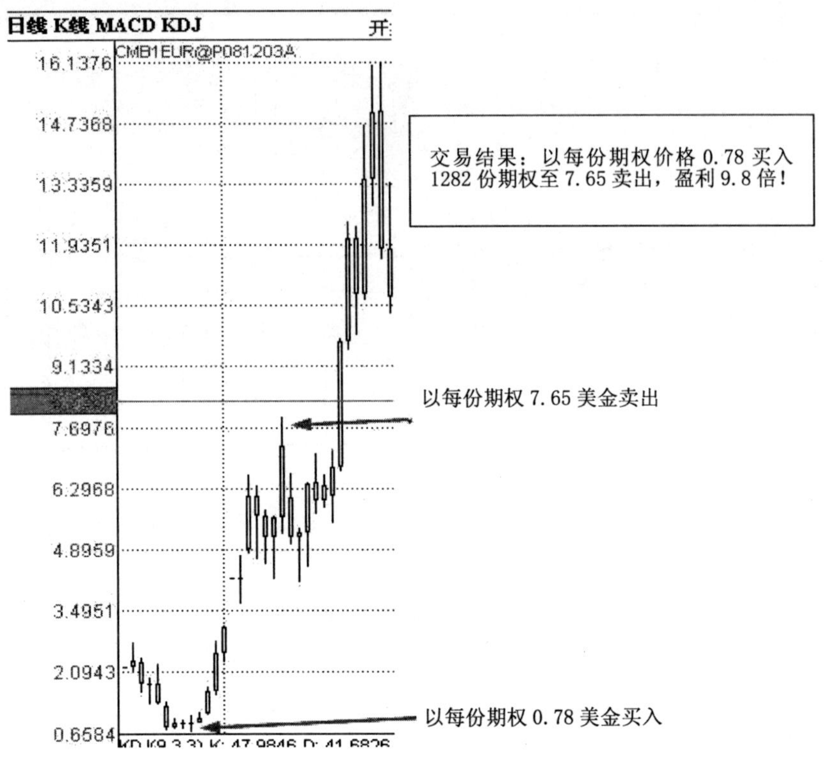

图 3-110 外汇期权买卖位置图解

备注：笔者的学生三周交易外汇期权获取 10 倍盈利，这仅仅指所动用的资金而言，如果按总资金算，三周完成外汇期权交易的利润为近 2 倍。

后　记

2008 年是不平凡的一年，更是让中国人悲喜交加的特殊的一年。年初一场持续大雪灾突袭南方各省，阻断了许多人的春节回家路。接踵而至的是触目惊心的大灾难——5 月 12 日下午 2 点 28 分，一场百年不遇的 5.12 汶川里氏 8.0 级特大地震突袭而来，顷刻之间数百万间房屋变成了废墟，近十万人遇难，举国上下为之哭泣。2008 年 8 月 8 日，又迎来期待已久的北京奥运会，盛况空前、真正无与伦比的奥运会向世界展现了中国人的魅力。奥运过后，随之而来的是全球性金融危机的爆发，也直接影响了中国经济的发展速度。2008 年中国股市更是暴跌 65%，三分之二以上的股票跌幅超过 75%，股市里 20 万亿财富蒸发，可称得上是大股灾。2008 年，雪灾、大地震、奥运、神七飞天、金融危机、股灾伴随着我们一起度过，历经悲伤与欢乐，一切来得快去得也快，但却留给我们永远的记忆。

说实话，本书的编写体系不是很强，更多的是 2008 年里笔者在历经股市大调整中，与众多读者交流中的一些思考分析和实战操作的体会总结。在投资基础学习、如何提高分析水平及操作技能方面提出自己的一些看法和经验总结。本书的目的在于倡导读者重点放在经典理论、投资经典书籍学习上，提醒读者不必急功近利地寻找各种赚钱操作的绝招、秘诀，先多学、读懂基础理论和市场知识。因为所有操作方法、技法和技巧无一不是都从传统的基础理论演化、引申而来。基础理论犹如一颗茂盛大树的树根与主干，而各种所谓的操作秘诀、操作技巧只是大树上的枝叶而已，它们相互之间的关系读者须明了于胸。没有坚实的根基，再高明的操作技巧也是徒劳无用的，难以发挥其真正效用。平时多分析总结自身的长处与劣势，扬长避短，摸索总结出适合于自己的高成功率投资操作方法，才可能在资本市场博弈中占据主动，取得竞争优势。

这里，笔者建议读者在熊市中要多休息、多学习、多练兵，牛市来临时重仓出击，这样才能真正享受到投资增值的乐趣。如果读者在看阅本书后，能重新拿起基础理论书籍或经典技术分析著作来研读，那么笔者写作本书的目的就算达到了，为此笔者将倍感欣慰。

本书能够顺利出版，笔者要感谢永久生存网站里的众多读者，他们长期交流的投资心得，让笔者受益颇多。同时要感谢出版社领导、舵手书店，以及为本书出版发行付出辛勤劳动的所有人。

如果读者、投资者要就本书中的疑问、操作中的各种问题、或中大资金运作的盈利模式与作者做进一步的探讨、交流，以及专业操盘系统培训、资金运作指导，可以通过邮件与作者联系。欢迎资金在百万以上的投资者加盟合作，共谋发展，实现财富稳步增长。

作者交流联络方式：

交流网站 http://www.yjsc999.com

Email：yz0506@vip.sina.com

手机：13881834398（一舟）

作者　一舟　金石

2009 年 1 月 18 于蓉城